肇慶學院

年鉴 2021

《肇庆学院年鉴》编委会　编

華南理工大學出版社
SOUTH CHINA UNIVERSITY OF TECHNOLOGY PRESS
·广州·

图书在版编目（CIP）数据

肇庆学院年鉴．2021／《肇庆学院年鉴》编委会编．—广州：华南理工大学出版社，2023．4

ISBN 978－7－5623－7340－7

Ⅰ．①肇…　Ⅱ．①肇…　Ⅲ．①肇庆学院－2021－年鉴　Ⅳ．①G649．286．53－54

中国国家版本馆 CIP 数据核字（2023）第 045915 号

Zhaoqing Xueyuan Nianjian · 2021
肇庆学院年鉴 · 2021
《肇庆学院年鉴》编委会　编

出 版 人：柯　宁
出版发行：华南理工大学出版社
（广州五山华南理工大学 17 号楼　邮编：510640）
http://hg.cb.scut.edu.cn　E-mail: scutc13@scut.edu.cn
营销部电话：020－87113487　87111048（传真）
策划编辑：王魁葵
责任编辑：刘绮雯　刘志秋
责任校对：伍佩轩　龙祈君
印 刷 者：广州一龙印刷有限公司
开　　本：787mm×1092mm　1/16　总印张：18.75　彩插：4　字数：443 千
版　　次：2023 年 4 月第 1 版　印次：2023 年 4 月第 1 次印刷
定　　价：58.00 元

《肇庆学院年鉴》

编委会

党建思政

▶2021 年 4 月 7 日，肇庆学院围绕党史学习教育举办专题研讨班

▶2021 年 5 月 13 日，校党委委员在革命老区广宁开展主题党日活动

▶2021 年 7 月 13 日，学校党委书记曾桓松为脱贫攻坚先进单位颁发牌匾

疫情防控

▶2021 年 3 月 31 日，学校开展“接种新冠疫苗共筑免疫长城　肇庆学院在行动”现场

▶2021 年 9 月 1 日，肇庆市委书记吕玉印到肇庆学院调研检查常态化疫情防控和安全管理

发展规划

▶2021 年 1 月 29 日，在广东省教育厅举行肇庆学院等五所高校划转省属协议签约仪式，吴业春校长代表学校签约

▶2021 年 4 月 21 日，肇庆学院集思广益推进“十四五”发展规划编制工作

▶2021年8月26日，肇庆学院“冲补强”提升计划建设方案（2021—2025年）编制工作启动

人才培养

▶2021年4月24日，肇庆学院2020新版人才培养方案接受专家“把脉问诊”

▶2021年5月19日，肇庆学院电子信息产业学院揭牌成立

▶ 2021 年 11 月 19 日，IEET 工程教育认证专家团对肇庆学院食品科学与工程专业进行远程访评

▶ 2021 年 4 月 27 日，教育部专家组对肇庆学院化学专业展开第二级师范类专业认证考察工作

▶ 2021 年 8 月 5 日，肇庆学院第八批大学生援藏支教服务队奔赴墨脱

▶ 2021 年 3 月 18 日，肇庆学院欢送春季应征入伍学子奔赴军营

科学研究

▶2021 年 1 月 4 日，广东省环境健康与资源利用重点实验室召开 2020 年度总结经验暨学术委员会会议

▶2021 年 1 月 20 日，粤港澳大湾区国际技术转移中心落户肇庆学院国家大学科技园

▶2021 年 12 月 8 日，召开肇庆学院第五届学术委员会总结大会暨第六届学术委员会成立大会

▶2021 年 12 月 22 日，举行肇庆学院国家大学科技园揭牌仪式暨广东省大学科技园高质量建设论坛

学生工作

▶2021 年 5 月 21—23 日，中国高等教育学会会长、教育部原副部长杜玉波在第 56 届中国高等教育博览会的肇庆学院展位驻足观看创新创业教育成果

▶2021 年 7 月 7 日，肇庆学院获评全国第六届大学生艺术展演活动优秀组织奖

▶2021 年 7 月 17—18 日，肇庆学院获第十六届“挑战杯”广东大学生课外学术科技作品竞赛特等奖

▶2021 年 12 月 16 日，学校党委书记曾桓松为获得国家奖学金的学生代表颁奖

工作指导

▶2021年3月11日，广东省委教育工委书记、教育厅厅长景李虎率领调研组到肇庆学院调研

▶2021年3月23日，农业农村部农产品质量安全监管司副司长黄修柱一行调研肇庆学院

师资队伍建设

▶2021年11月9日，肇庆学院召开台湾教师服务管理工作座谈会

学术交流与合作

▶2021 年 11 月 19 日，教育部教师工作司副司长宋磊通过视频向在肇庆学院召开的广东省“新师范”建设总结大会致辞

▶2021 年 12 月 6 日，“利玛窦与中西文明互鉴”工作坊在肇庆学院启动

▶2021 年 12 月 7 日，俄罗斯工程院外籍院士、华南理工大学原校长刘焕彬为砚园学子作学术报告

▶2021 年 12 月 22 日，科技部战略规划司原副司长余健做客肇庆学院作科技创新专题讲座

▶2021 年 5 月 30 日，肇庆学院与鼎湖区展开校地合作项目洽谈会

目　录

2021 年肇庆学院发展状况

2021 年肇庆学院发展数据信息年报

肇庆学院是广东省人民政府主办、省教育厅主管的地方高校，有主校区和星湖校区两个校园，校园总占地面积 1279 亩（约合 852937.51 平方米）。校舍建筑面积约 54 万平方米。学校获全国毕业生就业典型经验高校、全国创新创业典型经验高校、全国绿化模范单位、广东省文明单位、广东省高校治安综合治理先进学校、广东省依法治校示范校、国家大学科技园、国家级科技企业孵化器、广东省安全文明校园、广东省大学生创新创业教育示范学校、广东省无烟单位、肇庆市森林学校等称号。

（一）人才培养

学校坚持社会主义办学方向，全面落实立德树人根本任务，按照“做优新师范、做强新工科、提升新文科、发展新农科”的思路深入推进“四新建设”，应用型人才培养工作成效显著，教师教育、校企协同育人与创新创业教育进一步凸显。学校高度重视创新创业大赛的教育实践平台作用，2021 年在“互联网 +”和“挑战杯”两项高水平竞赛中均取得重大突破：在第七届中国国际“互联网 +”大学生创新创业大赛中，获省赛银奖 1 项、铜奖 6 项以及“高教主赛道优秀组织奖”，获国赛铜奖 1 项；在第十六届“挑战杯”广东大学生课外学术科技作品竞赛中，获省赛特等奖 1 项、一等奖 1 项、二等奖 2 项、三等奖 11 项以及“优秀组织单位”奖，并有 1 个项目被推荐参加国赛。建有 1 个文科和 6 个理工科产业学院，实现理工科二级学院产业学院全覆盖，其中省级示范性产业学院 1 个，省级现代产业学院建设立项 1 个（已公示），已列入项目类管理的校级产业学院 3 个。2020—2021 学年度，学生共获得国家级学科及文体奖励 154 项，省级奖励 389 项，实现了以赛促教、以赛促学、学赛结合、全面育人，充分发挥了竞赛在人才培养工作中的重要作用。实践教学体系和实践教学平台取得重要进展，增加 38 个校级实习基地，共计 613 个专业实习基地。2021 年，学校面向广东、湖南、湖北、甘肃、安徽、山东、山西、广西、贵州、河南、河北、浙江、四川、重庆、云南、福建、江西、宁夏、青海、海南、内蒙古、新疆和西藏等共 23 个省（区）（注：不含港澳台）招生，共录取 9779 人（不含专升本、三二分段学生），其中公费定向培养师范生 200 人。加强三二分段人才协同培养，搭建本科高校与高职协同育人的立交桥，2021 年共招收本科专升本和三二分段学生 1418 人。学校的社会认可度不断提升，广受考生欢迎。

（二）学科与专业

学校拥有经济学、法学、教育学、文学、历史学、理学、工学、农学、管理学、艺术学等十大学科门类。2021 年 10 月正式获批成为硕士学位授予单位，同时获批教育、电子信息、艺术三个硕士专业学位授权点。大力推进省市共建学科建设和“冲补强”提升计划，设有省特色重点学科2个、省优势重点学科1个、省重点培育学科1个、省重点扶持学科1个，“冲补强”提升计划重点建设学科3个、省市共建重点学科3个，市重点学科3个，机械工程学科为珠江学者设岗学科。

学校有67个本科专业招生，其中国家级特色专业1个，省级重点特色专业13个，省级以上本科专业综合改革试点8个，省级应用型人才培养示范专业6个，省级一流本科专业建设点7个，通过IEET工程教育专业认证5个，汉语言文学专业通过第二级师范类专业认证，化学专业已完成第二级师范类专业认证专家入校考察工作。

（三）师资队伍

目前，肇庆学院有教职工1732人，教授等正高职称人员134人，副高职称人员439人。其中，专任教师1214人，兼任教师350人，专任教师中具有博士学位人员434人，具有博士学位人员占专任教师比例为35.75%。学校重视人才引进和师资队伍建设，2021年引进104名教职工，其中专任教师74人，管理教辅人员30人；博士27人，硕士69人。组织全校专业技术人员参加继续教育培训，共开设了40门专业科目培训课程；选派13名中青年教师赴境内外高水平大学访学研修（其中境内10名、境外3名）；选派52名中青年教师攻读博士学位。

（四）科学研究与社会服务

2021年，学校科研项目立项总数339项，其中纵向项目立项207项，横向项目立项132项。纵向项目中，国家级项目有4项，省部级项目有30项。2021年学校科研获奖取得丰硕成果，获中国发明协会发明创业奖创新奖二等奖2项、发明创业奖人物奖1项，2020年中国产学研合作创新奖1项；海南省第三届“海南好米”评选金奖1项；评选出肇庆学院2020年度个人科研立项奖30项、2020年度个人科研成果奖48项、2020年度科研十佳教师10名；重点资助了9部优秀著作出版。学校教师共发表学术论文820多篇，其中在核心期刊发表370多篇（含SCI、SSCI、EI、CPCI、CSSCI等150多篇）。获得授权知识产权104项，其中授权国内发明专利34项、国际发明专利1项。

表1　2021年重点学科情况

序号	学科名称	获批情况
1	基础数学	广东省高等学校重点学科—扶持学科
2	机械工程	省优势重点学科
3	数学	省特色重点学科
4	设计学	省特色重点学科
5	环境科学与工程	省重点培育学科
6	环境科学与工程	省市共建学科
7	计算机科学与技术	省市共建学科
8	机械工程	省市共建学科
9	电子科学与技术	“冲补强”提升计划学科
10	教育学	“冲补强”提升计划学科

续表 1

序号	学科名称	获批情况
11	环境科学与工程	“冲补强”提升计划学科
12	环境科学与工程	肇庆市重点学科
13	电子科学与技术	肇庆市重点学科
14	机械工程	肇庆市重点学科
15	机械工程	广东省高校“珠江学者”设岗学科

扎实推进学校科研平台及团队建设。学校大学科技园升格为国家大学科技园。新增产学研基地 55 个。获批农业农村部农产品质量安全风险评估实验室（肇庆）及 2 个市级工程技术中心，继续推进广东省环境健康与资源利用重点实验室建设，稳步推动“岭南现代农业科学与技术广东省实验室肇庆分中心”及“农业农村部重点实验室”有关工作。首次获批 2 个广东省人文社会科学普及基地、1 个广东省人文社科重点研究基地及 1 个肇庆市人文社会科学普及（示范）基地；新增一个广东省普通高校创新团队，新遴选校级创新科研团队 10 个。

2021 年，学校持续深化校地合作，企业数据库建设取得重大进展，申请产学研合作平台发明专利获得受理；与高要区签订战略合作协议；派出 80 名农村科技特派员，4 名企业科技特派员在华南技术转移网上完成对接，获得合同金额 51 万元；完成对肇庆市 19 个镇的科技特派员驻镇帮镇扶村组团结对帮扶对接工作；肇庆学院乡村振兴研究院与肇庆市乡村振兴学院继续合署办公，完成《2021 年鼎湖区镇（街）村（社区）两委干部抓党建促乡村振兴专题》培训、怀集农业技术人员培训，大力推进乡村振兴战略实施落地；与国资委谋划成立肇庆市国企改革发展研究中心。牵头成立肇庆市科技企业孵化器协会，并承办第四十三期广东省创业孵化从业人员培训班，培训孵化器从业人员 60 余名。建立肇庆创业导师库，新入库创业导师 30 余名。2021 年新增国家高新技术企业 9 家、科技型中小企业入库 11 家，带动就业 700 余人，累计孵化培育国家高新技术企业 17 家、科技型中小企业 34 家。

表 2　2021 年省、部级研究基地和科研平台

序号	实验室和科研基地名称	类别
1	农业农村部农产品质量安全风险评估实验室（肇庆）	农业农村部实验室
2	广东省环境健康与资源利用重点实验室	广东省重点实验室
3	国家现代农业（柑橘）产业技术体系肇庆柑橘综合试验站	国家现代农业（柑橘）产业技术体系综合试验站
4	广东省食品农产品安全分析与检测工程技术研究中心	广东省工程技术研究中心
5	广东省智能烫印设备工程技术研究中心	广东省工程技术研究中心
6	广东省全息电化铝烫印工程技术研究中心	广东省工程技术研究中心

续表 2

序号	实验室和科研基地名称	类别
7	广东省水土污染管控与装备智能制造工程技术研究中心	广东省工程技术研究中心
8	广东漆画教育研究基地	广东省社会科学界联合会
9	“学府文创工作坊”文创基地	广东省社会科学界联合会
10	广东省砚文化研究基地	广东省人文社会科学研究基地
11	国学教育与人文湾区建设研究基地	广东省人文社科重点研究基地
12	广东省普通高校机器人与智能控制工程技术开发中心	广东省普通高校工程技术研究（开发）中心
13	广东省敏感陶瓷工程技术研究中心	广东省普通高校工程技术研究（开发）中心
14	粤西林产化工技术开发与应用研究中心	广东省普通高校工程技术研究（技术开发）中心
15	广东实践科学发展观研究基地——“创新社会管理”	广东实践科学发展观研究基地
16	西江特色文化研究与传播协同创新发展中心	广东省“2011 协同创新中心”
17	中国端砚制作技艺文化传承基地	中华优秀传统文化传承基地
18	广东省现代农业产业技术体系岭南水果创新团队肇庆综合示范与培训站	广东省现代农业产业技术体系综合示范与培训站
19	第二批省级非物质文化遗产研究基地	广东省非物质文化遗产研究基地

表 3　社会服务平台

序号	社会服务平台名称	类别
1	国家大学科技园	国家级
2	国家级企业孵化器	国家级
3	肇梦空间国家级众创空间	国家级
4	肇庆市创新创业中心	省级
5	广东省综合类高素质农民培育省级示范基地	省级
6	创客方舟	省级
7	重要基础件产业公共服务平台	珠江西岸先进装备服务平台
8	人工智能与机器人公共技术服务平台	珠江西岸先进装备服务平台
9	汽车零部件产业公共服务平台	珠江西岸先进装备服务平台
10	智能产业研究中心	珠江西岸先进装备服务平台
11	环保装备产业发展公共服务平台	珠江西岸先进装备服务平台
12	高端电子信息公共服务平台	珠江西岸先进装备服务平台
13	固废综合利用装备及其应用技术服务平台	珠江西岸先进装备服务平台

表 4　广东省普通高校创新团队

序号	团队名称
1	肇庆道地南药研究与开发创新团队
2	食品安全检测新技术创新团队
3	机械可靠性与振动控制
4	西江流域水污染控制与水环境健康创新团队

（五）学生发展

2021 年，全日制在校生达 25919 人，在校生规模创历史新高。学校扎实推进大学生思想政治教育，不断凝练“三全育人”特色和品牌，全面落实立德树人根本任务。举办全国脱贫攻坚先进个人先进集体事迹分享会暨学校“思政第一课”“让党旗在祖国边陲高高飘扬”特别思政课、“学党史、强信念、跟党走”灯塔学习会等活动，着力打造“学生带班党员”“援藏支教”“网络思想政治教育”“砚园·青马”等系列主题教育品牌，援藏支教项目获中国科协“学风建设资助计划项目”立项，1 名辅导员获评 2020 年度全国优秀易班辅导员（公共号），紫荆花工作室被授予广东高校网络文化示范工作室（共建项目）称号。分批开展教师课程思政教学能力培训，举行校级课程思政教学大赛。继续提升心理教育服务水平，坚持育德育心有机结合，学校再次获得广东省高校心理健康教育与咨询工作先进集体称号。不断健全学生“精准资助”体系，学校第十次获得广东省学生资助工作绩效考评优秀等级。完善学生宿舍“楼长负责制”，展现“五员思政”大舞台，“楼长制”工作获评省“庆祝建党一百年·践行核心价值观”优秀案例一等奖。学工团队在广东高校开展的各类主题教育活动中累计获奖 30 余项，获优秀组织奖 3 项。过去一年，累计评审发放国家、学校及社会各类奖助学金 4573.7 万元，惠及学生 2.3 万人次，实现了“不让一个学生因家庭经济困难而失学”的目标。持续推进共青团改革和学生会改革，深化学生社团建设，加强学生社团管理，修订了《肇庆学院学生社团指导教师管理办法》。社会实践育人成效显著，学校第 20 次被评为全国大中专学生志愿者暑期“三下乡”社会实践活动优秀单位，“追溯红色记忆”党史学习实践团被评为全国优秀团队。志愿服务工作扎实稳步推进，“i 志愿”系统上累计志愿服务时长突破 102 万小时，本年度西部（山区）计划共有 40 名同学被录取，为历史新高。

（六）国际交流合作与港澳台工作

扎实推进香港都会大学（肇庆）申报筹设工作，加强与肇庆市政府、香港都会大学的沟通联系，完成《香港公开大学（肇庆）筹设申报整改材料》《香港都会大学（肇庆）筹设复评整改材料》报教育部，完成《香港都会大学（肇庆）申请纳入广东省高等学校设置“十四五”规划材料》报教育厅。强化台湾教师的服务管理工作，完成《肇庆学院 2021 年关于台湾教师使用和管理的情况报告》，呈报教育厅和省台办。2021 年 10 月 11 日，与德国富克旺根艺术大学合作协议到期后终止合作，继续与德方沟通联系，保持两校师生交流，做好 2018 级 34 名学生培养工作。在巩固与密兹凯维奇大学、博尔顿大学、马切拉塔大学、澳门科技大学等原有校际合作基础上，积极拓展合作交流项目，与澳门大学、台湾高雄师范大学、菲律宾圣保罗大学、菲律宾女子大学、波中教育基金会、国家教育行政学院、广东教育国际交流协会多元合作取得实质性进展。2021 年聘用外籍教师 18 人，香港教师 1 人，台湾教师 93 人；45 名教师攻读国（境）外博士学位、1 名教师攻读国外硕士学位、2 名教师赴国外访学、1 名教师赴香港访学；1 名学生在日本交流学习、8 名学生赴澳门交流学习。

（七）党建工作

2021 年，学校大力实施“党建育才工程”，着力打造党建特色品牌。建立了国家、省、校三级党建工作示范体系，获评为“全省党建工作示范高校”培育创建单位。学校现有“全国党建工作样板党支部”2 个、“全省党建工作示范高校”1 个、“全省党建工作标杆院系”3 个、“全省党建工作样板党支部”5 个、“全省高校‘双带头人’教师党支部书记工作室”1 个、肇庆市“西江党旗红”基层党建品牌 1 个、肇庆市教育系统党建示范点 2 个。

表 5　党建工作创新平台

序号	党建工作创新平台名称	类别
1	生命科学学院广东省西江流域柑橘产业协同创新中心党支部	全国党建工作样板支部（2018 年）
2	食品与制药工程学院制药工程系教师党支部	全国党建工作样板支部（2019 年）
3	肇庆学院党委	全省党建工作示范高校（2020 年）
4	旅游与历史文化学院	全省党建工作标杆院系（2018 年）
5	数学与统计学院	全省党建工作标杆院系（2019 年）
6	马克思主义学院党总支	全省党建工作标杆院系（2020 年）
7	生命科学学院广东省西江流域柑橘产业协同创新中心党支部	全省党建工作样板支部（2018 年）
8	食品与制药工程学院制药工程系教师党支部	全省党建工作样板支部（2019 年）
9	教育科学学院应用心理学系教师党支部	全省党建工作样板支部（2019 年）
10	体育与健康学院体育教育专业学生第一党支部	全省党建工作样板支部（2019 年）
11	生命科学学院园林特色专业教师党支部	全省党建工作样板支部（2020 年）
12	食品与制药工程学院制药工程系教师党支部马德运工作室	全省高校“双带头人”教师党支部书记工作室（2020 年）
13	肇庆学院砚园党建智库育人工程	肇庆市“西江党旗红”基层党建品牌（2021 年）

（数据截至 2021 年 12 月 31 日）

2021 年肇庆学院基本情况统计一览表

2021 年肇庆学院基本情况统计一览表

统计时点：2021 年 12 月 31 日

办学资源情况		学生基本情况	
校园面积	85.29 万平方米	总　计	31026 人
建筑面积	54.1 万平方米	一、普通本专科生	25919 人
教学科研及辅助用房	19.23 万平方米	普通专科生	2 人
行政办公用房	3.37 万平方米	普通本科生	25917 人
固定资产	15.45 亿元	二、成人本专科生	5107 人
教学科研仪器设备值	3.24 亿元	成人专科生	2302 人
馆藏纸质文献	183.46 万册	成人本科生	2805 人
电子图书	108.25 万册		
教职工基本情况		学院及学科专业建设	
教职工总数	1732 人	二级学院	20 个
正高职称人员	134 人	省特色重点学科	2 个
副高职称人员	439 人	省优势重点学科	1 个
专任教师	1214 人	省重点培育学科	1 个
兼职教师	350 人	省重点扶持学科	1 个
专任教师中教授等正高职称人员	124 人	“冲补强”提升计划重点建设学科	3 个
专任教师中副教授等副高职称人员	365 人	省市共建重点学科	3 个
专任教师中具有博士学位人员	434 人	市重点学科	3 个
专任教师中具有硕士学位人员	655 人	珠江学者设岗学科	1 个
行政教辅人员	497 人	本科专业	73 个
工勤人员	21 人	国家级特色专业	1 个
离退休人员	599 人	省级重点特色专业	13 个
科研情况		省级以上本科专业综合改革试点	8 个
纵向项目立项	207 项	省级应用型人才培养示范专业	6 个
纵向项目立项中国家级项目	4 项	省级一流本科专业建设点	7 个
纵向项目立项中省部级项目	38 项	通过 IEET 工程教育专业认证	5 个
横向项目立项	67 项	教学基地	
社会服务项目	63 项	专业实习基地	613 个
省、部级研究基地和重大科研平台	19 个		
发表论文	870 多篇		
授权知识产权	104 项		

在党史学习教育推进会上的讲话

（2021年5月28日）

曾桓松
（肇庆学院党委书记）

同志们：

党史学习教育从今年三月启动以来，学校深入贯彻落实上级党组织的有关精神，按照学校实施方案，扎实深入推进党史学习教育。今天我们召开推进会，目的在于总结前一段时间学习教育的工作情况，查找存在的不足和问题，同时也部署下一段的学习教育。

一、学校党史学习教育扎实有序深入推进

学习教育启动以来，学校作为省内“最早动员部署、最早发布实施方案、最早成立党史学习教育宣讲团”的首批高校之一，开展了形式多样的学习活动，在学党史悟思想上收到明显成效。主要体现在以下几个方面：

（一）理论学习形式多样。学校党委以百年党史、习近平总书记在党史学习教育动员大会上的重要讲话精神以及总书记最新的重要讲话精神为主题主线，组织了8次党委中心组理论学习，4月和5月我们分别邀请了省委宣讲团成员陈金龙、谢迪斌两位教授来校作专题辅导报告，并到革命老区广宁革命遗址开展主题党日活动。4月中旬，学校举办为期8天的党史学习教育专题研讨班，收到一定成效。我和吴校长还利用“思政第一课”给大学生讲党史。各二级党组织结合实际，开展了丰富多样的党史学习，如邀请老党员退休教师讲党课，二级党组织书记为师生讲党课，等等。截至目前，校院两级党组织中心组开展专题学习党史和总书记系列重要讲话精神70多次。

（二）学习教育特色鲜明。学习教育中，我们在注重实效的基础上，发挥高校优势，呈现出鲜明特色。在学校层面，我们举办了“书记校长下午茶”座谈会、“学党史，强信念，跟党走”读书分享会，学校参加广东高校与西藏林芝共建大学生思政教育实践基地座谈会，以特色活动引导青年大学生知史爱党、知史爱国，引导大学生服务西部报效祖国。各二级党组织也结合实际、突出特色，深入推进党史学习教育，比如马克思主义学院以形势政策课为抓手，推进党史学习融入课堂；旅游与历史文化学院品读红色经典、体味百年党史；体育与健康学院将党史学习教育融入定向运动；美术学院挖掘本地党史素材，创作邓兆祥将军雕塑；学工部以业务工作为抓手开展多层次学习和系列学习教育活动；团委举办学党史纪念五四运动灯塔学习会，等等。还有一些党组织带领党员师生到周边革命遗址，缅怀革命先

烈，开展学习教育。

（三）宣传报道多媒融合。在学习教育中，我们加强对党史学习教育开展情况，特别是亮点特色和经验做法的宣传报道。省委教育工委工作简报第15期、20期两次提到我们学校学习教育情况，分别介绍了我们学习习近平总书记在清华大学考察时的重要讲话精神情况，以及我们举办专题学习研讨的情况。市委印发1期工作简报，专门介绍我校党史学习教育以“五学”聚“五力”的经验做法（即领导带学，凝成党史学习带动力；专家导学，促成党史学习引领力；个人自学，生成党史学习内动力；研讨促学，形成党史学习推动力；基层活学，汇成党史学习创新力）。而学校党史学习教育专题网对党中央和省委重要精神、学校工作动态等内容进行了持续跟踪报道。学校微信公众号、校园网、易班网、校园广播都有专栏报道。到目前，共印发党史学习教育简报50期，校级媒体报道150多次；对学校党史学习教育的经验和做法，国家媒体报道8次、省媒体报道4次、市媒体报道4次。

（四）深入调研勤办实事。从学习教育开展至今，学校党委和各二级党组织、各机关职能部门结合党史学习，坚持问题导向，增强问题意识，深入开展调研，着力解决提升学科建设、科技创新和社会服务能力问题，重点解决学生宿舍热水问题以及学生体测培训、心理健康、毕业生就业和考研等师生关心关切的实际问题。截至目前，全校开展“我为群众办实事”调研30多次，梳理“我为师生办实事”清单50多件，已经在办理的清单实事25件，党员干部带头参加志愿活动近90次。最近，学校将印发《“我为群众办实事”实践活动工作方案》，请各二级党组织结合实际，遵照执行，制定本级方案，列出首批重点民生项目清单。

（五）党史宣讲内外结合。学校还发挥专业和人才优势，以15名马院教师为主，组建了党史学习教育宣讲团。同时，学校还有8名教师被选为肇庆市学党史悟原理“六进”宣讲团成员，10名教师被选为肇庆市教育系统党史学习教育名师宣讲团成员，3名教师被选为肇庆市青年讲师团成员。我们的思政课名师既在校内宣讲服务师生学党史，还走出校门服务地方的学习教育，受邀到市纪委、市民政局、市水利局等单位及端州、高要、四会等地开展党史宣讲。到目前，在校内外开展宣讲近20场，“思政第一课”校内专题宣讲35场。

二、学校党史学习教育仍然存在问题与不足

马克思主义者坚持辩证地、一分为二地看待问题。在看到学校党史学习教育取得成就的同时，我们也要看到还存在的问题和不足，一是思想认识要进一步提高。二是主动意识要进一步增强。三是宣传报道要进一步加强。四是提质增效要进一步升温。需要在下一阶段的学习教育中加以改进。

三、学校党史学习教育下一阶段的努力方向

接下来，我们要深入学习和贯彻中央、省委、省委教育工委和市委关于推进党史学习教育的有关部署和精神，按照学校实施方案和“十个一”的既定计划，更加突出特色，更加注重实效，扎实有序深入地推进学习教育。

一是继续落实“十个一”，持续推进学习教育。“十个一”专题活动是学校既定的学习教育动作。到今天，“十个一”专题活动大部分都已启动，有些已经完成，有些正在深入推进。我们要继续推进

和落实“十个一”专题活动；大力推进“我为群众办实事”实践活动，认真梳理为群众办实事的重点民生项目清单，明确“我为群众办实事”的任务书、路线图和时间表；认真落实省委党史学习教育办公室《党史进校园系列活动工作方案》的部署精神，推进党史“四入”，即“融入思政课程，嵌入校园文化，汇入社会实践，走入组织生活”。各二级党组织还要继续结合实际，创新形式，突出特色，开展多式多样的学习教育。

二是大力营造浓厚氛围，迎接建党百年到来。我们要更加扎实深入地推进党史学习教育，更加有效地学党史悟思想，更加投入地为群众办实事；在校园里，要大力营造“学史明理、学史增信、学史崇德、学史力行”的浓厚氛围，积极创设“庆祝中国共产党成立100周年的节庆气氛”；在“七一”前夕，将党史学习教育推向一个新的高潮，以最好的准备、最佳的状态、最高的热情，热烈迎接中国共产党建党100周年的到来。

三是组织收看七一讲话，认真谋划学习贯彻。我们要认真组织党员干部和全体师生收看庆祝中国共产党成立100周年大会实况直播，认真收听习近平总书记的重要讲话。会议之后，即刻组织党员干部和师生热议总书记重要讲话，在全校范围内掀起学习总书记重要讲话精神的高潮。要认真谋划全校各层面、各领域对总书记重要讲话精神的学习，组织中心组理论学习、党委会第一议题、专题辅导报告、专题集中研讨等方式推进学习。马克思主义学院要发挥专业和理论优势，组织教授博士撰写一批有分量、上档次、高质量的理论文章和学术论文。

四是注意舆情风险隐患，精准判断有效防范。在接下来的学习教育中，我们要对开展的各类活动严格审核把关，注意防范六类党史学习教育的风险隐患。

五是成立学校巡回指导组，开展学习教育督导。我们要自觉接受上级党组织派出的巡回指导组的督促检查，充足准备，积极配合，既向上级巡回指导组展现出我们学习教育的积极成效、经验做法和特色亮点，也虚心听取上级巡回指导组指出的问题和不足，提出的意见和建议。我们也要主动对标对表，结合实际，精选人员，尽快成立学校党史学习教育巡回指导组，明确分工，铭记职责，启动对各二级党组织学习教育的指导、督促和检查工作，以督促检查的方式，既了解情况，也指出问题，促进各二级党组织学习教育的深入开展。

六是既务实推进工作，又加强宣传力度。我们的学习教育要实字当头，既重活动形式的创新，也重活动内容的实在和活动实效的取得。学习党史既是务虚，也是务实，并且更加偏重务实，体现在要学用结合，学以致用，要学出成效、学出信仰、学出担当、学出干劲。另一方面，我们还要加强宣传报道，既展现我们的工作成就，也营造良好的氛围。要在扎实有序推进党史学习教育的同时，做好活动报道，加强特色提炼，要形成更多高质量、有特色的宣传报道文稿。各二级党组织也要积极及时地上报学习教育中的成效动态、亮点特色和经验做法。

在肇庆学院党史学习教育总结会议上的讲话

（2022 年 1 月 23 日）

曾桓松

（肇庆学院党委书记）

同志们：

2021 年，学校全面贯彻落实中央和省委、省委教育工委、市委的决策部署，对照学校实施方案，以“学党史、悟思想、办实事、开新局”为总目标，以“学史明理、学史增信、学史崇德、学史力行”为总要求，推动全校党史学习教育扎实深入开展。我们坚持以上率下，全校整体联动，一体推进党史学习教育走深走实走心；紧扣主题主线，把握关键节点，深入学习中国共产党百年历史，认真学习习近平总书记在党史学习教育动员大会上的重要讲话精神、在庆祝中国共产党成立 100 周年大会上的重要讲话精神和党的十九届六中全会精神，深刻感悟习近平新时代中国特色社会主义思想的科学性和真理性；自觉对标对表，不折不扣地落实“规定动作”，发挥优势特色，推动“自选动作”出新出彩；扎实开展“我为群众办实事”实践活动，办理办结民生实事，奋力推进事业实现高质量发展，学校各项工作打开新的发展局面。

一年来，学校党史学习教育有序全面铺开，扎实深入推进，全校党员干部和广大师生精神焕发、斗志昂扬、激情满怀，学习工作热情高涨，信仰之基更牢固了，精神之钙更充足了，思想之舵把得更稳了。广大党员干部师生受到了一次全面深刻的政治教育、思想训练和精神洗礼。

一、深入学习上级党组织总结会议精神

2021 年 12 月 24 日，中央党史学习教育总结会议在北京召开，习近平总书记作出重要指示。2022 年 1 月 11 日，习近平总书记在省部级主要领导干部学习贯彻党的十九届六中全会精神专题研讨班开班式上发表重要讲话，专门提到党史学习教育常态化长效化问题。我们要认真深入学习中央总结会议精神和习近平总书记 1 月 11 日重要讲话精神。

（一）认真学习习近平总书记为党史学习教育总结会议作出的重要指示精神

习近平总书记在重要指示中简明扼要地阐明了开展党史学习教育的重大意义，总结了全党开展党史学习教育的基本情况，充分肯定了一年来党史学习教育取得的成果成效，同时，习近平总书记对巩固、拓展和深化党史学习教育成果提出了要求，习近平总书记的重要指示，为我们总结党史学习教育，巩固和拓展党史学习教育成果，推动党史学习教育的常态化长效化发展，提供了科学指引和根本遵循。

（二）认真学习习近平总书记在省部级主要领导干部学习贯彻党的十九届六中全会精神专题研讨班开班式上的重要讲话精神

总书记强调要以学习贯彻十九届六中全会精神为重点，深入推进党史学习教育，做到五个“用好”，与此同时，我们还要认真学习省委党史学习教育总结会

议、全省教育系统总结会议精神，准确把握和认真贯彻上级党组织的精神和部署。

二、学校党史学习教育的做法成效

（一）谋划布局高站位

一是及时学习动员大会精神，奠定理论基础。2021年2月25日，学校党委会专题学习习近平总书记在党史学习教育动员大会上的重要讲话精神，以及全省党史学习教育动员大会精神，充分认识开展党史学习教育的重大意义、主要目标、基本要求、工作内容、阶段部署以及省委提出的要求，为高站位谋划党史学习教育，制定实施方案，奠定了理论基础。

二是制定实施方案，积极组织动员。3月3日，学校召开党史学习教育动员大会，对全校党史学习教育进行动员和部署，将全校党员干部的思想统一到党中央和省委决策部署上来，是全省较早召开动员大会的高校之一。结合实际制定了学校实施方案，提出“十个一”专题活动，既面对党员干部，又面对普通师生；既彰显高校特色，又切合肇庆特点，同时印发了《党史学习教育工作要点》。

三是成立相关机构，加强组织领导。学校成立党史学习教育领导小组，下设办公室，选配人员，明确职责，并成立6个巡回指导组，负责对各二级党组织开展党史学习教育进行指导。

（二）深入学习全覆盖

一是学习形式丰富多样。学校党委先后组织了26次理论中心组学习，30次党委会第一议题学习，深入学习习近平总书记关于党史学习教育的系列重要讲话精神、在庆祝中国共产党成立100周年大会上的重要讲话精神、党的十九届六中全会精神，以及学习党史学习教育的4本指定书目。2021年4、5和9月，分别邀请省委党史学习教育宣讲团成员陈金龙、谢迪斌、丁晋清三位专家来校作专题辅导报告。各二级党组织结合实际，开展丰富多样的党史学习教育专题学习，如邀请老党员、优秀校友讲党课等。校院两级党组织中心组开展专题学习党史和习近平总书记系列重要讲话精神达160多次。

二是开展集中研讨交流。举办4期集中研讨交流。4月中旬，举办为期8天的党史学习教育专题研讨班，通过集中学习、分组研讨、辅导报告等方式展开，收到明显成效。其间，学校党委委员赴革命老区广宁开展主题党日活动，现场学党史悟思想。7月1日，上午组织师生收听收看庆祝大会，下午同步举办6场座谈会，党员干部、教师代表、党外人士代表、青年学生发表体会，交流感想，召开庆祝中国共产党成立100周年“两优一先”表彰大会，庆祝建党百年，表彰先进典型。暑假期间，举办横跨整个假期的主题读书班，包括专家讲座、学习研讨、社会调研、个人自学等环节。12月7日至8日，举办学习党的十九届六中全会精神集中研讨班，包括辅导报告、分组研讨、学习分享等内容。

三是提供条件创造环境。为全校中层以上领导干部和马克思主义学院全体教师购买指定书目3000余册。图书馆开设“百年党史”学习园地，各二级党组织相应设立“百年党史”专柜书栏。校园网、官微开设“党史学习教育”专栏，定期推送和转载理论文章、学习动态等学习资料。

（三）融入育人见实效

一是党史学习教育与思想政治教育结合。3月至5月，结合清明节、青年节等重要时间节点，举办“缅怀革命先烈、传承优良传统”“诵读红色故事、牢记初心使命”“学党史、强信念、跟党走——主题团日活动”等系列活动，引导师生讲好红色故事，赓续红色基因。6月至8

月，围绕建党百年的主线，开展“庆祝建党100周年·践行核心价值观”优秀案例征集评选，举办“立志·修身·博学·报国”主题教育活动。暑假，100支大学生“三下乡”实践队伍围绕党史学习教育、理论宣讲、国情观察、乡村振兴、民族团结等选题走出校门，开展社会实践。各二级党组织积极探索，党史融入育人形式多样，成效鲜明，如旅游与历史文化学院开展品读红色经典活动，体育与健康学院将党史学习教育融入定向运动等。评选了17项党史学习教育优秀案例，其中马克思主义学院“一体两翼三支撑”获评全省高校党史学习教育典型案例。

二是党史学习教育融入思政课教学。将百年党史列为形势与政策课专题，要求《中国近现代史纲要》讲好中国近代史，突出中国共产党奋斗史的光辉，《思想道德与法治》用好党史案例帮助学生树立正确的人生观价值观，《毛泽东思想和中国特色社会主义理论体系概论》着重讲清楚党的百年历史。在通识课中专门设“四史”学习模块，开设四门选择性必修课程，每门32学时、2学分，从2021级起每生在第1至6学期必须选修一“史”，完成课程学分修读。

三是举办多堂特殊思政课。分别是肇庆市全国脱贫攻坚先进个人、先进集体事迹分享会，援藏支教学生经验分享会，纪念五四运动灯塔学习会，“一封家书”总决赛，师生从中获得独特的思想教育。坚持线上线下结合，把2021年的毕业典礼和开学典礼办成了规模大、影响广的特殊思政课，对毕业学子和入学新生进行深刻的党史教育。

四是有序开展文化艺术活动。举办以百年党史为主题的文化艺术活动10余场，如红色经典诵读、专场音乐会、合唱大赛、书画摄影展等。其中“学党史、颂党恩”暨“画说西江党史”——肇庆市庆祝中国共产党成立100周年主题美术书法摄影作品展，画说百年党史、图现红色精神，深受校内外党员干部的好评。学校分别获得“永远跟党走　逐梦新时代——广东省第十四届大中专院校‘百歌颂中华’歌咏活动”一等奖和广东省第十四届“百歌颂中华”歌咏活动肇庆选拔赛金奖第一名。

（四）勤办实事开新局

聚焦师生关切，突出党史学习教育为民宗旨，深化“我为群众办实事”实践活动，持续改善和提升师生福祉，开创学校高质量发展新局面。

一是解决“急难愁盼”问题。深入推动“我为师生办实事”实践活动，重点梳理校级四个方面15件重点民生实事，各二级党组织梳理近百件民生实事。明确责任和时限，精准绘制“施工图”，防止形式主义、走过场，打通工作“堵点”“淤点”，做到件件有落实、事事有回应。至活动结束，推动解决了学生热水和饮用水等问题，百分之百办结各项重点民生实事，切实提升全校师生的获得感和幸福感。

二是促进各项工作高质量发展。坚持实践导向，做好学史力行。为完成好广东省提高高等教育毛入学率工程的任务要求，加紧新建2栋学生宿舍的工程进度，不断改善学生住宿条件，为新生顺利入学提供坚实保障。认真做好疫情防控，确保师生生命安全和身体健康。

三是开创学校事业发展新局面。以党史学习教育为引领，以取得实际成效为导向，顺利推进了几项影响全局、开创新局的重要工作。国务院学位委员会正式下文，公布新增硕士学位授予单位，肇庆学院榜上有名，实现了办学史上的历史性跨越；推动新校区建设取得实质性进展，肇庆市已立项，即将动工；再次入选广东高等教育“冲补强”提升计划，获得省里进一步支持等。通过一年来的党史学习教育，学校在建设新时代特色鲜明的高水平应用型大学的道路上，迈出了实质性、关键性步伐。

（五）研究宣传齐并进

一是理论研究收获成果。鼓励广大教师发挥学科专业优势，深入开展党史学习教育理论研究，收获一批上档次、高质量、有影响力的研究成果。省教育科学规划领导小组办公室公布2021年度教育科学规划课题（党史学习教育专项）立项名单，学校3个项目获得立项，目前两个已顺利结项、一个延期结项。6月，在全市党史学习教育研讨会上，两位教师获二等奖，两位教师获优秀奖，一位教师作重点发言。立项15个党史学习教育课题并纳入校级科研项目管理，配套研究经费，目前已全部结项。在《西江日报》《理论导刊》《文化创新比较研究》等期报刊上发表文章10余篇。10月，举办党史学习教育理论研讨会，征集学术论文70余篇，现场研讨，碰撞思想，营造浓厚研究氛围。

二是宣传报道亮点纷呈。省委教育工委工作简报第15、20、44、74期，分别提及学校做法，第137期专门刊发学校情况。市委印发3期工作简报（第52期、79期、116期），专刊介绍学校情况。学校党史学习教育专题网对党中央和省委重要精神、学校工作动态等内容进行跟踪报道，微信公众号、校园网、校园广播开设党史专栏，一共印发党史学习教育工作简报150期，校级媒体报道400多次。同时，市媒体报道42次、省媒体报道13次、国家媒体报道93次。其中，《西江日报》分别深度报道学校聚焦五大领域推动党史学习教育、百名书记讲党课的情况。9月1日，“肇庆学院”学习强国号上线，是全省17个试点高校之一。

三是理论宣讲成效突出。以马克思主义学院教授博士为骨干，组建校级党史学习教育宣讲团，为校内各级党组织和校外各地各单位宣讲150多场，受众5万余人次。开展“百名书记讲党课”活动300余场，受众达3万多人次。组织广大教师发挥优势拍摄党课，学校评选出17个精品党课。马克思主义学院推荐的党课《深刻理解“七一”重要讲话精神的四个向度》入选全省百部精品党课，谢石生老师被省委教育工委评为全省高校优秀党史宣讲员，朱晶老师的党课《让党史之光照亮前行之路》入选全省高校百部精品党课。鼓励优秀学生讲身边的西江党史，拍摄由学生主讲的《岁月峥嵘信念坚——砚园青年讲西江党史》微党课10部，为建党百年献礼的《初心》系列纪录片10集。文学院学生刘婷获评肇庆市“十佳”宣讲员。

（六）查摆问题重整改

一是认真开好专题组织生活会。2021年7月至8月底，全校146个党支部全部按照部署，对照要求、查摆问题，完成党史学习教育专题组织生活会。严格落实双重组织生活会制度，中层以上领导干部都以普通党员身份参加所在党支部的专题组织生活会，并带头谈心得体会。会前认真准备，加强政治学习，开展谈心谈话，深刻检视问题。会上支部书记代表支部报告支部工作情况和党史学习教育开展情况，各成员深入开展批评和自我批评，查找问题，剖析原因，明确整改措施。各党支部一共建立整改台账146份，整改问题463条，整改措施504条。各党支部以专题组织生活会为契机，大力推进问题整改；各党员提高思想认识，结合自身实际，制定时间表，认真整改自身存在问题。

二是认真开好专题民主生活会。目前，部分二级党组织根据上级党组织的要求，已经召开了党史学习教育专题民主生活会。今天上午，学校召开了党史学习教育专题民主生活会。会上，学校党委领导班子及成员聚焦“学史明理、学史增信、学史崇德、学史力行”和“学党史、悟思想、办实事、开新局”的目标要求，重点对照中央和省委要求的“五个方面”问题，进行党性剖析、严肃认真开展批评和自我批评。

三、学校党史学习教育的经验启示

（一）领导带头与基层探索相结合

学校党委领导班子带头积极参加党史学习教育，亲自抓学习推进，亲自谋划和审定“1+10+N”“十个一”专题活动和党史学习教育进校园。我和吴校长坚持在学期开学初给学生上思政第一课，在党委会第一议题、中心组理论学习和各次研讨班、读书班上，作专题辅导报告。学校其他班子成员均按照党史学习教育的要求，充分发挥了带头表率、示范榜样作用。同时，鼓励各二级党组织、各党支部和广大党员在实践中结合实际，发挥学科和专业优势，加强实践探索，努力形成具有特色的党史学习教育。在全校形成了以上率下，层层压实责任，学校党委统筹规划和二级党组织彰显特色相呼应，各级领导示范带头与基层党员积极探索相结合的良好局面。

（二）干部学习与师生学习相结合

既抓好学校领导干部的关键少数的党史学习，也抓好广大师生的绝大多数的党史学习，坚持对党员干部和普通师生分类推进，紧密结合，做到党史学习教育全覆盖。面向党员干部，按照上级党组织的部署，高标准、严要求推进党史学习教育。面向教师，将党史学习教育与师德师风建设、与教学科研相结合，引导广大教师认真学习“四史”。面向学生，将党史学习教育与立德树人根本任务相结合，积极推进党史学习教育融入思政课程、嵌入校园文化、汇入社会实践、走入组织生活，引导广大学生认真学习党史。形成行之有效、各显特色的教师学习方式、学生学习方式，还有党员干部学习方式。

（三）党史学习与育人育才相结合

坚持党史学习教育不偏离学校重点工作，不游离于学校发展大局之外，不与学校育人根本职责相背离。坚持把党史学习与思想政治教育紧密结合起来，将党史学习教育融入思政课程和课程思政，推动党史学习教育进教材、进课堂、进学生头脑，为学校立德树人，构建“大思政”工作格局以及“三全育人”模式和体制机制，增添活力，提升实效。坚持把党史学习教育与人才培养相结合，紧扣学校职责使命和学科专业优势，促进学校人才培养方案的进一步完善，水平质量的进一步提升。

（四）依靠师生与造福师生相结合

全校师生是推动学校改革发展的根本动力，也是学校实现高质量发展的根本保障。一方面，坚持紧紧依靠全校师生，以广大师生为主体，充分发挥全校师生的智慧和力量，深入推进党史学习教育，确保成效取得。另一方面，牢记党的宗旨，开展基层调研，倾听师生呼声，摸准师生需求。开展和推进“我为群众办实事”实践活动，以师生为中心，维护和保障师生根本利益，扎实为师生解难题、纾心困、办实事，彻底解决学生热水和饮用水、疫情背景下保障学生就业、心理健康教育等重点民生问题，切实提升全校师生的获得感幸福感安全感。

（五）学习教育与促进发展相结合

坚持党史学习教育和围绕中心、促进

工作发展结合起来，将党史学习教育的成果转化为推动工作发展和取得工作成效的坚强动力，做到“两不误、两促进”。坚持带着问题学，坚持问题导向、目标导向、结果导向，努力学出成效，寻找解决问题的方法；坚持带着工作学，做到学习每深入一步，工作就往前推进一步，努力学出作为；坚持带着人生思考学，树立正确的党史观，不断提升个人的党史素养，努力学出信仰、学出担当。

四、下一步的工作方向和要求

（一）把学习十九届六中全会精神引向深入

深入学习贯彻党的十九届六中全会精神，既是党史学习教育的重要内容，也是此次党史学习教育结束后，党的二十大召开之前重要的政治任务。

一要持续全面深入学。以党委中心组理论学习、党委会第一议题、专家辅导报告、集中研讨交流等方式，持续加强对党的十九届六中全会精神的学习，要深入学、全面学、系统学，深刻领会十九届六中全会召开和党史上第三份历史决议制定的时代背景、主要内涵和精神实质。

二要带着学生努力学。新学期开学后，要将党的十九届六中全会精神列为思政第一课、形势与政策课等的重要选题，组织学生开展专题学习。同时，要将十九届六中全会精神有机融入思政课主干课程，以及广大专业教师的课程思政。

三要深入研究阐释学。持续发挥马克思主义学院等相关学科专业的师资力量，深入开展十九届六中全会精神的理论研究。积极申报今年的国家社科基金、省思政课题、市社科规划项目等各级各类课题，积极撰写和公开发表理论文章和学术论文，形成一批有分量、有深度、有影响力、学术含量高的学术成果。

（二）推动党史学习教育常态化长效化发展

从历史上看，加强党内集中教育，是我们党加强党的建设的重要举措，这已经成为一项优良传统。但是，从历次党内集中教育的历史经验来看，构建常态化机制是巩固和发展党内集中教育成果，拓展和深化集中教育成效的根本途径。

一是党史学习教育没有结束时。此次党史学习教育的结束，只是一次党内集中教育活动的结束。但是，对党史的学习教育永远都不会结束。推动党史学习教育常态化长效化发展，具有重要的价值和非凡的意义。

二是党史学习教育要成为常态。根据习近平总书记重要指示精神，要在校园范围内推动党史学习教育常态化长效化制度机制的构建，巩固和拓展党史学习教育成果。要坚持立德树人根本任务，加强党史学习教育，将党史学习教育融入校园、融入文化、融入育人、融入制度、融入行动，使党史学习成为广大青年学生的学习常态，融入广大青年学生的日常学习生活，变成学校的一种长期稳定的学习制度。

三是要构建常态化长效化制度机制。努力构建推动党史学习教育常态化长效化发展的一系列制度机制，包括组织领导机制、基本保障机制、激励评价机制，专业课程容纳机制、校园文化涵养机制、科学研究跟进机制、管理服务对接机制，学习教育规划机制、学习教育交流机制、学习成果转化机制等。

（三）以优异成绩迎接党的二十大胜利召开

党的十九届六中全会决定今年下半年召开党的二十大。党的二十大是党在新的百年征程上召开的第一次全国党代会，是党进入全面建设社会主义现代化国家、向第二个百年奋斗目标进军新征程的重要时刻召开的一次十分重要的代表大会，是党和国家政治生活中的一件大事。

一要在政治建设上强化定力。坚持党的全面领导，坚持不懈加强党的政治建设，坚定政治方向，严明党的政治纪律和政治规矩，严肃党内政治生活，坚决拥护“两个确立”、做到“两个维护”，胸怀“国之大者”，不断提高政治判断力、政治领悟力、政治执行力。

二要在立德树人上持续用力。按照习近平总书记提出的“因事而化、因时而进、因势而新”的要求，深入贯彻落实《关于新时代加强和改进思想政治工作的意见》，守住思政工作主阵地、建强思政工作生力军，进一步完善学校支持新时代思想政治教育发展的各项制度，为全校思政工作实现健康持续发展提供更加有力的人力物力财力保障。

三要在管党治校上精准发力。深刻把握百年未有之大变局，深刻把握加快推进教育现代化、建设教育强国、办好人民满意的教育的严峻考验，不断增强教书育人、干事创业、推动学校实现高质量发展的奋进力量。抓实落细党建工作、全面落实巡视整改，持续深化学校改革发展，严格确保校园安全稳定。总之，我们要更加自觉地以习近平新时代中国特色社会主义思想武装头脑、指导实践、推动工作，把党史学习教育成果和党的十九届六中全会精神的学习成效，转化为奋进新征程、建功新时代的强大动力，以优异成绩迎接党的二十大胜利召开。

同志们，党史学习教育没有终点，只有新的起点。我们要在党史学习教育取得成果的基础上，让党史学习教育成为工作常态、学习习惯和生活理性，坚持以党的旗帜为旗帜、以党的方向为方向、以党的意志为意志，赓续党的红色血脉，弘扬党的优良传统，坚定历史自信，筑牢历史记忆，不断为持续推进学校改革发展，稳步落实“十四五”规划，建成新时代特色鲜明的高水平应用型大学，提供源源不断的历史经验、历史规律、历史智慧、坚强动力和精神支撑！

在学习党的十九届六中全会精神专题研讨班开班式上的辅导报告

（2021 年 12 月 7 日）

曾桓松

（肇庆学院党委书记）

同志们：

党的十九届六中全会，是在我们党成立一百周年的重要历史时刻，在党和人民胜利实现第一个百年奋斗目标，正在向着第二个百年奋斗目标迈进的重大历史关头召开的。全会全面深入地总结了党的百年奋斗重大成就和历史经验，对推动全党进一步统一思想、统一意志、统一行动，团结带领全国各族人民夺取新时代中国特色社会主义新的伟大胜利，具有重大现实意义和深远历史意义。习近平总书记受中央政治局委托作的工作报告和在全会上的重要讲话，为我们在党中央的坚强领导下，在新时代新征程上争取更大荣光，指明了前进方向、提供了根本遵循。全会通过的《决议》，坚持辩证唯物主义和历史唯物主义的方法论，坚持正确党史观和大历史观，回顾了党走过的百年奋斗历程，总结了党的百年奋斗重大成就和历史经验，着重阐释了党的十八大以来党和国家事业取得的历史性成就、发生的历史性变革，对实现第二个百年奋斗目标提出了明确要求，是一篇马克思主义的纲领性文献，是新时代中国共产党人牢记初心使命、坚持和发展中国特色社会主义的政治宣言，是以史为鉴、开创未来、实现中华民族伟大复兴的行动指南，必将激励全党锚定既定奋斗目标、意气风发走向未来。

为深入学习党的十九届六中全会和《决议》精神，经学校党委研究决定，学校举办一期专题研讨班。下面，我结合我的学习和学校实际，谈两个方面的意见建议。

一、深刻认识六中全会精神的内涵实质，切实把思想和行动统一到总书记、党中央的决策部署上来

习近平总书记代表中央政治局所作的工作报告和在全会上的重要讲话，实事求是地总结了党的十九届五中全会以来中央政治局的工作，深刻阐明了为什么要总结党的百年奋斗重大成就和历史经验，如何学习总结党的百年奋斗光辉历程，从中汲取智慧和力量，更加坚定地办好当前的事，更加意气风发地走向未来等重大问题。全会审议通过的《决议》是习近平总书记亲自谋划、亲自指导、亲自主持制定的，思想含量、知识含量十分丰富，政治性、理论性、战略性、指导性都很强，既全面系统又重点突出，同党作出的前两个历史决议既一脉相承，又与时俱进。我们要学深悟透习近平总书记重要讲话和《决议》的丰富内涵和精神实质。

（一）深刻认识总结党的百年奋斗重大成就和历史经验的重大意义

我们党历来重视和善于总结历史与经验。1945 年，党的六届七中全会通过了《关于若干历史问题的决议》。1981 年，党的十一届六中全会通过了《关于建国以来党的若干历史问题的决议》。党中央认为，从建党到改革之初，党史上的重大是非问题，前两个历史决议基本都解决了，其基本论述和结论至今仍然适用。改革开放以来，尽管党的工作中也出现过一些问题，但从总体上讲，党和国家事业发展是顺利的，前进方向是正确的，取得的成就是举世瞩目的。所以，这次全会重点在于总结党的百年奋斗重大成就和历史经验，以推动全党增长智慧、增进团结、增加信心、增强斗志。总结党的百年奋斗重大成就和历史经验，是在建党百年历史条件下，开启全面建设社会主义现代化国家新征程、在新时代坚持和发展中国特色社会主义的需要；是增强政治意识、大局意识、核心意识、看齐意识，坚定道路自信、理论自信、制度自信、文化自信，做到坚决维护习近平同志党中央的核心、全党的核心地位，坚决维护党中央权威和集中统一领导，确保全党步调一致向前进的需要；是推进党的自我革命、提高全党斗争本领和应对风险挑战能力、永葆党的生机活力、团结带领全国各族人民，为实现中华民族伟大复兴的中国梦而继续奋斗的需要。《决议》同前两个历史决议一样，必将对推动全党统一思想、统一意志、统一行动，团结带领全国各族人民埋头苦干、勇毅前行，在新时代更好地坚持和发展中国特色社会主义、实现中华民族伟大复兴产生重大而深远的影响。

（二）深刻认识党的百年奋斗的初心

使命和重大成就

一百年来，我们党团结带领人民进行的一切奋斗、一切牺牲、一切创造，都是在践行为中国人民谋幸福、为中华民族谋复兴的初心使命。《决议》分新民主主义革命时期、社会主义建设和革命时期、改革开放和社会主义现代化建设新时期、中国特色社会主义新时代四个历史时期，对党的百年光辉历程和重大成就进行了全面总结。在新民主主义革命时期，党领导人民浴血奋战、百折不挠，夺取了新民主主义革命伟大胜利，彻底结束了旧中国半殖民地半封建社会的历史，彻底结束了极少数剥削者统治广大劳动人民的历史，彻底结束了旧中国一盘散沙的局面，彻底废除了列强强加给中国的不平等条约和帝国主义在中国的一切特权，实现了中国从几千年封建专制统治向人民民主的伟大飞跃。在社会主义革命和建设时期，党领导人民自力更生、发愤图强，完成社会主义革命和推进社会主义建设，消灭一切剥削制度，实现了从一穷二白、人口众多的东方大国大步迈进社会主义社会的伟大飞跃。在改革开放和社会主义现代化建设新时期，党领导人民解放思想、锐意进取，进行改革开放和社会主义现代化建设，我国实现了从生产力相对落后的状况到经济总量跃居世界第二的历史性突破，实现了人民生活从温饱不足到总体小康、奔向全面小康的历史性跨越，推进了中华民族从站起来到富起来的伟大飞跃。在中国特色社会主义新时代，党领导人民自信自强、守正创新，创造了新时代中国特色社会主义的伟大成就，中华民族迎来了从站起来、富起来向强起来的伟大飞跃。

（三）深刻认识中国特色社会主义新时代的历史性成就和历史性变革

党的十八大以来，以习近平同志为主要代表的中国共产党人，坚持把马克思主义基本原理同中国具体实际相结合、同中华优秀传统文化相结合，坚持毛泽东思想、邓小平理论、“三个代表”重要思想、科学发展观，深刻总结并充分运用党成立以来的历史经验，从新的实际出发，创立了习近平新时代中国特色社会主义思想。习近平同志是这一思想的主要创立者。《决议》在党的十九大报告的基础上，用“十个明确”对习近平新时代中国特色社会主义思想的核心内容作了进一步概括。习近平新时代中国特色社会主义思想是当代中国马克思主义、二十一世纪马克思主义，是中华文化和中国精神的时代精华，实现了马克思主义中国化新的飞跃。以习近平同志为核心的党中央，以伟大的历史主动精神、巨大的政治勇气、强烈的责任担当，统筹国内国际两个大局，贯彻党的基本理论、基本路线、基本方略，统揽伟大斗争、伟大工程、伟大事业、伟大梦想，坚持稳中求进工作总基调，出台一系列重大方针政策，推出一系列重大举措，推进一系列重大工作，战胜一系列重大风险挑战，解决了许多长期想解决而没有解决的难题，办成了许多过去想办而没有办成的大事，推动党和国家事业取得历史性成就、发生历史性变革。《决议》从坚持党的全面领导、全面从严治党、经济建设、全面深化改革开放、政治建设、全面依法治国、文化建设、社会建设、生态文明建设、国防和军队建设、维护国家安全、坚持“一国两制”和推进祖国统一、外交工作 13 个方面进行了系统阐述，体现了这个阶段的原创性思想、变革性实践、突破性进展、标志性成果。这些历史性成就、历史性变革，彰显了中国特色社会主义的强大生机活力，党心军心民心空前凝聚振奋，为实现中华民族伟大复兴提供了更为完善的制度保证、更为坚实的物质基础、更为生动的精神力量。

（四）深刻认识党的百年奋斗的历史意义和历史经验

一百年来，我们党始终践行初心使命，团结带领全国各族人民绘就了人类发展史上的壮美画卷，中华民族伟大复兴展现出前所未有的前景。党的百年奋斗，从根本上改变了中国人民的前途命运、开辟了实现中华民族伟大复兴的正确道路、展示了马克思主义的强大生命力、深刻影响了世界历史进程、锻造了走在时代前列的中国共产党，为中国人民、中华民族、马克思主义、人类进步事业做出了卓越的贡献。一百年来，党领导人民进行伟大奋斗，在进取中突破，于挫折中奋起，从总结中提高，积累了宝贵的历史经验：一是坚持党的领导，二是人民至上，三是理论创新，四是独立自主，五是中国道路，六是胸怀天下，七是开拓创新，八是敢于斗争，九是统一战线，十是自我革命。这十个方面，是相互贯通、相辅相成的整体，是党百年奋斗理论和实践的科学总结，是党和人民共同创造的精神财富，必须倍加珍惜、长期坚持，并在新时代实践中不断丰富和发展。

（五）深刻认识以史为鉴、开创未来的重要要求

全会立足党的百年历史新起点，围绕实现第二个百年奋斗目标，满怀豪情地展望新时代的中国共产党，深刻阐明了新时代党的历史使命、指导思想、方法路径、根本立场、根本保证、根本大计等重大问题，向全党全军全国各族人民发出伟大号召，充分彰显了百年大党创造千秋伟业的雄心壮志，充分展示了在新的赶考之路上继续考出好成绩的清醒坚定，必将教育引领全党始终牢记中国共产党是什么、要干什么这个根本问题，继续发扬彻底的革命精神，坚持全面从严治党永远在路上，以新时代党的自我革命引领伟大的社会革命，把学习六中全会精神转化为强大的动能，攻坚克难，开拓奋进，以优异成绩迎接党的二十大的召开。

习近平总书记在全会上的重要讲话，回顾总结了一年来党和国家工作，科学分析了国内外形势发展变化，深刻阐明了制定《决议》的战略考虑，对贯彻落实全会精神提出了明确要求。讲话要求全党同志从党的奋斗历程中汲取智慧和力量，强调坚定历史自信，自觉坚守理想信念；坚持党的政治建设，始终保持党的团结统一；坚定担当责任，不断增强进行伟大斗争的意志和本领；坚持自我革命，确保党不变质、不变色、不变味，以伟大自我革命引领伟大社会革命，以伟大社会革命促进伟大自我革命，确保党在新时代坚持和发展中国特色社会主义的历史进程中始终成为坚强领导核心。

二、全面贯彻落实六中全会精神，推进学校实现高质量发展，努力开创学校教育事业新局面

学习好、宣传好、贯彻好党的十九届六中全会精神，最为重要的是要用全会精神统一思想、凝聚共识、坚定信心、增强斗志，引导全校上下在新时代新征程中展现新担当、干出新作为。我们要坚持以习近平新时代中国特色社会主义思想为指导，深入贯彻落实十九届六中全会精神，锚定建设新时代特色鲜明的高水平应用型大学的目标，凝心聚力、励精图治、发愤图强，努力推进学校各项工作实现高质量发展，让党的十九届六中全会精神在学校落地生根、开花结果，开创出学校教育事业新的局面。

（一）加强党的全面领导和党的建设，为学校发展各项工作提供坚强的政治保证

六中全会把坚持党的领导总结为百年

宝贵经验的首要一条，并且强调“要继续推进新时代党的建设新的伟大工程，坚持全面从严治党，坚定不移推进党风廉政建设和反腐败斗争。”我们要全面贯彻六中全会精神和新时代党的建设总要求，坚持党的全面领导，以永远在路上的执着推进全面从严治党向纵深发展，把全校各级党组织锻造得更加坚强有力。要坚持把党的政治建设摆在首位，严明政治纪律和政治规矩，严守“五个必须”，杜绝“七个有之”，做到“三个决不允许”，全面压实意识形态工作责任制，不折不扣落实好上级各项决策部署。要持续学深学透习近平新时代中国特色社会主义思想，学好用好习近平总书记教给我们的科学世界观和方法论，教育引导广大党员干部坚定理想信念、牢记初心使命。要深入实施新一轮加强党的基层组织建设的三年行动计划，一体化推进全校的各级党组织建设。要把想干、敢干、能干、会干、快干的好干部选出来、用起来，真正锻造起一支能担重任、会抓落实、勇于打拼、敢于创新的高素质干部队伍，为“十四五”的发展奠定重要的组织保证和有力的队伍支撑。还要持之以恒正风肃纪，强化监督执纪问责，持续纠正“四风”，在全校范围内进一步营造风清气正的政治生态。

（二）继续深入推进党史学习教育，充分彰显办实事、开新局的实际成效

党史学习教育到今天，已经到了真正体现学党史、悟思想、办实事、开新局实际成效的时候。我们要把深入学习党的十九届六中全会精神列为党史学习教育的重点内容和重要举措，与学党史紧密结合，与悟思想相互呼应，与办实事、开新局相互对接。要把对党的十九届六中全会精神的深入学习贯彻，转化为党史学习教育中“我为群众办实事”的充实动力和实际成效。学校层面和各二级党组织都要认真对照“我为群众办实事”的活动方案、已经梳理的重点民生实事清单，将每一件实事逐一办好办结，切实打通服务师生的“最后一公里”，与全校广大师生一道，努力推进学校各项工作实现高质量发展。

（三）以做好硕士招生培养准备工作为抓手，全面推进学校各项工作的改革发展

2021 年 10 月，国务院学位委员会正式下发增列的博士、硕士学位授予单位及其学位授权点名单的通知。在名单上，肇庆学院赫然在列，增列的 3 个学位点分别是教育硕士、电子信息硕士、艺术硕士。学校正式获得硕士学位授予权，是学校办学史上的一件大事，实现了学校发展的实质性跨越。下一阶段，我们要深入学习贯彻党的十九届六中全会精神，努力做好硕士招生培养的各项准备工作，使各项工作井然有序、整装待发。硕士研究生的培养是一项系统工程，牵一发而动全身，必将促进学校教学、科研等各项工作的优化升级。我们在全会精神学习中，要以此为抓手，全面推进学校教学科研、党建思政、人事制度、社会服务等各项工作的改革和发展。

（四）增强责任感紧迫感，全力做好年终岁末各项工作，确保“十四五”实现良好开局

我们要切实增强责任感、紧迫感，努力做好年终岁末的各项工作，全力完成全年各项工作的目标任务，确保“十四五”实现良好开局。一方面，我们要做好年底的全面系统总结和各项考核工作，科学总结一年来的各项工作情况，梳理取得的成就和仍然存在的不足与问题，深入分析背后的原因，深刻总结一年以来的工作经验，同时要确保全校发展大局保持平安稳定。另一方面，我们要尽早谋划好明年各项工作，抢先抓早、争取主动，紧密结合上级有关要求和学校发展的实际，科学研

究明年各项工作的发展目标、计划规划和部署安排，找准着力点，找到切实可行的有力措施，使学校各项工作在高起点上实现更好更可持续的加快发展。

（五）认真办好本次专题研讨班，努力实现学习和工作“两促进”、既办实事又开新局的目的

学校党委高度重视，希望以此次研讨班引导大家深入学习党的十九届六中全会精神，实现学习和工作“两促进”、既办实事又开新局的目的。希望大家要提高思想认识，增强学习自觉，提升学习主动，全身心地投入到专题学习研讨之中。既要注重学习过程，遵守学习纪律，加强个人学习和认真聆听讲座报告，又要注重结果，发扬马克思主义理论紧密联系实际的学风，加强学习体会交流，积极参加学习研讨，做到学以致用，学用结合。特别是明天上午的分组研讨环节，大家要积极参与其中，紧扣深学细悟笃行党的十九届六中全会精神，以昂扬奋进姿态加快建设特色鲜明高水平应用型大学的主题，毫无保留地贡献大家的聪明智慧，充分发表个人的意见建议，为学校实现高质量发展，打开新的工作局面建言献策、出智出力。

同志们，学好、用好、贯彻落实好党的十九届六中全会精神，意义重大，责任也重大。我们一定要更加紧密地团结在以习近平同志为核心的党中央周围，在思政上、政治上、组织上、行动上始终与党中央保持一致，全面贯彻习近平新时代中国特色社会主义思想，大力弘扬伟大建党精神，勿忘昨天的苦难辉煌，无愧今天的使命担当，不负明天的伟大梦想，埋头苦干、勇毅前行，努力走好新时代的赶考之路，奋力把学校建设成为新时代特色鲜明的高水平应用型大学，以优异成绩迎接党的二十大的胜利召开！

在2021年春季开学中层干部工作会议上的讲话

（2021年3月3日）

吴业春

（肇庆学院党委副书记、校长）

同志们、老师们：

大家下午好！

上个学期末，我校召开中层干部会，重点对极不平凡的2020年所取得的成绩进行了总结，同时也简要地勾勒了2021年要做的工作。经历了一个春节，各方面情况又发生了一定的变化。由于去年学校各方面工作数据到现在已基本统计清楚，在会议开头拟先对各学院在教学、科研、人事、学工等主要工作指标做些比较分析，以表彰先进，激励后进，也为以二级单位为主体进行绩效考核做些思想上和舆论上的准备（此略），同时着重分析当前我校面临的形势和任务，提出今年工作要点。

一、当前我校改革发展面临的形势

（一）我国高等教育发展的形势、政策与任务

进入新发展阶段，以新发展理念为引领、推动高质量发展是适应我国社会主要矛盾变化和全面建设社会主义现代化国家的必然要求。教育作为民族振兴和国家发

展的基石，“建设高质量教育体系”也成为“十四五”时期我国教育发展的导向。

1. 坚持党对教育工作的全面领导。要深入贯彻习近平总书记关于坚守为党育人、为国育才的总体要求，全面贯彻党的教育方针，坚持马克思主义指导地位，坚持中国特色社会主义教育发展道路，坚持社会主义办学方向，在实践中增强高校党组织的政治功能和组织力，确保党中央决策部署有效落地落实。要以立德树人为根本，加强思政课程和课程思政工作，培养高素质的社会主义事业建设者和接班人。

2. 高等教育进入“质量革命”时代。党的十九大报告对高等教育发展提出了明确要求：加快一流大学和一流学科建设，实现高等教育内涵式发展。教育部连续多年提出要全力实施“质量革命”，加快构建高质量高等教育体系，加快高等教育强国建设。

一是“四新”建设是高等教育发展重点。教育部明确要求：全面深化新工科建设。探索总结适合中国实际的特色化工程教育发展理论，持续深入实施产学合作协同育人项目。推进新农科建设。研制《关于加快新农科建设推进高等农林教育创新发展的意见》，加快实现高等农林教育高质量发展，助力乡村振兴。加快新文科建设。指导高校全面推进文科的专业优化、课程提质、模式创新，分类推进不同领域和不同类型高校新文科建设。教育部还提出要加快推进新医科建设。

二是“双万计划”和“三个一流”建设。继2020年推出“双万计划”后，2021年教育部高教司就明确提出了“三个一流”建设，即建好一流专业、建强一流课程、建优一流基础学科拔尖学生培养基地。进一步提高了基础学科的地位，希望吸引更多优秀学生投身基础研究。高教司提出通过支持和引导高校开展“三制”（书院制、学分制、导师制）拔尖人才培养模式改革来建设一流基地。

三是高校人才培养组织模式不断创新。教育部正在推动高校人才培养组织模式变革，希望以组织创新带动人才培养模式的全方位深层次变革，强化创新创业，打造创新中心和人才培养高地。在此背景下，未来技术学院、现代产业学院、特色化示范性软件学院、储能学院的试行应运而生。

3. 以科技评价制度改革为突破口，营造良好的创新文化。加快科技平台前瞻性、战略性布局，推进构建高质量高校科技创新体系，实现重大原创性成果和关键核心技术的突破。坚持顶天立地，深入实施“高等学校基础研究珠峰计划”，加快前沿科技创新中心建设，加强高校重大科技基础设施和条件保障类基地建设；围绕国家战略急需领域新建若干关键核心技术集成攻关大平台；推动产学研深度融合，深入推进高校科技成果转化和技术转移工作；围绕国家安全和经济社会发展关键领域，研究推动顶尖学科建设。

4. 加快实现治理体系和治理能力现代化。在全国层面，主要抓两方面工作，一是依法治教，构建政府、教育机构、社会三者新型关系，建立“管办评”相对分离又有机统一的制度；二是加快建立破“五唯”的教育评价体系，注重改进结果评价，强化过程评价，探索增值评价，健全综合评价。对高校自身，要坚持和完善党委领导下的校长负责制，不断完善内部治理结构，加快提升符合时代要求的办学治校能力。

（二）粤港澳大湾区及广东高等教育发展的机遇与挑战

1. 高等教育规模扩展。2020年广东高等教育毛入学率预计达52%，标志着广东实现高等教育普及化。广东高等教育毛入学率的快速提升，得益于高校数量的持续增加。据统计，2021 年广东将有 11 所高校（校区）建成招生，其中 9 所落户粤东西北地区，填补了部分地市没有本科高校或高职院校的空白，实现了地级以上市本科高校（校区）、高职院校全覆盖。同时肇庆市正在积极推动本地高等教育发展。原有学校的升级转型、新学校的建设和布局，民办高校的崛起，必然造成资源重新分配。可以说，我们面临着越来越大的竞争和压力。这需要我们冷静从容，直面挑战，迎难而上。

2. 继续推进质量提升工程。高等教育覆盖面增加的同时，提质也在同步进行。早在 2018 年，广东就推出高等教育“冲一流、补短板、强特色”提升计划，形成“高水平大学建设计划”“粤东西北高校振兴计划”“特色高校提升计划”三大建设计划，推动公办本科高校在不同层次争创一流、特色发展。2021 年广东将谋划新一轮“冲补强”提升计划，在新的起点上推进全省本科高校分类发展、内涵提升，重点培育建设一批入选 ESI 全球排名前 1% 或国内前十的学科。瞄准全省或当地产业转型升级需要，进一步凝练学科方向，调整优化学科专业结构，增强高校学科专业快速响应能力。

按照国家和广东整体战略布局，大力开展有组织的科学研究，不断增强原始创新能力和关键技术攻关能力，争取在部分“卡脖子”问题上取得突破。积极参与省实验室等重大科技基础设施建设，争取再新增一批国家重点实验室等国家级创新平台。大力推进科产教深度融合，引导企业与高校合作研发或向高校购买技术成果，构建科产教协同融合发展生态。广东省“冲补强”计划的实施，对于我校来说显然是一个重大的发展机遇。这需要我们重点谋划，全力实施，乘势而上。

3. 区域协同进一步增强。在粤港澳大湾区建设背景下，教育部、广东省人民政府联合印发《推进粤港澳大湾区高等教育合作发展规划》，提出持续推进高等教育合作发展，建成世界领先水平的高等教育体系和国际教育示范区。2021 年广东将加强省市联动、统筹协调，全省一盘棋，实现大湾区、先行示范区、“一核一带一区”教育相互支撑、联动发展。同时继续推进境外优质教育资源合作办学，重点推进香港科技大学（广州）建设，统筹推进香港城市大学、香港理工大学、香港公开大学等到大湾区内地相关地市合作办学。

可以预见，未来粤港澳三地教育交流合作将向纵深发展，积极参与粤港澳大湾区教育合作将成为重要课题。这需要我们坚持开放办学，主动融入湾区，加强对外交流与合作，学习先进，借势而上。

二、2021 年我校的重点工作

2021 年是“十四五”规划的开局之年，是建党 100 周年，也是从脱贫攻坚到乡村振兴、全面建设社会主义现代化国家的新征程开启之年，同样也是我校经历 50 年基础夯实后向更高目标奋进之年。

2021 年学校工作总的思路是：以习近平新时代中国特色社会主义思想为指导，全面贯彻党的十九届五中全会精神，认真学习习近平总书记关于教育的重要论述和全国教育工作会议、全省教育大会精神，坚持以立德树人为根本，紧扣建设新时代特色鲜明的高水平应用型大学的总目标，聚焦“十四五”发展规划，以党建思想为统领，以“申硕改大”为抓手，以学科建设为龙头，以队伍建设为核心，以人才培养为根本，以科技创新为支撑，以服务社会为导向，切实提高人才培养质量，进一步提升办学水平，力争开创学校发展新局面，以优异成绩献礼中国共产党成立100周年！

2021年学校重点工作，确定为十二项：

（一）全面加强党的领导和党的建设

强化党的创新理论武装，把学习贯彻习近平新时代中国特色社会主义思想作为首要任务。把开展党史学习教育作为党的政治生活中一件大事来抓，树立正确党史观，高标准高质量完成学习教育各项任务。完善理论学习深化机制，做到联系实际、问题导向、推动工作。召开庆祝中国共产党成立100周年大会暨“七一”表彰大会。坚持党委领导下的校长负责制，坚持党对学校工作的全面领导，确保党委在办学治校中始终总揽全局、协调各方。以创建“全省党建工作示范高校”为抓手，深入实施品牌示范工程。扎实做好中层领导干部换届工作，选优配强学校中层干部。坚定不移推进全面从严治党。持续深化学校纪检监察体制机制改革，进一步加强廉政风险防控监督体系建设；进一步加强和深化校内巡察，持续加强党风廉政建设。

按中共广东省委统一部署和要求，3月上旬到5月底，我校与广东省其他29所省管高校党组织一道，接受省委第八轮巡视。学校各单位要积极配合省委巡视组工作，自觉接受政治体检，以此促进我校办学治校沿着正确方向不断前进。

（二）以立德树人为根本，全面加强思想政治工作

全面贯彻党的教育方针，把立德树人成效作为检验学校一切工作的根本标准，把师德师风作为评价教师队伍素质的第一标准，坚持为党育人、为国育才。持续加强学校思想政治工作，配齐建强思政课教师和辅导员队伍。全面加强课程思政建设，将思想政治工作融入教育教学各环节，进一步完善思想政治工作体系，形成“三全育人”新格局，着力提升思想政治工作质量。压实意识形态责任，抓好政治安全和意识形态安全，加强校园安全管理。增强国防意识，高标准完成大学生征兵任务。加强和改进我校宣传和新闻工作，增强宣传的广度、深度和效度。

（三）慎终如始抓好疫情防控工作

坚决做到思想上不麻痹，心理上不厌战，责任上不懈怠，执行上不松劲，认真落实教育部“五个一律”和省市相关防控要求，把握工作特点和规律，慎终如始抓好常态化疫情防控工作，严格落实各项防疫措施，守护好学校安全，严防疫情传入校园，严防校园发生聚集性疫情。

加强爱国卫生运动和教育，使师生形成良好的卫生习惯，抓好常态化的疫情防控和传染病防治，增强师生体质。

（四）做好“十四五”规划编制及开局工作

完成“十四五”发展规划编制，做好“十四五”发展开局工作。根据上级要求、社会需要、师生期盼和我校实际，认真研究和科学设定各项发展指标，研究我校“十四五”期间学科、专业建设规划，制订学科专业调整方案，以及学科、专业在主校区和新校区的分布规划。

（五）深化学校综合改革，增强办学活力

以人事制度改革为突破口，全面推进学校综合改革。将从引进、培育、聘用、绩效分配、岗位设置、工作量定额、考核评价、职称晋升、奖励、转岗或辞退等综合梳理和调整现有制度；提升部门管理效能，简政放权，优化服务，激发学院办学主体性和积极性，强化对二级单位的绩效考核；打通教学与科研工作量，建立教职工工作量“当量”机制，加大教学、科研重要成果奖励力度；深化资源配置改

革，提高办事效率和服务效能，全面提升学校管理的信息化、制度化和科学化水平。

待办学体制调整后，及时修改章程和相关管理制度。按照省属高校要求，制订“三定”方案，核定编制内人员，进行清产核资。推进人事绩效制度改革，推进考试招生制度改革，调整和优化学科专业。

（六）实施人才强校战略，打造高水平教师队伍

做好高水平教师队伍建设规划，加快高层次人才引育步伐。调整人才引进政策，增强对人才的吸引力；加大博士和博士后青年教师的引进力度，加强境内外高校合作，形成青年教师博士专项工程，大力支持中青年教师提升学历、参加国内外访学研修和校外实践锻炼；发挥各类教师专长，对教师实施多元化管理、多元化评价和考核；根据教学、科研需要，推进高水平的创新团队建设。

（七）持续深化教学改革，提升人才培养质量

以学生为中心，从建、改、管、评、赛多维度，继续深化教学改革，深入推进“质量革命”，全面强化和建设良好教风与学风，全面推进教学元素和教学条件建设。推进专业结构调整与优化，做好二级学院新的设置，不断推进“四新”建设和“新师范”建设，强化统筹教师教育资源与功能，完善“肇庆模式”。推进“三个一流”建设，加快专业认证和课程改革步伐，不断推进产业学院建设。加强“一院一特色、一院一品牌”的建设，系统打造教学品牌亮点。持续抓好毕业生就业创业工作。

有效应对“提毛工程”（提高高等教育毛入学率工程）后教学方面的变化和影响，保障招生、教学、就业等质量。

持续打好“申硕”攻坚战，建立和健全研究生教育体系，完善研究生培养的规章制度和条件建设，同时做好后续硕士学位点的培育工作。

（八）加强学科建设，增强创新能力，提升学术水平

以服务社会经济发展重大需求为导向，认真编制新一轮“冲补强”建设方案。加强“省市校”三级重点学科建设，发挥示范引领作用，带动学科整体水平提升和交叉融合发展。继续推进新增硕士学位点的建设工作，努力将硕士点的建设做早、做实、做特。

以项目、团队、平台和成果“四位一体”为抓手，加快完善科研评价体系，紧紧围绕国家相关文件精神修订科研管理办法，开展科研经费“包干制 + 负面清单”试点；健全适应学校发展的学科和科研奖励体系，体现优劳优酬；增强教师团队意识和创新精神，推进科研团队建设；继续推进岭南现代农业省实验室肇庆分中心建设，全力争取农业农村部两个重点实验室落户我校，做好高水平项目申报和重大科研成果培育工作，加快提升科研创新能力。

（九）全面提升社会服务能力

以广东省“双十产业集群”、粤港澳大湾区国际科技创新中心及肇庆市主导产业发展需求为导向，开展研究开发、成果转化和技术服务工作；以科技成果转移转化中心和大学科技园为纽带，加强成果转化和企业孵化，使科研成果向现实生产力转化；大力推进政校企合作载体建设，发展新型研发平台；强化科技特派员管理，进一步加强科技开发、项目推广、决策咨询服务，推进科技培训的组织和管理工作；深入实施科技兴农计划，推动脱贫攻坚与乡村振兴有效衔接，在各类社会服务中提升实力、扩大影响。

（十）坚持开放办学，促进对外合作与交流

密切与政府及主管部门的沟通，强化与先进高校、科研院所的协作，强化与企业的合作，在交流和合作中锻炼队伍，增强能力，提升水平，扩大影响。加强粤港澳大湾区相关单位的融通，推进香港公开大学（肇庆）的筹建工作。

进一步加强国际交流与合作，在现有合作项目基础上，稳步扩大与国外高校（特别是“一带一路”沿线高校）的交流和合作。形成与境外高校联合培养博士研究生的合作项目，启动国际教育学院建设，招收国外留学生。

（十一）坚持依法治校，提升学校治理水平

把学习宣传贯彻习近平法治思想作为重要政治任务，全面推进教育治理体系和治理能力现代化。贯彻落实高等教育法，以章程为基础，推动形成完善的制度体系、科学的内控制度、有力的执行机制、良好的法治精神和法治文化，实现学校管理与运行的制度化、规范化、程序化。适应现代大学管理，从简政放权、转变职能角度，研究管理机构调整方案，同时探索新形势下校院二级管理体制机制，推进机构科学设置。

（十二）改善办学条件，加快新校区建设

抓好年度预算编制、执行、绩效等全过程管理，加强项目库管理，强化预算安排挂钩机制，加快支出进度，提高预算绩效。组织实施好提高高等教育毛入学率工程项目。各方通力合作、协同推进，高起点、高标准规划新校区。

三、关于落实今年工作的几点想法和要求

（一）在思想上和心理上实现“三调”“两改”

“三调”就是调坐标、调时态和调心态。明确历史方位，明确参照系，对自身发展进行科学定位；改革进入新时代，“十四五”开局，我校在过去50年基础上进入新的发展征程；改革正在进行时，既要破除无所作为、观望心态，也要破除盲目乐观、好高骛远的心态，稳扎稳打，善作善成。“两改”就是改赛道、改打法。办学上朝教学研究型迈进，敢于与强手对垒和竞争，打好阵地战、攻坚战。

（二）促进教学、科研协同和融合

人才培养为大学立身之本，科研为大学强身之基。教学是流、科研是源。无教学不成大学，无科研不成强校，更不能成为卓越之校。要彻底摒弃只搞教学不搞科研的老套路，教学是赛场，科研是战场。要将老师赶下科研之海，在呛水和拼搏中增长才干、壮大实力、提升名气。要打通教学与科研的隔离，让教授、名师上讲台，实验室向学生开放，促进科研资源用在创新人才培养中。

（三）教师是大学之本，形成尊师重道的学术共同体意识

师为校本，名师才能出高徒。不能形成武大郎开店的小家子气，各学院在引人育人用人上，应进一步加大力度，应有大格局、大思路、大气魄、大手笔，唯才是举、唯才是用。教师自身也应有忠诚教育事业、献身学术的精神追求，把职业当事业，守得住寂寞，顶得住压力，以“君子”人格自律，以士大夫“立德立功立言”“三不朽”为追求，在砚园成就一番伟业。

（四）在学校发展特别是在“十四五”规划中，既要有战略观念，也要有战术意识

人才强校、学术立校、开放活校、文化兴校等，是很多大学共同认可的战略，说是战略，其实很多时候被当作一种观念、意识在强化，或说是一种办学理念。

其实，战略战术更强调实操性和可行性，是行动派。在落实上述战略的同时，我们也要根据学校实际形成自身管用的战略和战术。在当前，以小绑大，以弱联强，借船出海，搭桥过河，是我校一条重要发展道路。可称之为藤条战术、伙伴计划、攀扶战略，即通过与名校名所的联合，实现战略意图，同时包括与各类主管部门、地方和企业的密切沟通或形成战略联盟。国际合作亦如此。此点请各学院、各单位认真实施，这也是考验各单位主要负责人组织协调能力的标准。

（五）学校深化改革的逻辑、路径和目标

十八大以来，中央成立深化改革领导小组，全面推进各方面改革。改革是当前主旋律，改革也是促进发展的动力，是对不适应社会发展的生产关系进行调整、完善或重建的过程。所以，改革不是说过去做得不对，过去有过去的情况，现在有现实的需求，改革也是长期的过程。这个观念必须建立。改革的路径，我认为一是思想观念的转变，形成新的理念、新的意识，并成为大家的广泛共识；二是制度和规范的调整优化，更深层次还涉及体制机制调整，通过科学的制度管人理事，形成激励机制；三是由外在约束变为自律，体现在个体行为上的改变；四是由个体扩散到群体，形成集体意识；由上代传到下代，形成精神文化。所以改革是由思想到制度，由制度到行为，由动态到相对稳定的过程。

（六）通过学思践悟，不断提高干部政策水平和管理能力

管理工作有学问，但还不同于做学问，它面向的是社会，针对的是活生生的人。所以管理是科学，也是艺术。学、思、践、悟，是提高管理水平和能力的主要方法，也是重要的修行。在此我重点说下“学”。学有学政治、学政策、学理论等，不断提高政策水平。在多个场所我都讲过，学政治学理论，无论对自然科学还是社会科学教师尤其是管理干部来说都会获益匪浅，通过政治理论学习，掌握科学的世界观、方法论，了解形势和政策，这是作为管理干部最重要的战略资源，我觉得我们的干部在理论、政策的学习和掌握上还有很大的潜力。

（七）管理中要增强数据意识和档案意识

在我们现有的管理中，不少单位对数据统计意识欠缺，平时无积累，年终无统计，数据分散，既缺少纵向比较看得失，也缺少与外校同行的横向比较看差距；档案材料亦是如此，有些单位平常疏于分类和管理，年终缺少整理。在大数据、信息化时代，这是管理中的大忌。这次年终总结，也反映出这样的问题和弊端，从单位部门负责人，到具体岗位人员，都缺少这种意识。今后工作汇报，既要用事实和成绩说话，也要用数据说话。学校拟从 2021 年开始，编辑学校年鉴（文字版和电子版），强化重要资料和数据的存储、分析和运用。

在2021年秋季期末中层干部工作会议上的讲话

（2022年1月11日）

吴业春
（肇庆学院党委副书记、校长）

2021年，学校坚持以习近平新时代中国特色社会主义思想为指导，深入学习贯彻党的十九届六中全会精神，贯彻落实习近平总书记在党史学习教育动员大会和中国共产党成立100周年庆祝大会上的重要讲话精神，增强“四个意识”、坚定“四个自信”、做到“两个维护”。弘扬伟大建党精神，全面加强党的领导和党的建设，贯彻党的教育方针，坚持社会主义办学方向，围绕立德树人根本任务，落实省委“1+1+9”工作部署和高等教育“冲补强”提升计划，学校事业发展取得丰硕成果，“申硕”工作取得圆满成功，办学层次上新台阶，教师教育“肇庆模式”的影响力进一步提升，大学科技园获批成为国家大学科技园，农业农村部实验室获批建立，建设约10万平方米的“提毛工程”提前超额完成。

一、深入学习贯彻习近平新时代中国特色社会主义思想和党的十九届六中全会精神，党史学习教育成效显著

（一）强化思想理论武装，深入学习贯彻习近平新时代中国特色社会主义思想和党的十九届六中全会精神

深入学习贯彻习近平新时代中国特色社会主义思想，立足新发展阶段、贯彻新发展理念、构建新发展格局，全面贯彻落实党的教育方针。深入学习贯彻党的十九届六中全会精神，习近平总书记重要讲话、重要指示批示精神和党中央决策部署。修订校院两级党委理论中心组学习制度，制定学校党委中心组年度学习计划，进一步加强学习规范化建设。学校党委会“第一议题”专题学习30次，中心组理论学习26次。印发《思想政治理论学习资料汇编》，征订并发放《论中国共产党历史》等理论学习书籍3000余册。邀请专家来校作辅导报告6次，通过现场会、视频会等方式专题学习26次。创新学习方式，开通“肇庆学院”学习强国号，在学习强国上发布信息238次（条）。

（二）高标准高质量开展党史学习教育，组织开展建党100周年系列活动

深入学习贯彻习近平总书记在党史学习教育动员大会和中国共产党成立100周年庆祝大会上的重要讲话精神，高站位谋划、高标准组织，不断推进党史学习教育走深走实，组织开展建党100周年系列活动。一是把“学史明理、学史增信、学史崇德、学史力行”学习目标贯彻始终，成立党史学习教育领导小组办公室和巡回指导组，举办四期集中研讨班和“十个一”专题学习活动；党史教育宣讲100余场次，国家、省市媒体宣传报道60余次。二是进课堂，在通识课程中开设“四史”模块课程，推动党史学习教育融入思政课程。三是突出特色，举办“学党史，强信念，跟党走”读书分享会，开展西藏林芝共建大学生思政教育实践基地座谈会。四是深入推进并完成“我为群众办实事”重点清单15件。举办“书

记校长下午茶”、校领导接待日等活动，进一步密切与师生的联系，多途径多形式深入了解师生所求、所想。五是围绕建党百年，开展了红色故事诵读、“一封家书”、艺术展演等系列文化艺术活动。完成了全国、全省、全市和全校“两优一先”评选推荐工作，其中，获评市优秀共产党员1名，优秀党务工作者1名，先进基层党组织1个；市教育系统优秀共产党员3名，优秀党务工作者2名，先进基层党组织2个。大力开展了“传承红色基因，践行初心使命——百名书记讲党课”专题活动，深入168个基层党组织讲授党史专题党课300多场次。

二、全面加强党的领导和党的建设，扎实抓好省委巡视整改

（一）突出政治建设，全面加强党的领导

始终坚持把政治建设摆在首位，在思想上政治上行动上同以习近平同志为核心的党中央保持高度一致，深刻领悟“两个确立”的重大历史意义，进一步增强“四个意识”、坚定“四个自信”、做到“两个维护”。制定《肇庆学院贯彻落实〈关于加强高校党的政治建设的若干措施〉的实施方案》，切实加强党的政治建设。2021年党委会专题研究党的建设有关工作16次，全面加强党的领导，着力把管党治党贯穿到办学治校全过程，坚持党委领导下的校长负责制，认真落实党委会和校长办公会议事规则，确保学校始终沿着正确方向前进。

（二）配合省委开展巡视工作，全力抓好省委巡视整改

积极配合省委开展巡视工作，严格按照省委要求狠抓巡视整改落实，成立肇庆学院巡视反馈意见整改落实工作领导小组，扎实做好巡视“后半篇文章”，以最坚决的态度、最有力的行动、最扎实的措施、最严格的要求抓好巡视整改。将巡视反馈的四个方面39个分项问题细化为55个具体问题，并制定相应的具体整改措施，建立分项整改台账，逐条逐项明确牵头领导、责任单位、整改目标和完成时限。各责任单位根据学校整改工作方案，聚焦认领的问题，组建工作专班，进一步细化实化整改措施，实行“挂图作战”“对账销号”，严格按照时间节点倒排工期，努力做到解决一个问题、完善一套制度、堵塞一批漏洞，确保全面整改、彻底整改。多次召开党委会和巡视整改专题会议，研究部署巡视整改落实工作，推动各项整改任务高质高效完成。截至11月30日，55个具体问题中已完成整改36个，取得阶段性成果需要继续推进的有15个，正在整改的问题有4个。以巡视整改为契机，扎紧扎实制度笼子，做到把制度优势转化为治理效能。

（三）坚持示范引领，抓紧抓实党组织建设

1. 全力加强基层党组织建设。制定《肇庆学院贯彻落实〈广东省加强党的基层组织建设三年行动计划（2021—2023年）〉实施方案》，不断提升基层党组织建设制度化、规范化、科学化水平。大力推进“对标争先”计划，推动形成“一院一特色、一支部一品牌”，组织申报肇庆市教育系统第三批基层党建示范点。“砚园党建智库工程”获肇庆市委“西江党旗红”基层党建品牌。完善党员“政治生日”等制度，引导毕业生党员增强党性意识，在工作岗位上发挥党员先锋模范作用。加强党建理论研究，组织召开了党建研究会。修订完善了《肇庆学院二级党组织工作规定》《肇庆学院二级党组织书记抓基层党建工作述职评议考核办法（试行）》《肇庆学院党校工作规定》等制

度，推动党组织书记履行全面从严治党第一责任人职责，班子成员履行“一岗双责”。制定《关于加强在高知识群体、青年教师和少数民族学生中发展党员工作的实施意见》，健全学校领导干部联系高知识群体、中青年教师入党积极分子制度。严格落实“三投票五公示一答辩”工作制度，2021 年共发展 1500 名党员，其中教工党员 18 名。

2. 全面开展党建工作“示范高校”培育创建，打造党建品牌。制定《肇庆学院创建“全省党建工作示范高校”实施方案》，严格落实党建工作责任制，按照“五个到位”“七个有力”创建要求抓好落实。认真完成 2021 年“全省党建工作示范高校”培育创建进展报告，抓好全国、全省党建工作“标杆院系”“样板支部”“双带头人”工作室培育创建工作；坚持示范引领，突出点面结合，强化辐射作用，形成上下联动齐抓共管的有效局面。截至目前，学校共有“全国党建工作样板党支部”2 个、“全省党建工作示范高校”1 个、“全省党建工作标杆院系”3 个、“全省党建工作样板党支部”5 个、“全省高校‘双带头人’教师党支部书记工作室”1 个、肇庆市教育系统党建示范点 2 个。2021 年，旅游学院党委已通过省审核，并被推荐至教育部参加全国党建标杆院系评审。

3. 落实党管干部工作，不断提高选人用人工作水平。加强领导班子建设，注重团结一致，领导班子不断提升履职能力和干事创业的精气神。坚持党管干部、党管人才，结合省委巡视整改选人用人专项检查工作、领导干部违规兼职取酬问题专项整治工作、开展执行任职回避制度不严问题专项治理“回头看”工作、领导干部及时报告个人有关事项工作等专项工作，从严监督管理干部，着力建设一支忠诚干净担当的领导干部队伍。坚持把工夫下在平时，切实做好中层领导班子换届分析调研工作。加大年轻干部培养使用力度，全年选派到国家省市各党政管理部门挂职挂任干部 16 人；先后选派 16 名优秀管理干部参加国家教育行政学院、省市各级党校培训（轮训）。组织 168 名党组织书记参加“知史爱党”全省高校党支部书记党史教育专题网络培训。组织科级以上领导干部 340 人参加广东省干部网络培训学院网络培训。修订《肇庆学院干部选拔任用与管理实施办法》《肇庆学院领导干部因私出国（境）管理办法》等有关规定，不断提高选人用人科学化、制度化、规范化水平。

（四）加强对统战工作的领导，扎实做好统战工作

不断加强对统一战线工作的集中统一领导，成立肇庆学院统一战线工作领导小组，召开统战工作领导小组（扩大）会议暨学习贯彻《中国共产党统一战线工作条例》专题会议，增进政治共识。成立肇庆学院党外知识分子联谊会，进一步团结和联系党外知识分子。动态管理统战成员资料库，加强各民主党派、统战团体组织建设，成立了知联会。11 名民主党派成员当选为新一届肇庆市委、市基层委员会领导，35 人被认定为无党派人士；协助市统战系统考察党外人才 71 人次，开展各类专题学习教育和外出调研 10 多次。支持和引导党外人士积极参政议政，1 人的提案获评 2020 年度市政协优秀提案，2 人获评政协肇庆市委员会 2020 年度优秀委员。加强统战理论研究，3 篇论文获全市统战理论政策研究创新成果二、三等奖。做好台湾教师服务管理，召开台湾教师工作座谈会，全面了解台湾教师思想状态、工作实绩以及存在的问题，为更高质量做好台湾教师服务管理工作打好了

基础。

（五）加强党风廉政建设，推动全面从严治党向纵深发展

1. 坚持全面从严治党，持续深化纪检监察体制改革。制定《肇庆学院2021年全面从严治党工作要点》《肇庆学院落实全面从严治党主体责任清单》，通过明确责任清单，量化到岗、细化到人，更好地推动党组织书记履行第一责任人的责任，推动班子成员认真执行“一岗双责”。着力抓好党风廉政建设工作。2021年专题研究党风廉政建设工作6次，深入分析研判校内党风廉政建设情况，深化“不敢腐、不能腐、不想腐”一体推进，努力实现政治效果、纪法效果和社会效果相统一。推进纪检监察工作规范化和纪检监察干部队伍建设。按照“纪委书记不再分管和参与纪检监察无关的工作”的要求，重新调整学校领导班子分工，确保纪委书记聚焦主责主业。按照履职需要和精干高效的原则，建立健全纪检监察室机构设置，逐步配齐配强纪检监察员，加强纪检监察干部队伍建设。

2. 突出政治监督，开展校内巡察全覆盖。聚焦党的理论、路线、方针、政策和党中央重大决策部署在高校的贯彻落实情况，聚焦师生群众反映强烈的腐败和作风问题。对5个二级党组织开展第三批校内巡察工作，实现任期内巡察全覆盖。第三批校内巡察共开展个别谈话207人次，收到群众《征求意见表》258份，梳理发现二级党组织5大方面38条“存在问题”，向被检查单位和有关职能部门提出“意见建议”，形成上下联动的整改格局，确保“两个责任”得到全面落实。扎实推进第二批6个二级党组织的校内巡察整改落实工作。

3. 坚持抓早抓小，坚定不移正风肃纪反腐。坚持挺纪在前，把苗头性、倾向性问题解决在萌芽状态。持之以恒纠治“四风”，做好公务接待中“吃公函”问题整治、形式主义和官僚主义集中整治以及高校四个领域腐败风险专项清理整顿等工作。依规依纪依法受理有关信访举报、问题线索，目前已办结13件。落实抓早抓小长效机制、工作约谈制度和问责追责制度，2021年给予开除党籍、开除公职处分1人，通报批评1人，诫勉谈话2人，提醒谈话77人次。扎实开展纪律教育学习活动，组织领导干部观看警示教育片和参观廉政教育基地，以案示警，切实提升警示教育的实效性。进一步完善和强化内审制度流程建设，积极创新审计工作方式方法，切实提高审计监督效能，做好常态化“经济体检”。建立师德档案，筑牢师德防线。

（六）圆满完成脱贫攻坚任务，积极开展乡村振兴工作

学校出色地完成了帮扶广宁县横山镇横山社区罗帷村在册贫困户209户439人（有劳动能力贫困户81户274人，无劳动力贫困户128户165人）的脱贫攻坚任务。2021年6月，学校乡村振兴组团帮扶德庆县播植镇，并选派了一名干部进驻播植镇开展帮镇扶村工作，积极开展乡村振兴工作。

（七）切实加强保密工作，做好档案管理工作

1. 保密工作抓严抓实。加强保密教育，增强政治意识，把党的保密纪律、法规列入党委会议题和党委中心组理论学习内容，召开学校保密工作会议，推进我校保密工作制度化、常态化。加强保密工作检查，严格计算机使用管理，遵循“涉密信息不上网，上网信息不涉密”原则，对我校重要部门和部位的计算机进行拉网式检查；组织保密委成员单位开展2021年度保密自查自评工作，全面排查隐患漏

洞，有效推动了学校保密工作的规范化，为学校今后保密工作进一步开展打下了坚实基础。组织开展了两次保密知识竞赛活动，我校获得全省高校保密专题竞答辩论赛“优秀组织奖”。

2. 档案管理工作有条不紊。认真做好档案的收集整理工作，全年接收、整理、装订、入库教学档案304卷。启用电子文档数据中心系统，实现了校办文书文档的电子化推送，进一步提高了档案管理水平。认真推行“首问责任制”，对于来访者不冷漠、不推诿，热情接待档案查询者。召开全校档案工作会议，对全校各二级单位的档案分管领导及兼职档案员进行了档案法律法规和业务培训。

三、推动宣传思政工作高质量发展，立德树人根本任务有效落实

（一）进一步加强意识形态工作

始终坚持马克思主义在意识形态领域的指导地位，严格落实上级党委关于意识形态和政治安全的工作部署。以落实省委意识形态专项巡视为契机，制定整改方案，明确责任清单，压实整改责任。修订学校意识形态工作责任制实施细则、网络意识形态工作责任制实施办法，健全意识形态工作考核体系和检查督导机制，制定意识形态领域情况通报制度、工作巡查制度、舆情监测和预警等10余项制度，意识形态工作机制进一步完善，党委统一领导、党政齐抓共管、宣传部门组织协调、有关部门分工负责的意识形态工作格局进一步巩固。党员领导干部的风险防范意识、问题处置能力不断提升，阵地建设管理切实有效。2021年学校意识形态总体安全稳定。

（二）全面提高思想政治理论课质量和水平

加强思政课改革创新，不断提高思政课教学效果。形成了“一体两翼三支撑：提升思政课立德树人成效”教学成果。加大思政课“金课”建设力度，鼓励教师积极参加教学展示及创新案例等活动。2021年获广东省“同上一堂党史课”教学展示一等奖1项，广东省“百部精品党课”1项，广东省高校百部精品党课1项、优秀党史宣讲员1人；广东省高校思政课党史教育优质课例展示活动二等奖、三等奖各1项。推动习近平新时代中国特色社会主义思想进教材、进课堂、进头脑。加强课程思政建设，创建省级课程思政改革示范团队1个，示范课程2个，示范课堂5个；2个教学案例入选广东省本科高校课程思政改革优秀案例集。

（三）积极构建“大思政”育人格局

选优配齐思政课教师和辅导员队伍，思政课专兼职教师已达到1∶350、辅导员师生比已达到1∶200要求。开展了“辅导员素质能力大赛”等各类创优争先活动，充分发挥了榜样示范作用。制定2021年思想政治工作要点，根据实际情况调整学校党建研究会、思想政治教育研究会成员，组织召开2021年度思政研究会，征集优秀论文70余篇，编制优秀论文选集。不断凝练“三全育人”特色和品牌，举办全国脱贫攻坚先进个人先进集体事迹分享会暨学校“思政第一课”“让党旗在祖国边陲高高飘扬”特别思政课等活动，着力打造“模块化、专题化新生入学教育”“学生带班党员”“援藏支教”等系列主题教育品牌。分批开展教师课程思政教学能力培训，举行校级课程思政教学大赛。加强学生社团管理，修订了《肇庆学院学生社团指导教师管理办法》。社会实践育人成效显著，学校第20次被评为全国大中专学生志愿者暑期“三下乡”社会实践活动优秀单位，“追溯红色记忆”党史学习实践团被评为全国优秀团

队，西藏墨脱援藏志愿服务实践团被推荐选评为全国重点团队，另有10支队伍被推荐为省级重点团队。超额完成征兵工作任务。2021年报名应征的大学生人数达到484人，为2020年的1.24倍。全校共有101名学生接到入伍通知书，其中应届毕业生35名。

（四）精心打造思政文化育人阵地

一是加强学校新闻舆论建设。统筹加强内宣外宣、线上线下新闻宣传工作。开通微信视频号、抖音号，进一步壮大了舆论宣传矩阵。发布微信推文600余篇、官网新闻稿1000余篇、短视频40余条，视频总浏览量超过200万；向南方号供稿340余篇。“互联网+思政”“融媒体+思政”的全息性工作模式构建初见成效，为深化网络思政育人奠定了坚实的基础。二是擦亮易班网络育人品牌。1名辅导员获批2020年度全国优秀易班辅导员（公共号）。易班紫荆花工作室被授予广东高校网络文化示范工作室（共建项目）称号。三是提升心理教育服务水平，做实身心健康服务“守护人”。全员覆盖开展心理健康普查测评。坚持育德育心有机结合，学校再次获得广东省高校心理健康教育与咨询工作先进集体称号。四是深入推进校园文化建设，加强文化育人工作实效。开展了丰富多彩的书院文化和砚园文化活动。积极配合肇庆创建全国文明城市，组织广大师生开展社区创文和文明校园建设工作。举办了高水平画展18场。学校被列为2021年度全省高雅艺术进校园演出单位，2个乐团被评为优秀院团。

四、坚决落实各项防控措施，疫情防控工作扎实有效

坚持疫情防控不放松、校园管控不放松、全面摸排不放松，抓严抓紧抓实各项疫情防控工作，校园防控工作有效开展。一是高度重视，提高站位，认真落实校园常态化疫情防控主体责任。构建明确清晰的防控责任体系，切实做到了“责任到岗、任务到人”。二是不断完善“两案八制”，扎实开展应急模拟演练。召开疫情防控工作会议22次，不断完善“两案八制”，制定了《肇庆学院常态化疫情防控手册》并印发给各二级单位及学生班级。定期进行模拟演练新冠肺炎疫情处置应急预案，切实提升学校疫情应急处置能力。三是做好人员排查和分类健康管理工作。根据实时发布的疫情风险地区情况，及时对本单位师生员工开展摸排，建好重点人员“三本台账”，落实好相关人员的分类健康管理措施。四是继续落实常态化疫情防控措施，强化个人防护和校园疫情防控物资保障。国内发生本土疫情时，要求二级单位及时查看相关信息，主动将本单位人员排查情况向学校防控部门报备，并做到“五严格”。五是做好大型聚集性活动防疫要求。坚持“非必要不举办”“谁主办谁负责”原则，加强聚集性活动的审批和管理。六是积极推进师生员工新冠疫苗接种。截至目前，学校教职工已完成加强免疫（第三针）的有1355人，完成率63.3%，完成第二针的1977人，完成率92.38%。学生完成加强免疫（第三针）的有11934人，完成率46.96%，完成第二针的有24683人，完成率97.14%。七是加强师生员工心理疏导，做好受疫情影响较大群体的对口帮扶，防范个体、群体性安全事件。八是做好校园应急值守工作。严格执行假期专人值班和领导干部在岗带班制度，提前排查、及时整改、堵塞可能出现的各种防控漏洞。校医院获批核酸检测资质，具备日核酸检测量5000人次能力。

五、“申硕”工作取得圆满成功，“冲补强”工作成效显著，“十四五”规

划编制完成，学校核心竞争力进一步提升

（一）"申硕"工作取得圆满成功

2021年10月，国务院学位委员会下发通知，肇庆学院获批为硕士学位授予单位，获得了教育硕士、电子信息硕士、艺术硕士三个专业硕士学位授权点，实现了历史性突破，办学层次上了新台阶。这是学校教育事业发展史上的一个重要里程碑，标志着学校迈向了新的发展阶段，对增强学校核心竞争力、强化社会影响力和服务"双区"战略背景下的经济社会发展等方面具有重要推动作用。

（二）"冲补强"提升计划扎实推进

根据广东省教育厅要求，学校编制完成了新一轮"冲补强"提升计划建设方案和体制机制改革方案，完成教育学、环境化学与工程、电子科学与技术3个重点学科的建设方案。学校强化对"冲补强"重点学科、"省市共建"学科、省级重点学科、市级重点学科以及校级重点学科的建设，在政策、资金等方面给予了支持；启动第六轮校级重点学科的期满考核，扎实推进学科建设工作。继续对接与广东工业大学的新一轮帮扶工作。

（三）"十四五"规划编制完成，学校高质量发展战略方向明确

深刻总结学校"十三五"期间各项工作，梳理成功经验，深入调研和学习，经过十余次论证和修改完善，编制完成《肇庆学院"十四五"事业发展总体规划》和12个专项规划。制定《肇庆学院财政资金项目库管理暂行办法（试行）》，开展2022年度财政资金项目库申报工作。充分发挥发展规划的战略导向作用，明确规划功能定位，理顺规划关系，建立了以"十四五"总体规划为统领，以专项规划为基础，以"冲补强"提升计划为支撑，构建定位准确、边界清晰、功能互补、统一衔接的"1+1+11"规划体系。

六、有力推进教学改革，确立教学工作"建改融创赛评"六字法则，打造教学管理新格局，人才培养质量不断提高

（一）专业建设取得新进展，教师教育特色不断强化

积极推进"双万计划"，出台了一流专业和课程建设方案，学校5个专业获评省一流专业建设点（化学、生物技术、物联网工程、机械设计制造及其自动化、视觉传达设计），5个专业被省厅推荐参评国家一流专业建设点（体育教育、汉语言文学、化学、会计学、视觉传达设计）。汉语言文学专业今年公布通过师范二级认证，化学专业4月完成了师范二级认证专家入校考察，食品科学与工程、环境工程专业接受IEET工程教育认证中期访评。继续推动"四新"建设，承办广东省"新师范"建设总结大会，教师教育"肇庆模式"进一步巩固。

（二）教学改革取得新突破，美育体育浸润工作不断推进

修订和制定了《肇庆学院全日制本科生学分制学籍管理办法（试行）》等8份文件，积极推动教学改革。推荐省级质量工程项目7项，省级教改项目14项；校级质量工程与教改项目评审立项43项。开通"砚园教务"微信公众号，推出"砚园大讲堂"，开设134场学术讲座，参与学生人次47532人。开展肇庆地区中小学美育体育浸润工作，为广宁、怀集、德庆、封开4县4所中小学提供体育、美术、书法、音乐辅导，向省教育厅报送美育浸润年度总结成果。制定《肇庆学院本科生劳动教育实施方案（试行）》，积极推动劳育。

（三）推进科研、产教校企全方位深层次、高效能贯通融合

现建有1文6理产业学院，实现理工科二级学院产业学院全覆盖，其中省级示

范性产业学院1个，省级现代产业学院建设立项1个（已公示），已列入项目类管理的校级产业学院3个。新能源汽车产业学院和生物与医药产业学院完成挂牌。电子信息产业学院通过遴选参加了教育部现代产业学院网上答辩。通过建设产业学院，推进校企合作纵深发展，构建产教融合新生态，不断提升学校服务区域经济社会发展能力。

（四）重视创新创业教育，推动双创工作融入人才培养全程

制定了《肇庆学院创新创业教育“十四五”发展规划》，推动《创新创业教育》课程改革，促进创新创业教育与思政教育、通识教育和专业教育的有机融合。开展“一院一节一特色”的品牌学术科技文化活动120余场，参与师生近万人次。开展《肇庆学院创新创业教育成果展》，展示凝练典型经验和阶段性成效。评审立项国家级大创项目20项，省级68项，校级46项。坚持以赛促教，在第七届中国国际“互联网+”大学生创新创业大赛广东省分赛决赛中取得新突破，我校获1银、5铜和优秀组织奖，其中银奖项目是参赛以来我校唯一获得国赛备赛集训资格的项目。在第十六届“挑战杯”广东大学生课外学术科技作品竞赛中，我校获1项特等奖、1项一等奖、2项二等奖、11项三等奖，创下历史最好成绩。

（五）以赛促教，以赛促学，全面提升教育教学能力，人才培养质量不断提高

将“寓教于赛”作为教育教学工作的出发点，引导师生全面了解竞赛、参与竞赛。坚持将“以制助赛”作为学科竞赛的奠基石，完善各项学科竞赛体系和激励制度，激励学生参加各类高水平学科竞赛，实施分级分类管理。2021年共认定A类科技文体竞赛12项，B类42项，C类21项。坚持将“以赛促教”作为提升教师教育教学能力的重要抓手，学校获得省级教学成果奖二等奖2项；1人获评省级教学名师，1人获得第一届教学创新大赛省级三等奖；全省首届美育教师教学基本功比赛中，获得一等奖3项，二等奖2项，三等奖2项。坚持将“以赛促学”作为学科建设的助推器，促进竞赛水平层层拔高，竞赛规模级级扩大，2020—2021学年度，学生共获得国家级学科及文体奖励154项，省级奖励389项；实现了以赛促教、以赛促学、学赛结合、全面育人，充分发挥竞赛在人才培养工作中的重要作用。

（六）推进专业和课程评价，推动教育评价改革

组织师范类专业自评自建，开展2021年申请师范类专业认证（第二级）的专业遴选。开展新办专业评估工作，引导专业发展，加强专业内涵建设。持续推进优质课程评估，努力打造“金课”、淘汰“水课”，提高课程建设水平和教学质量。结合专业认证理念、需求和专业发展实际，开展师范专业人才培养质量达成度评价与分析。贯彻落实省委教育工委以深化教育评价改革为牵引的教育综合改革工作，积极开展学校教育评价综合改革试点工作，深化五育并举机制、专业评价、教师评价、学生评价改革，制定广东省深化新时代教育评价改革试点校建设方案，成功入选广东省教育评价改革试点高校。

（七）开展特色班建设工程，促进产教融合协同育人

为持续深化产教融合，提高应用型人才培养的质量和成效，在全校范围内开展特色班建设工程，创立了与行业企业联合培养人才的合作模式，为学生成长提供了更多更好的学习实践机会，实现了学校与行业企业的双赢。在组织开展调研和与企

业洽谈的基础上，共有14个二级学院提交了特色班建设方案，其中“砚园班”“卓越班”“东软班”“施强班”“雄才班”等特色班通过多年的实践，已逐渐成为我校人才培养的特色品牌，在全校范围内也起到了重要的引领示范作用。

（八）全校联动推招生，多措并举促就业

线上线下同步推进招生宣传，制作了首个肇庆学院招生宣传片《未来，与您圆梦》，点击量超过17万人次。全校17个招生二级学院启动了直播招生宣传，圆满完成招生任务，最终录取本科生共11211人，其中普高9779人（广东8772人，省外1007人）；普高理工类学生4284人，占比43.8%。录取分数线及排位居省内同类公办地方本科高校第3名，艺术类、体育类均为第一次投档完成计划满额录取。2021年，成人高等教育共招生3122人，比2020年增加859人，其中专升本录取1712人，高起本录取442人，高起专录取968人；本科生占比首次超6成（占69%），为成人高等教育办学的转型夯实了基础。举办线上线下共206场校园专场招聘活动，努力实现毕业生更充分、更高质量的就业创业。全校毕业生5418人，截至12月10日，已就业5094人，就业率94.02%，增幅为1.26%。建档立卡毕业生100%就业。构建“就业思政”工作体系，组织实施好“特岗计划”“大学生村官”“三支一扶”“西部计划”等基层就业项目。对有创业意愿的学生进行有针对性指导，42名毕业生实现创业。

（九）持续推进实验室建设与安全管理

加强实验室建设，重点立项建设实验室项目7项，包括经管创新综合实验室更新、机械制图室、大学物理实验室等。开展实验室常规巡查与专项检查，尤其是针对危化品采购、储存与规范使用的检查，全年实验室运行安全平稳。

（十）加强组织协调，顺利完成国家级考试

在疫情防控常态化形势下，本年度顺利完成了专升本考试、英语四六级考试、专业英语考试、研究生入学考试、教师资格考试、计算机等级考试等10次国家级考试组织工作，共有43043人参加考试。

七、明确科研团队—项目—平台—成果—社会服务“五位一体”建设思路，开创科研工作新格局，大学科技园升格为国家级

（一）积极推进科研团队建设，提升科研和学术合力

坚持把“做大盘子，培育实力”作为立足点，凝练学科科研方向，围绕学科建设和特色、优势研究领域培育科研团队，推进科研队伍尽快实现从个体式发展向团队式发展转变。顺利完成肇庆学院第三批创新科研团队评选工作，遴选出10个科研团队作为学校“第三批创新科研团队”。“西江流域水污染控制与水环境健康创新团队”获批2021年度广东省普通高校创新团队项目。推进“人人进学科、人人入团队”工作，实现科研团队建设的高质量发展。

（二）科研项目立项数量稳步提升

2021年，学校扎实推进科研项目管理工作，围绕重点，凝练优势，精心策划，认真组织，以学校学科特色和优势为依托积极争取各类科研项目，共组织58类项目的申报，项目申请书超过650余份，项目立项总数329项，其中纵向项目立项205项（包括国家级项目4项，省部级项目36项），横向项目立项66项，社会服务项目58项。

（三）科研平台建设取得重大突破

扎实推进学校科研平台建设。大学科

技园升格为国家级。新增产学研基地55个。获批农业农村部农产品质量安全风险评估实验室（肇庆）及2个市级工程技术中心，继续推进广东省环境健康与资源利用省重点实验室建设，稳步推动“岭南现代农业科学与技术广东省实验室肇庆分中心”及“农业农村部重点实验室”有关工作。人文社科基地建设获得重大突破，首次获批2个广东省人文社会科学普及基地、1个广东省人文社科重点研究基地及1个肇庆市人文社会科学普及（示范）基地。学报质量进一步提升，继续被评为广东省高校学报学会常务理事单位，西江历史文化研究被评为优秀栏目。举办北师大教师教育研究中心华南分中心学术研讨会。组织编写了《肇庆学院年鉴·2020》。

（四）科技奖励层次不断提高，科研成果不断涌现

积极组织教师参加各类科研评奖活动，获得中国发明协会发明创业奖创新奖二等奖2项、发明创业奖人物奖1项，2020年中国产学研合作创新奖1项；评选出肇庆学院2020年度个人科研立项奖30项、2020年度个人科研成果奖48项、2020年度科研十佳教师10名；重点资助了9部优秀著作出版。学校教师共发表学术论文820多篇，其中核心期刊370多篇（含SCI、SSCI、EI、CPCI、CSSCI等150多篇）。获得授权知识产权100多项，其中授权国内发明专利30余项、国际发明专利1项。

（五）社会服务能力显著增强，打造科技园良好孵化生态

学校持续深化校地合作。企业数据库建设取得重大进展，申请产学研合作平台发明专利获得受理；与高要区签订战略合作协议；派出80名农村科技特派员、4名企业科技特派员在华南技术转移网上完成对接，获得合同金额51万元；完成对肇庆市19个镇的科技特派员驻镇帮镇扶村组团结对帮扶对接工作；肇庆学院乡村振兴研究院与肇庆市乡村振兴学院继续合署办公，完成《2021年鼎湖区镇（街）村（社区）两委干部抓党建促乡村振兴专题》培训、怀集农业技术人员培训，大力推进乡村振兴战略实施落地；与国资委谋划成立肇庆市国企改革发展研究中心。牵头成立肇庆市科技企业孵化器协会和肇庆市西江文化创意产业联盟，与肇庆市科技企业孵化协会承办第四十三期广东省创业孵化从业人员培训班，培训孵化器从业人员60余名。建立肇庆创业导师库，新入库创业导师30余名。孵化培育小微企业26家，培育国家高新技术企业9家，新增科技型中小企业入库10家，带动就业700余人。

八、加大人才引进力度，深化人事制度改革，优化人才发展环境，建设高质量人才队伍

（一）坚持引育并举，不断提高师资队伍水平

2021年受到学校转制工作影响，学校各类人才引进工作受到一定制约，学校想方设法拓宽引才途径和方法，共引进专任教师81人，其中博士32人，硕士49人；思政课教师17人，辅导员23人。借助海外引才项目，大力发掘、物色、遴选海外高层次人才，共选拔出24名海外优秀人才申报“长江学者”讲席学者和国家自然科学基金“海外优青”项目，其中20人通过了省教育厅、省委组织部审核，被推荐至教育部等部门接受评审，通过省级审核人数在同类高校中名列前茅。积极推荐选派优秀中青年教师访学研修、攻读博士学位，2021年有9名教师成功申报中青年骨干教师国内访问学者并被录

取；选派3名教师赴国（境）外高水平大学访学研修；有52名中青年教师考取博士学位。推荐1人申报2021年度“长江学者奖励计划”青年学者项目人选，已获省教育厅推荐至教育部评审；推荐6人申报第六批国家“特支计划”青年拔尖人才项目和2021年文化名家暨“四个一批”人才等；推荐1人申报第六届全国杰出专业技术人才；推荐1人申报2021年广东省“珠江人才计划”科技厅平台项目。

（二）全面推进师德师风建设，加快构建高质量教师队伍

积极探索新形势下符合教育教学规律和教师成长规律的师德培育新方法、新途径、新举措。将教师节作为推进学校师德师风建设工作的重要契机，将做好教师节庆祝工作作为推进师德师风建设工作常态化、长效化的重要内容。在教师节前夕对执教满30年教师进行表彰，利用多元校内媒介宣传显示与庆祝教师节、弘扬高尚师德相关的口号、标语等字样，营造浓厚的教师节庆祝氛围，收到了良好的效果。在新进教职工入职培训会设立师德签名仪式，增强广大教师教书育人的光荣感、责任感和使命感，引导广大教师践行育人初心、担当强国使命，弘扬高尚师德，潜心立德树人。

（三）着力推进人事制度改革，全力提高教职工的幸福感

积极推进人事制度改革，广泛开展学习调研，形成调研报告。多次召开工作协调推进会和工作汇报会，通过讨论交流及时问诊把脉，开出良方，解决棘手问题，使各专班工作稳步推进。理顺人事管理体制，开展学校机构编制总数人员核查，及时报送学校“三定”方案至省教育厅。适时开展职称评审工作，完成了高级职称评审工作，共有38人通过评审，其中正高级14人、副高级24人。在学校资金紧张的艰苦创业时期，多方筹措资金，确保教职工稳定收入，努力完成了2020年绩效考核基本奖和激励奖的计发工作，以及离退休人员慰问金和生活补贴的计发工作，切实增强了全体教职工的获得感、幸福感。

九、加强对外合作交流，提升国际化办学水平

扎实推进香港都会大学（肇庆）申报筹设工作。加强与肇庆市政府、香港都会大学的沟通联系，完成《香港公开大学（肇庆）筹设申报整改材料》《香港都会大学（肇庆）筹设复评整改材料》报教育部，完成《香港都会大学（肇庆）申请纳入广东省高等学校设置“十四五”规划材料》报教育厅。与德国富克旺根艺术大学合作协议到期后终止合作，继续与德方沟通联系，保持两校师生交流等方面的良好合作，做好剩余学生培养工作。在巩固与密兹凯维奇大学、博尔顿大学、马切拉塔大学、澳门科技大学等原有合作基础上，积极拓展合作交流项目，与澳门大学、波中教育基金会、国家教育行政学院、广东教育国际交流协会多元合作取得实质性进展。

十、加大依法治校力度，推进现代大学治理体系和治理能力建设，促进和保障校园和谐稳定

（一）健全依法治校体系，完善内部治理结构和法律风险防控机制

完善依法治校工作机制，制定了《肇庆学院贯彻落实〈广东省教育厅关于进一步加强高等学校法治工作的实施意见〉的工作方案》。持续抓实《肇庆学院章程》的学习教育、宣传解释和贯彻落实工作，制定了《肇庆学院章程修订工作实施方案》。2021年学校制定和修订了

50 份规章制度，编制了《肇庆学院规章制度汇编（2021 版）》，并通过 OA 和各网站的“办事指南”查询系统实现规章制度实时更新和线上查询，有效提升了管理制度信息公开时效和透明度。重新修订了《肇庆学院二级学院党委会会议议事规则（2021 年修订）》和《肇庆学院二级学院党政联席会议议事规则（2021 年修订）》。加强合同审查，对 326 份合同开展了合法性审查，合同审查工作量同比 2020 年增长了 2.5 倍，从合同管理领域为学校构筑了风险防线。完善法律顾问工作机制。法律顾问共开展规章制度合法性审查 50 份，处理学校其他法律事务 28 项，处理学校涉诉案件 5 起，并较好地维护及最大化争取学校合法权益。

（二）全面梳理制度流程，建立健全内控体系

通过内控建设的制度评审、管理诊断、风险评估和流程梳理等手段，全面深度检视学校管理规章制度的缺失、漏洞和失效等问题，不断完善和优化管理制度，基本建成了以高效运行和风险管控为导向、以学校章程为统领的现代大学管理制度体系。以流程管理为载体，构建了制度流程化体系，通过调研梳理发布了《肇庆学院第一批内控制度流程化建设清单》，新建开发了 28 个具体业务流程，全面梳理优化了 108 项业务流程，制定了《肇庆学院内控制流程汇编（2021 年修订版·试行）》。以风险管理为导向，构建了管理风险防控机制，基本明确了各单位的部门及岗位职责，基本做到了内部岗位间职责不交叉、不重叠，权责统一。

（三）积极推进平安校园建设，筑牢校园安全防线

坚持“安全第一、预防为主、综合治理”的方针，以创建“平安校园”为载体，切实加强对校园安全工作的管理，维护正常的教学秩序。一是建立健全了安全管理、秩序管理、隐患排查、信息上报等制度，形成了系统、科学又具有我校特色的安全工作制度体系。二是加强突发事件预警机制建设，强化消防安全管理，开展防火安全自查，全年开展消防灭火训练 23 场次，累计 9000 多人次参加，提高了师生员工的消防意识。三是落实安全稳定工作责任和任务，与各单位签订《肇庆学院安全稳定责任书》《肇庆学院消防安全责任书》《消防安全承诺书》，落实综治工作责任。四是做好治安管理工作，加强值班备勤，坚持每月和重大节日假期对全校进行安全检查，排查安全隐患。五是协助公安机关净化校园及周边治安环境，大力配合公安机关查处校内和校园周边案件。六是认真开展安全教育，不断提高师生安全意识，全年共开展安全宣传教育 78 场。七是聚焦食品安全办实事，确保师生舌尖上的安全，严格把好物资采购关，从源头上确保进入食堂的物资符合食品安全要求。

（四）落实民生工程，不断改善办学条件，合力构建文明幸福校园

1. 提前超额完成“提毛”任务。加快“提毛”项目建设，学校办学条件进一步完善。通过倒排施工组织计划、合理安排交叉施工等方式加快施工进度，确保学生公寓 D3 栋、学生公寓 H1 栋和教学实训楼按时按质按量顺利完成。目前，学校 6 个“提毛”项目（近 10 万平方米教学实验、生活用房和星湖校区运动场）均比省教育厅要求提前一年完成。2021 年还完成了美术馆扩建、学生宿舍（紫薇苑 1 栋、2 栋，紫荆苑 3 栋、6 栋）改造等项目，进一步改善了学校办学条件，切实践行了“我为群众办实事”活动。

2. 积极推动新校区建设。新校区已被列入市重点项目和入库市专项债项目，

并同时申报了2022年省重点项目。委托完成了新校区概念性方案设计，编制了项目建议书和可行性研究报告。其中项目建议书通过了市发展和改革局审批；可行性研究报告完成了专家评审、第三方事前绩效评估、财政局绩效评价审批和相关政府职能部门意见征求；环评、节能、初勘和社会稳定性评价等前期工作也基本完成。积极推进项目立项工作。立项资料已提交至市政府，为加快推进土地征拆及勘察设计等工作奠定基础。

3. 提升综合管理服务质量，创建和谐文明校园。对学生宿舍热水系统进行增容，提升热水供应保障。引入有实力桶装水公司，全面提升饮用水安全、质量。落实学校水电增容工作，保障校园水电正常供给。升级改造第四食堂三楼特色餐厅，进一步提升食堂品质。明确指引，积极推进生活垃圾分类工作。持续提升美丽校园管理，学校获评肇庆市“森林学校”。关心教职工和离退休老同志身体健康，全力做好教职工和离退休老同志体检工作，做好离退休老同志的服务工作，把党的关怀和温暖落到实处。及时调整预算，优先保障教职工的福利待遇；加强预算绩效管理、提高资金使用绩效，财务管理和会计核算能力大幅提高。完成全校资产清查，摸清了学校家底，增强了各单位的资产管理意识，资产管理水平显著提升。积极推进校企改革工作，强化了国有资产的监管，被省教育厅评为“高校企业改革先进单位”。建立健全招标采购系列规章制度，圆满完成了年度政府采购和招投标任务，成功协办了首届广东省高校政府采购业务知识技能竞赛复赛。成立了文献资源采购小组和业务督导组，明确了工作流程和项目绩效目标，提高了工作效率。加强医疗保障水平，严防肺结核等传染病在校园内传播与扩散，确保了广大师生的身体健康和安全。数字化校园建设加快，人脸识别技术广泛应用，升级了WebVPN系统，更加方便了师生在校外访问内网资源。充分发挥体育场馆、肇庆美术馆、肇庆市艺术中心的资源优势，为学校和社会各类教学科研、文化学术、艺术体育等大型活动提供场馆服务，增强校园文化和美育育人实效。星湖校区管理有序，为星湖校区师生学习、生活提供了有力保障。重视发挥群团组织作用，组织教职工开展丰富多彩有益身心的特色文体活动。召开第四届四次教职工代表大会暨工会会员代表大会，以及第八次学生代表大会，保证了广大师生参与民主管理的权利得到落实。

十一、2022年工作思路和重点工作

2022年是党的二十大召开之年，是踏上全面建设社会主义现代化国家、向第二个百年奋斗目标进军新征程的重要一年，以及学校实施“十四五”规划的重要一年，也是学校开展研究生培养的第一年。2022年，学校工作的总体思路是：以习近平新时代中国特色社会主义思想为指导，深入学习贯彻党的十九届六中全会精神，深刻领悟“两个确立”的重大历史意义，进一步增强“四个意识”、坚定“四个自信”、做到“两个维护”，弘扬伟大建党精神，从党的百年奋斗事业中汲取智慧和力量，全面加强党的领导和党的建设，贯彻党的教育方针，坚持以立德树人为根本，以党的建设为统领，以人才培养为中心，以学科建设为龙头、以教师队伍建设为基础、以科研工作为支撑，以深化教育教学改革为动力，全面提升本科教育质量，高起点规划研究生教育，深度融入湾区创新驱动工作，着力服务地方经济社会发展，继续推进新校区建设，以治理体系建设为抓手推进体制机制改革和规章制度建设，以信息化促进管理现代化，全面

推动学校事业发展，奋力开创学校高质量发展新局面，奋力为广东在全面建设社会主义现代化国家新征程中走在全国前列、创造新的辉煌作出贡献，以优异成绩迎接党的二十大胜利召开！

新起点、新征程，新作为。2022 年，学校的重点工作是：

1. 深入学习贯彻习近平总书记的系列重要讲话精神及十九届六中全会精神和二十大精神。

2. 全面加强党的领导和党建与宣传思政工作，压实意识形态责任，落实立德树人根本任务。

3. 加强干部队伍建设，完成中层领导干部换届工作。

4. 持续推进全面从严治党，扎实做好巡视巡察整改“回头看”工作。

5. 做好常态化疫情防控工作，确保学校安全稳定。

6. 扎实推进学校“十四五”总体规划实施，全力实施新一轮“冲补强”提升计划。

7. 以教学质量工程建设为抓手，加强课程思政改革及混合式课程的建设推广。优化专业设置，推进“双万计划”。擦亮“新师范”品牌，强化“肇庆模式”。做强新工科、提升新文科、发展新农科。深化产教融合。

8. 认真规划和推进学科建设，高起点构建研究生培养和管理新体系。

9. 做好引人育人工作，优化教师队伍结构，提升师资队伍建设水平。深化人事分配制度改革，全面梳理人力资源管理相关政策，调整优化绩效评价体系。

10. 大力培育高水平科研创新团队和科研平台，完善科研奖励机制，提高科技创新力和竞争力。重视基础研究，强化应用研究，促进科技服务。推进科技成果转移转化，不断提高国家大学科技园建设水平。

11. 深化管理体制机制改革，构建现代化治理体系。以建设广东省深化新时代教育评价改革试点校为契机，进一步提升校院两级治理能力和管理水平。

12. 以银校合作为契机，加强信息基础设施提升改造，做好总体规划，有序分步实施，全面提升信息化建设水平。

13. 加强对外沟通和联系，提升校地合作新水平，深化和拓展与国（境）外高校的交流合作，形成开放办学新格局。

14. 改善办学条件，全力推进新校区立项和开工建设。

肇庆学院“十四五”事业发展规划及重大专项

肇庆学院“十四五”事业发展规划
（2021—2025）

前　言

为加快建设特色鲜明的高水平应用型大学，进一步提升办学实力，依照《中华人民共和国国民经济和社会发展第十四个五年规划和2035年远景目标纲要》《国家教育事业发展“十四五”规划》《深化新时代教育评价改革总体方案》《中国教育现代化2035》《教育部　国家发展改革委　财政部关于引导部分地方普通本科高校向应用型转变的指导意见》《教育部关于深化本科教育教学改革全面提高人才培养质量的意见》《广东省教育现代化2035》《广东省教育发展“十四五”规划》《粤港澳大湾区高等教育合作发展规划》《中共广东省委　省人民政府关于加快建设创新驱动发展先行省的意见》《中共广东省委关于制定广东省国民经济和社会发展第十四个五年规划和二〇三五年远景目标的建议》《中共广东省委　省人民政府关于加强理工科大学和理工类学科建设服务创新发展的意见》等文件要求，深入贯彻党的十九届五中全会精神，落实全国教育工作会议、新时代全国高等学校本科教育工作会议精神，响应粤港澳大湾区国际教育示范区和国际科技创新中心的建设号召，适应广东“1＋1＋9”战略部署和“一核一带一区”的区域布局，以及肇庆“一带一廊一区”区域经济布局和社会发展需求，结合学校实际，特制定本规划。

目　录

第一章　发展基础与发展环境

一、发展基础

（一）“十三五”发展取得的成绩及经验

“十三五”期间，肇庆学院以习近平新时代中国特色社会主义思想为引领，坚持党的教育方针，坚持社会主义办学方向，深入贯彻党的十九大、十九届二中、三中、四中、五中全会精神，全面加强党对学校的领导，积极贯彻落实新发展理念，紧紧围绕“立德树人”根本任务，坚持走内涵式发展道路。抢抓“创新强校工程”“冲补强”提升计划的政策机遇，深化“放管服”改革，以“申硕”工程为抓手，全力推进学校转型发展、省市共建、学科专业建设、人才队伍建设、社会服务等重点工作，在优化学科专业结构、突出办学特色、增强学科专业实力、提高应用型人才培养质量、科学研究、服务地方经济社会发展和文化传承创新等方面取得了显著成就。学校率先顺利通过了教育部本科教学审核评估，获得了全国创新创业典型经验高校、国家级大学科技园培育单位、国家级科技企业孵化器、广东省转型发展试点高校、广东省硕士研究生学位授予立项建设单位、广东省依法治校示范校和广东省安全文明校园等称号。

1.“申硕”工程顺利推进

“十三五”期间，学校完成了第六轮校级重点学科的遴选工作，进一步明确了申硕学科方向。2017 年，经广东省学位委员会批准，肇庆学院被确定为硕士学位授予立项建设单位。2018 年，学校制订了《肇庆学院硕士学位授权点申报工作方案（2018—2020 年）》，采取各种措施大力推进申硕工作进程。在立项建设过程中，对标申硕各项指标体系，整合全校资源，在申硕的整体条件建设方面取得了突破性进展，八大指标全部达标。经过长期建设，教育、艺术、电子信息三个学科满足申硕条件并成功获批新增硕士学位授予单位，学校研究生培养进入新阶段。深入推进联合培养硕士研究生工作，与华南师范大学、广州大学、喀什大学等省内外高校的硕士研究生联合培养工作取得实质性进展，共计联合培养学生 525 人。积极组织学校教师申报广东工业大学、华南师范大学、广州大学等高校的兼职硕士生导师，共有 50 余位教师获得选聘。

2. 教学改革和人才培养迈上新台阶

教学改革持续发力。学校先后出台《肇庆学院关于全面深化教育教学改革加快建设高水平应用型人才培养体系的实施意见》及三年行动计划、《肇庆学院“十三五”本科专业建设规划（2016—2020）》《肇庆学院“十三五”课程建设规划（2016—2020）》《肇庆学院人才培养方案修订指导意见》《肇庆学院转型发展实施方案（2016—2020）》以及相关配套文件，启动应用型人才培养模式改革。加强优秀教学团队建设，积极探索卓越人才培养，推进与实施卓越工程师“施强班”、IT 未来卓越工程师“东软班”、卓越法律人才班、未来卓越教师“砚园班”、美术卓越人才“雄才班”等特色人才培养计划，在实践中取得了良好的效果。近五年，共获得省级教学成果奖 5 项，校级教学成果奖 44 项，依托学校协同育人平台和实践教学基地，理论研究转化为实践应用成果效果明显。五年间，共立项建设省级质量工程项目29项、高等教育教学改革项目66项，校级质量工程项目98项、教育教学改革项目161项、实践教学改革项目121项，有效提升了学校整体教育教学质量和水平。

教师教育改革特色鲜明。五年来，学校着力打造“新师范”品牌，教师教育改革得到各级部门的肯定和赞许，已成为学校发展的一张名片。先后成立4个教师教育改革创新试验区，构建“三位一体”(U-G-S)乡村卓越教师培养模式，并获批“广东省创建国家教师教育创新实验区”立项单位。2019年，在教育部新闻发布会上，我校受邀介绍振兴教师教育、推进“新师范”建设方面的做法和经验，乡村教师教育改革被教育部教师工作司称为“肇庆模式”。牵头组建了艺术教育联盟，并成为联盟主席单位。连续承办和参加全省师范生教学技能大赛，获奖数量和名次位居全省参赛高校前列。出台了《肇庆学院师范类专业认证规划（2018—2020)》，积极推进全校13个本科专业参加教育部师范类专业二级认证。

应用型人才培养扎实推进。“十三五”期间，学校在协同育人与实践教学方面成果显著，获批创建国家教师教育创新实验区1个、省级实验教学示范中心11个、省级校外实践教学基地14个、省级应用型人才培养示范基地2个、省级协同育人平台1个、省级人才培养模式创新实验区3个、省级示范性产业学院1个、省级示范性教师教育实践基地22个。五年来，“大创”项目获国家级立项120项，省级立项330项；国家级科技竞赛获奖631项，省级竞赛获奖1818项；“攀登计划”项目82项，累计资助金额高达135万元；文艺、体育方面获得国家级奖项204项，省级604项；36个优秀师生科研团队取得了160多项应用型科研成果，与“十二五”期间相比，以上各项目立项和获奖的数量和质量都有显著提升。在前期优异成绩基础上，我校连续五年被中宣部、教育部、团中央评为全国大中专学生志愿者暑期“三下乡”社会实践活动先进单位，连续四年荣获广东省大中专学生志愿者暑期“三下乡”社会实践活动优秀单位称号，11支队伍获评优秀团队，40人获评省级优秀个人；连续五年分七批共选派48名学生赴西藏林芝市墨脱县开展援助支教。“十三五”期间，我校为社会培养了全日制本科生27338名，专科生1686名，继续教育学生11934名。联合华南理工大学、广州大学、喀什大学、内蒙古工业大学等高校培养硕士研究生350余名。学生考研人数逐年攀升，录取率从2017年应届毕业生的3.7%上升到2020年的5.1%。除2020年受疫情影响外，本科毕业生总体就业率一直保持在99%以上，稳居全省高校前列，并始终保持较高的就业质量。

创新创业教育成效显著。2015年，学校成立创新创业学院，集聚全校教学资源，开展创新创业人才培养，主要依托大学科技园、肇梦空间，统筹全校创新创业资源，以培养学生创新精神、实践能力为目标，形成了在省内外颇具影响的“531”创新创业教育模式。创新创业园先后被认定为“国家级众创空间”“国家级科技企业孵化器”，学校获得广东省大学生创新创业示范高校、全国创新创业典型经验高校等称号。

3. 学科专业建设水平不断提升

学科结构持续优化。按照“粤东西北高校振兴计划”，对标“创新强校”工程和“冲补强”提升计划，深化教学、科研体制机制改革，结合粤港澳大湾区建设要求，调整学科结构，提高应用型学科比例，建设特色学科群，形成与地方经济社会发展需求相适应的学科格局。目前已经建有省级重点学科 3 个，省市共建学科 3 个，“冲补强”提升计划重点学科 3 个，市重点学科 3 个，其中，机械工程学科被评为“珠江学者”设岗学科。

专业建设成果突出。进一步完善专业结构，着力扶持地方主导产业和战略性新兴产业需要的新工科专业。“十三五”期间，我校共新增专业 12 个，撤销专业 4 个。建设有国家级特色专业 1 个，国家级本科综合改革试点专业 1 个，省部级特色专业 11 个，省级一流专业 7 个。积极组织开展专业认证工作，4 个工科专业顺利通过了 IEET 工程教育认证，汉语言文学专业接受了二级师范类认证教育部专家组检查，构建了以重点专业、特色优势专业为龙头，相关专业为支撑的特色专业体系。积极推进课程改革，建立线上线下相结合混合教学模式，共有 4 门在线课程获省级立项建设。

“组团式”帮扶成绩明显。学校积极落实广东省高校教育人才“组团式”帮扶工作计划，充分利用广东工业大学帮扶团队资源，优化提升学校学科专业建设、科技服务和人才培养水平，取得了明显的成绩。

4. 师资队伍建设成效显著

学校不断加快人才引育力度，围绕“申硕”工程建设目标，搭建人才平台，出台人才引育机制，师资队伍规模显著增长，队伍结构日益优化，高层次人才队伍不断壮大，整体实力和水平不断提升，形成了以长江学者、教育部新世纪优秀人才、西江学者、学科带头人、学术带头人等为核心的人才队伍，为“申硕”工程提供了强有力的人才保障。截至 2020 年底，全校共有专任教师 1207 人，生师比 16.8∶1。博士学位教师 413 人，占比达 34.2%，硕士以上学位教师占比 89.6%。专任教师中具有正高职称者 111 人，副高职称者 361 人，具有高级职称教师占比 39.1%。45 岁以下的中青年教师 719 人，占比 59%。具有境外学历背景的专任教师 221 人，占比 18%。学校成功申报博士工作站，初步形成了“人才蓄水池”。

5. 科学研究和服务地方能力不断增强

“十三五”期间，科研平台数量和层次不断提升，省市级平台实现重大突破。新增省级工程技术研究中心 4 个、省级重点实验室 1 个、省工程技术开发中心 1 个、珠江西岸先进装备制造业发展平台 6 个、市级工程技术中心 3 个，参与岭南现代农业科学与技术实验室肇庆分中心建设，获批成立省教育厅普通高校机器人与智能控制工程技术开发中心。“十三五”期间，我校共获得国家自然科学基金、国家社会科学基金等国家级科研项目 19 项、省部级科研项目 159 项、市厅级科研项目 698 项、企事业单位委托项目 743 项，科研投入总经费从 6176.7 万元攀升至 1.0766 亿元，比“十二五”期间增长 75%。全校教师共发表学术论文 4360 篇，其中，核心期刊论文 1844 篇；在知识产权及成果转化方面取得较大突破，共获得知识产权 1281 项；获省级以上奖项 17 项（含 5 项教学成果奖，1 项农业推广奖）。大学科技园成功获批国家级大学科技园培育单位、国家级科技孵化器、国家级众创空间，科技创新能力不断增强。

五年间，学校共成立研究机构 52 个，签订产学研合作企业 469 家，与 107 家企业建立了战略联盟，获得社会服务项目 417 项，技术服务及成果转化 53 项。加大新型智库建设，每年为肇庆市各级政府及职能部门完成 100 余篇决策咨询报告，成为当地决策咨询、研究理论成果转化、人才培养和学术交流的开放式互动平台。建有“汽车零部件产业公共服务平台”“智能制造研究中心”“重要基础件产业公共服务平台”等六大产业服务平台，重点服务地方新能源汽车、先进装备、节能环保和人工智能等主导产业发展。组织100多名教授博士“上山下乡”服务乡村振兴，建立了省市两级科技特派员工作站。建立肇庆高新区产业创新研究院，积极服务肇庆高新区科技创新与产业升级。

6. 港澳台及国际交流与合作取得新进展

学校在中外高校合作办学、教师进修、科研合作、教学资源分享、学生交流学习及留学等多领域的合作交流日益频繁，合作层次不断提高。“十三五”期间，聘用美国、英国、瑞士、澳大利亚、意大利等外籍专任教师182人次，接待来自港澳台高校和中学的师生200余人；赴国外留学和交流的学生共计289人次，赴国外研修和学术交流的教师117人次。深入推进校际合作，先后与波兰、德国、瑞士、英国、意大利等国家及港澳台地区的20多所高校签订教育交流合作备忘录或合作协议，建立了良好的校际合作关系，其中，与德国富克旺根艺术大学联合培养工业设计专业本科生、与英国林肯大学联合培养硕士和博士生、与意大利马切拉塔大学签订合作意向书、与香港公开大学联合筹办香港公开大学（肇庆）等项目均取得重大进展和成效。

7. 校园文化建设成果丰硕

“十三五”期间，学校积极构建了课程、科研、实践、文化、网络、心理、管理、服务、资助、组织“十大育人体系”，校园文化建设卓有成效。发扬教师教育传统，以“三位一体”（U-G-S）教师教育试验区、省级中小学教师发展中心、未来卓越教师“砚园班”等重点项目为支撑，建设全面深化教师教育综合改革平台，培育新时代教师教育文化。依托创新创业“531”体系，结合大学科技园建设、大学生暑期“三下乡”社会实践活动，大力加强创新创业教育，培育创新创业文化。围绕厚德、明智、博学、力行、兰蕙5个书院制建设，构建特色鲜明的书院文化。积极开展“高雅艺术进校园”活动，连续举办高水平美术和书法展览、高水平文艺表演进校园活动，学校文艺作品《青天之端》获广东省十四届文化艺术节二等奖。开展以励志和砚园文化为主题的课室文化建设，美化学生学习环境，营造浓郁的学习氛围。不断增强学生志愿服务意识，无偿献血工作获评“2016—2017年度全国无偿献血促进奖单位奖”，并连获“广东省无偿献血促进奖”。不断加强和改进新形势下宣传思想工作，积极打造传统媒体与新兴媒体深度融合、共同发声、服务大局的宣传效应。通过多途径、多形式宣传全校师生在抗击疫情中的典型事例，发挥沟通心灵、传播正能量的积极作用。

8. 办学条件和民生事业明显改善

“十三五”期间，学校基础设施建设加快发展，艺术大楼装修、学生公寓建设及改造、旧图书馆改造和科技实训楼建设等11项大型基建工程顺利完工。五年间，全校基础设施建设项目总投资达24996万元，新增校舍建筑面积48979平方米，新建教学实训用房41136平方米，新建学生公寓7273平方米，升级改造校园建筑面积23165平方米，新增运动场馆面积570平方米，新建室外运动场面积10000平方米，升级改造运动场地约35000平方米。拥有固定资产数量74140件，金额13.91亿元，其中，教学科研设备25115件，金额2.8亿元。图书馆现有馆藏纸质文献180.13万册，电子图书108.25万种，中外文报刊近1333种，光盘音像等资料20000多件，拥有《Springer Link》《TK-BS师范教育专题》等28个数据库及一批试用数据库和开放存取资源。

“十三五”期间，学校大力推进信息化建设，建有较为先进的信息化门户平台、OA 办公系统、教学管理平台、现代电子图书系统和计算机网络服务体系。目前，全校共有数字化校园信息系统 88 个，涵盖教学、科研、行政办公和公共服务各个方面，达到了“信息多跑路，师生少跑腿”的效果。分批对两校区的建筑物和开放性空间进行无线信号覆盖，已有 45% 的建筑物建成无线网络。建设了我校第一个标准化数据中心机房，共有计算及存储柜 18 个，可容纳 2U 服务器 108 台。2020 年上半年新冠疫情期间，学校通过引进“雨课堂”“智慧树”“超星”等多家网络学习平台供教师选择使用，有效提升了数字化教育资源服务水平。

“十三五”期间，学校重视解决群众关心的民生问题，提高包括离退休人员在内的广大教职工工资福利待遇，教职工人均收入增长 1.7 倍左右。建立劳动合同工工资待遇逐年调升机制，为所有聘用制人员和劳动合同工缴存住房公积金。争取到惠兴居等人才公寓和公租住房 300 多套，较好解决了引进人才、青年教师和困难职工住房紧缺问题。在课室、学生宿舍、食堂等场所安装空调，为师生提供舒适温馨的学习、生活环境。

9. 学校治理体系不断完善

坚持“党委领导、校长负责、教授治学、民主管理”原则，制定完善学校党委会议、校长办公会议议事决策规则和“三重一大”决策制度，制定完善二级学院党组织会议、党政联席会议规则。“十三五”期间，我校制定并颁布了《肇庆学院章程》，以章程为核心的内部治理体系基本形成，规章制度建设不断完善，办事流程和办事效率优化提升，全面实行依法治校，着力构建现代大学治理体系，获得“广东省依法治校示范校”称号。成立内控建设办公室，由学校党委书记和校长担任组长，出台《肇庆学院内部控制体系建设实施方案》，借助企业技术力量，较好完成了各项建设任务。继续深化校院两级管理体制改革，健全校内民主管理与监督机制，充分发挥民主党派、学术委员会、教代会、工会、共青团和学生会等在学校科学发展、民主管理方面的作用。

10. 党建思政引领全局工作特色鲜明

学校认真贯彻落实党委领导下的校长负责制，坚定不移地贯彻从严治党，推动“两学一做”学习教育常态化，切实开展“不忘初心、牢记使命”主题教育，严格落实“两个责任”，优化基层党组织结构，构建“纵向到底、横向到边”的组织体系，共设置 23 个二级党组织、146 个党支部，发展党员 5036 人，实现教师党支部书记“双带头人”全覆盖。“十三五”期间，学校入选“全省党建工作示范高校”培育创新单位，共有“全国党建工作样板党支部”培育创建单位 2 个，“全省党建工作标杆院系”培育创建单位 3 个，“全省党建工作样板支部”培育创建单位 5 个，“全省高校‘双带头人’教师党支部书记工作室”培育创建单位 1 个，省高校“三型”党支部 4 个，市直机关党建示范点 24 个，“砚园党建智库育人工程”入选肇庆市“西江党旗红”基层党建品牌创建库，并获评全省教育系统“党建工作先进集体”称号。深入实施基层党组织建设三年行动计划，“党建育才工程”多次获得省委教育工委通报表扬，打造围绕中心抓党建、抓好党建促中心的党建工作格局，形成了成效显著的固本强基、立德树人的党建文化。

回顾肇庆学院“十三五”期间的建设和发展历程，主要有以下经验值得总结和发扬。一是坚持抢抓机遇。抢抓广东推动实施“双区”驱动国家战略和广东高等教育实施“创新强校”工程、“冲补强”提升计划、提高高等教育毛入学率工程（以下简称“提毛工程”）的重大机遇，集中全体师生的智慧和力量，统筹谋划，主动作为，加快推进特色鲜明的高水平应用型大学建设。二是坚持应用导向。紧扣国家重大战略需求和地方经济社会发展需要，将建设“特色鲜明的高水平应用型大学”作为奋斗目标，坚持“应用导向，能力为本”的人才培养定位，积极推进人才培养、学科专业、科学研究和社会服务改革。三是坚持改革创新。坚持深化教育教学改革，牢固树立人才培养中心地位，以改革激活力，以创新增动力，全面提升学校教育现代化水平，培养适应时代发展需要的高水平应用型人才。四是坚持人才强校。坚持实施人才强校战略，不断推进人事制度改革，坚持引育并举方针，加大力度引进和培育高层次人才，不断优化人才成长环境，培育形成了一支德才兼备、奋发有为的人才队伍，成为学校各项事业取得重大成就的重要智力支持。

（二）存在的不足

1. 教育教学资源相对短缺

随着学校“申硕改大”工程和建设高水平应用型大学目标的推进，学校在用地面积和教学科研设施方面的短板日渐凸显出来，并随着“提毛工程”的实施越来越明显。加之省市共建协议中地方政府承诺的10亿元建设资金未能如数到位，省财政对学校非师范类专业按0.75系数拨款等诸多因素叠加，不仅影响学校人才引进、教学科研和基础设施建设，也导致学科专业结构出现失衡，进而影响学校的发展水平。

2. 师资队伍水平有待进一步提升

主要表现为，专任教师数量增长较快，但获国家级、省部级人才称号的高层次人才数量偏少，有重要影响力的中青年人才更加短缺；为补齐“申硕”短板引进了一批高学历人才，在满足人才数量的同时，导致人才队伍结构在一定程度上失衡；高水平创新团队缺乏，教学科研团队建设滞后，学科带头人、中青年骨干教师队伍的培育亟需加强，整体水平有待提升；引进的高层次人才作用尚未充分发挥，影响力有待提高。

3. 干部人事制度改革亟需深化

随着学校改革不断深入，过去积累的一些问题日益成为阻碍学校发展的障碍。干部队伍老化和非专业化现象严重，干部职务晋升和岗位聘任制度、教师职称评聘制度、高层次人才优劳优酬制度、编内和编外人员待遇协调问题、各类人员考核评价制度等存在的不尽完善之处，在学校的改革发展中凸显出来，成为影响教职工工作积极性的重要因素。如何解决这些问题，成为未来几年的重要任务。

4. 学科专业内涵建设不够

一是学科专业结构没有理顺，特色不明显。在省内外有影响力的学科专业数量较少，学科专业结构和资源配置不合理，布局相对分散，相互交叉融合、集群发展的格局尚未形成。二是学科专业建设水平仍然偏低。国家级重点学科、国家级一流专业尚为空白，省级重点学科、省级一流专业数量较少。一些原创性、标志性的成果数量不多，省部级及以上科研奖励、重大科研平台以及有影响的高水平学术论著数量偏少。三是学科专业建设缺乏系统性和协同性。学科建设与专业建设各自为政，没有相应的制度规范和相互支持、同向同行的运行机制，学科建设和专业建设对人才培养的支持作用发挥不够充分。四是专业动态调控机制尚未完善。专业设置只重量的增加，忽视质的提升，一些招生就业不理想、社会需求不旺盛的专业得不到及时调整优化，一些社会急需、招生就业前景好的专业却难以及时设置，导致专业数量不少，特色优势专业数量不多。

5. 科技创新和社会服务能力偏弱

一是省部级以上高水平科研机构和科技平台偏少，基础研究的能力比较薄弱。二是存在一定程度上重研究、低转化现象，科研成果与转化存在两张皮现象，较多的科研成果没有进入市场，难以转化成现实生产力。三是科研评价的价值导向存在偏差，科研人员或团队考核缺乏统一标准，形式单一，与科研规律不尽相符，影响科技创新定力。四是团队合作和协同机制不健全，尚未形成有利于团队建设的成果评定、激励机制，各自为政的现象较为严重。五是科研对接市场、对接产业机制不顺畅，存在一定程度上的脱节现象，缺乏专业化的科研成果转化中介机构，科技成果转化的市场化机制存在障碍。

6. 人才培养保障条件有待加强

一方面，教学投入不足，对教育教学改革带来一定影响；另一方面，教学实验实训场地和设施短缺，导致应用型人才培养质量难以达到预期目标。此外，一些现代化教育教学设施建设滞后，使学校的慕课、线上线下混合教学、翻转课堂、微课、对分课堂等新型教育教学方式方法的推广和使用受到一定程度的限制。

二、发展环境

（一）面临的机遇

1. 现代信息技术革命为高等教育带来新的技术支持

当今世界正面临百年未有之大变局，科学探索正在从微观到宏观各个尺度上向纵深拓展，以智能、绿色、泛在为特征的群体性技术革命必将引发国际产业分工的重大调整，并重塑世界竞争格局，改变国家力量对比。以互联网、物联网、大数据、人工智能、云计算、量子技术、传感技术、机器人、新材料、生命科学、脑科学、3D 打印、虚拟现实等为代表的新一代科技进步，对高等教育的影响更加深刻，信息技术作为实践途径将被广泛运用于教育教学领域，学校的教与学方式将随之变革，信息化教学将成为人们普遍接受的教学方式和手段。

2. 国家对高等教育提出了高质量发展的新要求

2018 年，教育部先后召开了全国教育大会、全国高等学校本科教育工作会议，全面贯彻落实习近平总书记在北京大学师生座谈会上重要讲话精神，坚持中国特色社会主义教育发展道路，培养“德智体美劳”全面发展的社会主义建设者和接班人，坚持“以本为本”，推进“四个回归”，加快建设高水平本科教育，全面提高人才培养质量。2021 年 1 月召开的全国教育工作会议明确提出，要持续完善德智体美劳全面培养的育人体系，为落实落细“立德树人”根本任务提供了更加科学的导向、更为多样的资源、更加灵活的方式；同时要深化教育改革创新，推动教育深度融入新发展格局。

专栏 1：国家“十四五”规划和中国教育现代化 2035 远景目标
《中华人民共和国国民经济和社会发展第十四个五年规划和 2035 年远景目标纲要》提出建设高质量教育体系：全面贯彻党的教育方针，坚持立德树人，加强师德师风建设，培养德智体美劳全面发展的社会主义建设者和接班人。健全学校家庭社会协同育人机制，提升教师教书育人能力素质，增强学生文明素养、社会责任意识、实践本领，重视青少年身体素质和心理健康教育。坚持教育公

益性原则，深化教育改革，促进教育公平，推动义务教育均衡发展和城乡一体化，完善普惠性学前教育和特殊教育、专门教育保障机制。提高高等教育质量，分类建设一流大学和一流学科，加快培养理工农医类专业紧缺人才。发挥在线教育优势，完善终身学习体系，建设学习型社会。

“中国教育现代化2035”总体目标：在2020年前发展基础上，再经过15年努力，到2035年，总体实现教育现代化，迈入教育强国行列，推动我国成为学习大国、人力资源强国和人才强国，为到本世纪中叶建成富强民主文明和谐美丽的社会主义现代化强国奠定坚实基础。

2035年主要发展目标是：建成服务全民终身学习的现代教育体系、普及有质量的学前教育、实现优质均衡的义务教育、全面普及高中阶段教育、职业教育服务能力显著提升、高等教育竞争力明显提升、残疾儿童少年享有适合的教育、形成全社会共同参与的教育治理新格局。

2019年，教育部通过实施“六卓越一拔尖”计划，全面推进新工科、新医科、新农科、新文科“四新”建设，提高高校服务经济社会发展能力。面向所有高校、所有专业，全面实施一流本科专业建设“双万计划”、一流课程建设“双万计划”、建设基础学科拔尖学生培养一流基地。在全国高校掀起“质量革命”，形成覆盖高等教育全领域的“质量中国”品牌，全面实现高等教育内涵式发展。“六卓越一拔尖”计划的实施，必将对我校的学科专业建设、课程建设和教育教学改革带来深刻影响。全力打造一流专业和一流课程，积极申报建设国家级一流专业和一流课程，尽快补短板、强特色、冲一流，将成为未来几年的重要任务。

专栏2：一流本科专业建设“双万计划”

2019年4月，教育部发布《关于实施一流本科专业建设“双万计划”》，计划2019—2021年，建设10000个左右国家级一流本科专业点和10000个左右省级一流本科专业点。

建设原则。面向各类高校：在不同类型的普通本科高校建设一流本科专业，鼓励分类发展、特色发展。面向全部专业：覆盖全部92个本科专业类，分年度开展一流本科专业点建设。突出示范领跑：建设新工科、新医科、新农科、新文科示范性本科专业，引领带动高校优化专业结构、促进专业建设质量提升，推动形成高水平人才培养体系。分“赛道”建设：中央部门所属高校、地方高校名额分列，向地方高校倾斜；鼓励支持高校在服务国家和区域经济社会发展中建设一流本科专业。“两步走”实施：报送的专业第一步被确定为国家级一流本科专业建设点；教育部组织开展专业认证，通过后再确定为国家级一流本科专业。

建设方式。1. 国家级一流本科专业建设工作分三年完成。每年3月启动，经高校网上报送、教育主管部门或高校提交汇总材料、高等学校教学指导委员会提出推荐意见等，确定建设点名单，当年10月公布结果。2. 省级一流本科专业建设方案由各省级教育行政部门制订，按照建设总量不超过本行政区域内本科专业布点总数的20%，分三年统筹规划，报教育部备案后与国家级一流专业建设同步组织实施。每年9月底前，各省级教育行政部门将本年度省级一流本科专业建设点名单报教育部，当年10月与国家级一流本科专业建设点名单一并公布。3. 入选省级一流本科专业建设点的专业，如同时入选国家级一流本科专业建设点，按照国家级一流本科专业建设点公布。空出的省级一流本科专业建设点名额可延至下一年度使用。4. 根据2019、2020年一流本科专业点建设情况，2021年将对各专业类国家级一流本科专业的建设数量和建设进度进行统筹。

3. 省市政策支持为学校发展带来了难得的机遇

广东高等教育面临着数量扩张与质量提升的双重压力，广东省委、省政府高度重视高等教育发展，针对不同类型、不同层次、不同区域的高校，在2016年出台《广东省“创新强校”工程实施方案》基础上，2019年又出台《高等教育“冲一流、补短板、强特色”提升计划实施方案》和《粤东西北高校振兴计划》等系列政策措施，落实教育部高等教育改革部署，统筹推进广东高等教育综合改革，为全省高校的分类改革、高质量发展提供了有力的政策依据和资金支持。随着省市共建体制机制调整，学校转变为省属高校，更释放出学科专业发展的活力。

2019年2月，中共中央、国务院印发《粤港澳大湾区发展规划纲要》，2020年12月广东省印发《推进粤港澳大湾区高等教育合作发展规划》，提出把大湾区打造成为国家深化高等教育体制机制改革试验区、建成世界领先水平的高等教育体系和国际教育示范区、建设国际科技创新中心，这为学校的转型发展带来了良好政策机遇。

广东省“双十”产业集群，对学科、专业发展提出的新要求，肇庆作为大湾区的重要节点城市，在推进实施工业发展“366”工程、创新驱动发展“1133”工程和现代农业发展“611”工程的同时，进一步提出加快形成“4+4”制造业发展格局，坚持产业第一、制造业优先战略，全面构建“一带一廊一区”区域经济布局，着力创建国家创新型城市，推动大湾区协同创新基地落地建设。区域经济的发展变化，对我校提出了新的要求，有序扩大办学规模，优化学科专业结构，培养高水平应用型人才，加大科技创新力度，增强服务地方经济社会发展能力，高起点打造粤港澳大湾区应用型高等教育基地，必将成为未来的重点任务。2021年，学校启动了新校区建设，对进一步完善硬件设施建设，为实现高水平应用型大学建设目标打下坚实基础。

（二）存在的挑战

1. 质量变革。在高等教育快速向普及化阶段过渡过程中，高质量发展成为新时代主题。教育部提出“以本为本”“四个回归”，重视质量成为全社会对高等教育的普遍要求。2020年，教育部全面启动“双万计划”，积极推进“四新”建设，深化新工科建设，积极推进新文科建设，持续推进新农科建设，加快推进新医科建设，这对学科专业建设提出了新的要求。

2. 评价变革。2020年，国务院印发《深化新时代教育评价改革总体方案》，持续深化科研体制改革，坚决克服“五唯”顽疾，要求高校教学科研人员，面向世界科技前沿，面向国家重大战略需求，面向国民经济主战场，面向文化传承创新，面向人民生命健康，把论文写在祖国的大地上，把科技成果应用在实现现代化的伟大事业中。由此，对高校的评价，不仅考察其人才培养质量和学术水平，更要考量其对国家和区域经济社会发展的贡献。

3. 技术变革。以人工智能、移动互联网、5G等现代信息技术为代表的新技术革命，正在深刻改变着未来高等教育的发展方向。“互联网+教学”“智能+教学”等新形态将变为常态。新冠肺炎疫情期间各种在线教学手段的迅速运用，为高校发展提供了最直接的启迪。

4. 效能变革。党的十九届五中全会提出推进国家治理体系与治理能力现代化的远景目标和要求，大学治理现代化是国家治理现代化的有机组成部分，如何构建现代大学制度，提升治理能力，提高治理效能，形成“良法善治”，是高等教育面临的一项严峻挑战。唯有进一步优化内部治理结构，探索符合学校自身发展实际的善治模式，使学校焕发生机与活力，才能在激烈的竞争中激流勇进。

5. 布局变革。在全国高等教育布局变革的同时，广东高等教育布局也在发生重大变化。近年，一批境内外高水平大学和研究机构纷纷落户粤港澳大湾区，也有多所高校落户肇庆，这将在一定程度上形成多要素、多领域的竞争格局。如何在竞争中谋先机、求发展，将是我校未来几年必须面对的问题。

第二章　指导思想、发展目标与重大工程

一、指导思想

高举中国特色社会主义伟大旗帜，以习近平新时代中国特色社会主义思想为指导，全面贯彻党的十九大和十九届二中、三中、四中、五中全会精神以及习近平总书记视察广东系列重要讲话精神，坚持党的教育方针，坚持社会主义办学方向，坚持“以人民为中心”的发展思想，坚持“创新、协调、绿色、开放、共享”的新发展理念，统筹推进“五位一体”总体布局、协调推进“四个全面”战略布局，立足我国发展的历史方位和节点，把握百年未有之大变局形势。

深入学习贯彻全国教育大会精神和新时代全国本科教学工作会议精神，准确把握新发展阶段，深入贯彻新发展理念，加快构建新发展格局，全面落实“1 + 1 + 9”工作部署，推动“十四五”时期高等教育高质量发展。抓住新一轮科技与产业变革的战略机遇，厘清我校的办学资源和特色优势，以党建和思想政治工作为统领，以“立德树人”为根本任务，以推动高质量发展为主题，以改革创新为动力，深化教育教学改革，扎实推进课程建设。坚持应用型办学定位，调整优化学科专业结构，增强科研实力和社会服务水平，将我校建设成为特色鲜明的高水平应用型大学，为广东在全面建设社会主义现代化国家新征程中走在全国前列、创造新的辉煌提供全方位的人才和智力支撑。

二、发展思路

紧紧抓住我国高等教育综合改革和广东省“冲一流、补短板、强特色”提升计划的发展机遇，确立高质量发展、特色发展、创新发展、协调发展四大战略方向，围绕建设特色鲜明的高水平应用型大学目标和“应用导向，能力为本”的人才培养定位，确立“上层次、扩容量，调结构、强特色，提质量、增效益”的总体发展思路。

以顺利完成“申硕”工程为契机，提升办学层次；以加快推进新校区建设和高质量完成“提毛工程”为动力，扩大办学规模；以新一轮“冲补强”提升计划为抓手，促进内涵建设；以深入推进学科专业建设为重点，培育办学特色和竞争优势；以广东省“双十”产业集群、粤港澳大湾区产业及经济社会需要为导向，优化学科专业结构；以人事制度改革和人才队伍建设为驱动，激活内部发展活力；以着力建设一流学科、一流专业、一流课程和深化人才培养模式改革为核心，提高办学水平和应用型人才培养质量；以深度开展产教融合、校企合作为突破口，增强服务区域经济社会发展能力和水平；以推进组织结构调整优化和校园信息化建设为支撑，提振管理和服务效能；以加强对外交流合作为路径，推进学校国际化进程。

以党建为统领，为改革发展提供坚强

的政治保证和组织保证，未来五年，聚焦我校改革发展的重点领域和重大问题，开拓创新，综合施策，切实推进我校由教学型大学向教学研究型大学转变，加快实现我校建设特色鲜明的高水平应用型大学目标。

三、发展目标

（一）总体目标

“十四五”期间的总体目标是：聚焦高质量发展主题，以改革创新为动力，按照学校既定的办学定位、发展目标和思路，努力提高办学水平，提高人才培养质量，增强科技创新能力和服务地方经济社会发展能力，顺利通过硕士学位点评估，硕士学位点数量持续增加，为“改大申博”做好充分准备，力争综合实力保持在省内同类应用型高校前列，建设“品质砚园、创新砚园、特色砚园、活力砚园、智慧砚园”，着力打造“湾区新秀、省级方阵、岭南名校”，为《粤港澳大湾区发展规划纲要》的实施，为广东省建设教育强省、在全面建设社会主义现代化国家新征程中走在全国前列、创造新的辉煌做出重要贡献。

到 2035 年，学校办学水平上升到一个更高层次，完成“改大申博”目标，建设一批省内领先、国内知名的一流学科、一流专业、一流课程和一流平台，学校竞争优势大幅度提升，办学实力和水平稳居省内应用型本科高校第一方阵，顺利实现我校建设“省内一流、国内有较大影响、国外有一定知名度”的特色鲜明的高水平应用型大学奋斗目标。

（二）具体目标

1. 办学规模与条件。稳步扩大本科生教育，积极发展研究生教育，努力开展留学生教育，继续拓展继续教育和高级培训。到 2025 年，在校学生规模达到 30000 人左右，其中，本科生达到 29000 人，研究生达到 1000 人（含联合培养），国际教育学生达到 500 人。继续教育学生达到 6000 人。新增校园面积 1500 亩以上，高标准完成新校区规划建设工作。启动重点设施建设，配合属地部门完成附属幼儿园、中小学校园规划建设工作。财政能力逐年提高，年度预算实现较大幅度增长。教学、行政用房（含体育场馆）面积超过 40 万平方米。教学科研仪器设备大幅度增加，设备总值达到 6.5 亿元以上。信息化水平明显提升，高水平建成智慧校园。图书馆软硬件设施不断完善，生均图书达到 100 册以上，完成智慧图书馆建设。进一步改善校园环境建设，继续提升校园生态文化建设水平，建成高水平绿色、生态、安全、文明校园。

2. 人才培养质量。建立健全“产教融合、协同育人”的教育教学管理体制和运行机制，深入推进“应用导向，能力为本”的应用型人才培养模式改革和教育资源保障体系建设。思政课程和课程思政改革整体推进，同向同行，构建具有肇庆学院特色的思政课程体系和课程思政体系，力争进入全省示范高校行列。加大教学经费保障力度，建立教学经费稳步增长机制。构建完善的实践教学体系，学校整体实验实践教学、创新创业教育、协同育人水平进入全省同类高校行列。大学生就业率继续保持全省领先水平，进一步提高毕业生就业质量，学生考研率实现倍增。国家级一流课程达到 6 门，省级一流课程达到 25 门。新增省质量工程与省教学改革立项数达到 100 项。省级立项建设的产业学院达 3 个，省级示范性产业学院达 2 个以上。新建智慧课室 20 间以上。新增在线开放课程 50 门以上，线上线下混合式课程 100 门以上。省级以上教学成果奖达到 6～8 项，争取获得国家级教学成果奖不少于1项。省级以上学科专业和教学竞赛奖励有大幅度提高。高质量完成新一轮普通本科高校本科教育教学审核评估工作。

3. 学科专业建设。坚持学科专业一体化建设，努力形成新师范、新工科、新文科、新农科各有侧重、协同发展的局面。力争新增3～5个硕士学位授权点，硕士学位授权点覆盖校内主要学科。省部级重点学科累计达到7个，"冲补强"重点学科累计达到8～9个，2个学科排名进入全国前100名。依托优势重点学科专业的示范辐射作用，带动新师范、新工科、新文科、新农科协调发展，构建起传统优势学科力量雄厚、特色学科异军突起、交叉学科发展强劲的学科专业体系，培育2个以上交叉学科。调整优化专业结构，国家一流专业达到4个，省级一流专业达到25个，力争1～2个专业通过教育部工程教育专业认证，1～2个专业通过教育部师范类（第三级）认证，10个专业通过教育部师范类（第二级）认证。

4. 科学研究与社会服务。重点提高科研质量和服务社会水平，培育形成标志性成果。培育和建设一批校级青年科研创新团队，新增3个以上省级科研团队。省级以上重大科研平台（机构）数达到20个以上。新增国家自然科学基金和国家社科基金项目50项以上，年均不少于10项。五年间，科研总经费达到8亿元，年均科研经费达到1.6亿元，其中横向项目经费占比超过70%。新增发明类专利授权数50项，科技成果转化达到200项以上。新增服务社会项目600项。省部级科研奖励总数达到20项以上，国家级科研奖励力争新的突破。

5. 人才队伍建设。不断优化师资队伍结构，着力打造教学科研团队。专任教师总数达到1600人以上，专任教师中具有博士学位教师占比达到50%，"双师双能型"教师占比达到65%。加大对重点学科的倾斜力度，新增3名左右教师入选"国家特支计划"领军人才、国家有突出贡献中青年专家等国家级人才项目。力争新增2名以上"珠江学者"特聘教授、讲座教授或青年珠江学者。新增5名省级科研团队领军人才。获省级以上教学名师称号教师数1～2人。培育若干省内有影响力的教学和科研团队。推动师资队伍与管理服务队伍协调发展，加快推进干部队伍年轻化、专业化、知识化。

6. 港澳台及国际交流与合作。港澳台及国际合作办学有较大突破。新增实质性友好交流与合作高校5所以上，新增内地与港澳台及中外合作项目2个，新增出国（境）留学、交流350人次，建立国际合作科研平台1个，新增境外研修经历教师数量230人次。国际教育学生数量达到500人次，我校赴境外交流学生占比有显著提高。年均至少举办1场高层次国际学术会议。

7. 学校治理能力。构建科学有效的现代大学治理体系，切实提高大学治理能力和治理水平。建立对上相衔接、对外相适应、对内相统一、对下有活力的管理架构，建立科学民主的决策机制和高效的执行机制。积极调整机构设置，转变职能，简政放权，落实校院两级管理体制机制。充分发挥校院（系）两级学术委员会等学术组织和群团组织的职能和作用，完善学术决策体系，强化民主管理和民主监督。

8. 校园文化建设。充分发挥大学文化的引领作用和育人功能，持之以恒地将"立德树人"根本任务、理想信念教育、中华优秀传统文化教育贯穿于大学校园文化建设之中，用社会主义先进文化培根铸魂、启智润心。充实和丰富学校的精神文化、物质文化、制度文化、行为文化和环境文化内涵，努力践行社会主义核心价值观和新时代教育思想以及办学理念，弘扬大学精神，塑造大学形象，形成独具特色的砚园文化体系。

9. 党建与思想政治建设。将思想政治建设摆在首位，坚持党对学校工作的全面领导，坚定不移推动全面从严治党向基层党组织延伸，以政治建设为统领，以提升组织力为重点，不断提高党的建设水平，增强党组织的创新力、凝聚力、战斗力和领导力，保持党建示范校的创新优势，坚持党建带团建，为学校发展提供坚强的政治保障、思想保障和组织保障。以思政课程和课程思政工作为抓手，做好思想政治教育工作，深入学习宣传贯彻习近平新时代中国特色社会主义思想，持续推进党史学习教育落到实处，学习教育入脑入心。

四、重大工程

（一）扩容提质工程

根据形势发展要求和社会需要，正确处理学校发展中“数量、质量、结构、效益”的关系。按照广东省教育厅“提毛工程”和“冲补强”提升计划要求，综合考虑我校的办学定位和发展目标，稳步扩大办学规模，加快推进本科专业扩招，根据我校“申硕”工程实际情况，扩大提升研究生培养规模和质量，积极发展留学生教育，稳步扩大继续教育学生规模。按照教育部关于大学办学指标要求，加快推进新校区的征地及规划建设工作，扩大校园和校舍面积，加强基础条件和保障体系建设，切实改善教学科研、实验实训和办公条件。围绕人才培养、学科专业建设、师资队伍建设、科学研究与社会服务、港澳台及国际合作与交流，开展提质增效计划，加大投入力度，全面提升办学质量，推进学校各项事业高质量发展。为适应新时期学校改革发展需要，积极推进学校治理体系现代化建设，加快提升管理服务效能，提升学校办学水平和服务保障能力。

（二）人才强校工程

强化“人才为办学第一资源”的理念，积极引才育才，善于聚才用才。坚持党管人才原则，以人事管理制度改革为先导，不断破除束缚人才发展的思想观念和体制机制障碍，探索学校统筹与院系自主相结合的人才聘用管理体制。提升我校人力资源管理水平，激发教师、干部主观能动性，最大限度地开发人力资源潜能。稳步扩大师资队伍规模，加大青年人才引育力度，建立适应学校发展的人才工程和师资队伍体系。优化教师队伍结构，完善教师培养培训体系，完善“双师双能型”教师认定机制，提升教师队伍的应用能力和素质。加强教学、科研团队建设力度，不断扩大高水平团队数量，努力提高团队质量，下功夫培育青年创新团队。着力加强师德师风建设，将“四有”好教师评价标准落实到师资队伍建设的全过程。

（三）学科专业提升工程

以学科建设为龙头，加强学科内涵建设，促进专业发展。按照“新师范、新工科、新文科、新农科”的建设要求，综合考虑多校区办学特点，坚持以应用型人才培养为根本，以服务国家重大战略和区域经济社会发展为导向，坚持“学科专业一体化、学科专业集群化、学科专业交叉融合化、做优新师范专业、做强新工科专业”的发展思路，遵循“调整结构，优化布局，突出重点，强化应用”的原则，构建“双核驱动，两翼并进”的学科专业体系。以新师范、新工科为双核，以新文科、新农科为两翼，打造一批攀峰重点学科和培育学科。加快调整优化学科专业结构，着力推进学科专业交叉融合，在新师范、新工科、新文科、新农科领域加快培育一批特色鲜明、有竞争实力的交叉学科专业和学科专业集群，努力形成新工科优势明显，新师范特色突出，新文科基础扎实，新农科成果显著的学科专业一体化发展格局。

（四）重大平台建设工程

坚持团队、项目、平台、成果、服务“五位一体”的科研工作方针，发挥重大平台在科技创新中的承载功能。以科研平台建设推动创新协同能力，面向国家重大需求和粤港澳大湾区建设，组建优势科研团队，开展重大共性关键技术及应用研究，提升协同创新能力，力争实现国家级科研机构零的突破。聚焦省部级重大平台建设，整合各二级学院学科资源、人才资源，深入谋划，瞄准特色优势与现实需要，积极申报省部级科研平台，力争二级学院省部级平台建设实现全覆盖。围绕肇庆市制造业转型升级和行业企业发展的工程技术研发与服务需求，共建产学研合作协同创新平台，组建联合攻关团队，开展行业发展共性关键技术与产业发展应用研究，推动技术集成和技术转移，大幅度提升校地创新平台数量。发挥国家大学科技园平台积聚功能，促进新型研发机构、产业学院等平台建设。加强平台培育力度，整合学院现有科研院所，以学科建设项目科技创新领域为基础，以学科交叉与协同创新团队建设为依托，培育跨学科协同研究中心，构建以省部级重大平台为引领、市企合作平台为支撑、校级研究平台为基础的科研机构及平台体系。

（五）体制机制创新工程

聚焦学校在教育教学领域、人事管理制度、科研组织与运行管理、资源配置与整合、内部治理体系等方面的短板，全面深化各项事业改革创新，优化办学体制机制，激发制度活力。深化人事分配制度改革，建立从引进、聘用、培养、考核、晋升、奖惩到退出全过程的管理制度和激励约束政策。创新科研组织与运行管理，建立健全适应学校发展的激励约束机制，提高突出贡献奖励在个人收入的权重，拉开分配差距，实现优劳优酬。优化资源配置与整合机制，完善管理机制，建立多渠道的办学经费筹措机制。学习国内外名校先进的办学理念和现代大学治理体系建设经验，推进学校治理体系现代化水平。积极开展管理体制改革，精简管理机构，优化管理流程，调整院系布局，激发院系动能，推进科学决策和民主决策，全面提升治学水平与服务效能。

（六）智慧校园建设工程

认真贯彻《中国教育现代化 2035》《教育信息化 2.0 行动计划》《广东省教育现代化 2035》等文件精神，聚焦我校信息化建设的重点和难点，整体设计，分步推进，优化提升，构建“易用、智能、领先、高效”的信息化体系。树立以“互联网 + 教育”为核心的建设思路，构建以师生为中心、服务为核心的“智慧砚园”。改造升级信息化基础设施，加快信息整合，融入大数据和人工智能，消除信息孤岛，推动信息技术与教学、科研、社会服务和管理领域的深度融合，建立一体化业务系统应用管理统一平台和“一站式”公共服务平台。加快推进信息化在人才培养、科学研究和管理服务中的应用，推动教与学模式的改革创新，推动管理方式与治理结构的重大转变，推动师生工作、学习和管理的全面数字化和智能化，充分发挥信息技术在人才培养、科学研究、文化传承、学校治理等方面的引领驱动作用。

（七）国际化推进工程

国际化是世界高等教育发展的时代潮流，是落实新时代教育现代化的迫切要求，是服务国家“创新驱动战略”的重要支点，也是我校建设特色鲜明的高水平应用型大学的必由之路。完善国际交流与合作的顶层设计，牢固树立国际化办学理念，尽快形成国际化战略布局。推进人才培养的国际化，探索国际化人才培养模式，持续扩大学生出国（境）交流学习规模，协调推进中外合作办学和赴境外办学，完善赴境外交流学生学分转换与认定。推进教师队伍的国际化，精心打造高水平国际化师资队伍，全面提升教师队伍的国际交流能力。推进科学研究的国际化，开展国际科研合作平台建设，深入开展高水平的国际科研合作与交流。打造富有肇庆学院特色的留学品牌，扩大国际教育招生规模，提高培养质量。

（八）党建思政引领工程

要贯彻落实新时代党的建设总体要求，建立和落实不忘初心、牢记使命的制度，深入开展党史学习教育等主题教育活动，坚持和加强党对学校工作的全面领导，一以贯之、坚定不移推动全面从严治党向基层党组织延伸。以政治建设为统领，切实增强“四个意识”、坚定“四个自信”、做到“两个维护”；以思想建设为基础，坚持以习近平新时代中国特色社会主义思想武装头脑，不断加强宣传思想工作；以提升组织力为重点，全面激发基层党组织的生机活力，不断提高党的建设质量；以纪律和作风建设为抓手，打造风清气正的朗润砚园；以统战和群团工作为两翼，不断增强党的创新力、凝聚力、战斗力和领导力、号召力，为学校发展提供坚强政治保证、思想保证和组织保证。

第三章　主要任务及举措

一、构建六大体系，全面落实“立德树人”根本任务

（一）积极推进“五育”并举体系建设

1. 强化理想信念教育。坚定不移地以习近平新时代中国特色社会主义思想指导教育教学改革创新，以理论滋养初心、以理论引领使命，不断推动学习贯彻习近平新时代中国特色社会主义思想往深里走、往心里走、往实里走，牢固树立扎根中国大地办教育的思想意识，坚守意识形态主阵地。推动思政课程改革创新，加快做大做强马克思主义学院的教学力量，探索课堂教学、专家讲座、社会实践与沉浸式体验等相结合的思想政治教育新模式、新方法。狠抓课程思政建设，建成一批课程思政试点学院和试点专业，推出一批课程思政示范学院、示范专业和示范课程，选树一批课程思政优秀教师，建设一批课程思政教研项目，构建全员、全程、全方位育人的“三全”育人体系，培育社会主义的建设者和接班人。

2. 加强思想政治教育。充分发挥课堂教学的主渠道作用，推进思政课和课程思政改革创新，全面加强学生爱国主义教育、理想信念教育、道德教育和国防教育，统筹推进美育和劳动教育。坚持思想建设是党的基础性建设的要求，持续深入学习宣传贯彻习近平新时代中国特色社会主义思想，坚持学原著、悟原理，在学懂弄通做实上下功夫，自觉用党的创新理论武装头脑、推进工作，将习近平总书记对高等教育的重大论述和重要讲话精神不折不扣地转化为学校改革发展的强大动力和干事创业的生动实践，结合建设新时代特色鲜明的高水平应用型大学目标，加强思想引领、凝聚共识、形成合力，提振全校师生的精气神。坚持立德树人根本任务，深化对马克思主义理论的学习、宣传和研究，不断坚定师生员工的道路自信、理论自信、制度自信、文化自信。

3. 不断完善通识教育。优化通识课程体系，拓展通识课程类别和数量，为学

生提供多学科交叉和综合的精品课程。进一步推进“书院+学院”人才培养模式，加强书院制通识教育课程建设。积极推进通识课教材建设，构建具有肇庆学院特色的“校本”通识课教材体系。鼓励高职称、高学历教师主讲通识教育课程，重视建设通识课教学团队，切实提高通识课教学质量。

4. 提高学生体质健康水平。以提升学生体质健康水平为核心，将竞技体育和群众性体育活动相结合，大力开展群众性体育运动，因地制宜组织开放多元的体育活动，进一步扩大和完善体育场馆设施。深化公共体育课改革，促进体育课与体育社团、体育竞赛等课外体育活动有机结合，在全国、全省体育竞赛方面，体现学校的实力和水平，力争2025年学生体质达标率超过95%。

5. 创新美育工作机制。建立健全“大美育”工作机制，构建由新闻宣传、艺术教育、教学管理、共青团等相关部门和院系参与的协同工作体系。重点依托我校美术学院、音乐学院、广东省砚文化研究基地、博物馆、美术馆等文化教学科研宣传载体，实施美育浸润计划，提升学生美育教育水平。支持教师申报美育类公选课和通识课，构建富有学校特色的美育课程体系，开展群众性音乐美术活动。

6. 深入开展劳动教育。创新课程设置，充分发挥课堂主渠道作用，开设劳动教育公共必修课，引导大学生热爱劳动、勤于劳动、积极劳动，克服“不劳而获”的投机心理，树立正确的劳动教育观。推动将劳动教育与专业技能相结合、劳动教育与奖助学金评定挂钩。

（二）不断深化教学管理体系改革

1. 推动一流课程建设。对标一流课程“双万计划”，着力构建校—省—国家三级一流课程体系，着力打造一批具有高阶性、创新性和挑战度的线下、线上、线上线下混合、虚拟仿真和社会实践“金课”，力争国家级一流课程达到6门，省级一流课程达到25门。融入新工科、课程思政、教育信息化、OBE、创新创业等理念，吸收近年教育教学改革所取得的成果与经验，及时更新教学内容，优化课程体系，体现跨界、交叉、融合、信息化、智能化等发展需求。积极发展“互联网+教育”，探索智能教育新形态，推动课堂教学革命，积极开发建设慕课、翻转课堂、对分课堂、微课以及在线开放课堂。新增在线开放课程50门以上、线上线下混合式课程100门以上。

2. 深化实践教学改革。积极构建基础教学实验室、专业教学实验室、科研创新平台的“三层次”实验教学平台体系，重点建设省级实验教学示范中心，争创国家级实验教学示范中心，助推各类教学示范中心、虚拟仿真实验教学中心、大学生校内外实践教学基地、产学研孵化基地建设。积极推动产业学院建设、混合所有制学院建设、校企合作平台建设。进一步加大实践教学比重，根据理工科、文科、术科的不同特点，分别设置相应的实践教学课程和学分比例。重视实验实训队伍建设，通过政策引导吸引部分专业教师投入实验实训教学和管理之中。

3. 完善学分制改革。进一步完善以选课制为基础，导师制为保证，包括选课制、导师制、学分计量制、学分绩点制、补考重修制、主辅修制、学分认定制等在内的学分制管理制度。进一步推进按学期注册，按学分缴费，按学分毕业，按学分绩点授予学位的管理模式，切实赋予学生自主选择课程、选择教师、选择学习时间的权利。加快推进大类招生改革，赋予学生选择专业和专业方向的权利，搭建促进学生个性发展和适应社会需要的平台。完善学生学业指导系统，建立与学分制改革和弹性学习年限相适应的管理制度。加强校际学分互认与转化，以学分积累作为学生毕业标准。

（三）持续推进协同育人体系建设

1. 加快协同育人平台建设。进一步发挥省级协同育人平台功能，整合现有各协同育人平台资源，鼓励各二级学院出台相关措施，提升平台建设水平。积极落实公费定向培养师范生的“4 +2”“2 +4”等人才培养模式。进一步完善“三二分段”协同育人工作，为搭建“中职 + 高职 + 本科 + 硕士”紧密衔接、相互贯通的现代应用型人才培养“立交桥”积累经验。

2. 不断推进产教深度融合。将教育链、人才链、产业链、创新链有机衔接，着力打造形成紧密的利益共同体和良性循环的社会体系，强化理论教学、实验实训、自主学习相融合的教育教学模式。加强学校与政府部门、行业企业、基础教育的合作发展，共同开发课程体系、制定人才培养方案、开发教材、实施培养过程、评价培养质量，实现人才培养质量与行业部门和产业需求的无缝对接。加强产教深度融合，加快推进现代产业学院建设，通过“二级学院 + 产业学院”的发展模式，促进产教深度融合。

（四）加强学生创新创业体系建设

1. 强化创新创业课程体系建设。完善基础知识类、创业能力类、创业实践类和创业素质类的创新创业课程体系建设。开发和引进一批优质创新创业课程，培养学生创新创业理念，提升学生创造发明能力。探索设置创新创业实验班，加强专业实践基地建设，建设一批示范基地。强化创新创业实践，鼓励与支持学生积极参加各类学科专业竞赛，加强学生科研实践训练。

2. 推动创新创业平台建设。进一步加强创新创业学院建设，积极对接区域产业发展需求，整合校内外资源，加快提升创新创业学院建设水平，搭建对接学生、校友与社会资源的桥梁，提供创新创业教育实践、市场经验咨询、企业投融资和创新服务管理方面的服务平台。探索大学科技园与创新创业学院协同创新、相互促进及一体化运行机制，打破行政管理壁垒，构建完整的创新创业教育—创新创业实践—创新创业服务体系。

3. 加大创新创业项目支持力度。推动科研反哺教学，加强对学生科研活动的指导，继续支持“大学生创新创业训练计划”“挑战杯”“互联网 +”“攀登计划”等项目，明确政策倾斜，优化评审机制。加强对学生竞赛项目申报辅导，支持具有理论创新和优秀的创业计划项目，鼓励学生参加各类学科专业竞赛，逐步提高竞赛奖励标准。建立和完善有利于学生创新创业的学籍管理制度。加大对教师指导大学生创新创业项目的支持力度，从政策上鼓励和支持教师指导学生创新创业，激发一批有丰富实践经验的优秀教师参与创新创业教育。

（五）细化优化教学评价体系

1. 进一步细化教学评价指标。突出思想政治教育、教授为本科生上课、生师比、生均课程门数、优势特色专业、学位论文（毕业设计）指导、学生管理与服务、学生参加社会实践、毕业生发展、用人单位满意度在教学评价中的比重，充分体现学生的“受益性、发展性、反思性、创造性”。进一步加大学生创新能力评价比重，加强学生创新能力培养。进一步完善学生学业成绩检测评价体系和体质测评工作体系，鼓励按照不同学科专业、不同课程类别建立多元化的学生学业成绩评价体系和综合发展评价体系。

2. 加强信息平台建设力度。根据我校信息化建设的总体要求，进一步完善教学基本状态数据库、信息库平台建设，进一步完善全校人才培养质量实时查阅系统和年度报告发布制度，将人才培养质量与资源分配、目标管理和绩效考核紧密挂钩。

3. 构建多元教学评价方式。建立校院系三级教学质量监控体系，加强课堂教学质量的巡查督导制度、定期评估制度、专项检查制度建设，强化大数据、信息技术在教学评价中的运用，依托学校教学信息化平台，加快推进传统教学评价方式变革，构建以信息化评价为手段的教学评价方式，形成完善的教学监督与评价机制。创新考核方式，强化过程性评价，突出学生学习能力、创新能力和实践应用能力考核，将挖掘学生潜能作为重要的考核任务。

（六）持续完善学生管理服务体系

1. 完善发展性的学生奖助制度。坚持保障基本生活和奖励优秀并重，鼓励全面发展和保护个性创新并重，过程性评价和结果性评价并重，建立完善的学生评价机制。家庭困难学生在“应助尽助”基础上推进资助模式由“保障型”向“发展型”转变，促进有偿资助与无偿资助相结合。开发优质勤工助学资源，加强勤工助学工作对学生能力培养的促进作用。

2. 构建多元化的心理健康服务体系。构建立体、多元、个性化的学生心理健康教育和朋辈互助机制，进一步开展主题鲜明、形式灵活的心理咨询辅导工作，打造具有肇庆学院特色的心理服务品牌。不断开发心理素质教育课程，加强“安全预警网络”建设，确保危机预警网络监控工作及时、高效。加快推进心理健康教育信息化建设，提高学生心理服务水平。

3. 加强全程化的就业服务。加大学校就业求职指导专职人员投入和学生培训力度，促进就业工作专业化，拓展就业服务辐射范围，健全在校实习实训指导体系。完成智慧就业服务系统开发，提升就业信息化水平。探索学生就业服务评价方法，完善评价指标体系，进一步提升就业质量。

（七）加快提升研究生培养质量

完善研究生培养硬件水平，加快成立研究生处，建立专业化的研究生培养和管理队伍，结合新校区建设，建立研究生院大楼，加强学校对研究生培养的全过程管理。提升研究生培养软件水平，深化研究生培养模式改革，完善分类培养体系，加强对专业学位研究生的知识创新能力训练和系统科研训练，深化科教融合，建立研究生参与导师科研的激励机制，着力提升分析解决重大科学问题的能力，坚持以实践能力和职业素养为核心，深化产教融合。注重做好本科教育与研究生教育培养过程的有效衔接。加强研究生导师队伍建设，在学科带头人、学术带头人、青年学科骨干中遴选一批优秀研究生导师，实行导师资格的动态管理，加强校内与校外导师有机结合的“双师型”导师队伍建设，着力提升导师指导能力，建立以导师为第一责任人的责权机制。继续加强研究生联合培养基地建设，推动研究生培养专业多元化。优化研究生培养标准和质量评价标准，完善学位论文评审、抽检制度和研究生淘汰分流制度。

专栏3：拔尖创新人才培养计划
理论铸魂建设计划。推进思政课程改革和课程思政建设，将思想政治教育贯穿教学全过程，形成长效机制。继续办好“砚园大讲堂”系列活动，各学院依托各自理论讲座，发展理论阵地，形成多层扩展的理论学习阵地体系。 创新创业领航计划。提升创新创业课程质量，探索建立创新拔尖实验班，协同各部门和社会力量，成立大学生创新创业基金，依托创客方舟、大学科技园两大创新创业平台，打造服务我校学生创新创业全过程的“砚园梦工厂”。 “四有”好老师培养计划。遵循习近平总书记提出的“四有”好老师职业要求，不断深化我校卓越人才培养模式。重点推进U－G－S协同育人培养机制。以师范生技能大赛为抓手，打造教师职业素养的课外培育平台。

二、强化“四新”发展理念，着力推进学科专业一体化发展

发挥学科的龙头和引领作用，构建队伍建设、人才培养、科学研究、社会服务、国际交流“五位一体”协同发展的学科建设新格局。科学制定学科规划，注重我校学科发展现状和趋势的研究，加强校际比较和绩效评价，有效引导人、财、物等资源的优化配置。我校学科专业建设要根据社会需要和学科发展程度，分清主次，明确重点，冲刺一流，不搞平均主义。发挥学科建设对专业建设的辐射和带动作用，着力探索和构建学科建设支撑专业建设，专业建设促进学科建设，专业教学和学科科研相互促进、共同发展的体制机制，促进学科专业一体化发展。

（一）构建“双核驱动，两翼并进”学科专业发展格局

1. 以新师范、新工科为双核，引领学科专业跨越发展。

做优新师范。依托国家级教师教育改革创新试验区建设平台，发挥省级中小学教师发展中心功能，大力推进“新师范”建设，深入培养未来基础教育优秀教师，服务国家乡村振兴战略。对接大湾区和粤西地区基础教育人才需求，实施师德养成教育工程，优化师范生培养工作布局，在巩固汉语言文学、数学与应用数学、外语、物理、化学、历史、美术、音乐、体育教育等师范专业基础上，积极开展地理等新增师范专业的建设工作。发挥专业特色、师资优势和教师教育品牌效应，加快建设与新师范要求相适应的附属幼儿园和中小学教育体系。

做强新工科。主动对接粤港澳大湾区产业布局，对接珠江西岸技术密集型产业带和先进装备制造＋农业产业带建设发展，瞄准全省“双区驱动”“双城联动”战略和广东省“双十”产业集群规划，肇庆市创新驱动“1133”工程和制造业“4＋4”发展格局的需求，坚持“项目牵引、平台依托，重点突破、整体提升”的超常规建设思路，积极改造传统工科专业，促进专业交叉融合，优先发展人工智能、大数据、物联网、区块链技术与应用及其相关学科专业，重点提升发展电子科学与技术、环境科学与工程、计算机科学与技术、机械工程、生物制药和食品科学与工程等学科专业。

2. 以新文科、新农科为两翼，推动学科专业建设水平整体提升。

提升新文科。注重文理交叉，探索在传统文科的基础上进行学科重组，聚焦新专业、新模式、新课程、新理论，着力推动经济学、管理学、法学、文学、历史

学、语言学等学科融合发展，文理工多学科交叉融合，打造强干弱枝，以质为先，融合发展的文科类学科专业集群。经管类、法学科专业要瞄准区域产业发展和市场需求，以及数字经济、服务经济等新趋势，不断调整优化学科专业结构，服务区域战略管理、生产管理和项目管理；文史类、教育类学科专业要积极探索服务区域教育和文化事业发展重点，积极发展服务粤港澳大湾区教育、文化发展的应用型学科专业；语言类学科专业要在做强现有学科专业基础上，瞄准国家实施“一带一路”倡议需要，积极发展若干小语种专业，培养实用型的高水平外语翻译人才；整合学校美术、音乐、体育等术科资源和品牌，结合学科专业发展趋势、市场发展需求，推动学科专业融合发展，错位发展，进一步做特做优术科类学科专业集群；整合校内书法专业资源，做大做强书法专业，形成与美术、文学类专业交叉融合、协同发展的知名品牌专业。

发展新农科。积极服务国家乡村振兴战略和生态文明建设，围绕肇庆和粤西乡村发展特点，聚焦粤港澳大湾区关于肇庆发展生态农业的定位、肇庆现代农业发展“611”工程和乡村人居环境整治工程，依托平台牵引、校地合作、协同育人的发展思路，深化农科教结合，重点瞄准生态农业、健康农业、特色农业、农业科学与工程、水产养殖等领域，凝练优势学科专业，推进新农科专业设置与发展。进一步扶持柑橘、道地南药、园林设计、水产养殖、优质水稻、食品与制药工程等科研创新团队建设。加强学科专业平台建设，积极谋划与省农科院合作，成立现代农业产业学院。进一步壮大优势学科专业，借助省市农村科技特派员机制，鼓励教授博士上山下乡，转化研究成果，服务“三农”建设。

（二）加强一流学科和一流专业建设

一是培育一流学科。积极培育和实施“双万计划”。立足于国家和省级一流学科、一流专业建设，提升现有学科专业群建设水平。突出重点学科专业培育，在现有省部级重点特色学科专业基础上，集中资源，加大培育力度，力争新增 2 个省级重点学科，2 个学科排名进入全国前 100 名；国家一流专业数达到 4 个，省级一流专业数达到 25 个。调整和优化学科专业结构，凸显学科专业特色，适当压缩专业数量，优化专业布局。

二是培育一流专业。有序推进各类专业认证。对标教育部工程专业和师范专业认证要求，扎实推进工程教育和师范教育专业的认证工作。积极组织参加教育部工程教育专业认证，力争在重点特色专业中率先完成专业认证。鼓励理学、农学、教育学、经济学、管理学、法学等人文社科专业参与本专业认证，推动一流专业建设进入快车道。

（三）持续推进重点学科建设

一是持续推进省、市、校三级学科建设。依托省市共建，坚持两翼齐飞，进一步加强数学、设计学、机械工程、环境科学与工程等省重点学科的建设，成为服务区域主导产业和文化产业发展的一支重要力量；整合资源，进一步加大对硕士学位点学科、省市共建学科、“冲补强”重点建设学科、“肇庆市重点学科”的投入和建设力度，着力培育 3 个以上省级重点学科；凝练方向、强化特色、彰显优势，根据学校已有学科特色和区域高校学科布局，开展校级新一轮重点学科遴选和建设。通过“提升、整合、培育”并举，推动省、市、校三级学科向应用型高水平学科方向拓展与延伸。积极整合校内外学科资源，搭建高端学科发展平台，引培高端学科人才，根据学科发展需要组建若干个重点学科团队，提升学科发展水平。

二是抓好硕士学位点学科建设。借助学校“申硕”成功的契机，做优做强艺术设计、教育、电子信息三大硕士学位点授权学科。积极遴选和培育一批具有竞争力的硕士学位申报学科，将校级重点学科分为“硕士学位点建设学科”“硕士学位点培育学科”两大类，通过政策配套、资源投入等方式强化师资队伍、学科平台、科技创新、人才培养等方面的建设力度，力争在“十四五”期间新增 3 ～ 5 个硕士学位点授权的学科。

（四）积极推进学科专业交叉融合

一是推动交叉学科专业建设。加快调整优化学科专业结构交叉融合，努力形成文理术工相互融合、协调发展的格局。重点瞄准区域经济社会发展和技术前沿，建设一些交叉学科和交叉专业，在新工科、新文科、新农科领域打造若干具有明显竞争优势的学科专业集群，推进我校学科专业建设提质增效，产出重大成果。

二是充分发挥课程建设的纽带作用。综合考虑学科对知识体系的要求和专业对从业岗位的需要，突出发挥课程和课程群在学科专业一体化建设中的作用，以专业为核心构建学科专业一体化建设模式，以课程为纽带促进学科建设资源和专业建设资源相互转化，推动科研平台与教学平台共建共享共用。

三是建立学科专业融合管理机制。在相关部门设立相应机构，赋予建设和管理职能，打破学科专业融合发展的管理壁垒，建立学科专业融合发展的统筹管理机制。建立与学科专业融合发展的配套管理制度和激励机制，保障学科专业融合发展行稳致远、落地开花。

专栏 4：学科专业一体化建设计划

基本思路。按照“新师范、新工科、新文科、新农科”的建设要求，综合考虑多校区办学特点，坚持以应用型人才培养为根本，以服务国家重大战略和区域经济社会发展为导向，坚持“调整结构，优化布局，强化应用，突出重点”原则，按照“学科专业一体化、学科专业集群化、学科专业交叉融合、做优新师范、做强新工科”的发展思路，重点发展电子科学与技术、环境科学与工程、计算机科学与技术、化学化工、机械工程专业，加快发展人工智能、大数据、物联网、区块链技术、生物医药与应用及其相关学科专业，提升师范教育专业建设水平，适量发展若干服务乡村振兴战略要求的新农科专业，适度扩大经管类专业规模，稳定发展新文科专业和艺术体育类专业。

建设策略。综合考虑学科对知识体系的要求和专业对从业岗位的需求，以专业为核心构建学科专业一体化建设模式，以课程为纽带促进学科建设资源和专业建设资源相互转化，推动科研平台与实践教学平台共用共享。加快调整优化学科专业结构，着力推进学科专业交叉融合，在新师范、新工科、新文科、新农科领域加快培育一批特色鲜明、有竞争实力的交叉学科专业和学科专业集群，努力形成新师范特色突出，新工科优势明显，新文科基础扎实，新农科成果显著的学科专业一体化发展格局，切实提升学科专业对应用型人才培养、科学研究和服务地方经济社会发展的支撑能力和水平，为推进我校建设特色鲜明的高水平应用型大学打好扎实的学科专业基础。

三、实施创新驱动战略，加快提高服务区域发展能力

（一）加大高端科研平台建设力度

1. 加强重点实验室和研究基地建设。加强广东省岭南现代农业科学与技术实验室肇庆分中心（西江实验室）、广东省环境健康与资源利用重点实验室、广东省水土污染管控与装备智能制造工程技术研究中心等现有省部级平台建设；着力加大对农业农村部农产品质量安全风险评估实验

室（大湾区·广东）的建设力度，深入培育农业农村部大湾区农产品化学危害因子检测与控制重点实验室、广东省食品农产品安全分析与检测工程技术研究中心等重点平台。加快推进“国家教师教育创新实验区”建设，进一步扩大创新实验区的辐射范围；加大端砚传统文化传承基地、广东省砚文化研究基地等平台建设力度，带动相关省及地方人文社科研究基地建设。

2. 搭建科研合作共建平台。强化校地合作，深入推进与党政机关、企事业单位、科研院所、高等院校的合作，创新共建研究机构的合作发展模式。深度参与广东省、肇庆市现代装备制造领域创新体系建设，聚焦肇庆创新驱动“1133”工程、“4 +4”制造业发展格局、现代农业发展“611”工程，推进与地方政府及高新企业的合作共建，建设地方政府协同创新中心、企业联合研发基地等区域协同创新平台。

3. 加强港澳台及国际科研合作平台建设。拓展港澳台及国际科研交流与合作，打造理念相同、要素联通、链条融通、人员畅通的创新共同体。加强与香港公开大学、德国富克旺根艺术大学、英国林肯大学、波兰密兹凯维奇大学等境外高校的合作，培育具有产出重大成果能力的国际合作联合实验室。推进与国际研究机构、跨国企业开展合作，建设高端研究基地。

（二）优化科研支撑保障体系

1. 建立重大项目资源配套奖励机制。以提升高水平纵向课题数量为核心，鼓励高级职称教师和中青年人才申报国家和省部级项目。加大项目申报培训力度和科研经费配套奖励力度，建立规范的保障机制，鼓励开展省级及以上重大科研项目申报和研究。

2. 提高科研绩效奖励标准。调整科研奖励政策，逐步加大科研奖励力度，激发全校教师科研创新积极性。对重大科研项目（含重大社会服务项目）、重大科研成果给予配套支持或特殊奖励。

（三）创新科研管理机制

1. 推进应用导向的科研评价制度改革。以习近平总书记在科学家座谈会上提出的科研工作“四个面向”为指引，树立“把论文写在祖国大地上”的科研指导思想，破除“五唯”思维，着力扭转“SCI 至上”局面，设置“代表性学术著作”“专利转化”“决策咨询报告”等指标，进行多维度科研成效评价。

2. 实施科研项目首席专家负责制。贯彻落实国家、省市关于科研管理的政策文件，依靠改革激发科技创新主体活力，探索重点项目攻关“揭榜挂帅”制度，同步推行首席专家“组阁制”、项目经费“包干制”。

3. 完善科研人员收入分配机制。建立基于尊重科研人员劳动付出的科研经费管理制度，探索以增加知识价值为导向的分配政策，切实提高科研人员智力劳动的转化收益与分配比例。

4. 鼓励开展跨学科、跨学校合作研究。大力提倡跨学科研究，建立跨学科研究管理制度，扶持跨学科研究项目，组织跨学科研究的学术队伍，宣传跨学科重大成果，推动不同学科不同学院教师共引共享、互聘互用。鼓励教师开展跨学校合作，对跨校合作成果特别是重大成果，要给予相应比例的配套奖励。

（四）提升服务地方能力

1. 积极推进新型智库建设。整合全校优质智力资源，在社会服务的各个领域培育高端智库，为地方经济社会发展提供高水平智力支持。整合肇庆经济社会与历史文化研究院、肇庆教育发展研究院、广东省实践科学发展观研究基地、肇庆市决策咨询研究院、肇庆市旅游研究中心、肇庆市乡村振兴研究院、肇庆高新区产业创新研究院等地方服务平台，搭建地方经济社会发展研究大平台、大智库。加大对《肇庆学院学报》等学术刊物的支持力度，努力打造高水平学术出版和传播平台，推动学术文化繁荣发展。

2. 完善经济社会发展服务平台建设。以国家大学科技园创建为契机，整合校友资源、大学科技园和创新创业学院资源，完善基础设施和配套设施，做大做强国家级大学科技园、科技孵化器、众创空间等科创服务平台，增强平台吸引力，切实提升我校项目孵化、成果转化和服务社会能力。

3. 加大横向项目政策支持力度。积极打通与行业、企业、政府和社区的联系渠道，争取获得更多外部资源。完善应用研究型项目、成果、人才和机构的评价机制，合理确定应用研究型项目和成果在职称评审、岗位聘任、绩效考核、两级管理考核中的权重。

4. 加快促进科技成果转化。充分利用我校新工科的人才和科研优势，借助省级重点实验室、各类工程技术中心等平台，加强与地方企业行业合作攻关，推动科研成果尽快转化为现实生产力。进一步完善和推进农村科技特派员制度，发挥农产品技术开发、农业经济管理类人才优势，鼓励将项目和成果做在粤西北农村大地，将论文和著作书写在乡村田间地头。

专栏5：自主创新能力提升计划

科研团队整合计划。进一步整合资源，推进团队建设，鼓励学科交叉融合，围绕产业发展、乡村振兴、地方文化传承等，形成几支研究方向明确、有较强创新能力的学术团队。重点扶持食品安全检测新技术、机械可靠性与振动控制、肇庆道地南药研究与开发创新团队，同时加快培育环境工程、电子信息、生物工程、经管政法、地方文化传承与创新等学术团队建设。

科研“双百计划”。即百名教授博士进企业、百名教授博士进农村。围绕服务企业发展，鼓励相关专业博士教授走进企业，开展科技攻关，推动成果转化，力争建立100名企业科技特派员队伍。围绕服务乡村振兴，鼓励博士教授下农村，服务乡村振兴战略，力争建立100名农村科技特派员队伍。

科研引智计划。建立稳定、牢固的校内外学术交流机制，邀请国内学者以学术报告、学术座谈等形式来校开展广泛、深入的学术交流活动，举办院士论坛、大型国际国内学术会议，扩大学校的影响力和知名度。积极营造校内基础研究的学术氛围，通过举办系列学术讲座、教授博士学术沙龙、出国出境学习进修分享会等形式激发我校学术活力。

四、聚焦人才队伍建设，厚植学校事业发展竞争优势

（一）稳步扩大师资规模

1. 不断加强青年教师队伍建设。为适应学校办学规模扩大的需要，加快引进以重点高校优秀博士为主的青年优秀人才，建立适应学校发展需要的专任教师队伍。

2. 进一步吸引高端创新人才。通过“人才特区”“高层次人才计划”和肇庆市“西江人才计划”，引进3个以上国内有影响力的高水平学术团队，引进和培育10名以上学科领军人才、20名以上学科带头人、70名以上学术骨干，加大对重点学科的倾斜力度，在国家级教学名师、广东省“珠江学者”方面有所突破，肇

庆市“西江学者”等各类层次人才数量大幅增长。

3. 持续引进境外高水平师资。积极创造条件，面向港澳台和国外，继续引进一批高水平境外教师。

（二）切实提升教师队伍专业素养

1. 优化教师学历职称结构。重点提升博士学位教师比例，通过引进应届博士和支持硕士学位教师在职攻读博士研究生的方式，实现博士学位教师比重达到50%目标。优化教师职称结构，充分考虑不同学科实际，改革评价体系，实施分类评价。加快推进教师职称的评聘工作，大力改革评聘制度，对特别优秀的中青年人才实行破格评聘，鼓励一批德才兼备的优秀人才脱颖而出。

2. 完善教师培养体系。推动教师发展中心实体化运行，协同校内多部门构建各类型、跨学科专业、多层次的教师培养培训机制，推进教师教育教学理念的创新。扩大教师出国进修、访学比例，优化教师成长环境，进一步建立青年教师培养计划和相应的制度设计，帮助青年教师尽快提高教学、科研和社会服务能力。

3. 强化“双师双能型”教师队伍建设。进一步扩大“双师双能型”教师队伍规模，重点引进学历高、实践经验丰富、具有政企行业任职经历的高水平人才，充实专任教师队伍。面向政府、行业、企业和基础教育柔性聘任一批理论水平较高、实践能力较强、管理经验丰富的业界精英，充实兼职教师队伍，力争“双师双能型”教师占比达到65%。

4. 加强师德师风建设。建立师德师风考评体系，严格落实师德师风一票否决制度，坚持对师德教育常抓不懈、常抓常新，推动师德师风建设常态化、长效化。

（三）探索教师分类评价和岗位流转机制

1. 建立教师分类评聘机制。根据学校目标定位、学科专业发展要求、人才特点和类别，制定和完善人才分类评价体系，重视质量导向的评价体系建设。着力打通教学、科研工作量。探索建立以技术应用转化和社会服务贡献为导向的评价体系。改革成果收益机制，提高广大教师成果收益比例。完善以院系为主体的年度考核机制，鼓励院系开展团队考核和分类评价。

2. 建立多渠道人员流转机制。进一步规范教职工在不同岗位间流转和退出的依据、标准和程序。建立多渠道的人员流转机制，促进人才资源优化配置，建立服务创新创业的职业过渡机制，推进个人自荐和单位推荐相结合的调岗机制，以及续聘、待聘和低聘相结合的人员聘任缓冲机制，稳步推进不合格人员退出机制。

（四）加大教学科研团队建设力度

1. 倾力打造一批高水平创新团队。建立科学的团队建设和管理办法，加强人才团队的整合力度，鼓励高学历、高职称教师发挥科研和教学带头作用，形成相对稳定的结构化、功能化、目标化科研和教学团队。积极申报学校和省市相关教学或科研团队项目，发挥各类研究中心、研究所的作用，提升研究团队成员的稳定性，着力打造老中青结合的研究梯队。强化高层次领军人才、学科带头人、学术带头人的作用，力争新增3个左右省级教学科研团队。

2. 加快培育一批青年创新团队。推动优秀青年教师走出校门、走向社会、走进行业、走向国际，融入国家和区域重大项目建设，推动一批青年杰出人才脱颖而出。引导青年教师自觉融入以重点学科和重点实验室为载体的学科专业团队和以重大项目为载体的研究团队，鼓励青年教师以科技特派员或参与小分队等形式深入企业、农村进行科技服务和关键技术攻关，对教学、科研突出的青年人才在团队申报、平台建设、实验室建设、科研经费、职称晋升、评优评先等方面给予倾斜。

（五）提升管理团队服务能力和水平

1. 创新干部队伍体系建设。优化选人用人机制，坚持正确的选人用人导向，进一步加强党委和各级党组织在干部选配中的把关作用，严格按照人岗匹配、德才兼备原则，选好用好干部。实施机关干部和二级学院干部双向交流制度，优化干部教育培训体系建设，提高干部队伍政治素质和业务素质。加强干部梯队建设，选拔、培养和储备一批有利于学校可持续发展的中青年后备干部队伍，加快推进干部队伍年轻化、专业化、知识化。

2. 重视后勤队伍体系建设。强化服务理念，以后勤服务文化建设推动后勤职工素质提升，树立“师生为本，安全为重，服务为先”的理念，采取“换位思考”的工作方式，严格履行岗位职责，处处为师生着想，打造一支“爱岗敬业，乐于奉献”的服务团队。

3. 加强学生管理干部队伍建设。完善辅导员选聘和管理制度，进一步完善和落实辅导员考核机制，实施校院二级管理考核制度。强化辅导员的制度引领，对辅导员队伍的职责定位、培训培养、管理考核和发展方向进行科学规划，为辅导员队伍专业化发展提供制度支撑。鼓励辅导员专业化发展，重点培育一批具有决策咨询价值和推广示范意义的实践和理论成果。完善辅导员培训体系，构建日常培训—专题培训—专业培训—学位进修四级培训体系，教学—科研—实践三位一体的全方位、全过程培养体系。

专栏6：一流师资队伍建设计划

人才引育“双百工程”。围绕学校中心工作，创新人才引育机制，以超常规的力度，多样化的举措，引进和培育一批高层次人才和高水平创新团队，其中，高端人才100名左右（含领军人才10名左右，学科带头人20名左右，学术骨干70名左右），优秀青年人才100名左右，高水平教学科研创新团队10个左右。

加快构建新型人事管理机制。推进用人方式由身份管理向岗位管理转变，实施“能者上，庸者下”“低职高聘、高职低聘”的用人机制。落实“岗绩结合、优绩优酬”的分配原则，着力提升人均绩效，充分调动教职工的积极性、主动性和创造性。

五、加强对外交流合作，深化提升国际化办学水平

（一）积极开展港澳台及国际合作办学

1. 落实肇庆学院与香港及中外合作办学项目。做好香港公开大学（肇庆）筹建申报工作，争取获得教育部批准正式设立，依托合作办学平台，实现肇庆学院与香港公开大学在应用型大学建设、人才培养、实习实训、科研平台共建共享等方面的深度合作，助推学校加快发展步伐。理顺与德国富克旺根艺术大学合作开办中德设计学院的工作机制，加快推进与意大利马切拉塔大学开展实质性合作，加强与波兰密兹凯维奇大学的合作，鼓励外国语学院申报开设波兰语等小语种专业。

2. 拓展境外合作办学渠道。坚持突出错位发展和差异化发展思路，推动建立对等性合作办学项目。进一步加强与“一带一路”沿线及东南亚国家和地区高校的交流合作，支持各二级学院与国外及

港澳台地区的学术交流与合作。依托优势特色专业和资源，积极引进境外教学、科研合作项目。分层分类做好教师公派、学生交流、联合培养、联合办学工作，建立实体化运行的国际教育学院。

（二）优化国际合作资源配置

1. 加大资金投入力度。进一步加大国际交流经费投入，多渠道筹集资金，争取广东省和肇庆市财政支持。加强与社会机构合作，不断完善基础设施和涉外教学与生活设施建设，为国际交流合作提供软硬件支持。

2. 完善招生激励制度。制定面向国际化教育招生、培养的评价和激励机制，加大资源配置向承担留学生、交流学生教学任务的二级学院和教师的倾斜力度，提高留学生经费用于改善教学条件和支撑办学激励政策方面的比例。

3. 鼓励教师跨境交流与访学。进一步完善中青年骨干教师海外访学政策，鼓励和引导教师开展国际合作与交流，申请国家留学基金资助，不断提高师资队伍国际化教育水平。

（三）构建国际化人才培养机制

1. 建立国际化人才培养体系。开展国际化教学体系建设，促进教学理念、教学方法创新，切实提高学生培养质量。加快推进学校教学管理的国际化，在课程衔接、学分认定、学籍管理等方面推进改革，形成与国际化办学相适应的学生管理体系。探索独立培养+合作培养方式，推动国际化人才培养模式的多元化。

2. 创新留学生管理方法。严格遵守教育部、外交部、公安部联合发布的《高等学校接受外国留学生管理规定》，遵循“深化改革，加强管理，保证质量，积极稳妥发展”的方针，制定我校留学生管理相关规定，推动留学生趋同化管理，实施留学生的“校内管理服务校园化、社会管理服务社会化”，构建富有肇庆学院特色的留学生管理模式。

六、重视资源优化配置与民生福祉建设，增强学校发展保障能力

（一）强化经费保障力度

1. 拓宽经费收入渠道。在顺利完成管理体制调整的基础上，扩大招生规模，完成“提毛工程”任务，获取更多财政资金。提前谋划，做好项目储备，争取获得国家、省市各项专项资金。发挥学校教育发展基金会在争取社会捐赠中的渠道作用，动员多方社会力量捐资助学。出台激励政策，不断开拓继续教育和培训市场，扩大继续教育规模，增加学校办学收入。加强科技成果转化与技术服务，以贡献求支持。利用市场化手段激活学校经营实体，扩大资金收入来源。

2. 强化资源统筹使用。注重资金向教学、科研、人才引进和新校区建设等重点领域倾斜，建立教学、科研投入年度稳定增长机制。优化学校经费支出结构，适当扩大教学经费使用权限，加强资金、资源使用效益的评估，鼓励各单位在开源节流基础上，提高资金使用效率。减少重复购置，提高资源共享度。

（二）进一步完善提升主校区功能

拓展主校区空间范围，提升星湖校区使用效率，根据校园土地面积缺口情况，结合现有校园周边土地复杂现状，争取更多政策支持，确保落实土地征用计划，为教学、科研和人才培养提供坚实的物质基础。推进教师教育发展中心、体育教学大楼、大学生活动中心、研究生楼、科研中心、体育场馆等设施建设，改造提升美术馆。对主校区现有危旧教职工宿舍有序进行维修或改造，深挖现有建设用地潜力，优化土地资源配置。

（三）加快推进智慧校园建设

1. 推进数字化治理方式变革。加强

数据治理，提高治理水平，实现管理服务便捷化。以信息化塑造办事流程，使管理科学化、规范化、标准化。加大数据共享建设力度，积极推进校级信息数据共享平台推广使用，加强大数据支持科学决策，提高办学效益。从管理、技术、师生这三个维度入手，做出我校的亮点应用，抓重点、痛点，选取关键点做深做好，并在应用及推广的过程中，不断完善平台；同步推进出台数据治理集成和数据共享制度。

2. 加强“智慧校园”平台建设。在“数字校园”平台的基础上建设“智慧校园”平台。充分利用人工智能、云计算、大数据、物联网和5G等新技术，构建全方位、全过程、全天候的支撑体系，助力教育教学、科研、管理和服务的改革发展。将学校的所有管理应用系统统一部署在“智慧校园”平台，打通数据接口，消灭数据孤岛，实现数据的高度共享、业务融合，构建无差别资源访问服务体系，做到“网络通、数据通、业务通、人人通”，开启智慧应用，让师生感受到学校信息化服务带来的便捷效果。提升校医院信息化建设水平。

3. 实现全景式信息化管理。建设智慧校园指挥、控制和管理中心，对教育教学、科研、管理和校园生活进行全方位、一体化的信息化管理。通过多种应用服务系统，辅助规划、管理和决策，实现智慧化的校园运行、管理、维护和安全等。加快信息大楼规划建设，进一步加强信息管理服务人才队伍建设，改善软硬件环境。

（四）提高公共服务保障水平

1. 加强图书馆文献资源和服务设施建设。提升图书馆智能化水平，增强图书馆育人功能，把图书馆建设成为支持学生自主学习、教师开展科学研究和技术创新的知识中心、学习中心和文化中心。加强数字图书馆建设，拓宽文献资源建设渠道，增加图书藏书量，加大电子文献数据购买力度。充分利用网络信息管理技术、数字化处理技术和数字式信息资源，加快推进智慧图书馆建设。

2. 积极建设“平安砚园”。建立健全学校安全保卫制度和工作机制，形成“精细化管理、多元化参与、科学化配置、规范化运行”的校园网格安全管理格局。升级改造校园视频监控系统，建设物联网智慧消防管理系统。建立平安校园管理平台，降低校园案件发生率。建立完善应急处置工作机制，完善人防、物防和技防措施，加强实验室安全建设，创建平安和谐校园。

3. 改善学生学习生活环境。进一步优化校园学习设施，对照国家标准，完善校园学习设施建设，提升学生学习环境。持续改善学生宿舍环境，充分利用现代化技术手段提升学生学习、生活环境的管理水平。加强宿舍安全、卫生管理，打造富有特色的砚园宿舍文化。

4. 建设绿色校园。树立可持续发展理念，加强师生环保节约知识、环保节约意识、环保节约习惯的教育与培养，深入开展宣传教育活动，形成倡导节约资源能源的良好风气。加强组织领导，创新和完善管理体制，大力推广节能技术，落实节能减排任务，完善奖惩制度和监督机制。

5. 构建完备的后勤保障体系。着力构建“权责明确、行为规范、监督有效、保障有力”的服务监管体系。提高自营项目的质量和水平，强化对外包服务的监管。推进后勤自我评价与师生评价相结合的科学化后勤服务评价体系建设。

（五）加强民生保障力度

1. 提高教职工福利待遇。改善教职工工作和生活条件，不断提高福利待遇，建立教职工薪酬收入稳步增长机制，提高教职工获得感和幸福感。严格落实教职工住房补贴制度，完善周转房规范化管理政策。提高教职工年度身体检查标准，切实关心教职工身体健康安全。

2. 加强教师公寓管理。加强旧房维修，盘活现有用房存量。充分用好政府人才住房，加强管理，提高使用率，吸引和稳定优秀人才扎根学校，安居乐业。积极争取主管部门的用地政策和规划建设政策支持，推进人才公寓、中青年教师公寓建设，切实解决教职工的安居问题。

3. 建立教职工关爱制度。进一步完善困难教职工补助制度，办好在职职工互助保险、女职工安康互助保险、教职工重大疾病保险。进一步完善困难职工帮扶制度，建立全面的困难职工补助体系。进一步完善“教工之家”的文体娱乐设施，丰富教职工文化娱乐生活。

4. 进一步做好离退休工作。进一步完善离退休教职工“政治待遇”“生活待遇”的落实机制，在思想上关心、生活上照顾、精神上关怀离退休教职工。通过定期召开座谈会、茶话会等形式，给予离退休教职工更多的关爱。建立离退休教职工荣誉退休制度，对长期在学校工作，为学校发展作出突出贡献的离退休教职工颁发荣誉证书。

七、积极谋划新校区建设，夯实高质量发展硬实力

（一）新校区校园发展定位

按照“一流规划、一流设计、一流建设、一流质量”的要求完成新校区的规划建设，打造符合我校发展特色、发展目标的现代化、数字化、智能化校区。以“主轴通廊”的构思，使绿化带、湖泊贯穿校园，通过“山、水、廊、园”来区分组织不同功能和多元空间，建设具有岭南派建筑风格的特色校园。

（二）新校区总体规模

积极争取项目政策支持，推动新校区项目纳入广东省经济社会发展“十四五”规划以及教育发展“十四五”规划。推进附属学校规划和建设工作，争取学校附属幼儿园、附属中小学与新校区同步规划、同步建设。新校区选址拟定在肇庆市高要区，占地面积约1500亩，规划校舍建筑面积为578600平方米，地下建筑面积为28162平方米。校区终端目标将满足17500名普通本科生、2000名研究生和500名留学生的正常教学生活需要。

（三）新校区学科布局

高起点、高标准谋划新校区建设，把新校区打造成符合湾区发展、契合肇庆需求，以“新工科”“新农科”为主、兼有文体艺相关学科专业的高水平、高质量综合型校区，努力把学校打造成“湾区新秀、省级方阵、岭南名校”，使学校发展与粤港澳大湾区、肇庆市经济社会发展相互促进，共同发展。

（四）新校区建设规划

加快推进新校区建设，在规划选址、土地征迁、规划建设、交付使用方面主动作为，力争实现2022年动工建设、2024年完成一期建设、2025年完成二期建设的目标。2022年5月到2024年6月，一期建设完成后能满足5000名学生的正常教学生活需要；2023年9月到2025年7月，二期建设完成后能满足15000名学生的正常教学生活需要。一二期总建筑面积为487745平方米，投资总额约43亿元。

八、深化体制机制改革，促进治理体系和治理能力现代化

（一）坚持和完善党委领导下的校长负责制

坚持和完善党委领导下的校长负责制，加快大学章程修订，大力推进依法治校，完善内控体系建设，推动治理体系和治理能力现代化。进一步落实校院两级治

理体制和运行机制，完善对二级单位的考核和奖励制度，制定学院治理规程。进一步完善学校党委、行政议事决策机制，提高决策效率和质量。

（二）进一步落实校院两级管理体制

1. 落实院系管理权下放机制。坚持集权与分权相结合、管理与引导相结合、考核与激励相结合，厘清学校与学院的责权利，形成学校宏观决策、部门协调配合、学院自主运行的管理体制与运行机制。推动管理重心下移，落实二级学院在人才培养、学科建设、科学研究、师资队伍建设、社会服务等方面的自主权，激发学院办学活力。

2. 建立健全院系管理能力评价和监测体系。理顺学校和院系的权力、责任和义务，健全院系的管理决策和监督机制。加强对院系师资队伍建设、学科专业建设、课程建设、教学科研和党政管理运行的日常监测。以学校自评为主、第三方机构评价为辅，对院系人才培养、科学研究、社会服务和管理效能等进行评价和诊断，评价结果与办学资源投入、绩效奖励挂钩。

（三）完善学术委员会管理制度

1. 健全学术委员会制度。明确学术委员会是校内最高学术机构，统筹行使学术事务的审议、评定、咨询和决策等职权。进一步完善学术委员会架构，设立学科专业建设、教师职称职务评聘、教学指导、科学研究、学术道德与学风建设等专门委员会。进一步加强院系、研究院等教学科研机构学术委员会分会建设。

2. 完善学术委员会运行机制。完善学术委员会相关制度，明确学术委员会职责、权力和运行机制，规范学术委员会议事规程。建立学术委员会委员选聘、履职、考评、奖惩机制和定期换届制度。明确学术委员会行使学术事务的决策、审议、评定和咨询职权，积极探索教授治学的有效途径。

（四）统筹推进各项改革

1. 调整优化行政管理机构。制订职能管理部门调整优化方案，优化部门设置及职能分工，明确各部门职责范围和办事流程。面向教学、科研需求，按照教学单位、管理单位、服务单位等类型定位，优化职能部门设置，确定岗位职数和职责，理顺关系，健全责任链条，实现决策权、执行权、监督权的合理配置与相互协调，提高职能部门执行力。

2. 调整优化院系结构。根据学科专业新布局，资源统筹与综合利用，以及学科专业集群建设的需要，不断完善二级学院和教学单位架构设计，根据发展需要对主校区和新校区的院系、学科、专业进行设计和规划。

3. 建立开放办学体系，与社会形成良好互动。加强与政、企、校等社会各界的联系，充分发挥校友会、基金会的作用，多渠道争取社会资源，提高办学水平。进一步发挥专业所长，对接粤港澳大湾区所需，推动校地合作模式的改革创新。

（五）健全民主决策机制

1. 加强民主监督。构建决策、咨询、执行、监督协调统一的制度框架体系，进一步健全党务、校务公开制度和情况通报制度。通过多种渠道、多种方式加强信息公开，落实并保障师生的知情权、参与权和监督权。加强学校与师生、机关与学院、党内与党外、学校与社会的协商沟通机制建设。

2. 扩大民主决策范围。进一步规范政治权力、行政权力、学术权力和民主权力的关系，解决学校内部管理过度的“行政化”倾向，建立“四种权力”协调统一的架构和机制。充分尊重学术委员会和教授群体在学术管理中的作用，完善教职工代表大会和学生代表大会制度建设，建立二级学院教代会制度。注重发挥民主党派、工会、共青团、学生会在学校治理中的作用。

九、打造特色校园文化，显著增强文化育人软实力

（一）发挥大学文化引领作用

1. 深化育人体制机制改革。遵循教书育人规律，挖掘育人要素，持续深化全员、全程、全方位育人体制机制建设，发挥好课程、科研、实践、文化、网络、心理、服务、资助、组织等方面的育人作用。

2. 持续优化育人环境。培育优良校风教风学风，加强文明校园创建，力争在成功创建“广东省文明校园”的基础上，加快创建“全国文明校园”。切实提升学校的文化软实力和核心竞争力，努力构建与高水平应用型大学要求相适应，格调高雅、充满活力、富有特色的砚园文化。

（二）培育砚园精神文化

1. 弘扬社会主义核心价值观。以社会主义核心价值观为引领，围绕“弘扬主旋律，提倡多样化，传播正能量”主题，培育具有强大凝聚力的大学精神和大学文化，弘扬砚园精神、讲好“砚园故事”、传播“砚园典型”，引导大学生培养以爱国主义为核心的民族精神，以改革创新为核心的时代精神，树立正确的人生观、世界观和价值观。

2. 加强大学生思想品德养成教育。加强思想政治理论课建设，遴选名师大师参与思想政治理论课讲授，强化哲学社会科学育人作用，全面推进课程思政建设，充分发挥科研育人功能，把中国特色社会主义理论体系教育、理想信念教育、爱国主义教育融入人才培养全过程，明确培养目标，落实各项培养任务，为大学生健康成长提供丰富的精神食粮。充分发挥大学生暑期“三下乡”社会实践活动品牌，推动大学生深入社会实践，了解社会，认识国情，增强服务社会的意识和能力。

3. 开展砚园精神文化的宣传推广。突出以校训为主体的校园文化宣传，引导师生在“厚德”的基础上追求“明智”，在“博学”基础上追求“力行”，努力做到德才兼备、知行合一。进一步发挥我校学科专业优势和师范文化传统，擦亮书院文化、创新创业文化育人品牌。广泛开展校史校情、校训校歌、砚园精神、办学理念等宣传活动，集中全校师生智慧，拓展校园文化内涵，提炼校园精神文化精髓。

（三）打造砚园制度文化

1. 落实新修订的《肇庆学院章程》。完善“党委领导、校长负责、教授治学、民主管理”的现代大学制度，建设合法合规、合情合理、张弛有度、井然有序的制度文化，建立健全现代大学管理制度体系。

2. 深入推进依法治校落地生根。完善学校各项规章制度，建立健全上下贯通的现代大学管理的决策机制、执行机制、监督机制和问责机制，建立依法治校的长效机制。

3. 强化内控管理和制度执行力。借助学校内控体系和督查巡察制度，对学校各项制度的执行情况进行全面跟踪检查，建立决策咨询、过程考核、绩效评价、信息发布和责任追究制度，推动学校各项管理制度落到实处。

（四）形成砚园行为文化

1. 培育砚园风范的优良教风学风。统筹做好师德师风、机关作风和学生学风建设，形成师风促作风、作风促学风，营造敬业奉献、乐教乐学、和谐共进的人文生态环境。引导教师探究学问、潜心教书、服务社会、甘于奉献。引导学生热爱

祖国、遵纪守法、刻苦学习、爱岗敬业。

2. 开展多种形式的主题教育活动。利用国家重大节日和学校开学典礼、毕业典礼、教师节表彰等活动，组织开展主题鲜明、内容丰富、弘扬社会主旋律的主题教育活动，培养大学生深厚的爱国、爱校情怀。借助国家和省市文明单位创建活动契机，组织开展先进集体、文明宿舍等评比活动，提高师生道德修养和文明素质，推动形成全校讲文明、行礼仪、守道德的良好风气。

3. 组织开展各类文体艺术和竞赛活动。充分发挥学校音体美学科专业优势，以审美教育、健康教育和竞争意识为核心，定期开展丰富多彩的文体艺术活动，积极组织参加挑战杯、互联网+、创新创业大赛等展现师生实力的竞赛活动，提高师生的参与度和覆盖面，激发全校师生的主体意识、爱校意识和进取意识。

（五）塑造砚园环境文化

1. 充实完善砚园文化景观设施。按照砚园文化笔墨纸砚四大要素，力争在未来五年全部建成。加强配套文化景观建设，注重文化景点的相互搭配融合，营造绿色环保、健康安全、品味高雅、体现岭南文化特色的校园生态景观环境，使砚园真正成为全校师生读书治学、工作生活的理想场所，发挥环境育人的功能。

2. 优化设计砚园文化识别系统。打造系列砚园文化品牌载体，设计和完善校训、校歌、校徽等标识系统，开发推广形式新颖、内涵丰富的系列品牌宣传片、纪念品、宣传册，形成具有砚园特色的 CIS 体系。

3. 加快建设校园网络和数字文化设施。运用智能化、网络化新技术和融媒体，构筑技术先进、内涵丰富的砚园文化载体，提升学校文化影响力。建设校园数字多媒体宣传系统，促进学校报社、广播台特色创新与建设。强化校园网站群建设，提高网站设计水平，丰富网站信息内涵。

十、全面加强党的建设，为学校改革和发展提供坚强政治保障

（一）加强政治建设

全面贯彻新时代党的建设总要求和党的组织路线，增强“四个意识”、坚定“四个自信”、做到“两个维护”。坚持和加强党对学校工作的全面领导，以党的政治建设为统领，严格遵守政治纪律和政治规矩，发挥党委的领导核心作用，全面贯彻党的教育方针，把政治标准和政治要求贯穿于学校事业发展全过程，履行好“为党育人、为国育才”的神圣使命，确保办学治校始终保持正确的政治方向。强化政治训练和政治教育，严格党内政治生活，大力营造风清气正的政治生态环境，引领党员干部站稳政治立场，提高政治能力，增强斗争精神，为实现学校发展目标而努力奋斗。

（二）加强宣传和舆论引导工作

继续加强学校宣传工作，规范信息发布和发挥新闻舆论导向作用，围绕学校办学方向和中心工作，推进学校形象塑造工程，多渠道、多形式向社会推介展现学校改革发展成效。创新宣传形式，开展线上线下、传统媒体与新媒体相结合的宣传方式，拓展宣传平台，提升宣传成效。强化意识形态主体责任，坚持马克思主义在意识形态领导地位，牢牢把握意识形态的领导权、管理权和话语权，不断完善意识形态工作体系，确保学校安全稳定。

（三）加强组织建设

认真贯彻落实《中国共产党普通高等学校基层组织工作条例》，大力实施新一轮党的基层组织建设三年行动计划，全面推进“全省党建工作示范高校”创建工作。优化基层组织设置，推进“纵向

到底、横向到边”的基层组织建设，织密建强上下贯通、执行有力的组织体系，选优配强各级党组织书记，强化党务干部的培养教育。提升基层党组织整体功能，充分发挥二级党组织的政治核心作用、党支部的战斗堡垒作用和党员的先锋模范作用，激励广大党员干部担当作为。深入贯彻落实党支部工作条例，推动基层党支部标准化规范化建设。实施教师党支部书记“双带头人”培育工程，发挥“头雁”效应。改进大学生党支部设置方式，做好大学生党员发展和教育管理工作。加大发展优秀中青年教师、高知群体教师党员工作力度。持续推进高校党建“双创”工作，积极打造基层党建工作品牌。深入推进基层党组织书记抓基层党建工作述职评议考核，强化对基层党建工作的督促指导。坚持党管干部原则，把政治标准摆在首位，树立正确的选人用人导向，扎实做好中层领导班子换届工作，不断优化管理岗位设置和干部队伍结构。

（四）加强作风建设

加强和改进机关工作作风，制定审批权力清单、责任清单和服务事项清单，简化审批程序，优化服务流程，规范服务机制，提升服务质量和工作效能。强化教书育人意识，加强师德师风建设。围绕学校转型发展和重大改革，完善各项制度，全面加强学风建设。巩固落实中央八项规定精神，坚决反对“四风”，推动作风建设从集中整治向常态治理转变，从解决面上问题向解决深层次问题延伸。加强群众监督，密切党员干部与师生员工的联系，以良好的党风带动教风、学风和校风建设。

（五）加强制度建设

着力加强党建工作制度建设，全面推进学校党建工作高质量发展。不断完善党建工作责任制，健全学校党委与行政议事决策制度、二级党组织党委会会议制度、二级单位党政联席会议制度。进一步建立健全和细化领导干部双重组织生活、基层党组织党内组织生活制度，推进基层党建工作制度化、规范化和科学化。健全干部教育培训和监督管理制度，完善党建工作考评体系，狠抓制度落实，确保党员干部养成尊崇制度、遵守制度、捍卫制度的良好习惯，真正使制度成为硬约束。

（六）加强党风廉政建设

坚定不移全面从严治党，充分发挥全面从严治党引领保障作用，确保学校“十四五”发展目标任务落到实处。进一步细化全面从严治党主体责任清单，坚持“严”的主基调，推动各级党委坚决贯彻执行“两个维护”十项制度机制、履行“两个责任”、领导班子成员落实“一岗双责”。加强廉政风险防控监督体系建设，紧盯重点领域、重要事项、关键环节，织密扎紧制度笼子，用制度管权、管事、管人，防范廉政风险。深化学校纪检监察体制机制改革，选优配强纪检监察干部队伍，聚焦主责主业，严肃执纪问责，建设纪检监察铁军。规范推进校内巡察，发挥巡察利剑作用。建立完善领导干部廉政档案，加强述责述廉结果和审计结果运用。大力开展党纪法规和理想信念教育，弘扬新风正气，着力加强师德师风问题的监督，构建风清气正的教书育人环境，不断实现不敢腐、不能腐、不想腐一体推进战略目标。

（七）加强统战和群团工作

加强党对统战工作的领导，发挥统一战线重要作用，进一步凝聚共识汇聚力量，构建大统战格局。支持学校各民主党派、统战团体思想建设和组织建设，发挥党外代表人士和各级人大代表、政协委员、民主党派和无党派人士作用，引导统一战线成员凝心聚力为学校发展贡献力量。加强共青团工作，关注青年、关心青年、关爱青年。坚持党建带团建，聚焦思想引领，抓好基层建设，引导青年成长。增强教职工主人翁意识，发挥工会、教代会和离退休教职工在学校建设发展和关心培养下一代中的积极作用。发挥校友会、基金会联系校友、社会的桥梁纽带作用，拓宽学校与政府、企事业单位、社会各界的交流合作，为我校事业发展凝聚人心、汇聚力量。

第四章　保障措施

一、加强组织领导

成立由学校主要领导负责的“十四五”规划制定和实施工作领导小组，统筹推进、总体协调规划的制定和实施工作。各单位要成立相应的机构或组织，党政领导要高度重视，具体负责，认真抓好规划的制定和落实。要广泛宣传、提高认识，充分调动师生员工的积极性和创造性，为规划的实施建言献策，营造良好氛围。要充分发挥学校规划部门在落实规划中的积极作用，探索建立由学校主要领导挂帅、发展规划和相关部门执行的规划制定、实施监控、过程考评、督促检查、资源配置一以贯之的机制，确保学校发展规划落实有效。

二、完善制度配套

学校规划的实施需要不同层面规章制度的保障，要根据规划提出的目标和任务，出台相应的规章制度和实施方案，明确落实各项任务的路线图和时间表，把任务和指标层层分解，责任到人。要抓紧研究和制定切实可行、操作性强的配套方案、行动计划，分阶段、分步骤抓好落实，确保规划顺利实施。每年编制一份年度进展报告，切实保障规划落到实处。

三、确保资源投入

办学水平与资源投入力度密切相关，确保资源投入力度是实现“十四五”规划目标的重要保障。要加大对资源统筹协调力度，建立教学、科研等经费稳步增长机制，切实保障学校办学经费，实现生均教学经费和师均科研经费双提升；应加大对重点学科、重点专业、重大平台、重大改革、重点工程和领军人物及攻坚团队的政策倾斜力度，建立整体增长、重点突出的资源投入机制。

四、强化监督考核

为推进规划实施，学校要充分发挥纪检监察部门监督职能，强化发展规划处考核评估职能，加强对职能部门的监管和业务指导力度，要将规划中提出的目标任务分解到各部门的工作任务和考核体系中，建立年度考核和中期评估制度，对规划实施情况进行动态评估和跟踪检查。完善台账制度、考核机制和问责制度，与各单位签订目标责任书，将执行情况与各单位及其负责人的工作考核、绩效分配、评优评先直接挂钩。

五、注重动态修订

在规划实施过程中，如遇国内外高等教育形势发生重大变化，国家和区域经济社会发展战略发生重要调整，以及学校自身改革和发展路径需要调整时，可以相应对总体规划和专项规划进行修订。重大修订应由相关部门提出修订建议并提交校长办公会、学术委员会、教代会（或常设机构）审议，最后经学校党委会审议通过后实施。

肇庆学院“冲一流、补短板、强特色”提升计划建设方案（2021—2025年）

根据广东省《高等教育“冲一流、补短板、强特色”提升计划实施方案（2021—2025年）》和《广东省教育厅关于做好高等教育“冲一流、补短板、强特色”提升计划建设方案（2021—2025年）编制工作的通知》文件要求，结合我校实际和“十四五”发展规划，特制订《肇庆学院“冲一流、补短板、强特色”提升计划建设方案（2021—2025年）》。

一、建设基础

（一）办学理念及定位

肇庆学院是广东省人民政府主办、省教育厅主管的公办全日制本科院校。办学半个世纪以来，学校扎根地方，励精图治，凝练了“以生为本、以质立校，学术并举、崇术为上”的办学理念，这是我校的立校之本和发展原则，也是全校师生员工建设肇院的共同思想基础，并逐步将这一办学理念付诸实践。学校坚持“立足肇庆、融入湾区、服务广东、面向全国”的服务定位，努力培养高素质应用型人才，致力于建设特色鲜明的高水平应用型综合大学。力争综合实力保持在省内同类应用型高校前列，建设“创新砚园、特色砚园、活力砚园、智慧砚园、品质砚园”，着力打造“湾区新秀、省级方阵、岭南名校”，为肇庆实现绿色崛起、争当湾区新秀，广东省建设教育强省、在全面建设社会主义现代化国家新征程中走在全国前列、创造新的辉煌作出重要贡献。

（二）特色优势

1. 新工科建设成效显著，建立了满足地方发展需求的学科体系。以第一轮“冲补强”提升计划建设为契机，围绕新能源汽车、先进装备制造、生物医药、节能环保等产业领域需求，打造了一批对接肇庆市主导产业发展的电子信息类、先进装备制造类、绿色化工与生物制药类、环保产业大数据类工科学科专业群，尤其是以电子科学与技术、环境科学与工程两大工科学科为基础，打造重点优势工科学科，推进学科建设与产业发展深度融合。依托电子信息产业学院（广东省第二批省级示范性产业学院），建设肇庆学院重要基础件服务平台、高端电子信息公共服务平台，2018—2020年度，共获肇庆市政府1480万元建设经费支持，获批项目到账经费总额1988万元，年均项目立项经费总额663万元；与近50家企业合作立项横向项目51项。在艾瑞深校友会2020年1月发布的中国一流学科排名（环境科学与工程）中，肇庆学院与广州大学、西安交通大学、浙江师范大学、中国地质大学（北京）等并列100，同属“区域一流学科”；2018—2020年度，获肇庆市工信局资助1000多万元建立了环保装备和固废综合利用2个公共服务平台，服务政府机构和60多家企业。

2. 新师范建设特色鲜明，建立起以教师教育为核心的协同育人平台。教师教育是肇庆学院办学传统与人才培养的重要组成部分，经过长期的积累、探索与发展，形成了适应地方基础教育各学段的师资培养需要，具有自身办学特色的教师教育体系和运行机制。2013 年，学校在原有师范部基础上成立教师教育学院，负责统筹全校教师教育资源，强化全校的教师教育课程和教育实习实训工作。2014 年成为全省 8 个省级中小学教师发展中心建设单位之一，最终建成设备先进、功能齐全、资源丰富、使用便捷的教师发展中心。建成以来，连续五年获得省教育厅最高考核专项奖励，成为集中小学教师培训、教师发展、师范生训练、教学理论研究、社会服务于一体的教师专业发展和能力提升的综合平台。结合区域基础教育发展的需要，积极探索形成了具有校本特点的开放式教师教育课程体系与教学方案；通过调整教育类课程的教学内容，强化指导性和实践性，增加班级管理、现代教育技术、教育见习等实践课程，切实增强师范生综合教学技能和实践创新能力，形成了以实践为导向的教师教育课程体系。近年来，我校着力打造“新师范”品牌，教师教育改革得到各级部门的肯定和赞许，已成为学校发展的一张名片。先后成立 4 个教师教育改革创新试验区，构建了“三位一体”（U－G－S）乡村卓越教师培养模式，并获批创建“国家教师教育创新试验区”立项。

3. 强特色、重需求、提质量，形成与地方经济社会发展需求相适应的学科专业格局。按照“粤东西北高校振兴计划”，对标“创新强校”工程和“冲补强”提升计划，结合粤港澳大湾区建设要求，深化教学、科研体制机制改革，调整学科专业结构，提高应用型学科专业比例，建设特色学科专业群，形成产业呼应专业、专业支撑产业的良性发展态势，更好服务地方经济社会发展。目前已经建有省重点学科 3 个，省重点培育学科 1 个，省市共建学科 3 个，“冲补强”提升计划重点学科 3 个，市重点学科 3 个，其中，机械工程学科被评为“珠江学者”设岗学科。按照“做优新师范、做强新工科、提升新文科、发展新农科”的建设思路，构建了以重点专业、特色优势专业为龙头，相关专业为支撑的特色专业体系。“十三五”期间，共新增专业 12 个，撤销专业 4 个，目前共设立了 73 个本科专业，其中国家级特色专业 1 个，省级重点特色专业 13 个，省级以上本科专业综合改革试点 8 个，省级应用型人才培养示范专业 6 个，省级一流本科专业建设点 7 个，通过 IEET 工程教育专业认证 5 个，汉语言文学专业通过第二级师范类专业认证，化学专业已完成师范二级认证专家入校考察。本科专业内涵建设取得新成效，人才培养质量再上新台阶。

4.“应用至上，能力为本”的创新创业教育在应用型人才培养体系建设中发挥着越来越重要的作用。尚在 2012 年，我校已经在原有中巴软件园基础上设立了大学科技园，并开始尝试大学生创新创业教育。2015 年，制定了《肇庆学院创新创业学院建设实施方案》，设立了校、院、科技园三级创业指导服务机构，构建了“创新创业教育进课堂、创新创业进学院、创新创业活动进校园、创新创业实践进园区”的创新创业服务指导体系，建立了通识课普及、专业课渗透、选修课聚焦、创新小组实战、创业小组实训等完善的课程体系，成立了校级层面的创新创业学院，配备了专门的人员机构，负责制定并实施年度工作计划，协调、统筹、指导和考核全校创新创业工作。校、院、班三级联动，集聚全校教学资源，开展创新创业人才培养，主要依托大学科技园、肇梦空间，统筹全校创新创业资源，以培养学生创新精神、实践能力为目标，形成了在省内外颇具影响的“531”创新创业教育模式。创新创业园先后被认定为“国家级众创空间”“国家级科技企业孵化器”“国家级大学科技园”，并获得广东省大学生创新创业示范高校、全国创新创业典型经验高校等称号。

5. “书院 + 学院”的育人模式将“以生为本”的办学理念落到了实处。学校自2008年提出“学科专业学院制，生活社区书院制”的建设思路以来，通过开展文化活动，鼓励不同文化背景的学生互相交流，实现文理渗透、专业互补、个性拓展，“书院 + 学院”早已成为我校独具特色的育人方式。目前，学校已建成厚德书院、明智书院、博学书院、力行书院、兰蕙书院和紫荆书院等6个书院。学院按照教学计划展开教育教学，构建学生的专业知识体系，培养学生的科研创新能力。书院则采取非形式化教育，以非智力因素培养为导向，围绕社会实践、社团活动、文化建设等内容，采用灵活多样的教育方式，满足学生个体发展需要，培养学生强烈的社会责任感、卓越的领导才能和儒雅的人格风范。书院将通识教育有机融合到学生的学习中，贯穿整个大学生活，并内化为学生的综合素质和个人品格，促进学生全面发展。“书院 + 学院”教育模式充分体现了“以生为本”的办学理念，专业学习和通识教育围绕着学生的发展目标，为学生提供丰富多样的教育资源，有助于学生的个性化发展。结合学校“提毛工程”建设和“四新”建设，学校将推进“生活社区书院制”建设，全面深化“书院 + 学院”的育人模式，实现书院文化建设与二级学院事务管理互动互融，书院文化浸润与学科专业学习相辅相促。

（三）主要成就

1. “申硕”工程取得圆满成功。2017年，经广东省学位委员会批准，我校被确定为硕士学位授予立项建设单位，随之进行了推进建设。2018年，制订了《肇庆学院硕士学位授权点申报工作方案（2018—2020年）》等管理文件，成立了申硕工作领导小组和工作专班等，对标申硕各项指标体系找差距、补短板，坚持问题导向，修订资料汇编，整合全校资源凝练方向特色，采取各种措施大力推进申硕工程。至2019年底，考核单位点的八大指标全部达标，同时电子信息等五个专业学位点完全满足基本要求，并于2020年参加了国务院学位委员会《2020博硕士学位授权审核工作》的申报工作，2020年12月接广东省教育厅公示通知，肇庆学院通过省内评审，成功入选我省新增硕士学位授予单位名单，同时新增电子信息、艺术、教育等3个硕士专业学位点，已报送至国务院学位委员会审批。至此，“申硕”工程这一任务顺利完成，我校即将正式开展研究生层次学历教育，实现了从“零”到“一”的历史性突破。

2. 学科建设及科学研究成效显著。按照“粤东西北高校振兴计划”，结合粤港澳大湾区建设要求，调整学科结构，提高应用型学科比例，建设特色学科群，形成与地方经济社会发展需求相适应的学科格局。目前已经建有省重点学科3个、省重点培育学科1个、省市共建学科3个、省“冲补强”提升计划重点学科3个、市重点学科3个，其中机械工程学科被评为“珠江学者”设岗学科。“十三五”期间，科研平台数量和层次不断提升，省市级平台实现重大突破。新增省级工程技术研究中心4个、省级重点实验室1个、省教育厅工程技术研究中心2个、省工程技术开发中心1个、珠江西岸先进装备制造业发展平台6个、市级工程技术中心3个，参与岭南现代农业科学与技术实验室肇庆分中心建设，获批省重点项目经费

500 万元，与省农科院、华南农业大学等共同开展“水稻抗稻飞虱新种质创制和道地南药提纯复壮及推广”研究。“十三五”期间，我校共获得国家自然科学基金、国家社会科学基金等国家级科研项目 19 项、省部级科研项目 159 项、市厅级科研项目 698 项、企事业单位委托项目 743 项，年度科研经费突破亿元；发表核心期刊论文 1844 篇。在知识产权及成果转化方面取得较大突破，共获得知识产权 1281 项。

3. 产学研合作服务地方长足发展。围绕肇庆市创新驱动“1133”工程、现代农业发展“611 工程”和加快形成“4 + 4”制造业发展格局，大力推进粤桂合作特别实验区发展战略研究院、肇庆高新区产业创新研究院、肇庆市协创汽车零部件产业研究院等新型研发平台建设，组建了“肇庆市决策咨询研究院”“肇庆市旅游发展研究中心”“乡村振兴研究院”“西江流域校地合作应用型人才智库”等一批新型高端智库，成为当地决策咨询、研究理论成果转化、人才培养和学术交流的开放式互动平台。2019 年，我校揽获中国产学研合作大奖，获得中国产学研合作促进奖和创新成果奖优秀奖，实现了我校在全国性产学研合作创新与促进奖上零的突破。“十三五”期间，我校共成立研究机构 52 个，签订产学研合作企业 469 家，与 107 家企业建立了战略联盟，获得社会服务项目 417 项，技术服务及成果转化 53 项，产生了较大的经济和社会效益。

4. 应用型人才培养迈上新台阶。按照“做优师范，做强工科，打造特色，改造传统”的专业建设思路，深化教师教育人才培养改革，建立教师教育学院和省级中小学教师发展中心，着力打造“新师范”品牌，先后成立 4 个教师教育改革创新试验区，构建了“三位一体”（U－G－S）乡村卓越教师培养模式，并获批创建“国家教师教育创新试验区”立项。大幅度调整学科专业结构，多措并举提高理工类招生比例，应用型特色更加鲜明。以实施完全学分制为切入点，继续推行分类培养和个性化教育，建设适应现代教育发展的人才培养体系。在协同育人与实践教学方面成果显著，获批创建国家教师教育创新实验区 1 个、省级实验教学示范中心 11 个、省级校外实践教学基地 14 个、省级应用型人才培养示范基地 2 个、省级协同育人平台 1 个、省级人才培养模式创新实验区 3 个、省级示范性产业学院 1 个、省级教学成果奖 5 项、省级示范性教师教育实践基地 22 个。

5. 师资队伍建设卓有成效。围绕“申硕”工程建设目标，搭建人才平台，出台人才引育机制，师资队伍规模显著增长，队伍结构日益优化，整体实力和水平不断提升，形成了以长江学者、教育部新世纪优秀人才、西江学者、学科带头人、学术带头人等为核心的人才队伍。截至 2020 年底，全校共有专任教师 1221 人，生师比 16.8∶1。博士学位教师 408 人，占比达 33.4%，硕士以上学位教师占比 88.7%。具有高级职称的教师比例达 40%，45 岁以下的中青年教师占专任教师比例为 60.7%。具有博士学位的境外高层次人才 107 名。学校成功申报博士工作站，初步形成了“人才蓄水池”。落实高层次人才奖励计划和人才特区建设，加大引进境外博士力度，实施引进港澳台博士计划，高层次人才引育成效彰显。建设期内，共引进和培育“人才特区”人员 12 人，其中特聘教授 2 人，学科领军人才 3 人，学科骨干人才 2 人，特聘专才 5 人。

6. 港澳台及国际交流与合作取得新进展。我校在中外高校合作办学、教师进修、科研合作、教学资源分享、学生交流学习及留学等多领域的合作交流日益频繁，合作层次不断提高。“十三五”期间，聘用美国、英国、瑞士、澳大利亚、意大利等外籍专任教师182人次，接待来自港澳台高校和中学师生200余人；赴国外留学和交流的学生共计289人次，国外研修和学术交流的教师117人次。深入推进校际合作，先后与波兰、德国、瑞士、英国、意大利等国家及港澳台地区的20多所高校签订教育交流合作备忘录或合作协议，建立了校际良好的合作关系，其中，与德国富克旺根艺术大学联合培养工业设计专业本科生、与英国林肯大学联合培养硕士和博士生、与意大利马切拉塔大学签订合作意向书、与香港都会大学联合筹办香港都会大学（肇庆）等项目均取得重大进展和成效。

（四）国内国际影响

1. 高质量人才在各行各业涌现。学校始终坚持立德树人根本任务，培养适应时代发展需要的高水平应用型人才。2012年，学校被教育部授予“全国毕业生就业典型经验高校”。除2020年受疫情影响外，本科毕业生总体就业率一直保持在99%以上，稳居全省高校前列，并始终保持较高的就业质量，毕业生受到用人单位的广泛好评，为社会培养了一大批优秀人才，如扎根边疆、服务边疆，被中央电视台多次报道，并荣获塔县“四好”教师荣誉称号的刘洁等。

2. 教师教育改革在省内外受到广泛关注。作为一所地方教师教育类高校，学校努力办好师范教育，在教师教育领域进行了卓有成效的整体改革，特别是在乡村教师的培养和职后发展方面，做出了自己的特色，建立了具有务实、无缝对接的U－G－S协同育人机制。2019年，在教育部新闻发布会上，我校受邀介绍振兴教师教育、推进“新师范”建设方面的做法和经验，打造“职前职后一体化、教师教育专业化、协同育人开放化、培养目标卓越化”的乡村教师教育改革被教育部教师工作司副司长宋磊称为“肇庆模式”。2018年以来，《中国教育电视台》《中国教育报》等国家媒体对肇庆学院教师教育进行了专题报道，2019年2月15日教育部召开的新春新闻发布会专门介绍了肇庆学院教师教育改革和新师范建设经验。两次成功举办“全国乡村教师专业发展论坛”，受到与会专家的高度评价，在兄弟院校中的影响力不断扩大。

3. 实践教学和创新创业教育水平彰显办学实力。依托学校协同育人平台和实践教学基地，理论研究转化为实践应用成果效果明显，近五年，共获得省级教学成果奖5项，“大创”项目获国家级立项120项，省级立项330项；国家级科技竞赛获奖631项，省级1818项；“攀登计划”项目82项，累计资助金额高达135万元；文艺、体育方面获得国家级奖204项，省级604项；36个优秀师生科研团队取得了160多项应用型科研成果。近两年学生参与申请专利达168项，获得版权登记143份。大学科技园成为“国家级科技企业孵化器”、国家级“众创空间”“国家级大学科技园”。学校获得广东省大学生创新创业示范高校、全国创新创业典型经验高校等称号。

4. 国际交流合作扩大国内外影响力。围绕工业设计专业与德国富克旺根艺术大学展开合作，引入德国应用型教育人才培养模式，按照国际标准进行课程打造，主干课程由德国专家授课，使用英语教学，目前共培养有一届毕业生，在校生134人。与香港都会大学联合筹办香港都会大学（肇庆），携手打造高水平科技创新教师团队，培养具有专业知识、国际视野、人文素养、社会责任感的应用型人才，为粤港澳大湾区的建设发展提供更多人才和智力支持。

（五）存在的薄弱环节

1. 教育教学资源相对短缺。随着我校“申硕改大”工程和建设高水平应用型大学目标的推进，学校在用地面积和教学科研设施方面的短板日渐凸显出来，并随着“提毛工程”的实施越来越明显。加之相关建设资金未能如数到位，诸多因素叠加，不仅影响学校人才引进、教学科研和基础设施建设，也导致学科专业结构出现失衡，应用型人才培养质量难以达到预期目标，进而影响学校整体发展水平。

2. 学科专业内涵建设有待深化。一是学科专业结构没有理顺，特色不明显。在省内外有影响力的学科专业数量较少，学科专业结构和资源配置不合理，布局相对分散，相互交叉融合、集群发展的格局尚未形成。二是学科专业建设水平仍然偏低。国家级重点学科、国家级一流专业尚为空白，省级重点学科、省级一流专业数量较少。一些原创性、标志性的成果数量不多，省部级及以上科研教学奖励，重大科研教学平台以及有影响的高水平学术论文论著数量偏少。三是学科专业建设缺乏系统性和协同性。学科建设与专业建设各自为政，没有相应的制度规范和相互支持、同向同行的运行机制，学科建设和专业建设对人才培养的支持作用发挥不够充分。四是专业动态调控机制尚未完善。专业设置只重量的增加，忽视质的提升，导致专业数量不少，特色优势专业数量不多。

3. 科技创新能力需要加强。一是省部级以上高水平科研机构和科技平台偏少，基础研究的能力比较薄弱。二是一定程度上存在重研究、低转化现象，科研成果与转化存在两张皮现象，较多的科研成果没有进入市场，难以转化成现实生产力。三是科研评价的价值导向存在偏差，科研人员或团队考核缺乏统一标准，与科研规律不尽相符，影响科技创新积极性。四是团队合作和协同机制不健全，尚未形成有利于团队建设的成果评定、激励机制，各自为政的现象较为严重。

4. 教育教学改革力度仍需强化。教学改革资源投入不足，相应的激励机制尚不完善，导致部分教师对教学改革和研究的积极性不高，一些重大教学平台、重大教学成果和奖励数量偏少；推进教学改革的配套措施不足，包括对应的制度建设、经费保障、奖惩机制等，制约了教学成果的转化，进而不能有效推动教育教学质量的提高。此外，一些现代化教育教学设施建设滞后，使学校的慕课、线上线下混合教学、翻转课堂、微课、对分课堂等新型教育教学方式方法的推广和使用受到一定程度的限制，难以为推动课堂教学改革持续提供动力。

5. 教学科研团队建设水平有待提升。高水平创新团队缺乏，教学科研团队建设滞后，学科带头人、中青年骨干教师队伍的培育亟需加强，整体水平有待提升；获国家级、省部级人才称号的高层次人才数量偏少，有重要影响力的中青年人才更加短缺，导致人才队伍结构在一定程度上失衡，团队建设难度增大；引进的高层次人才带头作用尚未充分发挥，影响力有待提高；团队建设的激励奖励机制不够完善。

（六）机遇与挑战

1. 面临的机遇

一是现代信息技术革命为高等教育带来新的技术支持。当今世界正面临百年未有之大变局，科学探索正在从微观到宏观各个尺度上向纵深拓展，以智能、绿色、泛在为特征的群体性技术革命必将引发国际产业分工的重大调整，并重塑世界竞争格局，改变国家力量对比。以互联网、物联网、大数据、人工智能、云计算、量子技术、传感技术、机器人、新材料、生命科学、脑科学、3D 打印、虚拟现实等为代表的新一代科技进步，对高等教育的影响更加深刻，信息技术作为实践途径将被广泛运用于教育教学领域，学校的教与学方式将随之变革，信息化教学将成为人们普遍接受的教学方式和手段。

二是国家对高等教育提出了高质量发展的新要求。2018 年，教育部先后召开了全国教育大会、全国高等学校本科教育工作会议，提出要增强“德智体美劳”全面发展的社会主义建设者和接班人，坚持“以本为本”，推进“四个回归”，加快建设高水平本科教育，全面提高人才培养质量。2021 年 1 月召开的全国教育工作会议明确提出，要持续完善德智体美劳全面培养的育人体系，深化教育改革创新，推动教育深度融入新发展格局。2019 年，教育部通过实施“六卓越一拔尖”计划，全面推进新工科、新医科、新农科、新文科“四新”建设，提高高校服务经济社会发展能力。面向所有高校、所有专业，全面实施一流专业建设“双万计划”、一流课程建设“双万计划”，建设基础学科拔尖学生培养一流基地。在全国高校掀起“质量革命”，形成覆盖高等教育全领域的“质量中国”品牌，全面实现高等教育内涵式发展。

三是省市政策支持为学校发展带来了难得的机遇。针对不同类型、不同层次、不同区域的高校，广东省委、省政府在 2019 年出台《高等教育“冲一流、补短板、强特色”提升计划实施方案》和《粤东西北高校振兴计划》等系列政策措施，为全省高校的分类改革、高质量发展提供了有力的政策依据和资金支持。随着省市共建体制机制调整，学校转变为省属高校，更释放出学科专业发展的活力。2020 年 12 月广东省印发《推进粤港澳大湾区高等教育合作发展规划》，肇庆作为大湾区的重要节点城市，在推进实施创新驱动发展“1133”工程和现代农业发展“611”工程的同时，进一步提出加快形成“4 + 4”制造业发展格局，着力创建国家创新型城市，推动大湾区协同创新基地落地建设。区域经济的发展变化，对我校提出了新的要求，有序扩大办学规模，优化学科专业结构，培养高水平应用型人才，加大科技创新力度，增强服务地方经济社会发展能力，高起点打造粤港澳大湾区应用型高等教育基地，必将成为未来的重点任务。2021 年，学校启动新校区规划建设工作，将进一步完善硬件设施建设，为实现高水平应用型大学建设目标打下坚实基础。

2. 存在的挑战

一是质量变革带来的挑战。在高等教育快速向普及化阶段过渡过程中，高质量发展成为新时代主题。教育部提出“以本为本”“四个回归”，重视质量成为全社会对高等教育的普遍要求。2020 年，教育部全面启动“双万计划”，积极推进“四新”建设，深化新工科建设，积极推进新文科建设，持续推进新农科建设，加快推进新医科建设，为学科专业建设提出了新的要求。

二是评价变革带来的挑战。2020 年，国务院印发《深化新时代教育评价改革总体方案》，持续深化科研体制改革，坚决克服“五唯”顽疾，要求高校教学科研人员，面向世界科技前沿，面向国家重大战略需求，面向区域及国民经济主战场，面向文化传承创新，把论文写在祖国的大地上，把科技成果应用在实现现代化的伟大事业中。由此，对高校的评价，不仅考察其人才培养质量和学术水平，更要考量其对国家和区域经济社会发展的贡献。

三是技术变革带来的挑战。以人工智能、移动互联网、5G 等现代信息技术为代表的新技术革命，正在深刻改变着未来高等教育的发展方向。“互联网 + 教学”“智能 + 教学”等新形态将变为常态。新冠肺炎疫情期间各种在线教学手段的迅速运用，为高校发展提供了最直接的启迪。

四是效能变革带来的挑战。党的十九届五中全会提出推进国家治理体系与治理能力现代化的远景目标和要求，大学治理现代化是国家治理现代化的有机组成部分，如何构建现代大学制度，提升治理能力，提高治理效能，形成“良法善治”，是高等教育面临的一项严峻挑战。唯有进一步优化内部治理结构，探索符合学校自身发展实际的善治模式，使学校焕发生机与活力，才能在激烈的竞争中激流勇进。

五是布局变革带来的挑战。在全国高等教育布局变革的同时，广东高等教育布局也在发生重大变化。近年，一批境内外高水平大学和研究机构纷纷落户粤港澳大湾区，也有多所高校落户肇庆，这将在一定程度上形成多要素、多领域的竞争格局。如何在竞争中谋先机、求发展，将是我校未来几年必须面对的问题。

二、建设目标

（一）整体建设目标

1. 总体目标

根据肇庆学院的办学定位和特色，我们将以美国威斯康星大学、香港科技大学和浙江师范大学作为标杆学校，参照广东省《高水平工科大学建设标准》，从学科专业、师资队伍、科研平台、科研经费与获奖、成果及转化等方面进行对标分析，为我校发展对标对表。未来 5 ～ 10 年，重点以浙江师范大学为学习标杆，同时学习香港科技大学办学体制和机制、美国威斯康星大学服务社会的发展经验，按照做优新师范，做强新工科，提升新文科，发展新农科的学科专业建设思路，突出师范特色和应用型工科办学特色，提升办学层次，积极增强应用型学科实力，坚持以高质量发展为主题，着力推进内涵发展和人才培养质量持续提升，在粤港澳大湾区高等教育体系中占据较重要地位。远期发展重点以香港科技大学和美国威斯康星大学为学习标杆，继续学习浙江师范大学在教师教育和国际化等方面的办学经验，努力提升综合办学实力和国际化水平，不断扩大社会影响力，力争在国内应用型高校中处于优势地位。

2. 阶段性建设目标

到 2025 年，成为应用型人才培养示范高校。以体制机制改革创新为抓手，继续推进“冲补强”提升计划，持续推进新工科建设，深化产教融合，加强校地合作、校企合作，打造一批省级重点产业学院，应用型人才培养质量得到社会广泛认可。提升一批粤港澳大湾区和肇庆市产业急需、与区域经济社会发展深度融合的学科专业，打造在国内有一定影响力的省部级以上科技创新平台。增强教师教育实力，成为国家级教师教育改革创新实验区。拓展开放办学领域，国际合作项目显著增加，学校整体办学实力明显增强。在新一轮考核中学科评价有质的提升。成为湾区高等教育体系中的重要力量，对粤西北形成产业带动、人才带动和文化辐射。

到 2030 年，硕士点数量稳步增加，办学实力大幅提升，力争实现“改大申博”目标，成为博士学位授予立项建设单位。新校区建设基本完成，优化应用型大学办学条件，形成三个校区各具特色、学科分工协调发展的办学格局。应用型人才培养在省内具有显著优势，学科专业结构优化，拥有一批在国内有较大影响力的智库和省部级以上高水平科技创新平台，支撑粤港澳大湾区经济社会和支柱产业发展的能力显著增加，办学实力和学科水平大幅提升。“新工科”建设优势突出，电子科学与技术、环境科学与工程、生物医药等学科名列省内前列，部分学科在全国具有较大影响力，服务地方产业发展能力持续增强。“新师范”建设成效凸显，服务乡村振兴战略的能力持续增强，教师教育在全国有较大影响。

3. 年度建设目标

2021年建设目标。完成“冲补强”第二轮学科建设规划，做好电子信息等三个硕士点的招生报考计划；稳步推进各类科研平台的建设和项目申报工作，注重对高级别科研和教学成果奖励的培育，新增2～3个国家级科研项目；新增产学研基地15～20个，新增科技特派员16～20人，孵化企业20～30家，实现科研成果转化3～5项；继续以“双万计划”一流专业和一流课程为抓手，力争在教学改革项目建设数量和级别上有新的突破，实现新增2个以上省级一流专业，省质量工程和教改项目立项20个；持续加强实践教学改革，不断提升学校创新创业教育水平，学生获省级以上学科竞赛奖项新增400项以上；新增博士教师25人以上，新增具有1年以上海外学习、工作经历的专任教师15人，引进优秀青年人才20人；推动国外高校的合作交流项目的实施以及香港都会大学（肇庆）的批准筹设；增加2个书院，构建新的书院管理模式。

2022年建设目标。启动下一批次硕士学位点遴选建设工作，加大理科类学科建设力度；推动实现各类科研平台和项目建设数量的逐年增加，实现专利授权90～100项；稳步做好产学研建设，科研成果转化数量实现增加；继续加大科技特派员和产学研基地建设，实现科研成果转化4～8项；在原有一流专业和一流课程的建设基础上，力争新增1个以上国家级一流专业，再新增1门左右国家级一流课程，省质量工程和教改项目立项20个；新增博士教师25人以上，新增具有1年以上海外学习、工作经历的专任教师20人，引进优秀青年人才20人；加大校内创新创业教育师资的建设，打造省级以上“就业创业金课”；争取香港都会大学（肇庆）正式获批设立，扩大境外合作交流院校的范围，与更高水平的境外高校加强合作交流；构建学生社团文化与书院文化融合机制，扩大书院文化浸润效果。

2023年建设目标。顺利通过新增硕士授权单位暨学位点合格评估工作，积极申报新一轮《新增博士硕士学位授权审核》，形成2～4个相互交叉、支撑的高水平学科群；保持各类科研平台和项目建设数量的逐年增加，实现专利授权100～120项；加快产学研基地建设，科研成果转化数量较2021年翻一番；新增国家一流课程1门，有1个以上专业通过教育部工程教育专业认证，省质量工程和教改项目立项20个；新增博士教师25人以上；新增具有1年以上海外学习、工作经历的专任教师25人；引进优秀青年人才20人；推动创新创业教育的高质量发展，做足特色；香港都会大学（肇庆）正式招生，创新与境外高校的合作交流方式；根据新校区的学科建设情况，组建具有“新农科”特色的书院。

2024年建设目标。学科结构优化完善，着力培育“申博”学科和省级重点学科；加快各类科研平台和项目的建设工作，实现专利授权110～130项；新增产学研基地25～30个，实现科研成果转化5～10项；力争在国家级一流专业和一流课程上均实现1个增加，省质量工程和教改项目立项20个；新增博士教师25人以上；新增具有1年以上海外学习、工作经历的专任教师20人；引进优秀青年人才20人；构建高水平的创新创业课程体系，推动教育教学改革；开拓宣传渠道，力争招生国际学生，扩大学校影响力；继续完善新旧校区的书院管理体制，实现书院制全覆盖。

（二）学科建设目标

1. 学科建设总体规划

紧密对接国家“一带一路”倡议和粤港澳大湾区发展、深圳中国特色社会主义先行示范区建设、肇庆创新驱动“1133”工程、制造业发展“4+4”等重大发展战略，以区域经济社会创新发展、产业转型升级等重大需求为导向，以学科内涵建设为主线，以学科团队建设为抓手，遵循“优化布局、突出特色、发展重点、提高水平”的总体原则，围绕电子信息、节能环保、生物医药、艺术设计、教师教育等领域，组建“重点学科、交叉学科、硕士点学科”互有侧重、协力发展的三大类学科群，构建“双核驱动，两翼并进”学科专业发展格局。以“冲补强”提升计划建设学科为核心抓手，通过支持跨学科研究，凝聚跨学科团队，建设跨学科平台，共享跨学科资源等举措，实现各学科相互支撑、共同促进、融合发展，加快提升学校学科建设整体水平，推动学校综合办学实力大幅提升。

——到2025年，构建高水平应用型学科体系。对接粤港澳大湾区产业结构调整和行业发展，依托我校现有的广东省全息电化铝烫印工程技术研究中心、广东省环境健康与资源利用重点实验室、肇庆市汽车零部件产业集约集聚公共服务平台等近30个省市级科研平台，优先发展适应新能源汽车、先进装备制造、节能环保、智能制造等产业发展需求的学科群，依托生物科学与技术平台培育发展生物医药学科；依托农业农村部农产品质量安全风险评估实验室培育发展食品安全学科。形成一批水平较高、稳定发展、能够相互支撑的学科方向，建设学术造诣较深、梯队结构合理、科研创新能力强、指导经验丰富、教学质量优良的学术队伍，培育一批在省内具有优势的科研创新平台，建成一批高水平产学研合作基地。新增3个以上硕士学位点，积极开展联合培养博士研究生教育工作。

——到2030年，电子科学与技术、教育学、环境科学与工程、生物学等4～5个一级学科进入广东省一流学科行列，硕士点数量稳步增加，加快培育申博学科，力争成为博士学位授予立项建设单位。围绕科学前沿和国家需求导向，打造一批当地支柱产业急需的重点学科，强化学科内涵建设，统筹推进学科发展，持续提升我校学科整体水平和竞争力。建设高层次人才队伍，打造一批实力雄厚、研究方向鲜明、在国内较有影响的研究团队，大幅度提升我校整体实力和区域影响力。学科结构进一步优化，工科实力和教师教育培养能力大幅增强，为区域经济社会发展和支柱产业提供强有力支撑。

2. 建设学科及其带动作用

（1）电子科学与技术学科

电子科学与技术学科以“立足肇庆，服务肇庆，辐射广东”为宗旨，经过多年的积累形成了自己的特色，利用区域产学研优势，通过校企联合培养高素质应用型专业人才。经过第一轮“冲补强”提升计划，电子科学与技术学科取得了显著的成效，构建“高校、企业、行业”三位一体的地方高校人才培养新模式。对接肇庆市主导产业发展需求，建立“电子信息产业学院”，建设肇庆学院重要基础件服务平台、高端电子信息公共服务平台，大力服务地方产业发展需求。目前，电子科学与技术学科已获批电子信息专业硕士学位授权点。

面向“中国制造2025”“一带一路”等国家战略需求，结合肇庆电子产业需要，电子科学与技术学科紧紧围绕区域经济社会建设需求，提高基础研究水平，加强横向立项课题研究，推动学校提高科研成果的转化率。针对学科建设需求，对接区域产业发展需要，推动学校在科研平台、实验场所、设施设备、实践教学基地等方面的建设与投入力度，提升学校整体学科建设水平。紧密对接行业产业，促进产学研合作与协同创新力度，加强学科交叉融合，带动计算机类、机械类、电气类等“新工科”发展，以满足学校应用型人才培养目标。

（2）教育学学科

肇庆学院已有近50年师范教育史，师范教育历史悠久，在教师教育和教师人才培养方面为社会做出了卓越的贡献。教育学学科基础厚实，成立了教育科学学院、教师教育学院、教育发展研究院，教育学学科教学涵盖语文、数学、英语等12个领域和方向；师资力量雄厚，科研和服务基础教育能力强；省级中小学教师发展中心建设取得显著进步，具有区域示范引领作用。现已建设成为广东省内学科实力雄厚、特色鲜明、服务一流的重点学科，并获批教育专业硕士学位授权点。

基于教育学学科的有力发展，依托国家级教师教育改革创新试验区建设平台，发挥省级中小学教师发展中心功能，大力推进“新师范”建设，深入培养未来基础教育优秀教师，服务国家乡村振兴战略。通过加大对教育学科的建设力度，带动我校汉语言文学、数学与应用数学、英语、物理、化学、历史、美术、音乐、体育教育等新师范专业群建设，提升新师范建设水平，此外，教育学学科的发展壮大可拓展融合相关文科类学科专业群，推动“新师范”与“新文科”的交叉融合和整体提升。

（3）环境科学与工程学科

环境科学与工程学科是省市共建重点学科，2017年入选广东省重点培育学科。环境科学与工程学科坚持以“补短板”为核心，以培养高水平应用型工科人才为特色、具有兼顾城市环保产业与乡村资源利用的优势，为肇庆市制造业“4+4”发展格局、肇庆千亿环保产业及乡村振兴计划提供科技支撑、人才培养、创新创业、分析测试、标准制定等综合服务。该学科聚焦肇庆节能环保产业发展，旨在打造服务地方主导产业的高水平应用型学科。其中，环境工程专业已获得IEET工程教育认证、入选广东省2020年省级一流本科专业建设计划。

依托省市共建，坚持两翼齐飞，进一步加强环境科学与工程等省重点学科的建设，使之成为服务区域主导产业和文化产业发展的重要力量；积极整合校内外学科资源，搭建高端学科发展平台，引培高端学科人才，根据学科发展需要组建若干个重点学科团队，提升学科发展水平。发挥重点建设学科的引领示范作用，推进广东省环境健康与资源利用重点实验室验收工作，积极申报硕士学位授权点，加强学科交叉融合，进一步带动我校化工与制药类、食品科学与工程类相关“新工科”学科群的发展，打造我校“新工科”学科群高地。

三、建设内容

（一）固本强基，全面加强党的建设，筑牢“冲补强”建设政治基石

认真贯彻落实新时代党的建设总体要求，深入开展党史学习教育等主题教育活

动，坚持和加强党对学校工作的全面领导，一以贯之、坚定不移推动全面从严治党向基层党组织延伸。通过党建引领工程和党建育才两大工程，相互促进，相互融合，为学校“冲补强”建设提供坚强政治保证、思想保证和组织保证。

1. 党建引领工程

坚持以习近平新时代中国特色社会主义思想为指导，深入贯彻党的十九大和十九届二中、三中、四中、五中全会精神，认真落实习近平总书记关于教育的重要论述和全国教育大会精神，全面贯彻新时代党的建设总要求和新时代党的组织路线，增强“四个意识”、坚定“四个自信”、做到“两个维护”。坚持和加强党对学校工作的全面领导，以党的政治建设为统领，严格遵守政治纪律和政治规矩，发挥党委的领导核心作用，全面贯彻党的教育方针，坚持社会主义办学方向，把政治标准和政治要求贯穿于学校事业发展全过程，履行好“为党育人、为国育才”的神圣使命，确保办学履职始终保持正确的政治方向。强化政治训练和政治教育，严格党内政治生活，大力营造风清气正的政治生态环境，引领党员干部站稳政治立场，提高政治能力，增强斗争精神，为实现学校发展目标而努力奋斗。

2. 党建育才工程

积极推进思想政治教育体系建设，以思政工作实效提升工程为抓手，构建“十大育人体系”，把思政工作贯穿人才培养全过程。全面实施一年级学生党员带班、二年级机关党员干部带班、三年级党员导师带班、四年级二级学院党委带班的党员带班工作制度。通过以生为本、规划到班、责任到人、培育党建特色，按照一年级打基础、二年级促发展、三年级强素质、四年级助成才的党建着力点，形成“四位一体”人才培养机制，推进大学生思想政治工作和我校党建工作深度融合，努力提高党建工作科学化水平，形成全员、全程、全方位育才的局面，实现以党建促进育人工作目标。

（二）立德树人，聚焦高质量发展，全面提升应用型人才培养质量

深入贯彻落实习近平新时代中国特色社会主义思想，坚持正确的办学方向，落实立德树人根本任务，聚焦内涵发展，坚持五育并举，建设一流的课程体系，搭建协同育人平台，努力建设特色鲜明的高水平应用型大学。

1. 五育并举建设工程

以习近平新时代中国特色社会主义思想为指引，大力推进课程思政建设，建成一批国家级、省级、校级课程思政建设项目，构建“三全”育人体系。推进“书院 + 学院”人才培养模式，加强书院制通识教育课程建设。以提升学生体质健康水平为核心，以竞技体育和群众性体育活动相结合，深化公共体育课改革，促进体育课与体育社团、体育竞赛等课外体育活动有机结合。实施美育浸润计划，提升学生美育教育水平，支持教师申报美育类公选课和通识课，合理引导学生修读艺术类核心通识课，构建富有学校特色的美育课程体系。加强劳动教育理论课程和实践课程体系建设，开设公共必修课程《大学生劳动教育》，引导学生树立正确的劳动观，推动将劳动教育与专业技能相结合、劳动教育与奖助学金评定挂钩。

2. 一流课程建设工程

对接一流课程建设“双万计划”。打造具有我校特色的“金课”体系，着力培养一批优质课程。加强课程体系整体设计。提高课程建设规划性、系统性，紧密结合学校办学定位和人才培养目标开展课程体系建设，用常态化机制构建服务于高水平应用型人才培养的“金课”体系。

推动课堂形式变革。着力打造一大批具有高阶性、创新性和挑战性的线下、线上、线上线下混合、虚拟仿真和社会实践“金课”，积极开发建设慕课、翻转课堂、对分课堂、微课堂以及在线开放课堂，切实提高课程建设及现代化水平。至2025年，新增国家一流课程6门，省一流课程10门，在线开放课程60门。

3. 协同育人平台搭建工程

瞄准战略新兴产业发展趋势，与企业共建新能源汽车、高端装备、智能制造、新一代信息技术、节能环保产业急需的学科专业，统筹谋划建设具有我校自身特色的产业学院。产业学院按照“产教融合、专业对接、课程衔接”的思路，实行专业、企业“多元”培养制度，培养方案、培养标准、课程、教学内容、考核评价、平台建设额、项目设计等由多个办学主体共同确定。鼓励“产业班”“3+1”“2+2”“园中院”等多种校企合作人才培养模式，突破传统班级课堂，鼓励生产现场教学和专题教学、校企联合开发课程、基于实际生产的任务式培养模式等，深化创新创业教育改革，培养学生的创新精神、创业意识和创新创业能力。至2025年，省级产业学院数量达到3个。

4. 创新创业体系建设工程

加强创新创业学院建设，积极对接创新驱动战略，整合校内资源、广大校友资源以及其他社会资源，加快提升创新创业学院建设，搭建对接学生、校友与社会资源的桥梁，提供创新创业教育实践、市场经验咨询、企业投融资和创新服务管理等方面服务平台。依托我校国家大学生科技园和肇梦空间等平台的创新创业功能，推动在校学生的专利和发明创造大幅度增长。继续支持“大学生创新创业训练计划”“挑战杯”“互联网+”“攀登计划”等项目，优化评审体制机制，加强对学生竞赛项目申报辅导，支持具有理论创新和优秀创业计划项目，支持学生参加各类学科专业竞赛，逐步提高竞赛奖励标准。

5. 校园文化建设工程

打造特色校园文化，显著增强文化育人软实力，以立德树人为根本，以理想信念教育为核心，以培育和践行社会主义核心价值观为主线，用中华优秀传统文化、革命文化、社会主义先进文化培根铸魂、启智润心。挖掘育人要素，持续深化全员、全程、全方位育人体制机制建设，发挥好课程、科研、实践、文化、网络、心理、服务、资助、组织等方面的育人作用。发挥大学文化引领作用，培育校园精神文化，弘扬社会主义核心价值观，培育优良教风学风，开展多种形式的主题教育活动，组织开展各类文体艺术和竞赛活动。用良好的校园文化推动学科高质量发展。

（三）提质增效，强化“四新”发展理念，优化学科专业结构体系

按照“新师范、新工科、新文科、新农科”的建设要求，综合考虑多校区办学特点，坚持以应用型人才培养为根本，以服务国家重大战略和区域经济社会发展为导向，坚持“学科专业一体化、学科专业集群化、学科专业交叉融合化、做优新师范专业、做强新工科专业”的发展思路，遵循“调整结构，优化布局，强化应用，突出重点”的原则，构建“双核驱动，两翼并进”的学科专业体系。以新师范、新工科为双核，以新文科、新农科为两翼，打造一批重点学科以及培育学科。

1. 重点学科建设工程

结合省、市区域经济发展实际需求，继续优化调整学科结构布局。以省重点学科、硕士点学科为龙头，省“冲补强”提升计划建设学科为抓手，带动市、校两

级重点学科发展，形成层次鲜明、特色突出的学科群，推动省、市、校三级重点学科向应用型高水平学科的拓展与延伸，力争一批重点建设学科达到省内先进水平，并在国内具有一定的知名度；提高应用型学科比例，促进学科交叉融合，组建与地区经济文化、主导产业密切相关的特色学科集群，切实服务地方社会文化传承、产业转型升级。

2. 新师范培优工程

依托国家级教师教育改革创新试验区建设平台，发挥省级中小学教师发展中心功能，大力推进“新师范”建设，深入培养未来基础教育优秀教师，服务国家乡村振兴战略。对接大湾区和粤西地区基础教育人才需求，实施师德养成教育工程，优化师范生培养工作布局，在巩固汉语言文学、数学与应用数学、外语、物理、化学、历史、美术、音乐、体育教育等师范专业基础上，积极开展地理等新增师范专业的建设工作。加快推进师范认证工作全覆盖。发挥专业特色、师资优势和教师教育品牌，建立与新师范要求相适应的附属幼儿园和中小学教育体系。

3. 新工科提升工程

主动对接粤港澳大湾区产业布局，对接珠江西岸技术密集型产业带和先进装备制造＋农业产业带建设发展，瞄准全省“双区驱动”“双城联动”战略和广东省“双十”产业集群规划，肇庆市创新驱动“1133”工程和制造业“4＋4”发展格局的需求，坚持“项目牵引、平台依托，重点突破、整体提升”的超常规建设思路，积极改造传统工科专业，促进专业交叉融合，优先发展人工智能、大数据、物联网、区块链技术与应用及其相关专业，重点提升发展电子科学与技术、环境科学与工程、计算机科学与技术、机械工程、生物制药和食品科学与工程等专业，加快推进重点专业通过教育部工程教育专业认证。

4. 新文科融合工程

探索在传统文科的基础上进行学科重组，聚焦新专业、新模式、新课程、新理论，着力推动经济学、管理学、法学、文学、历史学、语言学等学科类别融合发展，文理工多学科类别交叉融合，打造强干弱枝，以质为先，融合发展的文科类专业集群。调整优化经、管、法学专业结构，服务区域战略管理、生产管理和项目管理；文史类、教育类专业要积极探索服务区域教育和文化事业发展重点，积极发展服务粤港澳大湾区教育、文化发展的应用型专业；积极发展若干小语种专业，培养实用型的高水平外语翻译人才；整合学校美术、音乐、体育等术科资源和品牌，进一步做特做优术科类专业集群；整合校内书法专业资源，做大做强书法专业，形成与美术、文学类专业交叉融合、协同发展的知名品牌专业。

5. 新农科培育工程

积极服务国家乡村振兴战略和生态文明建设，围绕肇庆和粤西乡村发展特点，聚焦粤港澳大湾区关于肇庆发展生态农业的定位、肇庆现代农业发展“611”工程和乡村人居环境整治工程，依托平台牵引、校地合作、协同育人的发展思路，深化农科教结合，重点瞄准生态农业、健康农业、特色农业、农业科学与工程、水产养殖等领域，凝练优势学科专业，推进新农科学科专业设置与发展。进一步扶持柑橘、道地南药、园林设计、水产养殖、优质水稻、食品与制药工程等创新团队建设。进一步壮大优势学科专业，借助省市农村科技特派员机制，鼓励教授博士上山下乡，转化研究成果，服务“三农”建设。

6. 一流专业建设工程

以教育部一流本科专业“双万计划”

为契机，牢牢抓住全面提高应用型人才培养能力这个核心点，坚持“以生为本、以质立校，学术并举、崇术为上”的办学理念，进一步转变建设理念，创新体制机制。突出产业导向和应用导向，着力打造我校应用型优势专业，形成产业呼应专业、专业支撑产业的良性发展态势。实施一流本科专业培育和建设项目，在加强已立项的省级一流专业建设点的建设的同时，积极开展新一轮一流本科专业培育工作，力争到2025年共建设13个省级一流专业，2个以上专业冲刺国家级一流专业，形成具有学校特色的一流本科专业建设体系，打造以一流专业领衔、多学科专业协同的一流专业群。

（四）铸魂培根，狠抓人才队伍建设，打造高水平应用型师资团队

适应学校扩容提质的发展需要，稳步扩大师资队伍规模，加大青年人才引育力度，建立适应学校发展的师资队伍体系。着力加强师德师风建设，将“四有”好教师评价标准落实到师资队伍建设的全过程，为我校“冲补强”提升计划提供强有力的人才基础。

1. 人才引进“双百”工程

根据粤港澳大湾区发展需要，围绕“冲补强”提升计划和学校发展需求，推动教师队伍整体水平全面提升，创新能力不断加强，造就一支以高端人才为引领，优秀中青年教学科研骨干为主体，数量充足、结构合理、德才兼备的师资队伍，力争到2025年，引进和培育一批高层次人才和高水平创新团队，其中，高端人才100名左右，优秀青年人才100名左右。通过持续强化教师队伍素质能力，为学校建设新时代特色鲜明的高水平应用型大学，为肇庆实现绿色崛起、争当湾区新秀，服务我省创新驱动发展和粤港澳大湾区建设提供强有力的人才支撑。

2. 师德师风建设工程

将师德师风建设作为师资队伍建设的头等大事和首要任务。坚持把师德师风作为评价教师的第一标准。在教师招聘录用、考核晋升、表彰奖励等工作中严格落实师德表现一票否决制度。积极探索新形势下符合教育教学规律和教师成长规律的师德教育新方法、新途径，增强师德教育的感染力和吸引力。坚持对师德教育常抓不懈，常抓常新，着力于全员全方位全过程师德养成，多渠道、多形式、多层面组织开展师生喜闻乐见的师德教育活动，切实提高师德教育的针对性和有效性，不断扩大师德教育的覆盖面和影响力。

3. 教师能力提升工程

继续大力支持中青年教师在职攻读博士学位。放宽现有进修政策关于入职年限和两次进修的间隔要求，为中青年教师及早考取博士提供良好的条件，进一步收紧对报考学校的要求，确保所取得博士学位的含金量。扩大中青年教师境内外访学项目的选派规模。鼓励更多教师赴境内外高水平大学和科研院所进行访学研修，学习借鉴国内外先进的教育和研究理念。借助我校设立的省级中小学教师发展中心平台优势，通过“模块化、系统化、分层次、分类别”的专业能力培训模式，着力提高教师的教学能力和水平。着力培养中青年教师的教研和科研能力，确保绝大多数中青年教师具有与培养高水平应用型本科人才相适应的教学、科研水平和业务能力。

4. 人事制度改革推进工程

按照党中央、国务院《关于全面深化新时代教师队伍建设改革的意见》以及省委、省委教育工委的部署和要求，科学运用学校在实践中形成的宝贵经验，结合学校实际，努力构建科学合理的师德考核机制。修订绩效工资分配办法，更好地

发挥薪酬制度的激励功能和导向作用。鼓励具有良好发展潜力的精英人才追求卓越，在争取高层次的项目与平台、高水平的成果与奖励方面获得佳绩，确保在科学研究、技术开发、成果转化中表现出色的教师可以获得更大份额的绩效工资。完善职称评审制度，优化评审标准的设定、强化标志性成果在评价体系中的地位、建立重点人才绿色通道三大改革方向。完善人才聘用制度，健全岗位设置，改进评价体系，同时以聘期考核为抓手，完善教师退出机制。

（五）强芯立柱，汇聚科技创新要素，补齐学校科技创新短板

聚焦地方产业发展需求，以重大平台、重大项目、科研团队建设为抓手，实现校地创新强强联合，提升创新协同能力。加快推进国家级平台申报工作，着力提升省部级平台的数量和质量。加大对重点科研项目的培育力度，着重提升国家级科研项目数量。以平台、项目推动资金、人才等创新要素的集聚，全面补齐我校科技创新短板。

1. 科研强芯工程

坚持“团队、项目、平台、成果、服务”五位一体的科研工作方针，发挥重大平台在科技创新中的承载功能。加强农业农村部农产品质量安全风险评估实验室（大湾区·广东）、广东省岭南现代农业科学与技术实验室肇庆分中心、广东省环境健康与资源利用重点实验室、广东省水土污染管控与装备智能制造工程技术研究中心等现有省部级平台建设；着力培育农业农村部大湾区农产品化学危害因子检测与控制重点实验室、广东省食品农产品安全分析与检测工程技术研究中心等重点平台建设。加快推进“国家教师教育创新试验区”建设，进一步扩大创新试验区的辐射范围；加大端砚传统文化传承基地、广东省砚文化研究基地等平台建设力度，带动相关地方文化研究平台建设。培育建设好一批高水平智库、新型研发机构和科研平台，力争获批更多省部级以上科研平台和人文社科研究基地，增强学校科技开发、咨询服务和应用研究实力。

2. 科研立柱工程

以提升高水平纵向课题数量为核心，鼓励高级职称教师和中青年人才申报国家和省部级项目。加大项目申报培训力度和科研经费配套奖励力度，建立规范的保障机制，鼓励开展省级及以上重大科研项目申报研究。在现有科研奖励绩效制度的基础上，逐步提升科研奖励金额，激发全校教师科研创新积极性。对重大科研项目、重大科研成果给予配套支持或特殊奖励。

3. 科研团队培育工程

依托肇庆学院第三批创新科研团队、肇庆市首批社科智库专家及肇庆学院高层次人才等校内优秀骨干教师，组建培育一批高水平的跨学科、跨领域创新科研团队。持续开展学院学科带头人、学术带头人的遴选工作。力争实现我校学科带头人实现全覆盖，学术带头人实现倍增。重点围绕电子科学与技术、教育学、环境科学与工程 3 个“冲补强”提升计划建设学科，加强人才引进力度，强化科研团队建设，全面提升团队科研产出能力。

4. 科研保障体系建设工程

推进应用导向的科研评价制度改革。以习近平总书记在科学家座谈会上提出的科研工作“四个面向”为指引，树立“把论文写在祖国大地上”的科研指导思想，破除“五唯”思维，着力扭转“SCI至上”局面，设置“代表性学术著作”“专利转化”等指标，进行多维度科研成效评价。完善科研人员收入分配机制。建立基于尊重科研人员劳动付出的科研经费

管理制度，探索以增加知识价值为导向的分配政策，切实提高科研人员智力劳动的转化收益与分配比例。

（六）改革创新，加强体制机制建设，激发学校内部发展活力

针对我校发展存在的短板和不足，学习并借鉴对标学校先进的办学理念、体制机制和成熟的治理体系，聚焦我校在人事制度、人才培养、科研组织与运行管理、内部治理结构等关键领域的短板，破除阻碍我校发展的体制机制障碍，疏通发展瓶颈，探索出一条适合我校实际情况的特色创新发展之路，推动我校在高质量发展之路上不断取得突破。

一是创新人才队伍建设机制。持续深化人事管理体制机制改革，破除阻碍人才队伍发展的制度障碍；改革人才引进与培养制度，建立科学合理的人才引育政策体系；修订岗位设置与聘用考核制度文件，健全考核评价机制；深入推进薪酬制度改革，发挥绩效工资分配的激励功能和导向作用；进一步完善职称评审制度，优化评审标准，改进评价体系。拟出台改革文件《肇庆学院人才引进“双百计划”管理办法》《肇庆学院绩效考核奖金分配办法》《肇庆学院绩效考核实施办法》，拟修订改革文件《肇庆学院岗位设置与聘用管理办法》《肇庆学院人员招聘管理办法》《肇庆学院绩效工资分配办法》《肇庆学院职称申报条件》《肇庆学院职称评审办法》。

二是进一步深化教育教学改革。深入推进“应用导向，能力为本”的应用型人才培养模式改革和教育资源保障体系建设，全面深化人才培养模式改革。拟出台改革文件《肇庆学院关于进一步推进混合式教学改革工作的实施意见》《肇庆学院教学质量评价标准》《肇庆学院一流本科专业建设方案》《肇庆学院一流本科课程建设方案》《肇庆学院本科生劳动教育实施方案》《学校推进课程形成性评价的实施意见》《肇庆学院创新创业教育改革实施方案（2021—2025 年）》《肇庆学院创新创业学院建设方案》《肇庆学院留学生管理办法》，拟修订文件《肇庆学院课程思政建设实施方案》《肇庆学院关于全面深化教育教学改革加快建设高水平应用型人才培养体系的实施意见》《肇庆学院外籍教师聘任和管理办法》。

三是创新科研评价的体制机制。聚焦科学研究短板，深化学科建设体制机制改革，激发全校教师创新积极性。拟出台《肇庆学院农村科技特派员管理办法》《肇庆学院硕士研究生导师遴选与管理办法》《肇庆学院研究生培养工作条例》《肇庆学院财政资金项目库管理暂行办法》等改革文件；拟修订《肇庆学院横向科研项目管理办法》《肇庆学院科研成果与成果转化管理办法》《肇庆学院科研工作量量化计算办法》《肇庆学院科研经费管理办法》《肇庆学院产学研合作基地管理办法》《肇庆学院企业科技特派员管理办法》等改革文件。

四是持续推进现代大学内部治理体系现代化建设。坚持和完善党委领导下的校长负责制，建立健全“党委领导、校长负责、教授治学、民主管理”的治理结构。拟新出台文件《肇庆学院内部控制评价方案》《肇庆学院校院两级管理体制实施办法》《肇庆学院校内听证制度》；拟修订文件《肇庆学院内部控制体系建设实施方案》。

（七）开放合作，加强对外合作与交流，提升国际化办学水平

国际化是世界高等教育发展的时代潮流，是落实新时代教育现代化的迫切要求，是服务国家“创新驱动战略”的重要支点，也是我校建设特色鲜明的高水平

应用型大学的必由之路。完善国际交流与合作的顶层设计，牢固树立国际化办学理念，尽快形成国际化战略布局。

1. 国际化办学拓展工程

做好香港都会大学（肇庆）筹建申报工作，争取获得教育部批准正式设立，依托合作办学平台，实现我校与香港都会大学在应用型大学建设、人才培养、实习实训、科研平台共建共享等方面的深度合作。加快推进与意大利马切拉塔大学开展实质性合作，加强与波兰密兹凯维奇大学的合作，鼓励外国语学院申报开设波兰语等小语种专业。进一步加强与“一带一路”沿线及东南亚国家和地区高校的交流合作，支持各二级学院与国外及港澳台地区的学术交流与合作。

2. 国际化办学保障工程

完善国际交流与合作的顶层设计，牢固树立国际化办学理念，尽快形成国际化战略布局。推进人才培养的国际化，探索国际化人才培养模式，持续扩大学生出国（境）交流学习规模，协调推进中外合作办学和赴境外办学，完善赴境外交流学生学分转换与认定。推进教师队伍的国际化，精心打造高水平国际化师资队伍，全面提升教师队伍的国际交流能力。

（八）开源节流，拓宽经费来源渠道，提升办学资源配置效率

积极争取省、市政府部门的支持，统筹使用“冲补强”等专项经费，多渠道筹措建设经费。编制学校三年项目支出规划和年度预算，切实管好用好建设资金，提升使用效益，聚焦新老校区建设工程，加快“冲补强”提升计划建设步伐。

1. 新校区建设工程

积极争取项目政策支持，推动新校区项目纳入广东省经济社会发展“十四五”规划以及教育发展“十四五”规划。力争新校区建设用地面积达到或超过 1500 亩，规划校舍建筑面积为 540000 平方米，地下建筑面积为 25990 平方米。校区终端目标将安排 20000 名普通本科生。力争规划期内完成一期建设并投入使用。

2. 主校区提升工程

拓展主校区空间范围，提升星湖校区使用效率，根据校园土地面积缺口情况，结合现有校园周边土地复杂现状，争取更多政策支持，确保落实土地征用计划，为教学、科研和人才培养提供坚实的物质基础。对标地方高水平大学建设标准，加大基础设施建设投入力度，规划建设教师发展中心、体育教学大楼、大学生活动中心、研究生楼、科研中心、体育场馆等设施建设，满足应用型大学建设的设施要求。

四、服务经济社会发展

紧密对接国家及区域重大战略需求，以解决企业、农村、服务领域实际问题为导向，形成问题来源于一线，成果服务于社会的体制机制。通过政产学研资深度融合，加强产业技术积累，促进新技术转化应用，参与企业技术创新，使学校成为区域特色产业和行业共性技术的研发中心和服务平台。创新服务模式，增强服务能力，整合校内外办学资源，提高市场导向的资源获取、配置与可持续发展能力，努力形成我校“冲补强”提升计划建设的地方特色。

（一）地方产业公共服务平台建设工程

围绕肇庆市制造业“4 + 4”发展格局，重点破解肇庆新能源汽车及汽车零部件、电子信息等主导产业技术瓶颈。继续加大建设汽车零部件产业公共服务平台、智能制造研究中心、重要基础件产业公共服务平台、环保装备产业发展公共服务平台、高端电子信息公共服务平台、固废综合利用装备及其应用技术服务平台、人工

智能与机器人公共技术服务平台等七大产业服务平台，重点服务肇庆新能源汽车、先进装备、节能环保、人工智能等主导产业发展，为科研创新团队聚集、科技成果转化、协同创新活动深入开展奠定坚实基础，提升服务产业发展效能。通过平台面向地方企业提供各类研发服务，共享大型研究设备等，在为地方企业服务的同时，及时获取最新的行业动态，紧跟地方企业发展的步伐，了解其技术缺口与人才要求，使得平台成为学校联结企业、服务产业的重要纽带。

（二）农村和企业科技特派员对接工程

围绕肇庆市乡村振兴和企业创新发展需求，依托学校专家教授，持续深化科技特派员工作，帮助地方农户、企业解决实际困难。通过企业科技特派员入园进企，帮助企业提升自主创新能力和实现产品升级，促进学校更多的人才、技术、成果转化为现实生产力、服务于产业发展、满足企业发展需求，同时反哺学校的学科建设和教育教学；持续推动百名博士教授上山下乡，助推乡村产业、人才、文化、生态和基层组织振兴，全面助力乡村振兴战略。2021—2025 年，新增农村科技特派员 50 人，新增企业科技特派员 50 人；加大驻镇帮镇扶村工作，紧密对接涉农企业、合作社、村、镇等 500 个以上。持续助力肇庆高新区打造成国家一流高新区。进一步加强学校与高新区全方位、多领域、深层次的合作。2021—2025 年，向肇庆国家高新区派出科技特派员 50 人，建立产学研基地 100 个。

（三）哲学社会科学高端智库建设工程

聚焦肇庆市争当湾区新秀，加快实现绿色崛起发展战略，重点围绕“一带一廊一区”区域发展重大战略、制造业“4+4”发展格局、乡村振兴战略、基础教育扩容提质“两个工程”等，发挥肇庆经济社会与历史文化研究院、肇庆市决策咨询研究院、粤桂合作特别试验区发展战略研究院、教育发展研究院、肇庆高新区产业创新研究院、乡村振兴研究院等智库平台，集聚一批高水平智库专家，为地方政府及职能部门科学决策提供综合性、高质量的咨询服务，积极参与地方社会经济发展问题研究和政策制定。产出一批高水平智库成果，提升学校的社会影响力，着力培育广东省重点智库平台。

（四）文化传承与创新助力工程

扎根西江流域，围绕特色文化的传承与创新、文化旅游开发、遗产保护与活化，发挥传承和研究地方历史文化和育人的功能。发挥广东省砚文化研究基地、美术馆、博物馆等载体，推动端砚文化的传承与创新，擦亮“中国砚都”这张名片。发挥学校音乐学院和美术学院的专业特长，推进西江流域非物质文化遗产的传承和创新。依托学校体育馆、剧院等，持续推动高雅艺术进校园，开展文体竞赛、文艺演出等，服务地方社会公众，提升地方公共体育文化服务水平。积极发挥肇庆市旅游与历史文化学院的功能，整合团队，发挥旅游规划、历史文化专业特长，深度参与地方文旅项目的开发研究，如继续参与府城复兴项目，助推宋城墙申报世界文化遗产，加强全市旅游景区建设指导，助推肇庆旅游振兴。

（五）大学科技园平台提升工程

以获批国家级大学科技园为契机，整合校友资源、大学科技园和创新创业学院资源，完善基础设施和配套设施，做大做强国家级大学科技园、科技孵化器、众创空间等科创服务平台，推进园区扩容提质，强化与地方合作共建我校大学科技园分园，突出我校科技园的平台溢出作用和辐射功能。提升园区服务管理水平，持续完善制度配套与要素配套，不断提升增强平台吸引力，切实提升我校项目孵化、成果转化和服务社会能力。着重发展技术转移、技术咨询、科技评估、跟踪分析等科技服务重点业态，构建集“项目发现、筛选、撮合、转化”为一体的全链条科技服务体系。2021—2025 年，累计孵化企业 200 家。

五、组织保障

（一）加强组织领导

学校成立由学校党委书记、校长为组长的“冲补强”提升计划建设领导小组，统筹和决策“冲补强”提升计划建设的重大问题，将“冲补强”提升计划建设工作与学校“十四五”规划实施同步开展，协同推进。进一步解放思想，转变发展观念，牢固确立高质量发展主题，以“立德树人”为根本任务，对标先进高校，全面提升学校人才培养质量和学科建设水平。

（二）创新体制机制

进一步完善学校内部治理体系和协同创新机制，加快推进学校治理能力现代化。有效整合教育资源，按照任务目标导向，通过项目推进，协调校内外力量推进学校各项重大工作。加强学校内部协同创新，建立合作平台，在学校内部开展交叉合作，服务重点学科建设。推动体制机制改革创新，建设动力机制，设立奖补资金，建立激励和奖惩机制，调动干事创业的积极性。

（三）优化评价标准

根据广东省《高等教育“冲一流、补短板、强特色”提升计划实施方案（2021—2025 年）》，对照建设方案进行年度评价，主要对体制机制改革、人才培养、学科建设、师资队伍建设、科学研究、对外交流与合作、社会服务等方面的建设成效进行考核，并落实奖惩和问责制度。

（四）强化资金保障

通过省市和自筹等渠道多方面筹措建设经费，2021—2025 年建设期内，规划需要建设经费约 7. 336 亿元。项目建设经费主要用于学科专业建设、师资队伍建设、科学研究与平台建设及课程改革等，并严格按照省级重点学科建设的规章制度使用与管理相关经费。根据学校“十四五”规划，编制学校五年项目支出规划和年度建设资金预算，统一调配各方面建设资源，加大人力、物力、财力的投入，加大专项建设资金的执行和监督力度，切实管好用好建设资金，提升使用效益。

肇庆学院机构及负责人

肇庆学院领导成员名单

姓　名	职　务	任职时间
曾桓松	党委书记	2013 年 12 月
吴业春	党委副书记、校长	2019 年 12 月
黄劲松	党委副书记、纪委书记、监察专员	2013 年 12 月
谢冠华	党委副书记	2019 年 5 月
林俊睦	党委委员、副校长	2014 年 5 月
肖起清	党委委员、副校长	2020 年 5 月
李新昌	党委委员、副校长	2020 年 5 月
唐冬冬	党委委员、副校长	2020 年 5 月

中共肇庆学院第四届委员会名单

职　务	姓　名
党委书记	曾桓松
党委副书记	吴业春　黄劲松　谢冠华
委　员 （名单以姓氏笔画为序）	李新昌　肖起清　吴业春　陈　前　林俊睦　欧洪湛　唐冬冬　黄劲松 曾桓松　谢冠华　谭冠中

中共肇庆学院纪律检查委员会名单

职　务	姓　名
纪委书记	黄劲松
纪委副书记	李永佳
委　员 （名单以姓氏笔画为序）	吕伟荣　祁建平　李　妍　李永佳　胡　隼　钟伙彬　黄劲松　黄镜辉 慕容居敏

中国教育工会肇庆学院第四届委员会名单

职　务	姓　名
主　席	黄劲松
副主席	周　东
委　员	黄劲松　周　东　吕伟荣　田　华　郝向英　胡　隼　陈　前　林晓忠　黄剑青　康　健　徐士河　陈小玲　刘汉坤　陶　媛　肖　燕
组宣委员	吕伟荣　田　华　林晓忠
福利委员	郝向英　黄剑青　康　健
女工委员	胡　隼　陈小玲　肖　燕
文体委员	刘汉坤　陶　媛
青年委员	陈　前　徐士河

肇庆学院二级单位和中层领导名单

机构名称	姓　名	职　务
党委办/校长办	谭冠中	党委委员、主任
	梁　标	副主任
	李　琪	副主任
	林晓忠	副主任
党委组织部/党校办公室	欧洪湛	党委委员、部长、主任
	王浩发	副部长
党委宣传部/统战部	陈　前	党委委员、部长
	李先强	副部长
	陈伟林	副部长
纪检监察室	李永佳	纪委副书记、主任
	白　英	副主任
党委教师工作部/人事处	黄剑青	副部长、副处长（主持全面工作）
	吴绘华	副处长

续表

机构名称	姓　名	职　务
党委学生工作部/学生工作处	陈向荣	部长、处长
	陈玉华	副部长、副处长
	罗永全	副部长、副处长
发展规划处	丁孝智	处长
教务处/招生办	李　妍	副处长（主持全面工作）
	梁晓颖	副处长
	谢达新	副主任
科技处/社科处/校地合作处	徐士河	副处长（主持全面工作）
	杨　琰	副处长
	周　丽	副处长
财务处	冯汉杰	处长
	康　健	副处长
审计处	慕容居敏	处长
学生就业指导处/校友工作办	梁建梅	处长、主任
	谭铁伟	副处长、副主任
资产管理处	毛致光	处长
	赵　金	副处长
国际合作与交流处/港澳台事务办/国际交流学院	钟伙彬	处长、主任、院长
继续教育处/继续教育学院	黄曼娜	处长、院长
	徐锦海	副处长、副院长
基建处	古宛娴	处长
	梁伙艳	副处长
武装部/保卫处	黄镜辉	部长、处长
	张根祥	副部长、副处长
	赖剑波	副部长、副处长
后勤管理处	欧就生	处长
	李文明	党总支书记
	陈小玲	党总支副书记
	程志国	副处长
	谢海柱	副处长
星湖校区管理办公室	刘泽伟	主任
	邱　远	副主任
教育发展基金会、乡村振兴办	沈钦萍	理事长、主任

续表

机构名称	姓　名	职　务
马克思主义学院	曹顺霞	院长、党总支书记
	曹和修	副院长
经济与管理学院	刘玉勋	院长
	黎天宇	党委书记
	雷　洪	副院长
	崔彩周	副院长
	颜春萍	党委副书记
政法学院/知识产权学院	祁建平	院长、党委副书记
	侯玉基	党委书记
	佘发勤	副院长
	易　明	副院长
	雷志科	党委副书记
教育科学学院	张旭东	院长、党委副书记
	谢佐永	党委书记
	文　雪	副院长
	李炳全	副院长
	刘远君	党委副书记
体育与健康学院	杨海平	院长
	梁艳红	党委副书记（主持党委全面工作）
	杨丽华	副院长
	刘汉坤	副院长
文学院	唐雪莹	院长
	陈明华	党委书记
	苏文兰	副院长
	杨红军	副院长
	胡海鹏	党委副书记
外国语学院	江晓红	院长
	吕伟荣	党委书记
	童淑华	副院长
	于增辉	副院长
	余德英	副院长
	卢　咏	党委副书记

续表

机构名称	姓　名	职　务
数学与统计学院	朱智伟	院长、党委副书记
	杨　帆	党委书记
	符和满	副院长
	吴　晓	副院长
	高洁云	党委副书记
生命科学学院	邵　玲	副院长（主持行政全面工作）
	胡　隼	党委书记
	唐文武	副院长
	李赛男	副院长
	邱兴和	党委副书记
机械与汽车工程学院	李　鹤	院长
	田　华	党委书记
	李剑英	副院长
	王　非	党委副书记
电子与电气工程学院	陈英俊	院长、党委副书记
	黄　伟	党委书记
	李云鹤	副院长
	程绪信	副院长
	傅汉球	党委副书记
计算机科学与软件学院/大数据学院	邵　平	院长、党委副书记
	李　坚	党委书记
	王俊波	副院长
	陈彦雄	党委副书记
环境与化学工程学院	郝向英	院长
	李　湘	党委书记
	吴贤格	副院长
	吴燕妮	副院长
	杨原行	党委副书记
食品与制药工程学院	汪洪武	院长、党委副书记
	杨子岐	党委书记
	马德运	副院长
	蔡振治	党委副书记

续表

机构名称	姓　名	职　务
旅游与历史文化学院	李朝军	院长、党委副书记
	杨雪梅	党委书记
	郭栩东	副院长
	周　军	副院长
	陈　军	党委副书记
音乐学院	植可焕	党委书记（主持全面工作）
	梁文光	副院长
	陶　媛	副院长
	陈瑛瑛	党委副书记
美术学院	梁　善	院长、党委副书记
	蔡卡宁	党委书记
	李小军	副院长
	李　刚	副院长
	邓泽南	党委副书记
教师教育学院/教师专业能力发展中心/教师教学发展中心	张占亮	党总支书记
	曾　毅	副院长
	肖晓玛	副主任
中德设计学院/工业设计学院	张滔华	直属党支部书记
	邓　宇	中方副院长
图书馆	张贵林	馆长
	杨衍江	党总支书记
	莫其强	副馆长
创新创业学院	肖俊霞	院长
教学评估与督导中心	李佩环	主任
	覃　亮	副主任
大学科技园管委会办公室	陈学年	主任
信息中心	盘炜生	主任
	张志华	副主任
学报编辑部	李曙豪	主任
	宋先红	副主任
档案馆	班荣鼎	馆长
	梁　科	副馆长
校医院	张志强	院长

续表

机构名称	姓　名	职　务
招投标中心	苏文英	主任
	苏成权	副主任
场馆中心	植可焕	主任（兼任）
	陈林君	副主任
美术馆	罗秋帆	馆长
	李　刚	副馆长（兼任）
肇庆教育发展研究院/肇庆学院发展研究中心	曲中林	副院长、副主任
肇庆经济社会与历史文化研究院	盛　革	院长
	叶枝青	副院长
机关党委	周建文	党委书记
离退休党总支	蓝世光	党总支书记
	黎玉玲	党总支副书记
工会	周　东	副主席
团委	马舒洁	副书记（主持全面工作）
	巫燕娜	副书记
西大资产经营管理有限公司	温虎成	总经理（按中层副职管理）

党建与思想政治工作

党建与组织工作

积极开展党史学习教育，深入贯彻党的十九大和十九届六中全会精神，以全面实施新一轮广东省加强党的基层组织建设三年行动计划为契机，大力推进“全省党建工作示范高校”建设，有效推动学校基层党组织建设全面进步全面过硬，以高质量党建引领学校事业高质量发展，为建设新时代特色鲜明的高水平应用型大学提供坚强的组织保证。组织部党支部今年七一被学校党委授予“先进基层党组织”称号。

截至2021年12月，全校设二级党组织23个，党支部147个。共有党员3192人，其中在职教职工党员1014人，占全体教职工的59.93%；在校学生党员1933人，占全体学生的7.63%；离退休党员245人。

（一）组织工作

1. 党史学习教育情况。通过理论学习中心组、“第一议题”“三会一课”、主题党日等形式，加强党员教育培训，完成党员年度培训任务；举办2021年党支部书记培训班，146名党支部书记参加培训。组织全校党支部召开党史学习教育专题组织生活会，校领导以普通党员身份参加并带头谈心得体会。开展“传承红色基因，践行初心使命——百名书记讲党课”专题活动，学校领导、中层领导干部和党支部书记240多人，深入168个基层党组织讲授党史专题党课300多场次。西江日报、南方+等媒体进行了专题报道。入选广东省百部精品党课和省委教育工委精品党课各1个，1人被评为省委教育工委优秀党史宣讲员。

2. 新一轮“三年行动计划”工作。深入学习贯彻落实《中国共产党组织工作条例》《中国共产党普通高等学校基层组织工作条例》，先后制定《肇庆学院贯彻落实〈广东省加强党的基层组织建设三年行动计划（2021—2023年）〉实施方案》和重点任务清单等。坚持把政治标准摆在首位，认真做好发展党员工作，举办3期发展对象培训班，共1600多人参加学习，全年发展党员1500名（比2020年增加150%），其中教职工党员18名。推行党员“政治生日”等制度，向毕业生党员发放“政治生日卡”。做好1104名毕业生党员和135名新生党员组织关系转接工作。认真做好党费收缴使用管理工作，全年共收缴党费857311.92元，上缴党费489412.62元。2021年校级党建研究课题立项10个，1人获评省高校党建研究会本科分会年会优秀党务工作者。扎实做好对广东信息工程职业学院的党建对口帮扶工作，组织双方8个二级单位进行共建，协助建立4项党建工作制度；指导该校积极申报“全国党建工作样板支部”，并顺利获省委教育工委推荐参与全国评审。

3. 党建工作品牌建设工作。深入推进“全省党建工作示范高校”培育创建工作。制订《肇庆学院创建“全省党建工作示范高校”实施方案》，认真完成培育创建进展报告；抓好全国、全省党建“双创”项目培育创建工作。截至目前，学校共有“全国党建工作样板党支部”2个、“全省党建工作标杆院系”3个、“全省党建工作样板党支部”5个、“全省高校‘双带头人’教师党支部书记工作室”1个，获评为“全省党建工作示范高校”培育创建单位。开展首批校级“双创”项目验收工作和第二批校级“双创”项目建设进展检查工作。“砚园党建智库工程”获评为肇庆市“西江党旗红”基层党建品牌，并获10万元党建经费支持。积极组织开展全省高校基层党建工作创新案例评选，评选出22个校级优秀案例，其中1个获全省创新案例优秀奖。3个基层党组织进入肇庆市教育系统第三批基层党建示范点考核评选阶段。创建“专职组织员论坛”，大力加强专职组织员队伍建设。

4.“庆祝建党100周年”系列活动。举办“两优一先”表彰大会暨加强基层组织建设会议。完成全国、全省、全市和全校“两优一先”评选推荐及表彰工作，其中，市优秀共产党员1名，优秀党务工作者1名，先进基层党组织1个；市教育系统优秀共产党员3名，优秀党务工作者2名，先进基层党组织2个；校优秀共产党员100名，优秀党务工作者30名，先进基层党组织25个。校领导走访慰问离退休老同志，并为部分老党员颁发“光荣在党50年”纪念章。

5. 省委巡视整改工作。认真配合完成省委第八轮巡视检查工作，并根据巡视反馈的基层组织建设方面的问题，切实抓好有关二级党组织的整改工作，坚持举一反三，印发关于进一步加强我校基层党组织建设的通知，要求全校各基层党组织认真进行自查自纠，认真抓好整改落实。把学习贯彻《中国共产党普通高等学校基层组织工作条例》与巡视整改结合起来，推动条例落地见效，修订完善《肇庆学院二级党组织工作规定》《肇庆学院二级党组织书记抓基层党建工作述职评议考核办法（试行）》《肇庆学院党校工作规定》以及制定《关于加强在高知识群体、青年教师和少数民族学生中发展党员工作的实施意见》《关于做好学校领导联系高知识群体、青年教师工作的通知》，健全联系高知识群体、中青年教师和少数民族学生制度，进一步完善组织工作制度建设。

（二）干部工作

1. 省委巡视专项检查整改工作。配合完成省委第八轮巡视选人用人专项检查工作，根据反馈的14个选人用人方面的意见，成立选人用人反馈意见整改落实工作领导小组，制定相应整改措施，建立整改台账，逐条逐项明确牵头领导、责任单位、整改目标和完成时限。截至11月30日，已完成整改事项9个，取得阶段性成效的5个。修订完善《肇庆学院干部因私出国（境）管理办法》，进一步健全干部监督管理制度。

2. 干部队伍的管理和监督工作。深入开展中层领导班子调研工作，为中层换届做好准备。认真开展领导干部违规兼职取酬问题专项整治工作、执行任职回避制度不严问题专项治理“回头看”工作、领导干部及时报告个人有关事项工作等专项工作。有序开展领导干部个人有关事项填报，全年共抽查核实12人。配合上级有关部门做好市、区人大代表、政协委员和市党代表等的推荐考察工作。召开2021年干部监督工作联席会议。

3. 干部教育培训工作。2021年先后选派16名优秀管理干部参加国家教育行政学院、省市各级党校培训（轮训）。选派到国家省市各党政管理部门挂职挂任干部16人。组织全校340名科级以上领导干部参加广东省干部网络培训学院网络培训，完成领导干部每人每年不低于50学时网络培训学习任务。组织168名基层党组织书记和23名二级党组织书记分别参加省委教育工委专题网络培训班。完成广东省委组织部关于开展《2019—2023年广东省干部教育规划》实施情况中期评估报告。

今后，将以习近平新时代中国特色社会主义思想为指导，深入学习贯彻党的十九届六中全会精神，严格按照上级党委及学校党委的部署，聚焦学校中心工作，扎实推进新一轮广东省加强党的基层组织建设三年行动计划，完成“全省党建工作示范高校”培育创建和党建对口帮扶验收工作，不断筑牢党建工作基础，认真做好中层领导干部换届、二级党组织换届和党支部集中换届工作，为建设新时代特色鲜明的高水平应用型大学提供坚强的组织保证。

宣传与统战工作

认真贯彻落实上级党组织的工作部署，围绕“巩固马克思主义在意识形态领域的指导地位，巩固全党全国人民团结奋斗的共同思想基础”的中心任务深入开展宣传思想工作，围绕做好党外知识分子工作的根本任务扎实开展统战工作，为学校改革发展与安全稳定提供坚实的思想保障、正确的舆论导向和强大的精神动力。

（一）坚持“大学习、深调研、真落实”机制，深入宣传贯彻党的创新理论

始终以党的创新理论武装头脑，指导实践，推动工作。结合贯穿一年的党史学习教育，特别是“我为群众办实事”实践活动，全面落实“大学习、深调研、真落实”机制，引导党员干部学懂弄通做实习近平新时代中国特色社会主义思想。修订完善学校及二级党组织党委理论学习中心组学习制度，组织好学校党委理论中心组和“第一议题”学习。制定中心组学习计划，组织引导党员干部深入学习贯彻党的十九届五中、六中全会精神，学习习近平总书记系列重要讲话、重要指示批示精神，切实用习近平新时代中国特色社会主义思想武装头脑。全年印发4期《思想政治理论学习资料汇编》，邀请上级宣讲团成员、专家学者来校作辅导报告6次，通过现场会、研讨会、视频会等方式组织集中专题学习26次，学校党委会“第一议题”专题学习30次。

（二）坚持发挥思政引领功能，深入推进“互联网+思政”的工作模式

紧扣立德树人根本任务，落实培根铸魂工作目标，拓展新时代大学生思想政治教育的有效途径，制定2021年思想政治工作要点，贯彻落实党的教育方针。一年来，通过选树砚园榜样、身边模范、“两优一先”优秀典型，开展先进人物、先进经验传播，引领砚园新气象新风尚，在教职工中弘扬爱岗敬业的工作作风，在大学生中弘扬崇学尚学的学风。把握互联网、新媒体技术进一步发展应用的契机，推动思想政治工作传统优势同信息技术高度融合，着力构建“互联网+思政”“融媒体+思政”的工作模式，推动线上思政与线下思政同频共振，推出砚园青年讲西江党史系列微课、《初心》系列微视频。组织召开2021年度学校思政研究会，征集优秀论文70余篇。

（三）坚持有思想、有温度、有品位原则，深入抓好舆论宣传和新闻报道

统筹加强内宣外宣、线上线下、融媒体建设，抢占舆论宣传阵地，开展有思想、有温度、有品位的舆论宣传和新闻报道，传播学校建设精神，凝聚学校发展力量。开通“肇庆学院”学习强国号、微信视频号、抖音号，结合原有阵地协同发声，2021年向“学习强国”学习平台供稿近280篇，其中全国总平台录用4篇；发布微信推文600余篇、官网新闻稿1000余篇、短视频40余条，视频总浏览量超过200万；向南方号供稿340余篇，全面展示了学校在人才培养、科学研究和服务地方等方面的新成果、新成就。同时，光明日报、南方日报、广州日报、羊城晚报、西江日报等主流媒体刊播学校报道200余篇，其中党史学习教育、思政第一课、“三下乡”社会实践、艺术展演、“新师范”建设等主题的宣传报道引起了较大反响。

（四）坚持意识形态工作领导权、管理权、话语权，深入守牢校园政治安全防线

抓好校内各单位意识形态责任落实，不断巩固意识形态工作的领导权、管理权和话语权。制定2021年意识形态安全工作专项行动和专项整治方案，严格落实“六项责任”，守牢论坛报告、课堂教学、教材、网络、资金项目与涉外资助，以及学生组织管理等校园意识形态主阵地，严格按照“八类防范重点”指引，严密防范各种敌对势力渗透，完成庆祝中国共产党成立100周年系列活动特别防护期的各项专项排查整治工作。落实意识形态的分析研判、联席会议、安全风险隐患月度排查和工作报告等制度，积极防范化解校园安全风险隐患。本年度常态化安全排查12次，开展专项行动、专项整治7次，召开意识形态研判分析和政治安全会议10次。接受省委意识形态专项巡视检查，陆续修订学校意识形态领域10项制度。

（五）坚持以文化人、以文育人理念，深入实施文明创建和校园文化建设工程

围绕肇庆全国文明城市复检工作，组织广大师生深入开展社区文明建设帮扶和文明校园建设工作。遴选28个作品参加广东省第六届大学生艺术展演，19个作品分获一、二、三等奖，其中，2个作品获得全国书法篆刻和大学生艺术实践工作坊类别二等奖，学校分别荣获全国、全省优秀组织奖。选送15个艺术作品参加全省高校艺术作品征集比赛，7个作品获得一等奖，6个作品获得二、三等奖，学校获优秀组织奖。2个艺术作品获得广东省第十四届大中专院校“百歌颂中华”歌咏活动合唱组一等奖、歌手组二等奖。在“百年华诞·翰墨薪传”第二届全省教师书法作品展中，3幅书法作品获得三等奖和优秀奖。2个党建案例分别获得省“庆祝建党一百年·践行核心价值观”优秀案例一等奖、2021年度全省高校基层党建工作创新案例优秀奖。学校被列为2021年度全省高雅艺术进校园演出单位，2个乐团被评为优秀院团，全年在鼎湖区、新区等地演出10场次。

（六）坚持寻求最大公约数、画好最大同心圆宗旨，深入建设新时代统战工作新局面

成立肇庆学院统一战线工作领导小组，召开学习贯彻《中国共产党统一战线工作条例》专题会议，凝聚思想、增进共识。成立肇庆学院党外知识分子联谊会，进一步团结和联系党外知识分子。动态管理统战成员资料库，加强各民主党派、统战团体组织建设，11名民主党派成员当选为新一届肇庆市委、市基层委员会领导，35人被认定为无党派人士，协

助市统战系统考察党外人才66人次，开展各类专题学习教育和外出调研10多次，支持和引导党外人士积极参政议政，1人的提案获评2020年度市政协优秀提案，2人获评政协肇庆市委员会2020年度优秀委员。不断加强统战理论研究，8项课题获校级立项，3篇论文获全市统战理论政策研究创新成果二、三等奖。

（七）坚持尊法、学法、守法、用法、弘法思想，深入落实普法宣传教育任务

牢固树立尊法、学法、守法、用法、弘法的理念，深化法治宣传教育，促进领导干部和广大师生坚持以学习宪法与学习业务范围内的法律法规相结合，提升法律意识。组建肇庆学院普法工作群、2021年宪法卫士行动计划工作群，2021年共完成省、市下达的普法任务30多个，当中包括以“学宪法 讲宪法”为主题的省级赛事，并获得三等奖2项；完成校园、社区居民宪法、民法典法制宣传工作；组织教师代表参加“炫丽中国红”省、市直机关党员干部法治演讲比赛，获得最佳表现奖和优秀奖两个奖项。学校普法宣传教育办公室和依法治校办公室加强沟通，推进普法宣传教育和依法治校。一年来，普法工作取得良好效果。

学生思想教育与管理工作

2021年学校普高新生招录9789人，专升本学生招录1418人，全日制在校生达25919人，在校生规模创历史新高。学校深入贯彻落实党的教育方针，围绕立德树人根本任务，培根铸魂，守正创新，为学生成长成才和学校改革发展稳定作出积极的贡献。

（一）思想政治教育和管理

擦亮党建育才“书记项目”品牌，召开学生带班党员工作总结表彰与聘任大会，组织策划《带班十年》系列活动，开展“请党放心，强国有我”主题活动，举办全国脱贫攻坚先进个人先进集体事迹分享会、庆祝建党100周年系列文艺活动·让党旗在祖国的边陲高高飘扬、带班讲坛等特别思政课活动。线上、线下全媒体呈现，掀起学习、宣传习近平总书记在庆祝中国共产党成立100周年大会重要讲话精神热潮；扎实推进党史学习教育，把“我为师生办实事”贯穿始终，协同多部门定期召开各类学生座谈会，着力解决涉及师生切身利益的“急难愁盼”问题；开展“学习百年党史，感恩今日辉煌”网文作品征集活动，举办“一封家书”比赛活动，推出“党史百年天天读”“党史知识竞赛”等栏目。2021年度，学工团队在广东高校开展的各类主题教育活动中累计获奖30余项，获优秀组织奖3项，多项主题教育活动登上“学习强国”“南方+”等平台。

修订完善学生管理系列规章制度，编印2021版《学生手册》和《学风建设行动方案》，将学风教育纳入新生入学教育，组织校纪校规考试。联合开展学风建设检查评比工作，常态化开展上课及晚修考勤。对照省委第六巡视组反馈的问题，开展“学风整治”专项行动，创新使用“人脸识别”“网络打卡”等信息化学风检查方式。积极开展各类先进集体、先进个人选树活动，挖掘榜样“活教材”。援藏支教项目获中国科协“学风建设资助计划项目”立项。常态化开展医疗保险

服务、火车优惠卡办理服务；为考研复习学生提供24小时课室与宿舍的进出便利等服务管理工作。

（二）学生工作队伍建设

深入开展辅导员队伍建设调研，配合学校党委解决未入编辅导员待遇兑现问题，为辅导员队伍稳定提供保障；选优配齐辅导员队伍，2021年1月新招聘专职辅导员11人，专职辅导员总人数为116人。深入实施辅导员素质能力提升行动计划，持续开展“辅导员素质能力大赛”“优秀辅导员、班主任评选”等各类创先争优活动，充分发挥榜样示范作用，鼓舞辅导员干事创业干劲。打通思政育人“最后一公里”，落实思政进公寓，进一步拉近辅导员与学生距离，多方面入手，服务学生需求。2021年，学校辅导员共有23人次获得省级以上荣誉，15人获得校级及以上项目课题立项，获批校级以上精品项目35项，1名一线专职辅导员晋升为副教授职称。

（三）疫情防控工作

全面落实校园常态化疫情防控措施，严格执行“零报告”“日报告”、外出返校审批报备等制度，常态化开展学生日常健康管理，及时准确掌控全校学生动态信息。组织服务2万余人次开展核酸检测，确保“应检尽检”；完成5万余剂次新冠疫苗接种工作，做到“应接尽接、应种尽种”。科学制订旧生分期分批返校和新生分期分批入学工作方案，落实“健康观察区”专班管理，为毕业生顺利毕业、旧生顺利开学、新生顺利入学提供信息支撑和组织保障。

（四）奖助学工作

不断健全学生“精准资助”体系，强化“资助育人”工作理念，推动学生资助工作提质增效。充分利用信息化手段，启用“微信小程序”家庭经济困难学生线上申报认定系统和勤工助学管理系统，实现困难生认定和勤工助学管理科学化、规范化、便捷化。畅通新生入学绿色通道，制定个性化帮扶方案，组建帮扶团队，确保“玻璃男孩”等同学安心就读，生活无忧。为河南突发水患而受灾较为严重的学生发放救助金。2021年，累计评审发放国家、学校及社会各类奖助学金4573.7万元，惠及学生2.3万人次，实现了“不让一个学生因家庭经济困难而失学”的目标。今年，学校第十次获得广东省学生资助工作绩效考评优秀等级。

（五）学生宿舍和书院管理

配合学校“提毛工程”，完成两栋新建和1栋翻新改造的学生公寓配套设施建设，新增床位4340个，为有特殊需要学生设置公寓房间和定制床位。充实生活辅导员队伍，提升管理服务水平，为学校提质扩容增效提供保障。深化生活社区书院制改革，筹建两个新的书院，开展丰富多彩的校园文化活动，书院制建设取得明显成效。全面实施学生宿舍“楼长制”，持续开展学生宿舍疫情防控“关爱行动”，充分利用学生宿舍小天地，展现“五员思政”大舞台，做到全覆盖、无盲区，有效维护了校园安全稳定，“楼长制”工作获评省“庆祝建党一百年·践行核心价值观”优秀案例一等奖。

（六）心理健康教育与咨询

强化心理健康教育软硬件建设，加大专项资金投入和心理服务专用场地配置，聘请专家开展系列心理咨询个案督导与心理技能专题培训，选优配齐专职心理教师队伍，专职心理教师共7人，师生比达到1∶3400，优于1∶4000的规定标准。全员全覆盖开展心理健康普查测评，启用学生心理档案与危机干预信息化管理系统，筑牢“校—院—班—宿舍”四级危机预警体系，最大程度实现心理危机的实时预警和即时干预，守护校园的平安与稳定。坚持育德育心有机结合，开展“同塑健康心灵，共庆建党百年”5·25心理月系列活动和“大健康”教育系列活动、保达标提质量深化心理健康课程建设，有效地推动了学生心理健康教育工作德与心、点与面的双结合，学校再次获得广东省高校心理健康教育与咨询工作先进集体称号。

（七）“易班”建设和管理

为了更好地打造学校网络社区，优化校园学习生活，肇庆学院易班学生工作总站积极开展引导新生入学注册、校规校纪考试、建设评优等工作。2021年9月，总站联合各二级学院、书院分站组成一支90人的志愿服务队，在学校各个地方设置服务点，帮助新生顺利完成入学注册及报到，累计服务时长为20小时；帮助新生完成易班认证，总认证率达100%。在做好疫情防护措施的前提下，总站实施线上线下并行模式策划举办了迎新活动、招新活动、辞旧迎新活动、“运动有我，‘易’路同行”校园乐跑打卡活动、“迷彩青春年华，戎装‘易’气风发”军训风采活动、“参与冬奥盛会，喜迎新春团圆”寒假活动。为强化大学生的政治意识、大局意识、核心意识、看齐意识，总站在各大平台投稿共计1565篇推文，其中《笔落纸中，才思横溢》《福虎贺岁，翰墨迎春》等6篇推文登上全国易班头条，并在2月份被评为易班内容创作模块四星工作站。学校于2021年10月取得易班共建指数全国排名53名，全省排名15，1名辅导员获批2020年度全国优秀易班辅导员（公共号），紫荆花工作室被授予广东高校网络文化示范工作室（共建项目）称号。校内共评选出10个优秀分站、10名优秀指导老师、15个优秀部门、10名优秀负责人、69名优秀学生骨干，充分发挥先进典型的引领和示范作用，促进网络思想政治阵地建设。

学生就业指导工作

在学校党委的正确领导下，不断完善就业创业指导服务体系，加强组织领导，优化工作模式，拓宽就业渠道，加强政策宣传，优化工作流程，规范就业管理，着力提升指导服务水平。同时努力克服新冠疫情对就业的影响，取得了较好的工作成效。学校获评广东省高校就业工作典型经验集体，就业指导课获评广东省高校就业创业金课。

（一）毕业生就业基本情况

1. 顺利完成上级部门下达的就业工作目标任务。肇庆学院2021年毕业生5418人，截至9月1日，就业去向落实率为90.11%。截至12月10日，就业去向落实率94.02%，建档立卡毕业生100%就业。顺利完成广东省就业工作领导小组提出的在9月1日高校毕业生就业去向落实率达到70%，12月底建档立卡毕业生100%就业的目标任务。

2. 就业单位性质与基层就业导向和师范办学特色契合。从就业单位性质看，到企业就业的毕业生人数2456人，占48.21%；到教育系统就业的人数1580人，占31.02%。学校2021届毕业生近5成到中小企业就业，超过3成到教育系统就业，体现了基层就业导向和办学特色。

3. 就业区域进一步向珠三角地区集聚。毕业生在广东省就业人数为4680人，占91.87%，其中在珠三角就业人数为4006人，占78.64%，主要集中在广州（1362人）、肇庆（896人）、深圳（672人）、佛山（446人）、东莞（232人）、中山（155人）、惠州（107人）、江门（72人）、珠海（64人）。珠三角九城市依然是毕业生就业首选地区。学校致力打造“湾区新秀、省级方阵、岭南名校”，围绕建设粤港澳大湾区，立足地方，服务社会，为区域经济社会和产业发展需求提供人才支撑。

4. 就业专业对口率较高。2021届毕业生总体就业专业对口率为78.76%，保持较高水平。其中视觉传达设计、产品设计和休闲体育专业对口率为100%，动画专业98.41%，工艺美术专业97.3%，环境设计专业97.1%，商务英语专业96.3%，体育教育专业96.14%，社会体育指导与管理专业95.74%，市场营销专业94.74%。

5. 考研情况比2020年有所回落。2021届毕业生考取研究生217人，占已落实就业去向人数的4.26%，其中考取985、211高校49人，其他高校176人。2020年考取研究生271人，占已落实就业去向人数的4.92%，其中考取985、211高校63人，其他高校208人。

6. 做好特殊群体毕业生就业精准帮扶到位。建立精准帮扶机制，实行“一生一策一导师”。2021届家庭困难毕业生1008人，其中已就业978人，就业去向落实率为97.02%。建档立卡毕业生113人，已100%就业。

（二）开展毕业生就业工作举措

1. 加强组织领导，早谋划，强推进。学校党委高度重视毕业生就业工作，落实毕业生就业工作“一把手”工程。提高政治站位，列入重要议事日程，做到早谋划、早部署、全力推动。学校党委会、校长办公会专题研究毕业生就业工作，审定毕业生就业工作方案。学校领导、校长助理、党委委员率先垂范、靠前指挥，相关职能部门、各二级学院分工负责、协调联动，有序推进毕业生就业工作。

2. 优化工作模式，强指导，优服务。一是充分发挥课堂的主渠道作用。把学生职业发展和就业指导课程贯彻于整个人才培养体系。构建职业化、专业化、专家化的就业指导队伍建设，加强课堂教学研究，提升课程建设质量。《就业指导》课程获评2021年广东省高校就业创业金课。二是开展“我为群众办实事”就业服务实践活动。精心组织就业促进周和学生职业发展辅导月活动，开展就业服务活动120场，帮助毕业生提升就业能力和求职技巧，树立正确的就业观念，助推毕业生实现更加充分更高质量就业。三是提供团体、个体的职业发展和就业心理咨询服务。2021年接待线下就业咨询1679余次，线上咨询2870余次。在为毕业生缓解就业压力、解决就业疑惑、疏导就业焦虑等方面收到良好的效果。四是加强毕业生就业引导，发挥典型引领作用。大力宣传96位优秀毕业生就业典型，通过典型示范，引领毕业生踊跃到祖国最需要的地方建功立业。

3. 拓宽就业渠道，搭平台，促多元。一是加大“走出去，请进来”力度。充分发挥校园招聘市场的主体作用，举办分层次、分类别、分行业的专场校园招聘活动。着力打造“网上招聘不停顿”的全天候线上招聘模式，促进毕业生与招聘岗位精准对接。全年线上招聘活动参会企业3600家，提供岗位72900个。在做好疫情防控常态化的条件下，有序开展线下招聘活动。2021年，共有335家企业进校开展招聘，提供岗位13208个。依托广东省就业创业智慧平台，不断更新毕业生信息数据和用人单位信息数据库；强化就业指导服务网站、微信公众号的建设，提高就业服务实效。2021 年共推送就业信息 16153 条。二是鼓励毕业生服务基层。通过政策宣传、社会实践、基层校友分享会、表彰奖励等方式，多措并举引导学生关注基层、深入基层、了解基层，组织实施好“特岗计划”“大学生村官”“三支一扶”“西部计划”等基层就业项目，共有 73 人入选。三是促进创业带动就业。开展创业技能培训，对有创业意愿的毕业生进行有针对性指导，2021 年有 42 名毕业生实现创业。

4. 加强政策宣传，浓氛围，涨激情。多渠道宣传国家和地方政府相关的就业创业政策，确保政策知晓度。编制《就业政策汇编》，确保各项政策落到实处，让毕业生享受政策的红利。编印《防骗手册以及求职注意事项》，加强对毕业生就业安全教育，严防就业陷阱。

5. 优化工作流程，提质量，求实效。一是加强就业过程管理，完善就业全程服务。以“数据多跑路，学生少跑腿”为原则，简化业务流程，实现了生源信息采集、政策咨询答疑、就业方案编报、就业手续办理和就业材料审核鉴证、派遣及改派、在线签（解）约等线上功能，优化了就业工作流程，提升就业服务质量。二是关注特殊群体毕业生，做好就业精准帮扶。建立精准帮扶机制，实行“一生一策一导师”，提供政策咨询、心理辅导、技能培训、岗位推荐、求职补贴等服务，促进特殊群体就业。2021 届家庭困难毕业生就业去向落实率为 97.02%，建档立卡毕业生已 100% 就业。

6. 规范就业管理，严统计，重评价。健全毕业生就业统计机制，完善签约进展周报和就业情况月报机制，做好毕业生就业状况的检测工作，严格执行就业工作“四不准”规定，确保就业统计数据真实准确。完善就业工作评估指标体系，促进各二级学院就业工作开展。

纪检与巡察工作

坚持以习近平新时代中国特色社会主义思想为指导，积极贯彻落实省纪委监委和学校党委各项工作部署，推动学校党委落实全面从严治党主体责任，配合做好省委巡视有关工作，有效落实监督责任，为学校事业高质量发展提供坚强的纪律保障。

一、强化政治监督，积极践行“两个维护”

（一）加强政治理论学习，切实提高政治站位

组织纪检监察干部深入学习贯彻习近平新时代中国特色社会主义思想、习近平总书记在庆祝中国共产党成立 100 周年大会上重要讲话精神和党的十九届六中全会精神。扎实开展党史学习教育，通过自学与集中学习相结合、定期与不定期相结合等方式，认真学习“四史”，把党史学习教育同落实立德树人根本任务结合起来，同“我为群众办实事”联系起来，同贯彻落实十九届中央纪委五次全会、十二届省纪委六次全会部署贯通起来。学习过程中，严格执行双周学习制度，有效落实“第一议题”“三会一课”等制度。纪委主要负责人带头讲党课。全体纪检监察干

部通过学习，切实增强“四个意识”、坚定“四个自信”、做到“两个维护”，为学校事业发展发挥纪检监察工作监督保障执行、促进完善发展作用。

（二）突出政治监督，提升监督效能

1. 围绕落实立德树人根本任务，聚焦“申硕”攻坚战、编制“十四五”发展规划、制定新一轮“冲补强”建设方案和深化学校各项改革等任务，强化对责任单位落实重点任务进展情况的监督检查，以强有力的政治监督保障学校的高质量发展。

2. 把党史学习教育作为政治监督重点，派出3名纪检监察干部参加党史学习教育巡回指导组，督促各级党组织将党史学习教育作为重要政治任务抓紧抓好。派出纪检监察干部共7人次参加二级党组织的民主生活会，围绕开好民主生活会实现“靶向”监督，严肃党内政治生活。

3. 围绕防范意识形态领域重大风险，强化意识形态责任制落实情况的监督。通过参加学校意识形态研判会、联席会，及时分析研判意识形态领域最新情况。督促各二级单位切实提高政治站位，重点督促各教学单位结合课堂教学，做好学生思想政治引领工作，严格落实意识形态工作责任制，确保学校意识形态领域安全稳定。

4. 加强校园疫情防控常态化监督。组建4个监督小组，挂点包片对二级单位的疫情防控工作落实情况开展常态化监督，全年共开展检查48次，发出整改意见12项，通报批评违反疫情防控管理规定的教职工1名。

二、坚守职责定位，推动学校党委落实主体责任

（一）坚持“两为主一报告”，持续深化“三转”

1. 坚持双重领导机制。严格落实问题线索处置和案件查办在向学校党委报告的同时向省纪委五室及驻省教厅纪监组报告。做到重要事项及时报告，并主动向学校党委传达上级纪委有关会议精神及工作部署要求。

2. 按照深化高校纪检监察体制改革和“三转”要求，设立纪检监察室及内设3个科室，学校党委重新调整领导班子分工，确保纪委书记聚焦主责主业。同时，进一步落实纪检监察室“监督的再监督”职能定位，结合“两个责任”监管平台建设，找准监督抓手，对职能部门落实监督职责进行再监督。

（二）围绕学校中心工作，推动落实主体责任

1. 推动学校党委落实政治理论学习任务，一年来学校党委开展第一议题学习30次、中心组理论学习26次，开展“七个一”专题学习活动，党史学习教育宣讲100余场次。协助组织召开学校全面从严治党工作会议，总结2020年党风廉政建设工作，部署2021年党风廉政建设任务，研究制定2021年党风廉政建设和反腐败工作要点。做好党风廉政建设分析研判工作，全年组织召开纪委委员工作会议4次，党风廉政建设联席会议1次，提请学校党委召开专题研究党风廉政建设工作会议6次。

2. 修订完善《中共肇庆学院委员会落实全面从严治党主体责任清单》，细化学校领导班子成员“一岗双责”清单、二级党组织领导班子及成员责任清单，压紧压实责任；建设肇庆学院全面从严治党“两个责任”监管平台，利用信息技术手段，强化对主体责任清单落实情况的日常检查，促进各级领导班子成员履行好“一岗双责”。

3. 落实党委工作部署，2021年度对5个二级党组织开展校内巡察工作，完成

本届二级党组织领导班子巡察全覆盖任务，梳理被巡察单位5大方面38条意见，及时向学校党委作专题汇报，经党委研究同意，向被巡察单位反馈意见，推动被巡察单位压紧压实整改主体责任，切实担起管党治党的政治责任。

三、坚持问题导向，积极配合做好巡视工作

1. 及时整理并向巡视组报送相关材料，确保材料准确无误；高效办结巡视组移交的信访材料，做到快办快结，件件有落实；及时向各二级党组织传达巡视组的工作指示，督促各级党组织和党员干部主动配合巡视组做好各项工作。

2. 推动学校党委落实巡视整改主体责任，督促相关责任领导、责任单位强化责任，狠抓落实，研究制定具体整改措施，建立问题整改台账，明确整改时限，并及时向学校党委汇报巡视组重点关注问题的整改落实情况。截至11月30日，55个具体问题中已完成整改36个，取得阶段性成果需要继续推进的有15个，正在整改的有4个。

3. 主动作为，积极落实职责范围内的整改任务。一是依规依纪依法办理巡视巡察及审计移交的有关信访举报、问题线索，目前已办结11件，其余8件正在抓紧推进。二是提升履职尽责规范性，制定《执纪审查工作细则》《处理检举控告工作办法》等内部工作制度，进一步规范工作流程。三是加紧推进巡视组高度关注的某培训项目违规发放津补贴问题的查处工作，目前涉及单位的领导班子成员已开始主动退款。

四、聚焦主责主业，切实规范履职

（一）坚持抓早抓小，做实做细日常监督

1. 紧盯“关键少数”，落实抓早抓小工作机制，及时发现并纠正苗头性、倾向性问题。督促各级党组织落实党内谈话制度，2021年，学校和部（处）、学院两级领导开展党内谈话492人次。

2. 加强选人用人监督。全面贯彻党管干部原则，通过干部监督联席会议，强化落实正确选人用人导向的监督。严把党风廉政意见回复关，全年共出具廉政意见254人次。

3. 对管人管钱管物、权力集中或群众反映问题较多的单位强化监督。监督检查发现，某单位国有资产管理不善，造成较大经济损失，存在重大失职失责问题，已对相关责任人开展追责问责工作；某采购项目对招标文件把关不严，致使招标文件出现违反《广东省教育厅关于省直教育系统政府采购的负面清单》的评分条款，已向责任单位发出监察建议书。

4. 树新风，纠“四风”。抓住传统节假日及期末期初等“四风”反弹回潮的敏感节点，利用违反中央八项规定精神典型案件，尤其是肇庆市查处的典型问题，做好警示教育，严明节日期间纪律要求。督促各级党组织切实履行主体责任，提醒广大教职员工牢固树立纪律意识、规矩意识，切实做到守纪律、讲规矩、知敬畏、存戒惧、守底线，确保中央八项规定精神落地生根。

（二）聚焦关键领域，精准有效开展专项监督

1. 聚焦违规公款吃喝，对学校近3年公务接待有关情况开展专项排查，督促相关单位进一步加强流程管理，严把审批关，对空白、虚假公函或一函多餐等“四风”问题新变种提高警惕。

2. 贯彻落实习近平总书记关于坚决制止餐饮浪费行为的重要指示精神，加强对师生执行制止餐饮浪费及饭堂餐厅公益

广告宣传、优化餐饮膳食管理情况的监督检查，培养师生节约美德。

3. 持续开展集中整治形式主义、官僚主义专项工作，紧盯新动向和新表现，开展形式主义、官僚主义集中整治行动，现已发现5个方面63个具体问题，目前正在着力抓好长效常态整改。

（三）坚持系统治理，一体推进不敢腐不能腐不想腐

1. 按照《执纪审查工作细则》《处理检举控告工作办法》等制度，对问题线索实行集中管理、动态更新、集体研究、及时处置、定期汇总核对。坚持严的主基调，综合运用谈话函询高效办理信访举报、问题线索15件，转立案2件。精准运用监督执纪"四种形态"，一年来约谈5人次，通报批评1人次，开除党籍、开除公职1人次，努力做到"把纪律和规矩挺在前面"与"管住大多数"的有机结合。在审查调查工作中，运用"室组地校"协作配合机制优势，贯彻落实省纪委五室、驻省教厅纪监组关于监督执纪问责的工作指示，及时向学校党委汇报情况，加强与市纪委监委的沟通协调，发挥市纪委跨层级、跨地域、跨行业协作优势，有效解决学校办案手段单一、办案力量薄弱现状，提升线索处置和审查调查工作的能效。一年来报请省纪委监委出具调证文书2项，提请市纪委监委出具查询、调证文书共9项；在市纪委监委协助下，严格落实"走读式"谈话"六必知"要求，开展"走读式"谈话1人次。

2. 着力构建立体监督体系。推动各级党组织切实履行监督责任，发挥校纪委、二级党组织纪检小组日常监督作用，确保民主监督、行政监督、审计监督、财会监督、群众监督有机贯通、相互协调，形成合力，及早发现问题，防止小问题演变为大错误。

3. 组织党员、干部观看《政商之鉴》《特权之蚀》等警示教育片，利用近年查处的违纪违法案例和发现的问题，剖析权力集中、资金密集、资源富集、资产聚集的重点领域存在的问题，深入开展纪律教育学习月活动，以案为鉴、以案明纪释法、以案促改教育，筑牢党员干部防腐拒变的思想防线。

五、坚持打铁必须自身硬，不断提升纪检监察干部队伍能力素质

强化教育培训，提升纪检监察队伍执纪执法能力。落实纪检监察干部每两周业务学习制度，巩固应知应会知识，坚持严管严治、自我净化，坚决防止"灯下黑"。注重纪检监察干部业务能力培养，组织纪检监察干部参加国家行政教育学院党风廉政建设专题网络培训共7人次，选派3人次参加上级组织的业务培训班。强化实战练兵，通过"以干代训"等形式提高纪检监察干部能力和素质，选派纪检监察干部参加省委巡视与巡视整改专项检查工作2人次，参加省教育工委巡察工作1人次，借调到市纪委跟班学习锻炼1人次。

机关党建工作

以习近平新时代中国特色社会主义思想为指导，以党史学习教育为抓手，围绕学校中心工作发挥机关党组织战斗堡垒和党员先锋模范作用，落实党风廉政建设和

意识形态责任制等工作，为学校在新发展时期作出应有贡献。

（一）强化理论武装，坚持正确政治方向

始终坚持把政治建设摆在首位，认真制定机关党委理论中心组学习计划，以党史学习教育为主线，全面布置机关党支部开展理论学习工作，通读习近平科学理论和重要指示批示，强化理论学习，坚定机关党委的理想信念，增强党性修养，提高政治站位，提升以创新理论指导党建工作的能力，增强“四个意识”、坚定“四个自信”、做到“两个维护”，准确把握和贯彻落实党委的决策部署，增强机关党员干部不忘初心、牢记使命的责任担当，确保机关正确的政治方向。

（二）全面从严治党，压实基层党建责任

1. 以党史学习教育为契机，带头加强理论学习。把学习贯彻习近平新时代中国特色社会主义思想作为重大政治责任和首要政治任务，学习习近平总书记在党史学习教育动员大会上的重要讲话，研读“四史”、总书记“七一”重要讲话以及党的十九届四中、五中、六中全会精神，通读省、市、校相关条例和规划等，通过党委（机关党委）中心组集中学，宣讲培训指导学，实践教育体会学，线上线下广泛学，做到全面系统学，深入思考学，联系实际学，主动学先一步，努力学深一层。学习过程中党委委员带头讲党课，组织研讨班，写好心得体会，在学习实践中筑牢信仰之基，补足精神之钙。

2. 严抓党内政治生活制度，带头落实民主集中制。严格执行党内政治生活制度，机关党委委员先后参加学校党委理论中心组学习 20 次，召开机关党委理论中心组学习 10 次，参加省厅组织的理论学习视频会 15 次，组织机关党委会 14 次，参加支部组织生活会 10 次，另外，围绕党史学习教育、疫情防控、意识形态安全、巡视巡察整改、民主生活会、组织生活会评议、整治形式主义官僚主义、基层党组织建设自查自纠、党建思政研究等内容，举办了多次专题会议和活动，带头贯彻落实民主集中制。

3. 严抓支部思想建设，压实基层责任。严格执行支部“三会一课”和组织生活会，在认真组织开好年度民主生活会的同时，积极参加支部组织生活会评议，落实双重组织生活，严肃开展批评和自我批评，并组织党委委员列席各支部组织生活会评议党员，组织党委委员开展谈心谈话，对重点支部和重点岗位人员开展谈话提醒，重大节假日节点发出纠治“四风”树新风警示提醒，对巡察存在的问题全面进行整改，并对个别支部进行整改约谈，接受党员群众的监督，进一步增强支部责任。

（三）落实党建工作重点，推进基层组织建设

1. 以问题为导向全面进行巡察整改。以学校落实全面从严治党巡察工作为契机，通过巡察检视机关存在问题，对一些不扎实、不到位、不规范、推进不力、成效不佳等问题进行全面整改。特别是对部分基层组织存在的问题，机关党委进行深入调研，制定整改方案，实事求是，狠抓整改落实，有力推进基层党组织规范化建设。

2. 以培训为抓手，抓好党员队伍建设。围绕党史学习教育，通过上党课、专题宣讲报告、专题讨论、主题党日、参观学习等方式，组织机关党员领导干部 750 多人次进行理论培训学习，机关科级以上领导干部完成 36 学时的网上学习，3 名机关党委委员参加省委党校专题学习培训。

3. 以党员带班为平台，促进基层党建品牌项目。积极组织策划机关党员带班

工作，制定工作方案，以党史学习教育为主线，引导学生全面认识党的百年奋斗史，指导学生做好疫情防控等，树立机关党员良好形象，打造党建育才工程品牌项目。在学校开展的基层党组织党建工作创新案例活动中，机关学工部、就业处两个项目获一等奖，评估中心一个项目获二等奖，学工部（3）一个项目获三等奖，在“庆祝建党100周年·践行核心价值观”优秀案例中，学工部（1）、教务处、学工部（3）、党办校办、评估中心、场馆中心等支部共7个项目分获一、二、三等奖，其中学工部（1）一个项目获省一等奖。

4. 扎实推进组织标准化，提升支部组织力。坚持党章规定的党员标准，始终把政治标准放在首位，规范有序发展党员，按时办理7名预备党员转正，发展6名积极分子为预备党员，教育培养7名干部确定为入党积极分子，按时按量完成291名党员党费收缴，完善16名党员党籍信息转入转出管理，组织全体党员开展全面从严治党教育和警示教育，积极推荐2个党支部参加肇庆市直创建模范窗口，机关各支部报送“我为群众办实事”项目42项，大大提升了机关党支部的组织力。

（四）围绕学校中心工作，发挥党支部的战斗堡垒和先锋模范作用

1. 进一步发挥党支部战斗堡垒作用。机关各支部围绕党史学习教育，发挥党建引领作用，如校办、学工部、保卫处等党支部做好疫情防控工作，基建处党支部放弃假期做好“提毛工程”项目，教务处党支部克服困难做好教室设施改善，就业处党支部联系校友做好毕业生就业招聘服务，校医院党支部连续作战做好学生健康体检，学生处二支部全面提升学生宿舍服务，信息中心围绕数字化校园和网络安全不断创新服务，人事处、财务处党支部排除万难，确保教职工获得感和幸福感，工会党支部丰富教职工精神生活等，为学校创建全省党建工作示范学校打下坚实基础，充分发挥了机关党支部战斗堡垒作用。

2. 亮身份树标杆发挥党员先锋模范作用。机关党委启动了“亮身份，树标杆”党员先锋岗建设，组建了机关党员志愿者服务队。在学校疫情防控值班、迎新服务、创文巩文建设、交通劝导、社区服务、学生宿舍安全服务、美化校园植树活动、毕业生安全离校服务等工作中，机关党员志愿者200多人次敢于亮出身份，积极参与，热情服务，充分发挥了机关党员先锋模范作用。另外，机关党委组织实施了端州区人大代表换届肇庆学院选区的选举工作，出色完成学校交给的工作任务。

（五）落实党风廉政建设和意识形态责任制

1. 强化责任落实，增强履职意识。认真制定机关党委的党风廉政建设和意识形态工作计划，坚持“一岗双责”工作责任制，配合和督促支部履行党风廉政建设和反腐败建设、意识形态责任，研究部署专题工作，加强革命传统教育和正反典型宣传教育，领导干部带头落实中央八项规定，主动报告个人事项，严格执行党员干部谈心谈话工作，强化党员政治意识、规矩意识，严肃政治纪律、组织纪律和廉政纪律，增强党员干部大局意识。

2. 增强责任感和使命感，压实意识形态责任。多次召开党委会进行意识形态安全研判、分析和布置，传达学校研判会精神，特别在疫情防控、建党100周年庆祝大会、党的十九届六中全会召开等重大时间节点，做到层层抓落实，事事有研判，日日有报告，实时掌握党员干部思想动态，增强安全底线，履行安全责任，维护学校安全稳定。

教育教学与人才培养

教育教学管理工作

以全国教育大会精神为指导，落实立德树人的根本任务。在学校党委、行政的正确领导以及各单位的大力支持配合下，按照学校总体工作部署，认真履行工作职责，以党史学习教育为动力，加强教学常规管理，深化教学改革，推进“质量革命”，强化内涵式建设，完成各项工作任务，保障学校人才培养质量。

一、专业建设

（一）专业基本情况

肇庆学院专业建设一贯坚持立足于肇庆本地和粤港澳大湾区经济社会发展需求，根据产业形势的变化和学校发展的规律，根据招生就业形势，动态调整办学方向，着重发展专业质量，适当发展最急需的新专业，进一步强化以应用为导向，着力加强实践能力、创新创业能力培养，着力于高水平应用型人才的培养。

2021 年，学校新增地理科学、精细化工、食品营养与健康三个本科专业，本科专业数量达到 73 个，专业涵盖了经济学、法学、教育学、文学、历史学、理学、工学、农学、管理学、艺术学等十大学科门类，其中理工经管类专业 43 个，占专业数的 60%，形成了以理工专业为主体、艺术专业和师范教育为特色的专业布局，能够很好地与肇庆产业发展紧密结合，为地方发展进行人才和教育储备。在人才培养方面，休闲体育专业通过学士学位授予权审核评估，迎来了首届毕业生，至此，学校拥有学士学位授予权的专业达到 60 个。近年来，学校一直努力通过打造一批高水平应用型本科专业、特色专业来提升办学水平和人才质量。

截至 2021 年，学校共有 1 个专业通过教育部师范专业二级认证，5 个专业通过 IEET 工程教育认证，立项建设教育部特色专业 1 个，省部级以上重点特色专业 13 个，国家级本科专业综合改革试点 1 个，省级专业综合改革试点 8 个，成功申报省级一流本科专业建设点 12 个，构建了以重点专业、特色优势专业为龙头，相关专业为支撑的特色专业体系。

（二）一流本科专业建设情况

为加强专业建设力度，进一步提高学校专业建设水平，全面提升人才培养质量，2021 年学校印发了《肇庆学院一流本科专业建设方案》，切实发挥一流本科专业建设点的示范带动作用。自 2019 年教育部办公厅印发《关于实施一流本科专业建设“双万计划”的通知》以来，学校积极开展一流本科专业培育和遴选工作，目前共有 12 个省级一流本科专业建设点，其中化学、生物技术、机械设计制造及其自动化、物联网工程、视觉传达设计等 5 个专业为新增省级一流本科专业建设点。2021 年，经过在全校范围内开展国家级和省级一流本科专业遴选工作，学校共推荐了 8 个专业参加国家一流本科专业的省一级遴选，5 个专业参加省级一流本科专业建设点遴选。根据省教育厅

2021年拟推荐参评国家级一流本科专业建设点公示名单，体育教育、汉语言文学、化学、会计学、视觉传达设计等5个专业通过省级遴选参评国家级；推荐的5个省级一流本科专业建设点全部入选。

二、课程建设

（一）积极开展各级课程思政建设工作

一是积极开展课程思政示范项目建设工作。为深入学习贯彻习近平总书记在学校思想政治理论课教师座谈会上的重要讲话精神，落实“立德树人”根本任务，推进学校课程思政教育教学体系建设。2021年，发布了《关于开展课程思政建设项目中期检查的通知》，对2020年立项的108项校级课程思政示范建设项目以及7项省级课程思政示范建设项目进行了中期考核。同时，根据《广东省教育厅关于开展2021年课程思政改革示范项目遴选认定工作的通知》，组织遴选和推荐课程思政示范团队、课程思政示范课程、课程思政示范课堂三大类的课程思政建设改革示范项目。肇庆学院推荐的《卓越幼儿教师教育课程思政教学团队》等8个省级课程思政建设改革示范项目均获得省教育厅的立项。此外，根据《广东省教育厅关于遴选推荐2021年国家级课程思政示范项目建设工作的通知》要求，学校向上级教育部门推荐《物理化学》课程参加2021年国家级课程思政示范项目建设评选。

二是积极开展课程思政教学大赛。深化课程思政教学改革，引导广大教师深入挖掘课程思政内涵，充分发挥课程育人功能，提高人才培养质量。2021年，学校举办了广东省首届本科高校课程思政教学大赛校内初赛，并根据比赛的实际情况，拟推荐黄秋尘等8名参赛教师参加省一级的复赛。

三是积极参与课程思政优秀案例评选。2021年10月，学校发布了《关于开展本科高校课程思政改革优秀案例的校内遴选工作通知》，组织开展课程思政改革优秀案例校内遴选工作，遴选了唐文武、黄秋尘、付华英三位教师的案例参与省一级评选，其中唐文武教授的《基于BOP-PPS的线上线下混合式遗传学课程思政探索与实践》和黄秋尘老师的《“育人”与“育才”并重——〈影视广告〉课程思政全过程育人模式探索》，入选了2021年广东省本科高校课程思政改革优秀案例库。

（二）积极开展一流本科课程建设工作

一是制定出台《肇庆学院一流本科课程建设方案》。2021年11月，学校发布《肇庆学院一流本科课程建设方案》，明确了一流本科课程建设的指导思想、建设目标、建设原则、建设要求、项目实施与管理、保障机制等，有效推动了学校一流本科课程建设跨上新台阶。

二是开展省级一流本科课程遴选推荐工作。2021年12月，广东省教育厅决定开展2021年度省级一流本科课程遴选认定工作。肇庆学院在全校范围内开展了省级一流本科课程遴选推荐工作，经专家组综合评审，并结合省教育厅限报的要求，推荐了14门课程参与申报省级一流本科课程遴选。

（三）积极开展在线开放课程建设工作

一是继续加强学校在线开放课程建设工作。根据《教育部关于加强高等学校在线开放课程建设应用与管理的意见》（教高〔2015〕3号）精神，学校决定加快推动教学模式与方法改革进程，打造一批优质、精品在线开放课程，实现教学应用与共享，以在线开放课程为载体，以学生为中心，充分利用信息技术优势，采用“翻转课堂”混合式教学等新模式，加强学习过程中的深度探究、思辨、互动与实践，不断提升教学质量。2021 年，学校启动第三批在线开放课程建设工作，以公开招标形式遴选三家合作商，为学校 11 门课程制作授课视频和上线指定平台。

二是积极申报在线开放课程教育教学研究和改革项目。2021 年 12 月，粤港澳大湾区高校在线开放课程联盟决定设立教育教学研究和改革项目，以竞争立项方式，资助各会员高校教师（团队）开展教育教学改革研究与实践。学校积极组织各学院教师进行项目申报，鼓励教师积极参与各类在线开放课程研究项目和应用项目，经过遴选、推荐、评审等程序，共有 14 个项目获得立项，其中资助项目 1 项（全省仅 5 项），自筹项目 13 项。

三、教学改革和质量工程建设

学校坚持推动教学建设和教学改革工作，围绕校级质量工程与教学改革项目、广东省质量工程与教学改革项目不断创新，鼓励教师探索新的课堂教学模式和教学管理模式，取得了一定的成效。

2021 年，学校投入近 300 万元开展教学项目建设，立项建设省级教学改革与质量工程项目 21 项，其中包括专项人才培养计划、现代产业学院、实验教学示范中心、课程教研室、科产教融合实践教学基地、大学生社会实践教学基地等类别，在教学的各环节开展改革实践。2021 年立项建设省级一流专业 5 个，使学校省级一流专业建设点达到 12 个，以一流专业建设为引领，带动其他专业发展，有助于推动学校专业建设迈上一个新台阶。开展课程思政教学大赛，立项建设 8 个省级课程思政项目，有力推进学校课程思政工作。2021 年度，学校 21 项省级项目基本完成建设任务，顺利通过校内结题。

立项建设校级教学改革与质量工程项目 43 项，校级实践教学改革项目 17 项，大创项目立项 134 项。2021 年，学校开展了第九届校级教学成果奖评选，评选出特等奖 5 项、一等奖 10 项、二等奖 16 项，其中优秀的成果推荐到广东省参评省级教学成果奖，在目前已经公示的省级评审结果中，学校已有两项获奖。近年来所取得的教学成果既是教学改革与教学实践成果的总结，又被广大教师广泛应用于日常教学中，为同学们带来新的思想、新的理念，有效地提高了整体教学水平和学习效率，为学校教学质量和人才培养质量提升起到了很好的示范与促进作用。

四、实践教学管理

1. 制订《肇庆学院实践教学经费管理办法》（肇学院〔2021〕78 号），加强对实践教学经费的规范管理，提高实践教学经费的使用效率，保障实践教学质量。

2. 引进维普毕业论文管理系统，采用线上和线下相结合的形式完成 2021 届毕业论文工作。针对本科生毕业论文的质量，抽检了 148 篇毕业论文，涉及全校 61 个专业，同时对 76 篇校级优秀毕业论文进行表彰。

3. 为保障实习工作和获得良好的实习效果，继续使用校友邦实习管理系统，协调和配合完成了专业实习检查和考核工作，推动专业实习基地的建设。

4. 为激发学生的创新创业能力，2021 年大创项目立项 134 项，其中国家级 20 项、省级 68 项、校级 46 项，投入经费约 123 万元。为保证大创项目工作有序进行、能出成果，开展了 2019 年大创项目的结项工作和 2020 年大创项目的中期检查工作。

5. 2021 年学校学生参加各类学科竞赛，获得各类奖项 543 项，其中国家级 154 项、省级 389 项。组织了 2021 年中华经典诵写讲大赛肇庆学院初赛。

6. 2021 年分两个阶段完成 1375 名学生的教师资格证认定工作。

五、学籍管理

（一）成绩管理

2021 年，共计录入成绩 502256 条，完成 2021 届 5420 名毕业生毕业审核、学位审核中的成绩复核工作，及 85 名学籍异动学生的成绩复核，处理了近 120 份相关成绩修改申请备案及转专业学生学分认定等工作。

（二）学籍异动

组织各二级学院制定 2021 年转专业工作方案，经学生申请、转专业考核、公示等环节，完成了 155 名学生的转专业工作。根据《肇庆学院本科学生延长学制管理暂行规定》（肇学院〔2019〕37 号），组织未能取得毕业资格或不能获得学位，但又不符合退学条件的 2021 年预计毕业生申请延长学制等。在新生入学资格复查后，有 43 名同学保留入学资格，1 名学生被取消入学资格。2021 年共计 32 名同学保留学籍，268 名学生放弃入学资格，76 名学生复学，75 名学生留级，40 名学生学籍注销，53 名学生休学，1291 名学生完成专业大类分流，全年还完成在校生学籍信息修改、学年注册，毕业生学历学位证书遗失办理、学历勘误等工作。

（三）数据报送

完成 2021 年度教育部高基报表的填报、评估中心要求的数据报送及财务处要求的在校生生均拨款数据表等其他相关部门要求的学生学籍数据报送。组织三个分教点的专升本新生填写学籍档案，完成 2021 年录取的专升本学生前置学历复查。做好全日制学生学籍档案（含成绩单）的采集建立、收集整理、检查核对、鉴别归档、保管使用及转送移交等工作。

（四）毕业生证书发放

完成 2021 届 5420 名毕业生的学历学位证书制作（含辅修证书）、证书照片粘贴、证书盖章、毕业审核、学位审核、证书发放和学历学位数据注册上报等工作。

（五）制度建设

2021 年 11 月印发《肇庆学院全日制本科生学分制学籍管理办法》《肇庆学院本科生提前毕业和延长修业期暂行办法》《肇庆学院本科港澳台学生学籍管理细则》《肇庆学院全日制在校生学籍信息变更管理办法》等多个管理制度，这将进一步确保学校学籍管理工作的规范性、准确性和可操作性。

六、教材选用与管理

（一）以学校的培养计划为依据选用高质量的教材

根据课程需要，尽量选择深受师生欢迎的优秀教材。2021 年春秋两季订购教材中，全校使用教材为 1889 种，国家级规划教材及获奖教材为 492 种，省部级规划教材及获奖教材为 716 种，选用近三年出版的省部级以上规划教材、重点推荐教材、精品教材等优质教材的比例为 46.2%。

（二）周密安排、层层落实，认真做好教材的发放工作

教材发放是整个教材工作中的重要环节，教材发放能否及时，直接关系到教学秩序能否稳定，教学质量能否提高。因此，教材管理人员树立“宜未雨绸缪，勿临渴掘井”的观念，把教材发放工作赶在课前全部做好，以保证课前到书。2021 年订购并发放教材 315031 册，其中境外教材 3235 册，马工程教材 34647 册。

（三）认真做好“两类教材”和法学教材的专项排查工作

认真组织开展“两类教材”的专项排查工作。根据《广东省教育厅关于开

展普通本科高校“两类教材”专项排查工作的通知》要求，经过学校认真排查，肇庆学院所使用的教材均符合教育教学要求，没有意识形态问题。

认真组织开展法学教材摸底排查工作。根据教育部《关于组织开展高校法学教材摸底排查工作的通知》（教材局函〔2021〕7号）和《广东省教育厅关于组织开展高校法学教材摸底排查工作的通知》精神，经过详细清查，学校使用的法学教材共有13种，其中环境与化学工程学院1种，体育与健康学院1种，经济与管理学院4种，政法学院、知识产权学院7种，经过教材评估专家组逐一审查，全部合格，符合国家规定的要求。

（四）高度重视“马工程”重点教材的使用与培训

专门成立肇庆学院马工程重点教材统一使用工作领导小组（肇学院〔2017〕62号）。领导小组定期召开专题会议，对马工程重点教材统一使用和教师参加培训提出明确要求。目前学校使用的“马工程”重点教材有60种。2021年5月学校选派了32名老师参加广东省教育厅举办的“马工程”重点教材统一使用工作视频会议，12月又选派了26名老师参加教育部举办的“马工程”重点教材统一使用工作视频会议。

（五）建立教材质量监控和评价机制，收集师生对使用教材的反馈信息

加强对教材建设与管理工作的检查监督，持续完善教材质量监控和评价机制，为教师和学生推荐高质量教材，保证教学质量。学校建立教材质量信息反馈制度，通过教学督导访谈、问卷调查、专家审议等多种形式开展教材评价工作，并及时将信息反馈至开课学院，从而促进课程教材质量的不断提高。2021年10月，学校对2018级、2019级和2020级学生开展教材问卷调查工作，反映良好。

实验室建设与安全管理

加强实验室建设，为教学和科研工作提供高水平服务，使实验室成为支撑学校学科建设发展的公共平台。同时提升实验室安全管理水平，保障广大师生员工的人身安全和财产安全，维护学校实验教学、科研活动的正常开展。

（一）实验室管理

1. 实验室建设投入经费800多万元，共立项10个实验室建设项目，更新一批实验室的老旧设备，保障了各二级学院实验教学的顺利开展。

2. 实验室评出10名优秀实验员，为学校的实验室工作树立了榜样。完成教育部2020—2021学年高等学校实验室信息统计数据报送。

（二）实验室安全管理

1. 投入实验室安全经费46万元，继续开展一系列的实验室安全教育活动，包括组织各二级学院的实验室安全培训、为2021级新生发放《实验室安全手册》和组织实验室安全教育网上学习考试；与废液处理环保公司签订实验室废弃物的处置合同，保障实验室运行的环境安全。

2. 组织二级学院的相关人员，参加各类专业与安全教育培训学习，学习优秀管理经验和实验室专业知识，有效地提高实验室管理服务水平。

美育、体育、劳动教育工作

加强美育、体育和劳动教育是高校深入贯彻落实党的教育方针，坚持立德树人，坚持培育和践行社会主义核心价值观，培养德智体美劳全面发展的社会主义建设者和接班人的重要举措。学校坚持以学生全面发展为核心，横向贯通第一课堂、第二课堂，推动构建理论教育与实践养成同向同行的协同育人机制，积极开展体育美育浸润计划，科学设计教育内容，改进工作方法，创新育人载体，切实提高人才培养质量。

（一）以美育人，增强学生艺术素养

1. 不断丰富公共艺术教育课程，创新人才培养。第一，为深入推进学校美育教学改革，提高学生审美与人文素养，学校在新版本科人才培养方案中将“核心通识课程模块”中的“文化、艺术与审美鉴赏”设定为必选模块，学生在读期间须修满该模块两学分的课程。第二，以艺术专业教育促进艺术通识教育，通过不断丰富美育类课程、鼓励出版相关课程教材等举措，切实增强学校的美育育人水平。目前学校已经开设了各种各样富有创新性的美育类课程，面向全体学生修读的相关课程共有 23 门。这些课程以审美和人文素养培养为核心、以创新能力培养为重点、以中华优秀传统文化传承发展和艺术经典教育为主要内容，引导学生树立正确的审美观、文化观。第三，在通识教育课程平台中增加了“砚园大讲堂”系列学术讲座，内容涵盖前沿科技、人文历史、体育美育、经济管理等，由校内 19 个教学单位的具有高级职称或博士学位的教师担任主讲人。2021 年共开设了 134 场学术讲座，参与学生 47532 人次，其中涉及传统文化传承发展和艺术经典教育主题的讲座多达 70 场，占总数的一半以上，在学生中反响强烈，有力扩大了美育在全校范围内的覆盖面，丰富了美育教育的方式和内容，学校美育教育取得明显进展，学生美育核心素养明显提升。

2. 充分挖掘各学科美育资源，推动美育全方位覆盖。为切实加强学风建设，提升学生的传统文化修养，营造浓厚的学习氛围，建立师范生粉笔字晨检制度。学校为每位师范生配备一块小黑板，二级学院为学生布置粉笔字书写内容，主要与本专业的学习课程相关，如古诗词、经典语录等，将粉笔字练习渗透于教学活动中，作为专业课程体系中的实践教学内容，充分挖掘了各学科蕴含的语言美、艺术美等丰富美育资源和美育元素。同时，粉笔字晨检制度在全校范围内起到了带动作用，掀起了“粉笔热”，引导更多的学生了解书法文化和艺术美学，培养学生健康向上的审美情趣。

（二）健康第一，提升学生体质健康水平

1. 不断深化教学改革，提升体育教学质量和水平。第一，以体育专业教育改革为切入点，加强体育课程和教材体系建设，推进课堂教学改革，改进教学内容和方法，不断提升教师的专业化水平和教育教学能力，保证科学、规范、高质量地上好体育课。2021 年，体育与健康学院共有 4 个项目获得校级质量工程项目立项；在第九届校级教学成果奖评选中，共荣获 2 项一等奖和 2 项二等奖。第二，严格标准，做好每年的体质健康测试和体质健康抽测复核工作，更好地帮助学生在体育锻炼中“享受乐趣、增强体质、健全人格、锤炼意志”。第三，结合学校体育专业特色和优势，以活动为载体，促进学校体育教育特色发展。不断丰富体育文化内容，通过开展形式多样的体育文化活动，如开展定向运动等，鼓励学生积极参与到体育锻炼中，培养运动兴趣，养成良好的学习和生活习惯。

2. 持续完善评价机制，推进校园智慧体育建设。为提升学生的身体活动量和体质健康水平，推动学校体育教育信息化进程和精准化管理，搭建共建共治共享的校园智慧体育服务平台，学校投入 12 万元采购了“步道乐跑课外锻炼系统和课程管理系统”。通过投入使用智慧体育系统，有效调动了学生参与体育运动和锻炼的积极性，从而通过持续性的过程锻炼提高身体素质。与此同时，学校通过管理后台，能有效管理学生运动数据，并通过数据统计和分析结果，对学生进行综合性评价。

（三）以劳树德，提高学生劳动素养

1. 积极推进学生劳动教育工作，构建劳动教育体系。为深入落实立德树人根本任务，将劳动教育融入人才培养全过程，学校采取系列措施推动以劳树德、劳以强志、劳以健体、劳以育美、劳以创新。出台《肇庆学院本科劳动教育实施方案》，强化劳动观念，弘扬劳动精神，构建具有学校特色的本科生劳动教育体系，发挥劳动教育的独特育人价值。将劳动教育纳入专业人才培养方案，在“公共通识课程模块”中开设公共必修课程《大学生劳动教育》，设置 1 学分，32 学时，其中，理论课程 6 学时、实践课程 26 学时。

2. 创新体制机制改革，加强“三全育人”。第一，加强劳动教育理论课程建设，创新课程设置，充分发挥课堂主渠道作用，将劳动教育融入思政课和通识课，开设劳动教育公共必修课，以讲座形式普及通用劳动科学知识，教育学生树立正确的劳动意识，树立正确的劳动观。第二，构建劳动教育实践课程体系，强化学生实践动手能力，提升劳动的育人功能。各二级学院结合专业能力素质要求、职业发展需求，将专业课与服务学习、实习实训、科学实验、社会实践、毕业设计等相结合，开展各类劳动实践，帮助学生养成良好的劳动品质。第三，推动将劳动教育与专业技能相结合、劳动教育与奖助学金评定挂钩，引导大学生热爱劳动、勤于劳动、积极劳动，克服“不劳而获”的投机心理，树立正确的劳动教育观。第四，注重产教融合，注重新兴技术支撑和社会服务新变化，充分挖掘学校、校地融合、校企融合劳动教育资源，深化产教融合，改进劳动教育方式。

招生工作

2021 年肇庆学院面向广东、湖南、湖北、甘肃、安徽、山东、山西、广西、贵州、河南、河北、浙江、四川、重庆、云南、福建、江西、宁夏、青海、海南、内蒙古、新疆和西藏等 23 个省（区、市）招收全日制普高本科生 11211 人，其中，广东省内普高 8772 人，省外普高 1007 人，普通专升本和三二分段 1418 人，港澳台 10 人，第二学士学位 4 人，圆满完成招生计划。

2021年肇庆学院招生计划及录取总体情况

类别	合计	广东省	外省	普通专升本（三二分段）	港澳台（计划单列）	第二学士学位
计划	11200	8780	1000	1420	10	50
录取	11211	8772	1007	1418	10	4
报到	10940	8551	980	1407	2	0

（一）录取情况

1. 省内提前批次公费定向培养教师专项录取情况。2021年教师专项共录取200人，其中音乐学40人，美术学30人，体育教育30人，小学教育100人。呈现特点为高分考生多，生源质量佳。如：小学教育文科最低录取总分519分，高出省最低录取控制分数线（以下简称“省线”）47分；小学教育理科最低录取总分522分，高出省线62分。

2. 省内本科批次艺术、体育类录取情况。省内本科批次艺术、体育类均为第一次投档完成计划满额录取。音乐类录取301人，最低录取综合总分481分，最低术科排位2493；美术类录取547人，最低录取综合总分489分，最低术科排位9746；体育类录取590人，最低录取综合总分483分，最低术科排位5140；舞蹈学录取50人，最低录取综合总分437分，最低术科排位782；书法学录取120人，最低录取综合总分485分，最低术科排位246。

3. 省内普通类录取情况。普通本科批次45位考生因不服从专业调剂而退档，缺额计划36人在征集志愿阶段录取。

普通类（历史）录取2088人，最低录取总分507分，高出省线59分，最低录取排位45001。其中，今年新增的地理科学专业最低录取分518分，高出省线70分；历史学（师范）专业最低录取分571分，高出省线69分；思想政治教育（师范）专业最低录取分516分，高出省线68分；新闻传播学类专业最低录取分515分，高出省线67分；教育学类（师范）专业最低录取分514分，高出省线66分。

普通类（物理）录取4876人，最低录取总分484分，高出省线52分，最低录取排位155555。其中，中国语言文学类专业最低录取分518分，高出省线86分；计算机科学与技术专业最低录取分512分，高出省线80分；思想政治教育（师范）专业最低录取分511分，高出省线79分；新闻传播学类、软件工程、物理学（师范）、地理科学等专业最低录取分均在508分以上，高出省线76分以上。

4. 省外录取情况。2021年在省外计划招生1000人，实际录取考生1007人。宁夏、内蒙古、湖南、河北、河南、江西、福建、浙江、重庆、四川、湖北、云南、山西、山东、安徽、广西、青海、海南和西藏19个省（区、市）一次投档志愿录满，且成绩高出所在省（区、市）的本科最低录取控制分数线。比较突出的有：文史类，广西高出省线96分，海南高出85分，河南高出74分；理工类，广西高出98分，海南高出67分。

5. 普通专升本及三二分段录取情况。2021年普通专升本13个招生专业总计划招生1420人，来自全国100余所高校共4000多名考生（含三二分段197人）报考，共录取1418人（含退役士兵34

人），其中，有 216 人录取在高职院校教学点。

（二）招生宣传工作

2021 年，由于新冠疫情影响，线下招生咨询受限，学校在往年常规的宣传渠道基础上，重点采取扩大线上宣传的策略，充分发挥网络与自媒体宣传作用。全面落实“多部门协同，全校师生共同参与”的招生宣传工作体系。招生办开展了一系列的宣传活动，如组织 250 多名在校生寒假回母校进行宣传活动，为上万名高三学子提供升学咨询服务；开通招生咨询热线 10 条；利用微信公众号等平台扩大招生信息覆盖面；录制肇庆学院首个招生宣传片《未来，与您圆梦》，点击量超过 17 万人次；全部 17 个二级学院及行政部门共计 100 多名教师参加各大平台的网络直播活动 21 场次，覆盖超 60000 名目标考生，大大提升学校的知名度，树立学校的良好形象。为了扩大招生宣传，招生办在传统宣传的基础上制作了电子招生简章等宣传资料，既对新媒体宣传进行有力补充，又生动地展示了学校的精神风貌。

（三）招生管理工作

肇庆学院 2021 年普高招生录取工作动员会议于 7 月 14 日召开。会议发布《肇庆学院关于成立 2021 年招生工作委员会的通知》（肇学院〔2021〕20 号）文件，并通报学校前期的招生工作情况，布置今年招生录取的有关工作。会议强调指出，招生录取工作关系到广大考生和千千万万家庭的切身利益，社会关注度高，学校要坚持底线思维，认真学习领会教育部、教育厅的有关文件精神，全面贯彻广东省 2021 年普通高校录取工作动员会精神，严格遵守纪律，加强领导，健全机制，分工协作，群策群力，确保按时、高质、公平、公正地完成本年度录取工作任务。

2021 年 10 月完成报到新生资格审查工作，未发现冒名顶替等情况，对于逾期不报到的新生完成电子档案的注销工作。根据教育改革发展规划纲要及考试招生制度改革有关精神，严格落实广东省教育考试院要求，科学安排，按时间节点要求合理上报全国普通高校招生来源计划网上管理系统，经各省区教育考试院审核后及时向社会公开，确保高校招生“阳光工程”的顺利实施，保障肇庆学院招生工作取得丰硕成果。

教学质量保障体系建设与评估工作

落实《深化新时代教育评价改革总体方案》，紧紧围绕立德树人根本任务，坚持“以学生为中心、以产出为导向、推进持续改进”，全力推进学校教育教学的高质量发展，积极开展专业认证、课程评估、教学质量常态监控等工作，为学校人才培养保驾护航。

（一）开展专业认证、专业评估、国际评估情况

专业认证，是高校提高人才培养质量的一种检验评价机制。近年来，学校积极开展工程教育专业和普通高等学校师范类专业认证工作，聚焦本科教学的重点领域和关键环节，推进本科教学质量迈上新台阶。2021 年，文学院汉语言文学专业正式通过教育部第二级师范类专业认证，有效期至 2027 年 8 月；环境与化学工程学院的化学专业完成教育部第二级师范类专

业认证专家入校考察工作。机械与汽车工程学院的机械设计制造及其自动化专业通过周期性审查，计算机科学与软件学院/大数据学院的计算机科学与技术专业、食品与制药工程学院的制药工程专业通过期中审查。2021 年度，学校已有 5 个专业通过了 IEET 工程教育认证。

以评促建，推动专业内涵建设。对照《普通高等学校本科专业类教学质量国家标准》《广东省普通高等学校本科新设专业评估指标体系（试行）》《新增学士学位授予专业基本条件》，教学评估与督导中心（简称“评估中心”）对 2022 年有首届毕业生的风景园林专业、数据科学与大数据技术专业、数字媒体技术专业开展新办专业评估，组织专家审阅教学状态数据分析报告及自评报告，形成评价意见，呈相关职能部门及二级学院。

根据《肇庆学院本科课程评估方案（试行）》开展优质课程评估工作，努力打造“金课”、淘汰“水课”，推进课程建设的深入开展，提高课程建设水平和教学质量。2021 年肇庆学院本科课程评估工作经过二级学院自评打分，评估中心组织督导听课看课、专家评价等环节，评定韦寿莲等 5 位教师的课程为肇庆学院第一批本科优质课程。

积极开展课程目标及毕业要求达成度评价工作。为贯彻落实学校“十四五”发展规划，推进一流专业建设和专业认证工作，结合专业认证理念、需求和专业发展实际，开展师范专业人才培养质量达成度评价与分析。评价范围包含全校所有师范专业，评价内容包括：2021 届毕业生毕业要求达成度评价，以及对 2020—2021 学年两个学期开设的在人才培养方案中支撑毕业要求指标点的所有专业课程及教师教育类课程的评价。

（二）加强校院两级督导工作，组织学生评教和论文检测

遴选新一届教学督导，助力教学质量监控。2021 年，学校聘任 16 名校级教学督导。教学评估与督导中心组织教学督导先后召开多次工作会议，制定督导工作计划，配合学校开展师德师风和学风专项检查活动，强化课堂教学纪律和学生学习纪律，2020—2021 学年督导共听评课 1756 门次，对课堂教学提出了建设性的反馈意见，有效监督了课堂教学情况。同时，组织校级教学督导参与线上线下各种培训交流，提升教学督导的工作能力。

根据《肇庆学院学生评教管理办法》，组织学生采用网上评教方式对所学课程任课教师的教学状况和质量进行评价。2020—2021 学年两个学期学生评价的任课教师分别为 1060 名和 1050 名，覆盖 100% 的任课教师，最高分 92.07 分，最低分 61.56 分，90 分以上的教师占比 14%，80 分以下的教师占比 2%。

毕业论文（设计）是学生培养过程中的重要环节。根据《肇庆学院本科毕业论文（设计）管理办法（试行）》《肇庆学院学位（毕业）论文作假行为处理实施细则（试行）》等文件要求，评估中心利用“维普中国知网毕业论文检测系统”对 2021 届毕业生的论文开展抽检工作，共抽查论文 630 篇，文字复制比超过 25% 的毕业论文共 15 篇，占抽查论文数的 2.38%。

（三）开展数据平台采集工作，编撰本科教学质量报告

根据高等教育教学质量监测数据平台的数据采集要求，评估中心邀请专业人员到学校针对不同部门开展分类别、分批次的数据填报培训辅导工作，随后与教务处、财务处、人事处、科研处等相关职能部门紧密配合，按时完成了教学基本状态数据的采集工作。整理印刷发布学校审核

评估数据分析报告、师范类各专业教学状态数据分析报告、工科类各专业教学状态数据分析报告和新专业教学状态数据分析报告，呈相关职能部门及二级学院。

根据教育部有关规定及本科教学质量报告的要求，评估中心收集 2020—2021 学年学校重大教育教学改革及成果，高质量编撰《肇庆学院 2020—2021 学年本科教学质量报告》，同时附上详尽的数据支撑材料，经校长办公会议审议通过后，报送省教育厅，并在学校门户网站信息公开栏向社会公开发布。

（四）加强学习，强化责任

教学评估与督导中心坚持以习近平新时代中国特色社会主义思想为指导，深入学习贯彻党的十九届六中全会精神，落实《深化新时代教育评价改革总体方案》，学习最新的教育理念，开展专业评估、专业认证、教学常态监控等工作。4 月 13 日，组织开展师范类专业认证（第二级）申请书撰写辅导会。5 月 18 日，组织相关二级学院、职能部门参加教育部高等教育教学评估中心主办的“2021 年师范类专业认证第一期学校培训”。10 月 30 日，赴东莞参加广东省高等教育学会 2021 学术研讨会。11 月 30 日，评估中心全体人员参加“全国普通高校本科教育教学质量评估监测”专题培训，助力学校教育教学高质量发展。

（五）完善教学质量保障体系制度，促进人才培养科学规范

加强教学质量监控制度建设，多途径对教学过程管理和质量进行常态监控，建立确保教学水平和人才培养质量稳步提升的长效机制，逐渐将教学活动和管理行为纳入科学化、规范化轨道。

广泛征求意见，调研学习，拟修订《肇庆学院学生评教管理办法》《肇庆学院本科专业评估通用质量标准（试行）》《肇庆学院一流课程评价标准》《肇庆学院关于完善本科教学质量保障体系的意见》等文件，全方位保障人才培养质量的提升，为以制度建设科学、规范地促进人才培养提供了坚实保障。

科研管理与科技服务

科研管理工作

贯彻落实《中共中央　国务院关于深化体制机制改革加快实施创新驱动发展战略的若干意见》《教育部等五部门关于深化高等教育领域简政放权放管结合优化服务改革的若干意见》以及广东省《高等教育“冲一流、补短板、强特色”提升计划实施方案》，积极创新科研体制机制，努力提升科研层次和水平。在学校党政班子的正确领导下，学校的学科建设、科学研究、社会服务、研究生工作扎实推进，取得显著成效。学校申硕工作取得成功，正式成为硕士学位授予单位，并获批三个硕士专业学位点，圆满地完成了各项工作任务和目标。

（一）学科建设

学校主动对接粤港澳大湾区产业布局和乡村振兴战略，按照“做优新师范，做强新工科，提升新文科，发展新农科”的建设思路，扎实推进学科建设，不断增强学科实力，努力提升办学层次，学科建设取得明显成效。

按照《肇庆学院学科建设“十四五”发展规划》以及《肇庆学院“冲一流、补短板、强特色”提升计划建设方案（2021—2025）》的要求，学校深化体制机制改革，完善“省市校”三级重点学科体系，强化对“冲补强”提升计划重点学科、“省市共建”学科、省级重点学科、市级重点学科以及校级重点学科的建设，在政策、资金等方面给予支持，完成了上级主管部门的绩效考核工作；加大对艺术、电子信息、教育三个新增硕士学位点的建设力度，确保三年后达到学位点评估要求；启动了第六轮校级重点学科的期满考核工作，形成了阶梯式学科群协同并进的发展态势。

（二）科研项目管理

2021 年，学校扎实推进科研项目管理工作，共组织了 58 类项目的申报工作，项目申请书 650 余份，项目立项总数 339 项，其中纵向项目立项 207 项（包括国家级项目 4 项，省部级项目 38 项），横向科研项目立项 132 项。

为进一步规范横向科研项目管理，充分调动科研人员的创新活力，根据最新的上级文件精神，结合学校实际，出台了《肇庆学院横向科研项目管理办法（2021 年修订）》。新管理办法明确了横向科研项目的界定及审批流程，同时加大了对横向科研项目的激励导向，有利于赋予科研人员更大自主权，促进成果转化与应用，全面提升学校服务地方经济的能力。

（三）科研平台发展

2021 年，学校科研平台建设扎实推进。人文社科基地建设取得重大突破，首次获批 2 个广东省人文社会科学普及基地、1 个广东省人文社科重点研究基地及 1 个肇庆市人文社会科学普及（示范）基地；获批农业农村部农产品质量安全风险评估实验室（肇庆）、广东省敏感陶瓷工程技术研究中心 2 个省部级平台及 2 个市级工程技术中心，继续推进广东省环境健康与资源利用重点实验室建设，稳步推动“岭南现代农业科学与技术广东省实验室肇庆分中心”及“农业农村部重点实验室”有关工作。

（四）科研成果培育

2021年学校科研成果丰硕。一是科研奖励稳步增长。获中国发明协会发明创业奖创新奖二等奖2项、发明创业奖人物奖1项，获2020年中国产学研合作创新奖1项，获海南省第三届“海南好米”评选金奖1项。评选出肇庆学院2020年度个人科研立项奖30项、2020年度个人科研成果奖48项、2020年度科研十佳教师10名。对9部优秀著作进行重点资助。二是发明专利授权创历史新高。2021年，学校高度重视知识产权工作，从经费投入、政策引导、管理服务等多方面予以大力支持，发明专利再创新高，全校共获得发明专利35项，其中国际发明专利1项，国际发明专利的持续增长，标志着学校科技创新能力和自主知识产权国际化程度不断提升。三是科研论文质量和数量加快提升。学校教师共发表学术论文820多篇，其中核心期刊370多篇（含SCI、SSCI、EI、CPCI、CSSCI等150多篇）。

（五）学术委员会建设

2021年，校学术委员会立足学术前沿和学校发展大局，积极开展各项工作，就人才培养、学科专业建设、科学研究等事项进行评定和审议，充分发挥了学术评价、学术咨询、学术决策作用。一是扎实开展各类评定与审议。共召开2次全体委员会议，16次专门委员会议，通过会议评审和网络评议相结合的方式审议专业、平台、奖项申报工作，评定团队、人才、项目和成果，推进学校学科专业建设、教学和科研工作发展。二是充分发挥“思想库”和“智囊团”作用，围绕《2021年预算草案中教学、科研经费安排》《遴选首届教师培训教学指导委员会及专业委员会委员人选》等事项建言献策，助力学校改革发展。三是规范完成换届选举工作。校学术委员会根据《肇庆学院学术委员会章程》规定，经各院（部）民主推选、校长提名、校长办公会讨论、党委会审定、第五届学术委员会推选等程序，形成了第六届学术委员会委员名单。新一届校学术委员会和分委员会已开始履职，将全力推动学术委员会迈向高质量发展阶段。

校地合作与社会服务工作

2021年，完成驻镇帮镇扶村组团结对对接工作，派出农村科技特派员80人，对接肇庆32个镇的帮扶任务，其中牵头负责19个镇，作为配合单位对接13个镇。派出企业科技特派员50人，其中4人在华南技术转移网上完成对接。建立肇庆创业导师库，新入库创业导师30余名。学校持续深化校地合作，与高要区人民政府签署校地全面合作战略协议，新增国家高新技术企业9家、科技型中小企业入库11家，带动就业700多人，累计孵化培育国家高新技术企业17家、科技型中小企业34家。大学科技园被评为国家级大学科技园。建立的产学研基地累计500个，派出农村科技特派员、企业科技特派员累计600多人次。

研究生教育管理工作

2021年，围绕肇庆学院“十四五”发展规划，加强研究生教育学科建设，加快研究生教育有关管理业务和制度建设。

（一）扎实推进申硕学科建设

根据学校“十四五”发展规划的编制要求，参加并承担《肇庆学院学科建设“十四五”发展规划》《肇庆学院科研与社会服务“十四五”发展规划》《肇庆学院研究生教育“十四五”发展规划》等有关内容的编制工作，随着“十四五”发展规划的发布实施，学校的学科建设、科学研究、社会服务和研究生工作将迎来新的发展阶段。根据《肇庆学院“冲一流、补短板、强特色”提升计划建设方案》等文件要求，加大了对申硕学科的建设力度，确保申硕学科达到学位点授权的要求；启动了第六轮校级重点学科的期满考核，扎实推进学科建设工作。

（二）研究生教育管理与申硕工作

2017年，经广东省学位委员会批准，肇庆学院被确定为硕士学位授予立项建设单位。2018年，制订了《肇庆学院硕士学位授权点申报工作方案（2018—2020年）》，采取各种措施大力推进申硕工作进程。在立项建设过程中，对标申硕各项指标体系，整合全校资源，在申硕的整体条件建设方面取得了突破性进展，八大指标全部达标。经过长期建设，教育、艺术、电子信息三个学科满足申硕条件并成功获批新增硕士学位授予单位，学校研究生培养进入新阶段。深入推进联合培养硕士研究生工作，与华南师范大学、广州大学、喀什大学等省内外高校的硕士研究生联合培养工作取得实质性进展。

2021年10月，国务院学位委员会下发了《关于下达2021年审核增列的博士、硕士学位授予单位及其学位授权点名单的通知》（学位〔2021〕13号），肇庆学院成功获批硕士学位授予单位，并同时获得了教育硕士、电子信息硕士、艺术硕士等3个专业硕士学位授权点。至此，肇庆学院“申硕”工程取得圆满成功，实现了历史性的从“0”到“1”的突破，办学层次迈上新台阶，这是学校教育事业发展史上的一个重要里程碑，标志着学校迈向了新的发展阶段。

大学科技园建设与服务工作

对照国家大学科技园建设标准和国家科技企业孵化器A级标准，以“成果转化、企业孵化、双创人才培养”为目标，加速推进“产、学、研、金、政”一体化建设，取得了较好成绩。在中国共产党成立100周年之际，在肇庆市市场监督局的指导下，园区积极推进党的建设工作，成立科技园创客党支部——中共肇庆市大学科技园发展有限公司支部委员会，号召园区的创业者学党史、跟党走，从党的光辉历程中汲取宝贵经验，发奋图强、开拓创新。

（一）成功创建国家大学科技园，品牌溢出效应凸显

2021 年 6 月，肇庆学院大学科技园被科技部、教育部认定为第十一批国家大学科技园，成为广东省 6 个国家大学科技园之一，肇庆市首家国家大学科技园。学校科技园知名度不断提高，先进的管理经验和孵化模式受到各方肯定。园区与鼎湖区政府签署了《共建肇庆学院国家大学科技园—鼎湖文创园协议》，孵化空间得以拓展。学校科技园已成为肇庆市创新体系的重要组成部分、科创中心建设的重要承载地及策源地，在高校源头创新能力、培养创新创业人才、联动区域创新发展等方面形成了一批示范做法，并在科技厅组织的广东省大学科技园建设经验交流会上，受邀作为典型代表发言分享。

（二）牵头成立行业协会

科技园继 2020 年发起成立肇庆市西江文化创意产业联合会后，2021 年继续牵头成立肇庆市科技企业孵化器协会，并成为理事长单位。2021 年两大协会共走访调研会员单位 20 余家，助力行业沟通和资源共享。科技园和肇庆市科技企业孵化器协会承办了第四十三期广东省创业孵化从业人员培训班，培训孵化器从业人员 60 余名，建立肇庆创业导师库，新入库创业导师 30 余名。

（三）平台建设效益与企业孵化服务效果显著

在科技园文化创意园建成西江文化艺术馆和直播平台，依托该平台举办首届肇庆西江文化创意产品展，接待观众 3000 余名，社会效益显著。引进七弦琴（肇庆）知识产权服务机构和肇庆市粤港澳大湾区国际技术转移中心等知名中介服务机构。七弦琴（肇庆）知识产权服务机构举办了 3 场知识产权推进会，推进 11 项发明专利在肇庆转化落地；肇庆市粤港澳大湾区国际技术转移中心举办了高校产学研对接交流会暨国际技术经理人高级研修培训班，培训国家技术经理人 40 余名。

园区构建“众创空间—孵化器—加速器”企业孵化全链条，孵化培育小微企业 26 家、国家高新技术企业 9 家，新增科技型中小企业入库 11 家，带动就业 700 余人。

科技园继续致力于为大学生创新创业、教师成果转化及中小微科技企业提供优质贴心的服务。园区定期举办创业团队项目路演及推介会、创业沙龙，提供创业课程培训、创业导师咨询、项目申报对接、投融资对接、工商税务代理服务等服务。

（四）重视安全生产与管理

园区狠抓消防安全、防疫安全、网络安全教育，举办“安全宣传活动周”活动，特邀肇庆学院保卫处、肇庆市端州区公安分局大冲派出所、肇庆市打击治理电信网络新型违法犯罪中心端州分中心莅临指导工作，以鲜活案例警醒园区提高安全意识，掌握防范技能。此外，园区还将防疫置于首位，并协助肇庆市公安局防控办在科技园建立疫情防控志愿者工作室，助力肇庆市疫情防控工作。

整改工作立行立改。积极配合届满审计和省巡视工作，对审计巡视发现的科技园资产管理标签不全、股权等问题，做到立行立改，个别难题提请公司董事会及有关部门协助解决。

队伍建设与人事管理

队伍建设与人事管理工作

加强人才队伍建设，继续壮大思想政治教育人员队伍，大力引进思政课教师和专职辅导员。围绕学科建设目标，有针对性地引进富有潜力的优秀青年博士。一如既往重视中青年教师培养，积极选派优秀代表到国内外知名高校访学研修，鼓励支持中青年教师提升学历学位，不断增强学校师资队伍总体水平。积极推荐教师申报各类人才计划，为教师提升学术水平创造良好条件。

（一）人才队伍建设情况

截至2021年底，学校有教职工1732人，教授等正高职称人员134人，副高职称人员439人。其中专任教师1214人，专任教师中具有博士学位人员434人，具有博士学位人员占专任教师比例为35.75%，具有硕士及以上学位人员占专任教师比例为89.1%。除专任教师外，学校积极聘请地方政府机构、社会组织、行业企业等领域优秀人才作为兼职教师，截至2021年底，拥有334名兼职教师。学校重视人才引进和师资队伍建设，2021年引进104名教职工，其中专任教师74人，管理教辅人员30人；博士27人，硕士69人，本科8人；引进专职思政课教师17人，专职辅导员9人。

（二）中青年教师培养

学校2021年度共派出访学进修人员64人，其中访问学者11人（境内访学9人，境外访学2人），攻读博士学位50人（境内就读28人，境外就读22人），攻读硕士学位3人。

（三）人才计划申报

2021年，推荐1人申报2021年度“长江学者奖励计划”青年学者项目人选，已获省教育厅推荐至教育部评审；推荐6人申报第六批国家“特支计划”青年拔尖人才项目和2021年文化名家暨“四个一批”人才等；推荐1人申报第六届全国杰出专业技术人才；推荐1人申报2021年广东省“珠江人才计划”科技厅平台项目。

（四）师德建设工作

持之以恒推进师德建设工作。积极探索新形势下符合教育教学规律和教师成长规律的师德教育新方法、新途径、新举措。今年教师节前夕，学校对执教满30年的教师进行表彰，号召全体教职员工向受表彰人员学习，潜心执教，静心育人，为学校事业发展再立新功。为营造浓厚的教师节庆祝氛围，收集构思了多项立意高远、催人奋进、昂扬向上的宣传标语，在校内电子显示屏滚动播放，并以横幅、板报、网页浮窗等多种形式向广大师生呈现，收到良好的效果。在新进教职工入职培训会上，首次设立了师德签名仪式，全体参训教师在校领导的见证下，在师德承诺书展板上亲笔签名，在庄严的氛围中郑重许诺将坚定践行铸魂育人的使命。通过扎实开展师德专题教育、师德建设主题教育月活动，教育引导广大教师践行育人初心、担当强国使命，以身作则，恪守新时代高校教师职业行为准则，规范自身言行举止，潜移默化影响和教育学生。

（五）人事制度改革工作

着力推进人事制度改革工作。改革小组以激发广大教职工干事创业活力、激励教师勇于创新创造为出发点，以推动学校教学科研成果不断取得突破、实现学校内涵式发展为落脚点，积极走出去，到全国各地兄弟院校学习调研，结合学校实际，认真分析研究，把调研成果及时转化为学校的制度修订文本。学校领导多次召开工作协调推进会和工作汇报会，听取工作进展情况，了解工作中遇到的困难，通过讨论交流及时问诊把脉，开出良方，解决棘手问题，使各专班工作稳步推进。

（六）职称评审工作

适时开展职称评审工作。受各种复杂因素影响，学校 2020 年度职称评审工作不得不延期进行。2021 年 11 月，在相关条件成熟后，人事处重新启动了该项工作。目前已完成了高级职称评审工作，共有 38 人通过评审，其中通过正高级评审 14 人、副高级 24 人。中、初级职称评审工作将于年底前完成。

（七）工资福利工作

继续做好工资福利有关工作。一是做好绩效考核及奖金发放工作。认真落实省相关部门绩效考核方案，积极配合省教育厅完成 2020 年绩效考核的民意调查工作，并获得二等奖。今年，分别完成了 2020 年绩效考核基本奖和激励奖的计发工作，切实增强了全体教职工的获得感、幸福感。二是依法依规做好教职工的工资发放及管理工作。三是尽心尽责做好在职教职工的社会保险和住房公积金管理工作。四是周到贴心做好离退休人员相关待遇落实工作。按省人社厅及财政厅的要求，分别于 2021 年 4 月和 6 月完成了学校离退休人员慰问金的计发工作；根据学校与市社保局的清算情况，协助市社保局于 2021 年 6 月兑现了学校退休人员新的生活补贴标准（归并节日补贴），并补发了 2020 年 1 月至 2021 年 5 月的增加额，使退休人员的养老待遇得到较大幅度的提高。根据国家养老政策改革要求，人事处认真做好并呈送了退休人员新老办法核算材料，尽心尽责为退休人员办理社保转移和退费等工作，同时对退休人员做好了相关解释工作，保证退休人员待遇重新审核得以有序开展。

（八）档案管理工作

按上级文件要求完成了全校中级以上专业技术人员的干部人事档案的专项审核工作，共计 628 人。审核新入编教职工的干部人事档案，追补所缺档案材料；整理、寄出辞职人员档案，完成档案转递；整理退休、死亡人员的人事档案，完成档案性质转换，及时更新数据；做好常规材料归档工作，配合其他部门或个人开展查档、审档、开具相关证明等工作。

离退休教职工管理与服务工作

截至 2021 年 12 月 31 日，学校有离退休教职工 593 人，其中离休干部 4 人。离退休党总支设 5 个党支部，中共党员 256 人。2021 年，离退休党总支认真贯彻落实党的各项方针政策，领导带头，团结一致，顾全大局，履职尽职，全心全意地做好离退休管理与服务工作。

（一）政治统领，夯实党建和思想政

治工作

1. 加强理论学习，提高政治素质。离退休党总支始终以身作则、率先垂范，围绕中心工作抓理论学习，带头将学习宣传贯彻党的十九大精神和十九届历次全会精神作为重要政治任务，全面深入开展党史学习教育，真正在学懂弄通做实上下工夫，把政治理论学习贯穿于离退休教职工管理与服务工作全过程。2021 年度党总支理论中心组开展学习 12 次，党总支书记带头学习带头讲党课 2 次。以党支部为抓手，根据疫情防控要求和老同志自身特点，充分利用“学习强国”“肇庆先锋”等平台资源，采取支部集中学习、支部微信群学习和个人自学等线上线下方式开展学习；以“党建带群建”，带动全覆盖，确保老同志离岗不离党，退休不褪色。

2. 夯实党组织建设，不断提升党建水平。一是配强支部班子，组织支部书记和党员骨干参加培训学习，不断提高支部班子成员和党员的素质。二是党员管理规范化。定期开展谈心谈话，及时了解党员思想和生活情况，政治上把方向、生活上多关心。三是党内政治生活制度化。严格执行“三会一课”制度、“第一议题”学习制度，开好民主生活会、组织生活会和抓好民主评议党员工作。2021 年，离退休党总支被学校党委授予“先进基层党组织”称号，党总支书记获评市教育工委“优秀党务工作者”、副书记获评学校“优秀党务工作者”，有 6 名党员获评校优秀党员。四是扎实推进乡村振兴工作。2021 年荣获肇庆学院扶贫“先进单位”。

3. 强化纪律教育，营造廉洁文化氛围。认真履行党风廉政建设责任制，融合党史学习教育，扎实开展纪律教育学习月和师德建设主题教育月活动，通过组织观看廉洁警示教育片和参观肇庆市全面从严治党教育基地，开展党风党纪教育、法制宣传教育。认真落实中央八项规定，坚决反对“四风”。自觉执行领导干部“八小时”以外活动规定，做到坚持道德“高线”，守住纪律“底线”。坚决杜绝违反财务制度的现象，有效防范和及时制止不正之风。

4. 狠抓主体责任落实，推进全面从严治党。党总支认真履行党建主体责任，党总支书记认真履行党建第一责任人的职责。一是圆满完成第二轮内部控制建设工作，并将《肇庆学院离退休党总支规章制度汇编》和《离退休党总支业务流程汇编》制作装订成册，进而完善领导班子的议事和决策机制，按制度办事。二是坚持民主集中制原则，经费使用、重大事项都须经班子会议集体讨论研究决定。三是加强党的组织建设和党风廉政作风建设，严肃党内政治生活，落实各项组织生活制度和党内监督制度，落实巡察整改工作。四是坚持全面从严治党，落实“两个责任”，抓好班子成员“一岗双责”，顺利完成学校对党总支的党史学习教育巡回指导工作。

5. 强化风险意识和底线思维，坚决维护校园安全稳定。一是强化党对意识形态工作的全面领导，建强意识形态工作制度机制，优化综合研判、预警预防、应急处置、工作联动等工作机制。针对排查出来的“重点人物”“敏感人物”进行分析研判，制定出“一人一策”管控方案和具体措施，管控和劝导感化教育工作收到较好效果。二是加强综合治理、消防和生产等安全稳定工作。三是全力做好常态化疫情防控工作。按照疫情防控不松懈，人人都是第一责任人原则，大力宣传号召大家主动报告、主动检测、主动就诊，共同努力筑牢疫情防线。每当出现新疫情通报，第一时间通过挨家挨户上门或微信、电话等方式摸排告知，做好 593 名老同志的动向信息登记、居家健康管理等工作，及时完成上级交给的防控任务。四是贯彻落实保密工作规定，加强网页和微信等新媒体安全建设。

6. 找准切入点，充分发挥“五老”作用，育人成效显著。坚持以“党建带关建”的工作机制，以“围绕中心、配合补充、因地制宜、量力而行、立足基层、注重实效”为工作方针，发动离退休教职工参加关工委工作。发挥他们的优势和长处，紧紧围绕学校中心任务，在大学生思想政治教育、教学管理、学生党建、学生就业、校友联络等方面起到积极作用，育人效果显著。2021 年学校关工委工作成绩骄人，分别荣获教育部关工委和省教育系统关工委颁发的开展“读懂中国”活动“优秀组织奖”，并且被教育部关工委评为“全国教育系统关心下一代工作先进集体”，“读懂中国”微视频获得教育部颁发的优秀奖。

（二）恪尽职守，真心关怀，倾心付出，做实服务

1. 做好慰问工作，把党的关怀和温暖落到实处。2021 年来，离退休党总支以各种形式慰问老同志近 250 人次。一是在元旦、春节、七一、国庆以及重阳节（老人节）期间开展对离休干部、孤寡老人、退休校级领导和特困党员的慰问。二是坚持走访和探望长期患病的或生病住院的老同志，定期上门看望孤寡老人。三是定期上门为离休干部祝寿。四是及时慰问去世老同志的家属，配合办理后事，参加告别仪式等。

2. 践行“我为群众办实事”，切实落实好生活待遇。离退休党总支把走访、座谈和调研相结合，倾听意见和要求，对老同志提出的实际困难和问题及时研究，妥善解决。如：改善优化活动室环境、协助办理异地就医备案和特殊门诊申请及医保报销等；又如：通过体验活动、送学上门等方式，组织开展老年人运用智能技术教育培训体验活动，有效提升老年人运用智能技术的能力，助力老年人享受智慧生活。真心实意地为老同志办实事、办好事。切实落实好生活待遇，包括落实养老金待遇、各种福利待遇以及年度体检等。

3. 落实政治待遇，提高认识，做好思想工作。离退休党总支通过学习、关心、关爱帮助老同志过好退休关，让老同志从心理上正确了解自己，愉快地从工作岗位上退下来，安度晚年。通过学校离退休党总支网络平台，宣传政治时事、法律法规、医保政策等，在网页设置了党史学习教育专栏和老年生活栏目，宣传老同志的作品，反映老同志的生活。

离退休党总支将继续深入学习贯彻党的十九届六中全会精神，推动开展党史学习教育往深里走，往实里走，从党的百年历史中汲取智慧力量，以务实创新的举措抓好当前工作、谋划明年工作，将学习贯彻成果切实转化为实际工作成效，提升离退休教职工管理和服务工作水平，以优异成绩迎接党的二十大召开。

对外交流与合作

国际合作与交流工作

围绕学校中心工作，对照工作计划和发展目标，在组织建设、疫情防控、意识形态、对外合作交流、制度建设、服务管理等方面取得良好成效。

（一）完善外事工作制度建设，促进对外交流规范运行

2021 年度修订了《肇庆学院赴国（境）外交流学生管理办法》《肇庆学院港澳台学生管理办法》，进一步规范完善学校对外交流工作，使交流学生及港澳台学生管理工作清晰明了、有章可循；制定了《肇庆学院出国（境）人员防渗透、防窃密、防策反工作预案》，明确了相关处理流程及保障措施。

（二）做好涉外疫情防控，守护校园平安

2021 年，学校有 4 名外籍教师分别从捷克、波兰、泰国、日本返华，74 名台湾教师寒假期间返台返校，54 名台湾教师暑假期间返台返校，9 名学生赴中国澳门、日本交流学习。国际处依法依规、严格按照省市以及学校相关防疫要求，制定“一人一策”的入境人员防控和管理方案，严格落实入境人员疫情防控措施；同时密切关注国（境）外交流学生情况，积极引导协助解决困难，切实做好防控认识提升到位、防控措施落实到位、防控责任夯实到位、防控保障强化到位、防控纪律严明到位。

（三）抓好意识形态工作，筑牢安全防线

将政治安全与意识形态工作纳入党建工作职责，把握正确的政治方向。定期召开意识形态工作专题研判会，强化“外事无小事”的安全意识，严格落实意识形态工作“六项责任”，定期开展政治安全专项排查，严格落实重要时间节点、敏感时段防控要求，严格抓好教师出国（境）学习、参加学术交流活动的审核把关。2021 年度学校 1 名教师赴香港访学、9 名学生赴国（境）外交流学习。认真抓好师生出国出境行前教育和回访工作，筑牢师生安全思想防线，切实维护好学校涉外政治安全和意识形态安全。

（四）积极拓展对外（粤港）合作交流，提升学校影响力

1. 扎实推进香港都会大学（肇庆）申报筹设工作。根据教育部反馈的评议报告、复评报告以及教育厅高等学校设置“十四五”规划的要求，经过深入细致的大量工作，密切加强与肇庆市政府、香港都会大学的沟通联系，召开专题会议落实相关工作，于 2021 年 1 月完成《香港公开大学（肇庆）筹设申报整改材料》呈报教育部，2021 年 9 月完成《香港都会大学（肇庆）申请纳入广东省高等学校设置“十四五”规划材料》呈报教育厅，2021 年 11 月完成《香港都会大学（肇庆）筹设复评整改材料》呈报教育部。

2. 抓好与德国富克旺根艺术大学的教改交流合作，保证人才培养质量。稳妥抓好与德国富克旺根艺术大学合作培养工

业设计专业学生工作，2017 级 35 名学生已顺利毕业。双方合作协议于 2021 年 10 月 11 日到期，经学校党委研究，终止与德方该项合作，保持与德方沟通联系，推动两校师生交流等方面良好合作，同时抓好 2018 级 34 名学生培养工作。

3. 积极拓展合作交流项目。2021 年，在巩固与密兹凯维奇大学、博尔顿大学、马切拉塔大学、澳门科技大学等原有合作基础上，积极拓展合作交流项目，与澳门大学、台湾高雄师范大学、菲律宾圣保罗大学、菲律宾女子大学、波中教育基金会、国家教育行政学院、广东教育国际交流协会就人才培养、合作办学、教师进修等方面开展合作，取得实质进展。

（五）做好外教聘任管理工作，促进校园文化多元化

2021 年共聘用外籍教师 18 人，其中新聘 3 人。国际处严格按照相关规定，密切联系相关部门，办好 3 名在任外教返华返校签证手续、2 名新聘外教来华工作许可及入境审批手续、1 名省内转聘外教工作许可和居留许可以及 5 名续聘外教证件延期手续；加强与二级学院的沟通联系，明确外教管理相关规章制度，抓好教学管理，严防涉意识形态、政治领域的安全问题，服务好学校大局。

（六）提升港台教师、外籍教师服务管理

国际处组织相关职能部门及二级学院召开台湾教师工作座谈会，全面了解台湾教师思想状态、工作实绩以及存在的问题，形成《肇庆学院 2021 年关于台湾教师使用和管理的情况报告》，呈报教育厅和省台办，为更高质量做好台湾教师服务管理工作打好基础。认真摸排外教公寓设备安全情况，及时更换维修，为 17 名外教和 103 名港台教师购买商业保险，全方位做好港台教师、外籍教师服务保障。

（七）推进师生国（境）外交流学习，助力师资提升和人才培养

2021 年度，共 50 名教师攻读国（境）外博士学位，其中 22 名教师赴国（境）外攻读博士学位，2 名赴国外访学，1 名赴香港访学，其余教师通过线上方式进修。受疫情影响，只有 1 名学生赴日本交流学习，8 名学生赴澳门交流学习；1 名计划赴日本交流学习学生受疫情影响，转为线上交流学习。

学校综合管理

发展规划与管理

2021 年是学校“十四五”事业发展规划的起步之年，在学校党委、行政的正确领导和统一部署下，学校发展规划处全面贯彻落实党的十九大和十九届历次全会精神，以及《中国教育现代化 2035》《广东教育现代化 2035》等文件要求，紧紧围绕学校 2021 年工作要点，扎实开展各项工作，较好地服务了学校发展大局。

（一）完成学校“十四五”总体规划

2021 年，在深刻总结全校“十三五”期间工作情况的基础上，走访各职能部门和二级学院进行调研和学习，经过十余次深入论证、修改完善了学校“十四五”规划，再通过多方专家评审，结合学校发展实际，经校长办公会审议和党委会审定通过，12 月 7 日正式印发《肇庆学院“十四五”事业发展总体规划》。

（二）指导职能部门和二级学院编制完成专项“十四五”规划和二级学院“十四五”规划

2021 年初各职能部门和二级学院提交了“十四五”专项规划初稿和二级学院“十四五”规划初稿，发展规划处对 12 个专项规划和 20 个学院规划进行了多次意见反馈，其中科研、教务和信息中心等部门主动对接发展规划处，深入探讨修改专项规划。截至 12 月下旬各专项规划和二级学院规划已通过最后一次修订完善，即将正式印发。

（三）编制新一轮“冲补强”提升计划建设方案

根据广东省教育厅要求，9 月联合人事处和教务处组建了规划编制 6 人小组，编制完成了新一轮“冲补强”提升计划建设方案和体制机制改革方案，并指导完成教育学、环境化学与工程、电子科学与技术 3 个重点学科的建设方案。

（四）制定“财政资金项目库”管理办法

根据学校安排，5 月开始起草肇庆学院财政资金项目库管理暂行办法，在校领导的支持和带领下，经与财务处多次讨论修改，并书面征求全校意见和建议，于 9 月正式发布《肇庆学院财政资金项目库管理暂行办法（试行）》。并于 11 月在全校组织开展 2022 年度财政资金项目库申报工作，目前申报工作正在有序进行中。

（五）编制“发展战略咨询委员会”章程

为巩固和强化学校战略决策与顶层设计，进一步提升学校重大决策的科学性，根据学校统一部署，发展规划处起草编制《肇庆学院发展战略咨询委员会章程（草案）》，目前该章程正处于修订完善阶段。

（六）起草广东工业大学“组团式”帮扶肇庆学院工作方案

由于广东工业大学对肇庆学院的三年帮扶已完成，根据省教育厅文件要求，学校将继续对接与广东工业大学的新一轮帮扶工作。目前发展规划处已草拟《广东工业大学“组团式”帮扶肇庆学院工作方案（2022—2024 年）》，下一步将继续深化帮扶内容和帮扶形式。

（七）填报省厅重大项目和重大平台数据

自肇庆学院管理体制调整以来，发展规划处多次承担广东省教育厅、省发改委等多个部门的重大项目和重大平台数据填报和报送工作，并积极配合财务处、基建处等职能部门顺利开展资料填报工作。

（八）扎实开展部门党建工作

一是扎实开展主题党日活动。11 月，发展规划处党支部联合人事处党支部开展主题党日活动，集体赴肇庆市委党校参观学习，了解中国共产党的诞生、成长及壮大历程，重温入党誓词，全方位地接受党性教育。二是不断加强理论学习。本年度发展规划处党支部认真落实政治理论学习工作，通过支部会议、实地走访、相关论著学习等方式，深入学习贯彻习近平总书记在党的十九届六中全会上的重要讲话精神和交流《中共中央关于党的百年奋斗重大成就和历史经验的决议》的心得体会，从百年辉煌党史中汲取接续奋进的智慧和力量，不断增强政治责任感、历史使命感和工作紧迫感。

党政综合管理工作

积极开展党史学习教育，围绕学校发展大局，强化服务意识，认真履职尽责，充分发挥综合协调、督查督办、服务保障的作用，较好地完成了工作任务。

一、不忘服务初心，扎实开展政治理论学习

（一）坚持以习近平新时代中国特色社会主义思想为指导，不断把党员干部的思想政治理论学习引向深入

按照学校党委关于政治理论学习的工作部署，党办校办以党支部为阵地，以集中学习与自学相结合，充分利用“三会一课”、主题党日活动、专题辅导、“学习强国”平台等多种途径多种形式，深入学习贯彻落实党的十九届六中全会精神和习近平总书记在庆祝中国共产党成立 100 周年大会上的重要讲话精神，深刻感悟“两个确立”的决定性意义，不断完善理论学习长效机制，用党的创新理论武装头脑、指导实践。通过强化政治理论学习，进一步增强“四个意识”、坚定“四个自信”、做到“两个维护”。

（二）扎实推进党史学习教育走深走实

围绕“学党史、悟思想、办实事、开新局”的主题，认真贯彻“学史明理、学史增信、学史崇德、学史力行”要求，坚持党史理论学习与办公室工作实践相结合，开展观看爱国主义题材电影、参观红色教育基地、在“初心堂”重温入党誓词及进行扶贫慰问等体验式主题党日活动，不断提高党员干部的政治理论素养，进一步增强服务中心和学校发展大局的自觉性和主动性。

二、围绕发展大局，精心落实专项重点工作

（一）配合省委巡视组认真做好巡视和反馈意见整改落实

积极主动配合做好省委巡视工作，主动做好服务，按巡视要求配合做好材料整理、移交及服务工作。对巡视反馈的 39 个问题细化为 55 个具体问题，制定整改

台账，明确责任，“对账销号”，积极配合学校党委开展巡视整改情况督办落实，定期统计更新整改任务台账，为确保整改目标任务按时完成、整改工作取得实效履职尽责，发挥好整改办的职责和效能。

（二）践行人民至上、生命至上理念，扎实做好学校疫情防控工作

面对严峻复杂的疫情防控形势，党办校办（防控办）密切关注，深入研判分析，针对不同时期的防疫要求，科学制定防控方案和应急处置预案。严格落实大型会议、活动、考试等聚集性活动的疫情防控要求，认真组织好大规模核酸检测工作，积极推进师生员工新冠病毒疫苗接种，为师生健康安全提供了重要保障。截至2021年12月，共召开疫情防控专题会议22次、印发《肇庆学院常态化疫情防控手册》1300册；完成2.5万人全员核酸检测；完成3次校内大型考试疫情防控任务；成功获批核酸检测资质，具备日核酸检测量5000人次的能力；师生完成加强免疫（第三针）接种率分别达63.3%和46.96%。

（三）发挥参谋助手作用，精心协调推进学校各项重点改革任务

坚持服务导向，聚焦新时期学校改革发展面临的突出问题，认真做好对外联络和对内协调工作，配合有关职能部门推进学校“申硕工程”、人事制度改革、新校区建设等重点工作取得实效。

三、强化质量意识，切实做好日常服务工作

党办校办以强烈的事业心和责任感抓好日常管理和服务工作，服从学校改革发展大局，在材料撰写、办文办会、综合协调、督查督办、依法治校和内控建设等方面取得了良好成效。

（一）坚持以文辅政，严格把好各类文字材料关

1. 扎实开展调查研究，为学校发展出谋划策。密切关注高等教育改革发展形势，特别是广东省高等教育改革政策等有关文件精神，扎实开展调查研究，深入剖析学校发展存在的短板和面临的难题，为学校科学决策提供充分依据。一是全面总结学校发展成就，认真撰写各类报告材料，如学校领导班子工作总结、教代会工作报告、领导班子民主生活会和中层领导干部工作会议讲话等系列文字材料；高度重视，精心组织，顺利完成省委巡视及反馈意见整改系列材料的撰写和报送。全年完成各类报告材料撰写100余万字。二是按时按质完成高等教育事业统计工作。制定《肇庆学院教育统计工作办法（试行）》，为统计工作提供制度保障。规范信息公开流程，全年公开信息349篇。更新“高等学校信息公开事项清单”46项，报送信息20余条，其中2条信息被中央和省有关部门采纳。三是做好学校年鉴和信息年报编纂工作。完成《肇庆学院2020年发展数据信息年报》和肇庆市地方志相关年鉴材料撰写。与肇庆教育发展研究院共同完成《肇庆学院年鉴（2020）》的编纂工作。

2. 做好各类文件的制发和呈批处理。一是严格按照公文管理规定，突出轻重缓急，规范文件上呈下达，提升公文呈批处理效率。全年共接收办理文件2930件，与上一年基本持平。充分发挥OA平台的作用，认真做好每一份文件的流转，共收转文件9万余次。对于紧急、重要文件，及时做好督促落实。二是严格把好文件制发审核关，提高发文质量。全年印发各类文件通知730余份。三是规范涉密文件管理，严格按照保密工作流程管理，全年未出现失泄密事件。按规定做好各类文件的归档整理。

（二）坚持服务至上，精细做好会务接待和综合服务工作

1. 细心做好会务和公务接待工作。积极主动，尽心尽力组织协调好每一次会议和活动。全年组织筹备学校各类会议活动518场，接待来访124批次。包括学校双代会、省委巡视组进驻学校、广东省“新师范”建设总结大会、毕业生供需见面会、肇庆学院国家大学科技园揭牌仪式等大型活动，以及各类考试考务工作。

2. 协助校领导做好日常事务管理。负责校领导经费预算、核算报销、办公用品采购维护、值班安排、办公室卫生保洁、学校会议室使用管理等工作。协调做好校领导公务外出的差旅安排。加强公务用车管理，按规定落实学校接待和公务活动的出车安排。

（三）坚持规范管理，严格落实保密和印信管理要求

1. 保密宣传教育工作取得成效。积极推进学校保密工作制度化、常态化，全年召开保密专题工作会议3次。将保密教育与党史学习教育有机结合，开展专题学习。组织人员参加业务培训，加强保密工作检查，认真开展保密自查自评工作。组织开展2次保密知识竞赛活动，获全省高校保密专题竞答辩论赛“最佳组织奖”。

2. 印信管理工作规范推进。严格按照《肇庆学院印章管理办法（试行）》，规范审批流程。进一步完善规范印信线上审批管理，提高工作效率。2021年各类印章使用数量约18.6万余次，其中学校公章使用数量10.9万余次，党委公章0.3万余次，法人代表名章4.5万余次，学校钢印2.9万余次；开具毕业证明71份，学校介绍信12份；办理新刻制二级单位公章9枚；发放法人代表证复印件等500余份。

（四）坚持跟踪问效，有序开展督查督办和信访工作

1. 切实做好督查督办工作。一是定期梳理和通报全校2021年度重点工作进展情况，及时发现和反映问题，收到良好成效。二是督办“我为群众办实事”重点民生项目共73项，完成率达100%。三是升级改造OA公文流转程序，加入督办督查元素，提高了学校重要工作任务的时效性和质量。

2. 有序推进信访和联系群众工作。一是认真组织相关部门按信访件办理要求及时答复；二是及时做好校长邮箱来信和处理答复工作，完成师生来信来访跟进落实，受到师生的好评；三是信息公开网增设回音壁板块，提高学校信访工作透明度；四是积极配合学校党委落实“大学习、深调研、真落实”的工作要求，积极协调学校领导班子联系基层和群众工作，安排校领导接待日活动16次。

（五）坚持依法治校，规章制度和内部控制体系建设进一步完善

1. 加强管理制度建设，认真开展普法教育和法律审查工作。一是完善依法治校工作机制，制定《肇庆学院贯彻落实〈广东省教育厅关于进一步加强高等学校法治工作的实施意见〉的工作方案》，对照标准，明确目标任务。二是抓好学校章程贯彻落实工作，扎实推进学校章程修订工作，成立了以校党委书记、校长任组长的章程修订工作领导小组，启动了章程修订的前期工作。三是以学校章程为统领，按照省教育厅关于规章制度分类标准，将学校规章制度分为基本制度、具体制度两个类型十个方面。全年制定和修订各类规章制度共50份，严格落实定期清理和动态管理机制，推动规章制度实时更新和线上查询。四是做好合法性审查各项工作。对326份合同开展了合法性审查，同比增长约2.6倍（2020年为126份）。法律顾

问共开展规章制度合法性审查50份，处理学校其他法律事务28项。包括学生公寓热水项目增容问题、肇庆学院附属中学合作办学项目问题、银校合作事宜、个别师生法律纠纷等问题，保障了学校法律权益。

2. 优化业务流程，进一步完善风险防控机制。一是以制度建设为起点，构建现代大学管理制度体系。通过内控建设的制度评审、管理诊断、风险评估和流程梳理等手段，全面检视学校管理规章制度存在的问题，制定15项、修订35项管理制度。基本建成了以高效运行和风险管控为导向、以学校章程为统领的现代大学管理制度体系。二是以流程管理为载体，构建制度流程化体系。根据工作需要，开发了28项业务流程，对2019年建成的108项业务流程进行全面梳理优化，印发《肇庆学院内控制流程汇编》，并实时公开和更新。三是以风险管理为导向，构建管理风险防控体系。进一步明确了各部门岗位职责，确保责任更加清晰，基本实现内部岗位间职责不交叉、不重叠，进一步完善权责统一的风险防控体系。

星湖校区管理工作

贯彻落实学校党委工作部署，以立德树人为根本，不忘初心、牢记使命。紧紧围绕学校中心工作，充分发挥校区管理办综合协调管理职能，建立健全对内对外工作联系机制，较好地履行了工作职责。

（一）思想政治教育和管理

加强政治理论学习，提高政治站位。深入学习贯彻习近平总书记在党史学习教育动员大会、庆祝中国共产党成立100周年大会、纪念辛亥革命110周年大会、十九届六中全会和考察清华大学时的重要讲话、重要指示精神。推进党史学习教育，坚持学党史、悟思想、办实事、开新局。组织支部全体党员参观肇庆市全面从严治党教育基地、周其鉴公园，开展支部学习13次、听支部书记讲党课4次，预备党员转正1人，编写党史学习专栏。加强政治理论学习，加强意识形态安全防控，推进学习型、服务型、创新型组织和党支部建设，不断抓好干部队伍建设，不断创新支部生活新机制，不断加强干部队伍的理想信念教育，提高政治站位，统一认识，团结队伍。

（二）完善突发公共事件应急机制，切实落实新冠肺炎疫情防控责任

第一，贯彻落实《肇庆学院突发公共事件应急预案》，编制突发公共事件应急指南，有效预防、及时控制和妥善处置校区各类突发公共事件。

第二，做好校区疫情防控工作，单位干部职工均主动接种新冠疫苗。坚决贯彻执行学校疫情防控工作领导小组的指示精神，配合人事处、老干党总支、后勤管理处、各二级单位、社区疫情防控工作要求，做好在岗教职工、离退休教职工、外来租户三类人员外出及返校信息登记，做好2020级学生搬迁及2021级新生入学时的疫情防控工作。

第三，切实加强消防工作，提高快速反应和应急处置能力，确保师生、员工的生命与财产安全，保证正常的教学科研生活秩序，维护校区稳定。军训期间，协助保卫处开展应急疏散消防演练，增强学生消防安全意识。

第四，坚持安排本单位干部职工节日及寒暑假期间值班，守护校区安全。

（三）着力抓好校风和学风建设，培育校园文化

围绕立德树人中心工作，以教学为中心做好日常管理协调工作。促请和配合学校各二级学院、职能部门加强学风建设，以学风整顿活动为抓手，形成学风管理机制，以学促管、以管促学，引导和帮助学生树立远大理想和奋斗目标，增强学生学习兴趣，激发学习热情，强化学习内在动力。本学期共组织早课巡查抽检6次，并将每次抽查迟到、缺课情况统计汇总提交到班长微信群，由各班做好督促改进工作，效果良好。

以立德树人引领，以生为本，以兰蕙书院为依托，开展丰富多彩的校园文化系列活动，促进学生德、智、体、美、劳全面发展。组织各班学生开展系列讲座、比赛、校区春运会、社团之夜等校园文化活动。协同场馆中心对星湖校区小礼堂音响设备进行升级改造，星湖校区管理办投入经费13866元、场馆中心投入经费9784元，共计23650元，学校师生对音响设备升级改造后的效果反映相当好。

（四）做好校园综合治理，构建平安校园

1. 推进平安校园建设。协调教务处（课室管理中心）、基建处、后勤处、保卫处和校医院等职能部门，开展校区综合治理各项检查，着力抓好安全隐患排查和安全隐患问题整改；加强校园安全特别是消防安全和防疫安全教育，提高师生的安全意识和防范能力；8—9月，全力协助教务处做好14栋教学楼的改造工作，11月协同保卫处于新运动场加装3支全天彩色高清摄像头，扩大监控覆盖面；加强对教工宿舍区特别是外来租住人员的管理；完善校园突发事件应急处置机制，确保校园安全稳定。协调组织教务处科室管理中心、保卫处消防科、图书馆、场馆中心等相关部门开展教学场所安全隐患排查，排查星湖校区小礼堂、42间教室、8块羽毛球场地、4个篮球场、3个排球场及新田径场等教学场所，排查桌椅、风扇、排气扇、天花板、跑道、路面等隐患，及时向相关职能部门报修，并全部妥善处理。

2. 及时解决学生生活的问题。举办以“调研党史学习教育，解决学生实际困难”为主题的师生座谈会，了解学生在学习、生活上遇到的困难以及提出的意见建议，及时解决问题、化解矛盾，落实为学生办实事，为师生提供最优质的服务。2021年收集学生意见或建议共9条，均及时进行了解答或协调相关职能部门跟进落实，其中已落实4条。12月，协助财务处、建行工作人员，3次为学生提供一站式办卡激活服务，减少学生跑腿外出次数，为学生提供满意的办卡服务。军训期间，与保卫处及军训教官合理协调星湖校区新生军训场地、用餐时间，使学生有足够午休时间，减缓食堂用餐压力。

3. 做好学生搬迁及迎新工作。配合学生处做好2020级924名学生搬迁到主校区、2021级1480名新生入学等各项工作。2021年在做好场地规划布置、车辆引导等工作的同时，还严格按照学校要求做好疫情防控各项工作。

档案管理工作

推行党史学习教育，不忘初心、牢记使命，落实立德树人根本任务。根据学校的工作安排，认真地执行工作计划，开展各项工作，圆满地完成了任务。

（一）认真做好档案的收集整理工作

2021 年接收、整理、装订、入库教学档案 304 卷，党群行政档案 35 卷，设备档案 140 卷，出版档案 9 卷，外事档案 1 卷，科研档案 68 卷，会计档案 1740 卷，实物档案 30 件，照片档案 1312 张；输入电脑条目 3275 条；2007 年到 2020 年的学生录取名册实现了电子检索。在学校的大力支持下，电子文档数据中心系统（泰坦电子档案管理系统网络版）的安装调试使用工作又进了一步，实现了校办文书文档的电子化推送。在档案的收集整理工作中，充分发挥现代网络媒体和通信的作用，督促各有关单位在及时上交纸质版档案资料的同时，把相关的电子版资料也一并报送。

（二）热情接待档案查询者

认真推行“首问责任制”，对于来访者不冷漠、不推诿。一年来，接待校内校外查询 1302 人次，合计约 3400 余卷。积极协助来馆人员查询档案，包括：为校内在读学生或已就业毕业生的考试、调动、提拔、个人档案核实等事宜而补充档案材料、开具证明、补办毕业证；为学校各部门和二级学院提供历史支撑材料；为教育部学历认证中心、云浮市委组织部、本校教职工个人、其他社会人士等因公因私事务来人来函来电而查阅相关档案。

2021 年 12 月，教育部全国高等学校学生信息咨询与就业指导中心、广东省高等学校毕业生就业促进会联名给肇庆学院档案馆发来感谢信，对档案馆多年来提供有关档案资料支持学历认证等工作的出色表现给予嘉许。2021 年度，针对因新冠肺炎疫情、查档案者难以入校来馆的情形增多的现象，结合党史学习教育的“我为群众办实事”活动，在严格核实查档者真实身份的情况下，开通了为群众查档邮寄服务，得到一致好评。

（三）积极开展业务培训

遵守防疫规定，努力克服困难，积极开展业务学习和培训。通过网上学习、集中开会、讨论、经验交流、参加业务培训班等形式，认真学习相关的档案业务知识，借鉴兄弟院校同行的先进经验，提高自身的档案业务管理水平。2021 年 4 月，召开全校档案工作会议，对全校各二级单位的档案分管领导及兼职档案员进行了档案法律法规和业务培训；2021 年 9 月，与来馆参观访问的广州工商学院档案室同行进行了面对面的经验交流；2021 年 11 月，与来馆参观访问的汕尾市职业技术学院档案室同行进行了面对面的经验交流；2021 年 11 月，档案馆派出 2 名工作人员，到清远市参加广东省高校档案工作协会 2021 年会，听取了协会的工作报告，以及法律法规知识培训课、档案业务工作培训课、相关企业的最新档案工具技术的介绍和应用。

（四）高度重视治安综合治理工作

按照《肇庆学院治安综合治理目标管理责任书》要求，严肃认真地布置落实了该项工作。档案馆有档案安全保密专门制度，严格执行国家《保密法》及相关法律法规制度。健全安全检查制度，每天到岗时、下班前都要检查库房、办公场所和档案的安全，人离开档案馆之前必须打开红外线报警器；馆用视频监控设备已连接到学校的保卫处值班室并保持每天24小时发挥监控录像作用；每学期举行一次以上的严格安全大检查，从深层次杜绝安全事故的发生。严格执行档案保管的“八防”措施，即防火、防潮、防尘、防虫、防鼠、防盗、防高温和防强光，同时注意档案馆的防雷工作；落实档案馆内设置灭火设备，并经常检查，确保设备状态正常。

（五）做好其他工作任务

做好党风廉政建设。按照学校要求做好党风廉政建设，认真做好廉政风险防控工作。2021年度，档案馆工作人员没有出现违法违纪情形。

向肇庆市档案主管部门汇报学校2021年度的档案工作情况。2021年10月，完成档案馆的档案安全风险隐患的排查，填写《档案安全风险隐患台账》并呈报肇庆市档案局。

重视党史学习教育。2021年3月，到肇庆新区参观学习，了解新区的发展史；2021年12月，到四会市彭泽民故居、肇庆市委党校“肇庆市全面从严治党教育基地”参观学习，进行革命传统教育和廉政建设教育。

信息化建设与服务工作

全面贯彻党的教育方针，落实立德树人根本任务，准确把握新发展阶段、贯彻新发展理念、构建新发展格局。根据《信息中心领导班子任期（四年）发展目标》，按照省委第六巡视组对学校信息化建设的整改要求，结合学校工作要点和重点工作，持续推进学校信息化建设，构建高质量教育支撑体系。

（一）信息化服务

1. 深入推进IPv6规模部署。这项工作是党中央、国务院关于互联网发展作出的重大战略部署，是全面建设数字广东的重要举措和有力保障。信息中心认真贯彻落实国家关于加快推进互联网协议第六版（IPv6）规模部署和应用工作要求，推动IPv6规模部署取得显著成效，肇庆学院被广东省教育厅评为“2021年IPv6规模部署工作积极推进单位”。

2. 助力学校防疫工作。运用信息化手段，很好地完成学校交办的各项防控任务。做好一卡通门禁系统的运维，协助学校对外来人员出入校门实施有效管控。充分利用“肇庆学院网上办事大厅”平台的轻应用，一方面做好健康打卡系统的运维，满足全校师生“健康打卡”；另一方面，开发了“入学/返校申请”轻应用，帮助学校防控办和其他相关部门及时掌握师生的健康状态和行踪，提高了学校疫情防控工作效率。

3. 不断夯实数字化校园应用。各业务系统使用率不断提高，业务流程逐步优化，数据质量稳步提升，数据共享程度不断提高，“互联网＋”校园应用日益丰富。加强了人脸识别技术在安防和身份识别领域的应用，在主校区和星湖校区的校门人行通道、部分学生宿舍门禁通道部署了人脸识别终端，实现了对外来人员的管控；2021年度首次将人脸识别技术应用于新生入学身份验证和电子注册，大大提升了迎新工作的效率，取得良好的应用效果。购买并部署并发用户数5000个的WebVPN系统，解决了原有VPN并发数严重不足的问题，极大方便了师生在校外访问内网资源。

4. 持续提升计算机实验教学服务水平。省级计算机实验教学示范中心顺利完成了年度各项实验教学和考试任务，承担了实验教学课程273门，人时数达540156。新增图形工作站51套，在一定程度上满足了学校相关二级学院对图形图像类计算机实验教学设施的需求；与此同时，新增无盘网络软件终端51套，提高了实验室实验环境部署效率，减轻了实验人员的工作压力。

（二）信息化建设和运维

1. 校园网建设和保障。完成了紫薇1—3栋、星湖校区1—3栋学生公寓的无线网络升级改造，完成了D3、H1学生公寓的无线网络建设，完成了体育馆3楼的无线网络建设。完成了2022至2027年互联网接入服务的采购，中国电信、中国移动和中国联通等运营商将向学校提供共计36Gbps的互联网接入带宽，其中6Gbps为教学、科研和行政办公免费使用。积极协调中国电信公司，将其原有互联网认证方式由Web认证调整为透明认证，调整后学生用户只需提交一次认证信息就能同时登录校园网和互联网，大大提升了用户的上网体验。2021年度新增学生用户8423人、教工用户135人，办理续费学生用户29395人次，处理网络故障6738个。

2. 网络安全畅通。严格按照网络信息安全等级保护制度开展网络信息安全工作，通过人防和技防相结合，制定和落实安全巡检、专项排查和应急措施，确保学校全年没有发生重大网络安全事件，校园网络安全畅通运行，实现让师生上网更快、更安全、更稳定、更放心的目标。加强与上级主管部门和公安部门的联系，利用各类网络与信息安全信息通报平台掌握学校网络信息设施的安全状况。2021年，收到市网络安全通报中心通报漏洞1个，收到区网监通报学校教师在校外开办双非网站1个，收到教育行业漏洞报告平台通告漏洞4个，收到省电信公司通报学校网站存在暗链29个，均已进行有效处置。

3. 关键信息基础设施规划和建设。优化网络中心机房的布局，按功能划分机房空间，适度调整了部分设备设施的位置，使运维人员的工作动线更加合理，进一步提高工作效率。购置了精密空调，进一步改善配电房制冷效果，有效降低配电房设施的故障率。推动网络中心升级改造，加快冷通道建设和UPS电池扩容的规划。

4. 校园一卡通建设。加强门禁系统建设，在星湖校区北门安装了人行门禁通道和人脸识别终端，在学生宿舍门禁通道加装人脸识别终端，实现了对进入校园和宿舍人员的有效管控。购置了一批水控电控备件，有效缓解了银行早期投入的水控电控系统缺乏维修配件的问题。采购2021年度砚园卡片约13000张。

（三）内部建设与管理

1. 安全生产。高度重视安全生产，将防火防雷防水等预防工作列入日常检查项目，定期排查安全隐患；认真完成学校安排的“安全生产专项整治”“假期安全大检查”等专项工作。

2. 工会工作。承办和协助学校工会关于教代会提案和建议的答复；严格按照学校工会、机关分工会的工作部署，完成了节日慰问品、职工蛋糕券申报和发放以及职工互助保险金购买等工作；积极组织职工参加学校教职工运动会篮球、定向越野等项目，组织教职工参加市运动会足球和篮球比赛项目。

3. 资产管理工作。配合资产管理处开展固定资产清查，按时按质完成中层领导任期届满审计的工作任务。2021年度新增（购买）资产355件，资产变动600多件，已报废处置47件和待报废631件（已提交报废申请），核查有效管理资产总数共2667件，资产总价合计约3423.20万元。

校友工作

围绕学校中心工作，进一步加强校友工作，密切联络校友、热情服务校友，汇集校友之智，发挥校友之力，服务学校事业高质量发展。

（一）加强校友组织体系建设，完善工作体系

完善校、院、地校友工作体系。健全学校校友会、学院校友会、各地校友会的“三位一体”校友工作体系，形成“学校统筹、部门协调、校院结合、各地互动”的校友工作格局。完善校友信息资源库，挖掘一批优秀校友充实到各地校友组织。开展校友工作联络员聘任工作，在毕业生中挑选活动能力强、责任心强的学生骨干作为校友信息联络员，及时收集更新校友信息。通过加强地方校友组织建设，搭建各地校友与校友之间、校友与母校之间的联系沟通合作平台，大力宣传各地优秀校友的事迹，促进校友事业的发展。2021年，新建上海校友联络处、新疆校友联络处、西藏校友联络处。

（二）定期走访校友，增强母校凝聚力

加强与地方校友会的沟通联系，定期走访各地校友分会，参加各地校友分会开展的活动，了解地方校友会工作开展情况和校友事业发展情况；宣传校友的风采和工作实绩；介绍母校建设与发展情况，听取校友对母校建设与发展的意见和建议；提供母校和校友在教育培训、科技开发、成果转让、学术交流、就业需求等方面的信息与服务，进一步增强校友与母校的联系，增强校友的认同感和归属感。

（三）举办校友文化活动，打造校友工作品牌

创新活动形式，丰富活动内容，以活动为载体，打造校友工作品牌。通过举办多样性的校友交流活动，搭建多种形式的校友与母校之间、校友组织之间、校友之间的交流平台增强校友凝聚力。结合实际，常态化开展联谊会、分享会、文体活动等校友们喜闻乐见的活动。2021年，举办了校友羽毛球赛、校友足球赛、校友篮球赛等赛事，加深校友之间的情谊。

（四）凝心聚力，助推学校高质量发展

运用校友资源，加强与用人单位在学科建设、人才培养等方面的合作，与10个校友企业新建立产学研基地、教学实习基地和就业创业基地，促进毕业生充分高质量就业。坚持“请进来”，邀请校友回校参加毕业生毕业典礼、做学术报告以及参与就业招聘、职业规划、科技创新等方面的活动，广泛征求校友对学校改革发展的意见。鼓励校友设立奖学金、助学金，支持母校事业发展。

教育发展基金管理工作

广东省肇庆学院教育发展基金会（以下简称“基金会”）的发起单位为肇庆学院，于2010年11月经广东省民政厅批准成立。基金会主要负责对学校捐赠资金的统一归口管理，通过筹集资金、接受捐赠，改善办学条件，奖励优秀教师、学生和科研成果，资助科研项目、学生竞赛、创业和贫困学生。基金会由9名理事组成理事会，监事2名。截至2021年，基金会下设有31个专项基金。

（一）思想政治学习

基金会始终坚持把政治建设摆在首位，通过深入开展党史学习教育，学习贯彻习近平总书记在庆祝中国共产党成立100周年大会上的重要讲话和党的十九届六中全会的精神，总结党的百年奋斗重大成就和历史经验。在学校党委的统一部署下，以“学史明理、学史增信、学史崇德、学史力行”不断提高干部的政治理论水平和素质，坚定党员干部的理想信念，不断加强宗旨意识，发挥模范作用。

（二）依法依规办会

坚持依据《中华人民共和国慈善法》《基金会管理条例》的相关规定，依照基金会的章程、管理办法和上级有关部门的要求开展各项工作，做到重大事项由理事会研究决定后执行。坚持依法办会、规范运作的原则，不断完善各项制度建设。2021年1月26日，广东省社会组织评估专家对基金会近三年来在依法办会、党建工作、内部治理、工作绩效、社会评价5个方面的情况进行实地考评。根据《广东省民政厅关于公布全省性社会组织评估结果的通知》（粤民函〔2021〕389号），广东省肇庆学院教育发展基金会被评为5A级基金会，为基金会评估的最高等级。按照《广东省民政厅关于印发〈广东省基金会章程示范文本〉的通知》（粤民规字〔2020〕8号）文件要求，基金会对章程进行了修订并召开理事会讨论通过，11月18日将修订好的《广东省肇庆学院教育发展基金会章程》上报广东省社会组织管理局核准，于12月9日审核通过生效。

（三）社会捐赠情况

基金会2021年分别收到校友、社会各界爱心人士的捐款和捐物。收到捐款共计人民币68.14万元，捐物折合人民币约3万元。其中收到的捐款有：冯毅捐赠10万元、肇庆市高要区董福行农林高新科技种植管理有限公司捐赠5万元、肇庆市端州大酒店饮食服务有限公司捐赠5万元、广东省仲明助学志愿服务促进会捐赠7.5万元等。收到的捐物有：东莞睿铂电子科技有限公司捐赠40把尤克里里（乐器），用于丰富音乐学院学生的社团活动和满足学生的兴趣爱好。

（四）奖教奖学助学工作

2021年度，基金会组织了20多项公益活动，获奖受助的人数共有近3万人次，资助金额共计100多万元。开展的公益项目有：仲明助学金、思源奖学基金、华佗发展助学金、陈熹奖学基金、经济与管理学院发展基金、生命科学学院奖教奖学基金、数学与统计学院教育基金、李启清教授基金、环境与化工学院奖教奖学基金、食品与制药工程学院发展基金、音乐学院教育发展基金、美术学院奖教奖学基金、关爱基金等。

基金会开展的公益项目中，有相当一部分是关爱助学的项目，不仅解决了学生们生活上的困难，还帮助他们能顺利完成学业。如华佗发展助学金，帮助残疾学生树立自强不息的信心，激励他们克服学习和生活的困难，最终顺利完成学业。还有的是为提高学生的综合素质和培养专业技能等方面而设立的专项基金。如文学院的“阳光奖教奖学金”项目中就设有“阳光”优秀成绩奖、“阳光”创业大赛奖、“阳光”专业技能奖，此外还用于开展各项专业技能训练大赛、文娱体育活动比赛、“世纪”话剧团义演等活动；“思源奖学基金”的项目中，设有科研论文发表奖、论文比赛优胜奖、师范技能竞赛优胜奖，以鼓励更多师范学子积极进取，奋发向上，不断强化专业技能，懂得饮水思源，心怀感恩；还有师范教育教学改革基金是为学校“砚园班”学生设立，该班学生是在全校各学院师范专业学生中选拔出来的，旨在培养成为卓越教师。李启清教授基金的获奖学生和学生干部综合素质都十分突出，示范作用明显，影响和带动了全校学生争先创优的氛围。这些公益项目对激励学生努力学习专业知识，提高自身科研水平以及实践能力、创新能力，提升大学生综合素质发挥重要作用。

脱贫攻坚与乡村振兴工作

2021 年 1—7 月，学校帮扶广宁县横山镇横山社区和罗帷村，跟踪完善扶贫项目运营及台账交接，驻村工作队于 2021 年 7 月 30 日收队。2021 年 7 月开始，学校作为成员单位结对帮扶德庆县播植镇乡村振兴工作。

1. 按要求跟踪完善扶贫项目运营，按档案管理标准分别向村（社区）、镇及县交接了防返贫检测对象、需要接续推进的工作、扶贫资金、扶贫资产、产业扶贫和资产收益项目、办公财务资产等工作台账。

2. 出色完成了帮扶广宁县横山镇横山社区和罗帷村在册贫困户 209 户 439 人（有劳动能力贫困户 81 户 274 人，无劳动力贫困户 128 户 165 人）的脱贫攻坚任务。驻村干部陈剑平获评 2019—2020 年度广东省脱贫攻坚突出贡献个人、2019—2020 年度肇庆市乡村振兴先进个人，驻村工作队获得 2019—2020 年度肇庆市脱贫攻坚先进集体称号。

3. 2021 年 7 月 13 日召开了脱贫攻坚总结暨乡村振兴工作动员大会，表彰了 15 个脱贫攻坚先进单位、15 名脱贫攻坚先进个人、10 名脱贫攻坚优秀联络员以及 6 名优秀驻村干部。

4. 2021 年 6 月 30 日选派了一名副科级干部进驻德庆县播植镇开展乡村振兴驻镇帮镇扶村工作。

5. 2021 年 7—12 月，开展防止返贫动态监测，共有 8 户（其中脱贫不稳定户 5 户，边缘户 3 户）、36 人，其中无劳动能力 4 户、有劳动能力 4 户纳入返贫监测对象并落实帮扶措施；筹措资金 14 多万元用于防返贫监测对象户在校学生教育补助、村便民桥建设以及乡村振兴产业等项目。

重要文件和规章制度目录

2021 年肇庆学院重要文件和规章制度目录一览表

序号	文号	题 名
1	肇学院〔2021〕5 号	关于印发《肇庆学院招标采购管理规定（试行）》等八份文件的通知
2	肇学院〔2021〕10 号	关于设立纪检监察室的通知
3	肇学院〔2021〕17 号	关于印发《肇庆学院外部审计工作质量评价办法》的通知
4	肇学院〔2021〕18 号	关于印发《肇庆学院校属企业绩效考核管理办法（试行）》的通知
5	肇学院〔2021〕20 号	关于印发《肇庆学院 2021 年夏季高考招生章程》和成立招生工作委员会的通知
6	肇学院〔2021〕22 号	关于表彰第九届优秀教学成果奖的决定
7	肇学院〔2021〕25 号	关于印发《肇庆学院港澳台学生管理办法》的通知
8	肇学院〔2021〕26 号	关于印发《肇庆学院赴国（境）外交流学生管理办法》的通知
9	肇学院〔2021〕27 号	关于表彰 2021 届优秀毕业论文（设计）的决定
10	肇学院〔2021〕28 号	关于表彰 2021 届优秀毕业生的决定
11	肇学院〔2021〕29 号	关于授予 2021 届本科毕业生学士学位的决定
12	肇学院〔2021〕30 号	关于授予 2021 届本科毕业生辅修学士学位的决定
13	肇学院〔2021〕33 号	关于印发《肇庆学院校内既有住宅加建电梯管理办法（试行）》的通知
14	肇学院〔2021〕40 号	关于公布 2020—2021 学年成人高等教育教学、管理和服务育人优秀奖的通知
15	肇学院〔2021〕44 号	关于印发《肇庆学院学生勤工助学管理办法（2021 年修订）》等三份文件的通知
16	肇学院〔2021〕47 号	关于表彰奖励 2021 年教师教学创新大赛获奖教师的通知
17	肇学院〔2021〕48 号	关于表彰奖励 2021 年度教师教学大赛获奖教师的通知
18	肇学院〔2021〕53 号	关于印发《肇庆学院小型基本建设与维修管理规定（2021 年修订）》等八份文件的通知
19	肇学院〔2021〕55 号	关于表彰我校 2021 年教书育人、管理育人、服务育人先进工作者的决定
20	肇学院〔2021〕56 号	关于表彰 2020 年度肇庆学院“科研十佳”教师、个人科研立项奖、成果奖的通知
21	肇学院〔2021〕57 号	关于表彰 2021 年肇庆学院教学工作优秀个人的决定
22	肇学院〔2021〕58 号	关于印发《肇庆学院财政资金项目库管理暂行办法》的通知

续表

序号	文号	题　名
23	肇学院〔2021〕60 号	关于表彰“执教三十年”人员的决定
24	肇学院〔2021〕62 号	关于印发《肇庆学院公费师范生免试认定教师资格考核实施方案（试行）》的通知
25	肇学院〔2021〕63 号	关于印发《肇庆学院暂借款管理办法》的通知
26	肇学院〔2021〕66 号	关于印发《肇庆学院章程修订工作方案》的通知
27	肇学院〔2021〕67 号	关于印发《肇庆学院本科生劳动教育实施方案（试行）》的通知
28	肇学院〔2021〕69 号	关于印发《肇庆学院一流本科专业建设方案》和《肇庆学院一流本科课程建设方案》的通知
29	肇学院〔2021〕70 号	关于表彰 2020—2021 学年度学生文明宿舍建设先进集体和学生文明宿舍的决定
30	肇学院〔2021〕71 号	关于印发《肇庆学院全日制本科生学分制学籍管理办法（试行）》等八份文件的通知
31	肇学院〔2021〕73 号	关于表彰奖励 2020 年 C 类以上科技文体竞赛获奖师生的通知
32	肇学院〔2021〕75 号	关于印发《肇庆学院“十四五”事业发展规划》的通知
33	肇学院〔2021〕77 号	关于印发《肇庆学院横向科研项目管理办法（2021 年修订）》的通知
34	肇学院〔2021〕78 号	关于印发《肇庆学院实践教学经费管理办法》的通知
35	肇学院〔2021〕79 号	关于表彰 2020—2021 学年优秀辅导员、优秀班主任的通知
36	肇学院〔2021〕80 号	关于表彰 2020—2021 学年度先进班集体和“三好学生”的决定
37	肇学院〔2021〕82 号	关于印发《肇庆学院国有资产对外出租出借管理办法（试行）》的通知
38	肇学院〔2021〕83 号	关于颁发 2020—2021 学年度国家奖学金和国家励志奖学金的通知
39	肇学院〔2021〕85 号	关于表彰 2020—2021 学年度学风建设先进单位的决定
40	肇学院〔2021〕86 号	关于肇庆学院第六届学术委员会组成人员的通知
41	肇学院〔2021〕87 号	关于印发《肇庆学院工会经费收支管理实施细则（2021 年修订）》的通知
42	肇学院〔2021〕88 号	关于印发《肇庆学院建设广东省深化新时代教育评价改革试点校方案》的通知
43	肇学院〔2021〕89 号	关于印发《肇庆学院关于中小学幼儿园教师、校（园）长省级培养培训及保障能力项目经费管理的实施细则（暂行）》的通知
44	肇学院〔2021〕95 号	关于印发《肇庆学院产业学院资金管理办法（试行）》的通知
45	肇学院〔2021〕97 号	关于印发《肇庆学院国家级考试劳务补助发放办法（2021 年修订）》的通知

条件建设与服务保障

财务工作

2021年，在学校党政领导下，紧紧围绕学校事业发展中心工作，认真开展党史学习教育，在审计巡视问题整改、预算绩效管理、内控建设、保障民生、标准化建设、团队建设等方面做了大量工作，财务管理和会计核算能力与水平得到大幅的提高，财务服务质量与效率也得到较大的提升。

（一）2021年收支概况

2021年学校总收入为85405.18万元，其中省级财政拨款53548.14万元（不含上年末结转专项款），占总收入62.70%；事业收入20570.41万元，占总收入24.09%；其他收入7927.73万元，占总收入9.28%；经营收入3358.90万元，占总收入3.93%。

2021年支出合计共85593.09万元，其中基本支出50910.64万元，占总支出59.48%；项目支出（含债务利息支出等）31470.62万元，占总支出36.77%；经营支出3211.83万元，占总支出3.75%。

（二）资产负债情况

截至2021年12月31日，学校资产总额为129028.10万元，其中固定资产净值84977.67万元；负债总额为17662.14万元，其中BT引资项目应付款10634万元，净资产总额为111365.96万元。资产负债率为13.69%。

（三）2021年财务工作情况

1. 认真落实审计巡视问题整改工作。针对中层领导干部届满审计和省委第六巡视组巡视发现的问题，财务处成立问题整改工作小组，逐项剖析问题的原因，制定整改方案。针对审计发现的问题，已按相关要求完成了全部的整改工作。针对巡视发现的问题，按学校党委的统一部署，设定整改时间表、落实整改措施，分步分阶段落实巡视整改工作。

2. 加强预算绩效管理、提高资金使用绩效。严格落实省市主管部门编制预决算的有关要求，结合学校实际情况，精准细致地做好预决算的编制工作。在当前财政压力巨大的情况下，在学校广泛宣传和践行过紧日子的思想，不超支和超范围使用预算资金，试行对50万以上（含）的预算项目开展绩效评价工作，提高资金使用绩效；采取定期提醒、约谈、对执行进度严重滞后的项目资金回收统筹等措施，推动资金使用的进度。

3. 加强财务内部控制建设，提高内控水平。为深入贯彻落实“放管服”改革的政策要求，加强内控制度建设，修订了《肇庆学院暂借款管理办法》，正在制订《肇庆学院预算管理办法》《肇庆学院票据管理办法》《肇庆学院银行账户管理暂行办法》和《肇庆学院货币资金管理暂行办法》等文件，进一步健全学校财务制度体系，丰富制度的内容，并使制度更具操作性、更切合实际情况。

4. 加大项目储备力度，提升项目资源获取资金能力。为贯彻落实“先申报项目，后安排预算”的预算管理精神，从2021年起，凡需2022年预算安排支出的项目，必须先申报纳入学校项目库管理。为更好地做好项目库管理工作，配合发展规划处制订了《肇庆学院财政资金项目库管理暂行办法》，明确项目申报、论证、推荐、入库、执行等各环节的具体要求，进一步明确项目绩效目标，压实申报单位和归口管理部门的责任，并在此基础上修订《肇庆学院预算管理办法》，逐步实现学校预算和项目绩效管理一体化。加大项目储备力度，提升项目质量，通过项目资源获取更多的财政资金。

5. 加大学杂费收缴力度，保障学校财务稳定。2021年度是学校新生入学人数最多的一年，而由于国家基于反诈骗考虑，学生批量开卡、批量扣取学杂费等功能被银行限制，传统的银行卡随录取通知书一并寄到学生手中和统一批量从银行卡中扣取学生学杂费的做法遇到严重的障碍，在秋季开学后一个月内，学杂费收缴率只有30%。为快速回收学杂费资金，组织召开了全校性学杂费收缴会议，制订收缴目标和时间表，每天公示未缴费学生名单和各学院学杂费收缴率排名，夯实二级学院党委责任。经过20天奋力工作，全校学杂费的收缴率快速回升到80%，圆满完成学杂费收缴目标，有效保障学校财务稳定。

6. 以人民为主心，优先保障教职工的福利待遇。2021年，尽管学校财政十分紧张，学校党政领导班子依然坚持优先保障民生的思路，继续做好提高教职员工福利待遇的文章。安排6900万元用于2020年度的绩效考核奖励，比上年增加了300万元。教职员工福利待遇不断提高，为学校稳定发展和引进优秀人才提供更有利条件。

7. 优化标准化报销服务，切实解决报销等待时间长的问题。2021年度，制作会计凭证约1.8万号，审查材料附件约16万张；银行转账约2.5万笔，转账金额约13.5亿元。通过优化标准化报销服务，配合网上预约、一事一报及调查问卷优化等手段，基本实现财务人员与报销人员对报销要求有了统一理解，成功将报销平均等待时间缩短到3分钟以内，受到广大师生普遍欢迎。

8. 加强培训与交流，提高财务团队素质。通过参加常规的会计专业人员继续教育课程、省教育会计学会厦门培训班，到华南师范大学和广东工业大学等兄弟高校进行交流，与到校调研的广东财经大学、岭南师范大学、广东石油化工学院、韶关学院等高校人员进行交流，从外部多方吸取专业知识营养；通过周五常规培训活动，提升财务团队素质。

审计工作

认真开展党史学习教育，围绕学校中心工作，创新实干、拼搏进取，在统筹推进疫情防控和经济社会发展、推动学校持续健康发展等工作中，依法全面履行审计监督职责，有效发挥审计的监督和保障作用。

（一）全面加强政治建设，坚决贯彻落实党对审计工作的全面领导

一是加强学校党委对内部审计工作的领导。2021年3月学校召开审计委员会

工作会议，审议了2020年学校内部审计工作总结和2021年审计工作计划；6月审计委员会专题审议学校中层领导干部正职（含主持工作的副职）任期经济责任审计发现的主要问题汇总报告，会后全面启动审计整改工作。二是突出党建引领，审计处党支部每年按学校和机关党委的要求制定严格的政治学习计划。开展品牌支部创建活动，开展党员亮岗服务，积极参与学校疫情防控及肇庆市巩固文明城市建设工作。开展廉政教育，绷紧党员干部廉政之“弦”，切实提升党员干部廉政意识，将党风廉政建设贯穿到审计项目中。

（二）进一步完善和强化内审制度流程建设

根据审计署令、教育部及广东省政府颁发的审计法规有关要求，学校高度重视内审制度建设，为进一步提升内部审计制度化、规范化、科学化水平奠定基础。一是制定了《肇庆学院外部审计工作质量评价办法》，规范学校对外部审计工作质量的评价工作；二是修订了审计处内控流程图，主要包括《年度审计工作计划编制与审批流程》《审计实施管理流程》和《审计项目方案编制与审批流程》。

（三）做好常态化“经济体检”，在推动学校各项事业持续健康发展上持续发力

1. 对肇庆学院科技实训楼项目进行工程竣工财务决算审计。7月份审计处启动工程竣工财务决算审计工作，审计发现该工程项目存在工程结算价超合同签订金额、工程完工后未及时进行竣工决算和结转固定资产等五个方面问题，审计处针对审计发现的问题提出了审计意见和建议。

2. 对2020年学校30万以上物资采购（工程、货物、服务）进行审计调查。9月份对学校2020年度的物资采购情况进行审计调查。审计调查项目包括招投标中心31项，资产管理处25项，基建处18项，后勤管理处2项。审计调查的目的是对物资采购规划到合同管理的整个过程进行系统审查，根据国家有关法律法规，对学校及所属部门、单位的物资采购的真实性、合法性和效益性进行审查和评价。目前此项工作正在进行。

3. 完成学校2020年度财务预算执行与决算审计。根据《广东省内部审计工作规定》有关要求并结合年度内部审计工作计划，9月份，对学校2020年度预算执行与决算进行审计。在审计过程中，重点关注了预算编制、预算执行情况和决算情况，并对学校2020年财务收支情况及资产、负债情况进行审计核查。针对在审计中发现的问题，提出了审计意见和建议，并按要求出具《肇庆学院2020年预算执行与决算审计报告》。

4. 完成学校2019至2020年财务报表审计。根据业务需要，对学校2019至2020年财务报表进行审计，该项目委托会计师事务所进行，对学校收入、支出、资产、负债、净资产等进行确认。

5. 完成学校中层领导干部任期届满经济责任审计。按照《肇庆学院内部单位有关负责人经济责任审计办法》文件要求并结合学校实际，按照党政同责、同责同审原则，4月份完成对学校2017年7月以来任职的中层领导干部任期届满经济责任审计（共70人）。此次审计委托社会审计，审计方式为现场审计。在审计期间，审计处于3月至4月期间分三次与审计组进行充分的沟通交流，并按要求出具审计报告，同时按照有关规定将涉嫌违规（纪）线索、疑点情况移送学校纪监室。

6. 开展大额科研项目经费专项审计调查。为加强对学校科研项目经费的监督管理，提升科研经费使用效益，促进学校

科研事业发展；按照学年度审计工作计划，并结合近期中共广东省委教育工委关于印发《关于科研经费和师资培训资金专项审计调查发现问题的整改提醒函》的通知要求，12 月份启动对学校 2019—2020 年大额科研项目经费的专项审计调查工作。

7. 积极配合上级部门开展相关工作。配合省委第六巡视组对学校开展的巡视工作，及时向巡视组提供所要求提供的相关审计材料；配合并参与学校巡察组开展校内巡察工作。配合学校纪监室开展相关数据核查取证工作。

配合肇庆市审计局对市本级预算单位 2020 年度预算执行和其他财政收支情况延伸审计。肇庆市审计局按照省审计厅的统一部署以及审计全覆盖的要求，派出审计组，于 3 月上旬起，对学校 2020 年度预算执行和其他财政收支情况进行延伸审计，审计内容主要是盘活资金资产、公务支出和公款消费等方面。审计处积极配合审计组，及时、全面提供有关资料（包括电子数据资料）。

配合省厅第二核查组完成学校落实省教厅关于开展高校一些领域专项清理整顿工作现场核查相关工作；配合省厅对学校开展合作办学领域专项治理现场核查相关工作。

8. 扎实推进审计整改工作。6 月份启动中层领导干部任期经济责任审计整改工作，学校下发审计发现问题整改工作通知，各相关单位根据经济责任《审计报告》所提及的审计发现问题，结合审计意见和建议进行整改，7 月份提交《审计整改工作方案》，10 月份完成审计整改工作并提交《审计整改结果报告》。为提升审核整改成效，审计处在网页内网服务栏目中增设相关审计整改清单查询栏目，将梳理出的涉及 70 名中层领导干部共 537 个问题点录入数据库，建立审计发现问题清单台账，实行整改对账销号。

按照《中共广东省委教育工委关于印发〈关于科研经费和师资培训资金专项审计调查发现问题的整改提醒函〉的通知》有关精神，11 月份完成对学校科研经费和师资培训资金使用情况的专项自查自纠自改。审委会办公室协调学校相关单位组织实施，分解问题清单，对分解出的 62 个整改问题点录入数据库，建立整改台账，按期完成自查自纠工作，并将自查发现的主要问题及整改情况形成整改情况报告上报省教育厅。

（四）积极创新审计工作方式方法，切实提高审计监督效能

一是注重内审与内控有机联动，通过内审实施完善内审工作制度，狠抓整改环节，注意审计结果的运用；二是充分发挥审计信息化服务平台功能，强化审计教育与服务功能，在审计处网页增加内网服务平台，提供多类型多层面审计服务内容，包括查询问题清单、提交整改材料、审计教育培训、审计警示教育等；三是探索“创新 +”内审组织方式，加快教育审计转型升级，提升内审监督效能，促使审计工作由查错防弊型向风险防范型和管理促进型转变。

（五）坚持以审计“三立”要求为标准，不断加强审计队伍自身建设

审计处坚持以审计精神立身、以创新规范立业、以自身建设立信，加强内审队伍建设。一年来，审计处通过公开招聘引入一名内审专职人员，进一步充实内部审计骨干力量。注重教育内部审计人员的培训和后续教育工作，2021 年度参加中国内部审计协会举办的审计人员职业能力提升培训班；参加省教育审计协会于 9 月、11 月在广州举办的培训班，提升了审计人员的综合素质和依法审计的能力。

基建管理与规划建设工作

积极贯彻落实学校党委的决策部署，严格按照疫情防控要求，围绕学校中心工作，按照基建年度工作计划，认真开展党史学习教育，紧扣学史力行，圆满完成基建各项工作任务。

（一）充分发挥党建引领作用

通过支部书记带头讲党课、举办党史专题培训、参观全面从严治党教育基地等多种方式落实“三会一课”，认真学习贯彻党的十九届六中全会精神和习近平总书记在庆祝中国共产党成立100周年大会重要讲话，使党员干部进一步增强“四个意识”、坚定“四个自信”、做到“两个维护”，引领基建各项工作圆满完成。

（二）提前超额完成“提毛”任务

“提毛工程”时间紧、任务重，2021年基建处全体工作人员牺牲寒暑假休息时间，加班加点，精心组织，克服疫情用工困难问题，通过倒排施工组织计划、合理安排交叉施工等方式加快施工进度，确保余下3个“提毛”项目即学生公寓D3栋、学生公寓H1栋和教学实训楼按时按质按量顺利完成，2栋学生公寓在秋季新生入学前顺利交付使用。学校6个“提毛”项目均比省教育厅要求提前一年完成，21888万元“提毛”奖补资金已全额到账。2021年还完成了美术馆扩建、学生宿舍改造等项目，进一步改善学校办学条件，切实践行“我为群众办实事”活动。

（三）积极推动新校区建设

按照学校的决策部署，与政府相关部门保持密切联系，积极推动新校区建设。新校区已被列入市重点项目和入库市专项债项目，同时还申报了2022年省重点项目。2021年完成了新校区概念性方案设计，编制了项目建议书和可行性研究报告，其中项目建议书通过了市发展和改革局审批；可行性研究报告完成了专家评审、第三方事前绩效评估、财政局绩效评价审批和相关政府职能部门意见征求；环评、节能、初勘和社会稳定性评价等前期工作也基本完成。立项资料已经学校校长办公会议和党委会议研究通过，并于2021年10月12日提交至市政府，待市委、市政府决策后马上完成立项工作，并尽快推进土地征拆及勘察设计等工作。

（四）及时做好小型基建维修

根据2020年底各单位报送的小型基建维修计划和日常维修申请，结合2021年初学校审定的财务预算，按照轻重缓急原则，完成了网球场地面翻新、旧学生宿舍改造、肇庆学院沙盘模型设计制作等小型基建维修项目10项，合同金额287.98万元，确保学校教学、科研和师生学习、生活的正常秩序。

（五）严格把关合同及结算审核

2021年完成教学实训楼、旧学生宿舍改造和新校区前期咨询等工程项目合同签订共60项，合同金额合计3334万元。完成实训中心、旧图书馆改造等大型基建工程结算2项，合计送审结算金额为7493.5万元，审核结果为6991.6万元，核减501.9万元，核减率6.7%。完成旧学生宿舍改造、实验大楼111—114室改造和网球场地面翻新等小型基建维修工程、设计费、咨询费、招标代理费和施工监理费的结算42项，合计送审结算金额为886.3万元，审核结果为828.5万元，核减 57.8 万元，核减率 6.52%。

（六）加强完善内控体系建设

结合学校内控建设的工作部署，认真修订 8 个基本建设系列细则初稿，两次广泛征询相关职能部门意见，最后报校长办公会议审议通过后于 8 月 25 日正式发文。同时还结合细则完善了 12 个工作流程描述及流程图。为方便师生员工查询，基建处对网页进行了改版，将所有基本建设细则及流程图公布在“办事指南”栏目下，为学校基本建设的健康顺利开展提供了制度保障。

后勤管理与服务工作

认真开展党史学习教育，围绕学校中心工作，以立德树人为根本，秉承“师生为上，安全为重，服务为先”的工作理念，以开展“一支部一品牌”创建活动为抓手，把基层党组织建设得更加过硬，更加坚强有力，扎实推进后勤党建和服务保障工作迈上新台阶。后勤综合中心党支部荣获肇庆学院“庆祝建党 100 周年·践行核心价值观”优秀案例三等奖。

（一）常态化疫情防控工作

认真开展校园环境消毒工作，筑牢疫情防控第一道防线，守护师生员工身体健康。每天对 600 多个卫生间、500 多个垃圾桶、30 多个垃圾收集点和所有清洁工具等进行一次彻底消毒；每天为全校 12 台电梯擦拭轿厢和消毒按键 2 次；每周对两校区各幢楼宇的走廊、楼梯等公共区域（约 3.5 万平方米）进行一次彻底消毒；做好大型活动的场所消毒工作，同时配合学校相关部门，做好学生宿舍消毒、学生返校行李消毒及毕业典礼会场的消毒工作等。除此之外，组织广大师生深入开展全民爱国卫生运动，强化环境卫生整治，切实降低诺如病毒、登革热等病媒传染病疫情发生的风险，多层次、全方位织密筑牢校园疫情防线。

（二）解决师生急难愁盼事

由热水公司投入 582.8 万元对学生宿舍热水系统进行增容，使热水产量达到生均每天 60 升，目前已全部投入使用。启动学生宿舍热水智能管理系统，解决学生宿舍热水供应不足、热水用量不均、费用分摊不合理等问题。

及时落实校园水电增容工作，保障水电正常供给。投入 270 多万元更换了第一运动场西、音乐楼、实验中心北、第四饭堂变压器，解决相关区域用电负荷不足问题；投入 130 多万元，从主校区北干道、七星二路分别新建一条 DN400、DN300 供水管与校内原有供水管网连接，增加自来水供应量，有效缓解 D1、H1 幢学生公寓用水紧张局面。

引入社会资金 750 多万元对第四食堂三楼、面包房重新装修，进一步丰富膳食特色品种，满足师生多元化饮食服务需求；引入广东鼎湖山泉有限公司，为师生提供质优价廉的桶装水服务。增加校园体育运动设施，设立了电动自行车集中充电点，做好快递服务监管工作。

（三）强化食品安全监管工作

始终把食品安全管理放在工作首位，不断强化食品安全意识，保证师生员工饮食安全。严格把好物资采购关，从源头上确保进入食堂的物资符合食品安全要求，所有膳食物资均由经公开招标确定的供应商供应，实行“集中采购，定点供应”。

进一步完善膳食物资索证索票工作，重点查验大米重金属检测报告和食用油质检报告，以及猪肉及其制品产品合格证、动物检疫证明和非洲猪瘟检测报告。在蔬菜采购上，严把农药残留检查的流程，全年检测蔬菜3805批次，检测超标退货的蔬菜18批次，合计退货蔬菜1365千克。在做好疫情防控的前提下，膳食中心狠抓膳食经营，膳食服务水平稳步提高，膳食服务质量持续稳定，师生满意度不断提升，管理稳定发展，2021年自主经营食堂、餐厅营业收入2890万元，平均毛利率38%。

（四）加强内控管理工作

规范操作，防范风险，为学校教学科研及师生生活提供优质的后勤服务保障。严格按照学校有关规定开展物资采购、工程招标、商铺引入等工作。2021年积极配合学校开展内控体系建设，梳理出各类规章制度和业务流程，明确各项业务环节划分与目标，逐步建立健全内部控制流程。在组织工程项目、物资采购、商铺租赁、住房分配、服务外包等工作中依法依规办事，切实做到立项科学、过程公开、程序规范、结果公正。汇总了32宗小型基建、绿化工程报招投标中心组织招标，涉及合同金额826.29万元。落实零星修建、绿化项目、货物及服务的验收近200宗，严格把关工程变更签证工作。严格审核、监督履行、规范建档各类合同。一年来经后勤处组织签订的各类合同116宗，由综合科拟办、备案的各类购置货物、购买服务及零星修建工程的处内申报338宗。做好与工程使用单位的协调和沟通工作，现时工程的验收结算工作也基本完成。

（五）做好住房服务管理

积极与相关单位和住户协调沟通，合理整合房源，认真做好学校引进人才过渡性住房安置工作，安排引进教师住房共51间，涉及正高职称5人、博士20人、副高职称2人、硕士34人。按要求及时发放住房补贴。完成惠兴居人才公寓一期团租合同续签，协助做好学校星湖校区兰惠书院1幢教师搬迁工作。做好学校周转房的管理，及时完成周转房违规使用清查工作，清查、整顿违规使用住户25户。

（六）创建优美校园环境

加强校园保洁、绿化管理，为师生创建优美校园环境。2021年学校荣获“肇庆市森林学校”称号。目前，学校绿化面积达31.84万平方米，绿地率达39.84%，绿化覆盖面积39.14万平方米，绿化覆盖率达48.97%。校园植物品种丰富，共有高等植物169个科，445个属，木本植物和草本植物各300多种；各类乔木6000多株，隶属于35个科53个属共160多种；各类灌木10万多株，170多种；草坪面积达10万平方米。通过举办多次垃圾分类知识培训和考核，加强现场检查等，不断提高师生员工生活垃圾分类参与率、知晓率和准确率。在今年市分类领导小组对我校组织的两次检查中，学校均取得优良成绩。

（七）培训服务有序开展

认真落实防疫防控的各项措施，继续做好健康观察区各项服务管理工作。前台服务员认真做好入住学生的信息登记，并根据入住指引做好学生个人日常管理的指导。客房服务员每天对培训服务中心的室内外环境进行常规消毒，按时报送就餐人数，及时把餐点送至客房门口，保障入住观察区的学生能按时就餐。分类收集处理房间垃圾，集中打包并转运至垃圾指定收集点投放，同时对隔离期满后的房间及时进行终末消毒处理。健康观察区全年接待各类培训项目23个，接待健康观察学生及培训学员达13796人次。

资产管理工作

以党史学习教育为指导，按照学党史、悟思想、办实事、开新局的目标扎实抓好各项工作的落实，充分发挥党员干部的先锋模范作用，积极开展为群众办实事活动，围绕师生聚焦关心的问题，办实事解难题。

（一）主要工作及指标完成情况

1. 2021年度完成货物和服务采购项目审批794项，采购预算金额为2200多万元，其中大额采购项目（预算金额≥10万元）论证共25项；严格核查，细化合同管理，2021年度完成合同签订401项，合同金额约1331.65万元；积极做好验收管理工作，全年组织采购验收项目（合同金额≥3万元）85项。

2. 2021年完成审核打印验收单2852单，资产总额2386.76万元，资产数量7608（台）件。其中通用设备833件，金额540.82万元；专用设备101（台）件，金额174.66万元；文物陈列品1（台）件，金额0.38万元；图书2批次共4753册，金额45.18万元；家具用具1914（台）件，金额905.61万元；无形资产6（台）件，金额720.11万元。

3. 截至2021年12月31日，全校固定（无形）资产总值154500万元，共计77871（台）件；全校资产设备维修累计573单，合计919（台）件，预算金额130多万元。

4. 2021年进行了5批次资产报废鉴定工作，报废资产3677台件（批），报废资产原值1688.55万元。已通过报废资产鉴定的资产提交到招投标中心进行公开招标拍卖，全年拍卖物资5批次，回收残值33.3625万元。

5. 完成各种报表统计和上报工作，包括土地、房产物业清查报表，高基报表，教学数据评估报表，省财政厅资产月报表和年终报表等；并督促做好校办企业统计报表、出租出借资产收入情况报表等，如期完成了省委巡视组提出的涉及资产管理处的有关问题整改。

（二）创新工作做法及主要经验

1. 提前谋划，积极推进学校办学体制改革。按照省教育厅对学校办学体制调整的有关工作部署，委托专业机构对学校所有资产进行清产核资，并出具资产核查报告。自2018年以来每年都组织各二级单位对全校资产进行清查，通过三年的资产清查，摸清了学校家底，全面提高了学校各单位的资产管理意识，从而极大地提升了资产管理水平。仅使用5万元经费就对学校所有资产进行了清产核资。

2. 认真落实企业改革工作，获得省教育厅肯定。按照省教育厅和财政厅的工作部署和学校的安排，积极推进校企改革工作，妥善处理学校所属企业的清理关闭、脱钩剥离和保留集中管理等工作，较好地完成了改革任务，强化了学校国有资产的监管，被省教育厅评为“高校企业改革先进单位”。

3. 建章立制，规范管理。根据学校实际情况和上级文件指导精神，先后制定并印发了《肇庆学院校属企业绩效考核管理办法（试行）》（肇学院〔2021〕18号）和《肇庆学院国有资产对外出租出借管理办法（试行）》（肇学院〔2021〕82号）；草拟了《肇庆学院大型仪器设备设施和公共资源开放共享建设的初步方案》《肇庆学院大型仪器设备开放共享与收费管理实施细则》《肇庆学院校属企业国有资产管理工作方案》；修订了《肇庆学院国有资产管理办法》《肇庆学院关于资产报废处理实施办法》《肇庆学院货物与服务采购项目验收暂行办法》等，确保建立长效机制，让资产管理工作有规可循，有章可依。

4. 提升业务能力，开展全校资产管理工作培训。为进一步做好学校国有资产管理工作，2021 年 4 月和 9 月两次组织全校资产管理员和相关业务人员进行集中培训，全面讲解最新的资产管理的制度、任务、措施、要求等，为今后进一步加强学校固定资产精细化管理夯实基础。

5. 深入开展“我为群众办实事”活动，与二级学院开展支部结对共建行动。在机关党委的统一部署下，资产管理处和环境与化学工程学院教工党支部开展了结对共建，深入学院一线，通过召开学生座谈会、主题班会、走访宿舍和开展党日活动，增进与师生之间的感情，更加客观地了解师生所需所求，同时帮助了一名特困学生（孤儿），将其招聘为资产管理处勤工助学学生，定期与其进行交流，关注其成长，并根据实际情况，组织捐款送温暖活动。

6. 加强内控建设，设置不相容岗位。按照学校内控建设和 2021 年采购实施方案的统一部署，结合工作职责实际，严格审查合同条款、签订手续和形式等，有效制止了不符合法律、行政法规的合同行为；同时修改完善验收管理办法，将合同签订审核岗位与验收管理岗位按要求分开设置，建立了岗位间的制衡机制。

7. 升级固定资产管理系统，优化资产报增手续，全面记录固定资产的生命周期。2021 年对现有校级的山东国子固定资产管理系统进行升级维护，结合学校实际情况优化了新增固定资产入库的流程，减少了手动填写入库单的流程；同时优化省财政厅指定的盛棋固定资产管理系统，完善数据库信息，使之与学校校级固定资产管理系统做到账账相符，对每一件固定资产的整个生命周期进行全过程跟踪管理，提高了省财政厅对学校的监测预警评分。

8. 加强对低值品以及实验耗材使用的监督。2021 年 11 月组织使用低值品量大的部门主管领导以及资产管理员开会，要求各单位严格执行低值品管理办法，做好本单位的低值品建账、使用、处置等工作，着力解决低值品管理过程中的难点。

9. 创新工作模式，引进第三方公司进行资产盘点清查，提高各二级单位资产管理意识，提高资产管理效率。根据《肇庆学院国有资产管理办法》的部署和要求，为全面客观地掌握学校国有资产分布情况和使用状态，2021 年通过招标采购引进第三方公司对学校 2021 年 9 月 30 日前入账的 78067 件固定资产进行客观、全面的逐一清查盘点，为下一步更好地开展国有资产管理工作提供翔实的客观数据。

10. 简政放权，提升维修管理工作效率。2021 年切实解决师生“急、难、愁、盼”的事项。一是加强走访调研，为在校师生解难题。针对走访时发现部分区域空调维修数量较多，维修工作层层上报的程序烦琐，空调维修问题未得到及时处理的情况，立即与相关部门加强沟通联系，明确了一定维修金额以内的维修可现场由相关部门确认后及时维修。二是急师生之所急，为新生办实事。每天至少一次巡查学校新建宿舍公寓，协调、督促做好空调和床架等国有资产按时按质完成安装，并对其他准备入住新生的宿舍的空调进行全面的检查、清洗，保证所有空调安全、正常使用。

招投标工作

认真开展党史学习教育，发挥全体成员的积极性，圆满完成了基层党支部建设、党风廉政建设、疫情防控、政府采购和招投标、信息化系统建设等各项任务。

（一）招投标主要业务工作情况

截至2021年12月20日，招投标中心审核采购项目包约1600个，总预算金额约1.06亿元。其中已完成的采购包有1479个，成交金额约9349万元，节约资金比例约12.3%；未完成的采购包有105个，预算金额约519万元。2021年招投标中心在执行采购过程中，采用的采购方式包括：公开招标、询价、邀请招标、定点采购、电商直购、批量集采、网上竞价、教育部门协议、单一来源采购、广东省网上中介服务超市、自行采购等。

全年共完成2021—2022学年度教材采购、学生宿舍家具采购、肇庆学院教学实训楼工程（施工）等12个公开招标项目包，成交额约占全年成交额的50%，采用其他方式的1588个采购项目包成交额占全年成交额的另一半；完成热水管和燃油炉等报废资产处置项目共6940件套，为学校回收资金约34万元；2021年暑假期间完成第四食堂三楼餐饮合作经营项目、面包房合作经营项目、互联网接入服务、桶装水项目、新建学生公寓的智能洗衣、新生校服军训服等9大招租类服务项目，为师生生活提供了方便优质的服务。在遵循招标采购规章制度的前提下，全年审批自行采购项目包约850个，约占全年总采购项目包的53%，成交额占全年成交额的11.6%，为教职工使用专项经费完成采购工作提供了更大的自由和便捷。

为保障学校各项工作中所需的防疫物资，根据《广东省教育厅防控新型冠状病毒感染的肺炎疫情工作领导小组关于实施疫情防控采购便利化措施的通知》等相关通知要求，充分利用智慧云平台的疫情防控馆，第一时间完成防控办所需的防疫物资采购。

（二）内部建设与管理

1. 推进依法治校，完成招标采购系列规章制度修订工作。招投标中心通过反复向相关职能部门和法律顾问征求意见，重新修订并制定了学校招标采购系列规章制度8份，构建学校招标采购方面的二级管理规定和三级实施办法的制度体系，并于2021年初正式发文。根据规章制度重新修订了招标采购项目的立项流程图及不同采购方式的流程图，并于2021年12月更新到招投标中心网站，供全校教职工参考。

4月应邀参加省教育厅装备中心组织的《广东省教育厅关于省直教育系统政府采购负面清单》修订论证工作，肇庆学院提交的10条修订意见被全部采纳，为装备中心制度建设奉献肇庆学院力量。

12月负责完成广东省财政厅关于广东省预算单位政府采购活动内部控制事项清单，整理并汇总学校政府采购内部控制管理制度文件，并对照事项清单起草《肇庆学院招标采购代理机构管理实施办法》《肇庆学院政府采购智慧云平台数字证书使用管理试行办法》，进一步完善学校政府采购内部控制管理制度体系。

2. 深入开展招标采购政策专项培训和学习，加强廉政风险防控。2021年参加的政府采购培训包括线上和线下、自主学习和集中学习、党史学习与政采政策结合学习等多种不同形式的学习。线上学习主要是通过广东省教育装备中心购买的“易采通”APP的线上课程，此外还分批次参加了广东省教育装备中心和中国教育会计学会高校政府采购分会举办的线下政府采购业务培训。

培训学习过程中，重点加强对采购人员廉政风险防控工作培训。高校货物采购廉政风险防控需遵循“程序正义、权力制衡、终身留痕”的原则，坚持惩治、预防和教育并举，有效防控货物采购廉政风险。通过制度学习、经典案例分析、部门会议研究等多种不同形式提醒所有采购人员加强在招标采购各个环节的风险防控意识，力求坚持公开、公平、公正、透明等原则，尽最大可能消除或减少招标采购过程中不同环节的廉政风险。

协办首届广东省高校政府采购业务知识技能竞赛复赛。肇庆学院作为协助单位，从6月开始配合广东省教育装备中心积极筹备赛事的各项准备工作，通过多方努力，赛事取得圆满成功。招投标中心的3位参赛选手以总成绩第七名入围复赛，在复赛中获得优胜奖。

3. 推进校园信息化建设，进一步优化招标采购管理系统。2021年招投标中心对招标采购管理系统进行了优化升级，现在使用的招标采购管理系统（3.0版本），系统版面更美观，业务审批流程更切合学校的政府采购工作，使用起来更流畅。采购项目的申请、审批、结果登记、数据查询和统计等都需要在系统里完成。

资产经营管理工作

紧密围绕科技成果转化和国有资产保值增值、规范经营的核心任务，在学校党政领导下，规范公司经营管理，进一步强化对下属企业的管理，加强产学研一体化平台建设，从而更好地发挥西大资产经营管理公司（以下简称“资产公司”）的职能。2021年基本完成了年初制定的工作指标，完成了学校下达的各项工作任务。

（一）2021年业务工作情况

1. 周密部署，群防群控全面开展疫情防控。高度重视疫情防控工作，积极做好疫情防控摸底排查登记，建立“一员一档”制度；加强园区出入管理测温扫码登记管理工作；做好防控知识宣传和防控信息发布、重点人员排查；严格控制大规模人员聚集，为大型活动由线下转为线上提供技术设备保障等。

2. 突破壁垒，全力以赴完成校企体制改革。根据《广东省高等学校所属企业体制改革实施方案》，2021年是校企体制改革收官闭幕的一年。资产公司认真研究文件精神，组织相关调研，把控时间节点，积极向上级管理部门沟通汇报改革过程中遇到的问题和困难，争取上级理解支持，最终，结合校企发展的实际情况，取得了“该保留的得到保留，该脱钩的完全脱钩”的批复文件。2021年6月7日，广东省教育厅就学校校企体制改革方案作出批复，同意保留企业8家，包括4家直接控股企业和4家肇庆市大学科技园发展有限公司参股的企业；需要清理关闭及脱钩剥离企业共9家，均为肇庆市大学科技园发展有限公司参股的企业（上述参股企业均因孵化器建设要求而以无形资产参股，未实际投入资金）。截至 2021 年 10 月末，校企体制改革目标任务已全部按要求完成，在年末的全省高校资产管理工作会议上，获广东省教育厅颁发的“高校企业体制改革先进单位”荣誉证书。

保质保量按时完成了省教育厅下达的国企企业快报、国企收益划转补充社会养老保险数据申报、校企国有资产清理、国有资产出租出借管理细则制定等工作任务。

3. 不忘初心，坚持创新驱动求发展。积极响应市政府《肇庆市实施创新驱动发展“1133”工程五年（2017—2021 年）行动方案》文件精神，以创新驱动为抓手，凝心聚力谋发展。在 2020 年肇庆市创新创业中心获认定为“广东省省级科技企业专业孵化器”（省科技厅）、“肇庆西大智能制造与机器人技术实践创新服务平台”（市科技局）的基础上，园区通过持续的建设，在产学研合作、科技成果转化及加强创新创业服务等方面取得了较好的成绩：一是努力申报国家级专业科技孵化器，认真对标评审指标要求开展工作，升级完善孵化器建设的各项硬件软件，目前已通过广东省孵化器协会的初审，并上报国家火炬中心。二是肇庆学院服务外包人才培养项目获得省商务厅验收通过，继 2015 年之后第二次获批为“广东省国际服务外包人才培训机构”。三是肇庆学院大学科技园通过“国家大学科技园”评审认定，肇庆市大学生创新创业中心成功申报为省级众创空间（已公示）。四是增强园区企业发展的活力，实现提质增效，协创汽车零部件产业研究院公司获评为“国家高新技术企业”。五是完善园区的公共技术服务平台，提升园区的科技创业创新孵化服务能力，成功建成“肇庆西大一站式创新创业服务超市（现代服务业公共服务平台）”，并获得肇庆市发改委奖补支持。

4. 积极协调，主动沟通化解纠纷。因无人机项目 2018 年撤销，2020 年，端州区政府向无人机研究院公司就开办经费 350 万元、研发经费 75 万元提起诉讼，肇庆学院资产公司以无人机公司的股东之一身份作为被告，同时，园区物业也被发函要求收回。经过积极应诉，资产公司取得了“仅就无人机公司清算残值进行赔偿”的较为理想的终审判决。但是赔偿总额也将近 54 万元，如按股权比例分配，资产公司将承担 16 万元债务。为此，判决结果下达以后，资产公司积极与另两位股东协调，按照责权利相适应的原则，提出本公司在清算过程中没有任何受益，主张仅承担 0.8 万元的诉讼费，经反复沟通协调，取得了另两位股东的谅解认可，减少公司损失 15 万元。

同时，主动向区政府进行沟通汇报协调，联系区政府召开沟通协调会，邀请区领导来园区调研视察，并抓住机会向区政府详细汇报了资产公司与区政府合作以来的辛勤付出和工作业绩，对未来的合作方向提出了园区共建的设想和计划。通过积极的沟通，很大程度上化解了双方合作的误解，目前端州区政府基本认可资产公司的合作共建方案。诉讼事项的彻底落地和合同解除风险的初步化解，对公司持续稳妥经营发挥了极为重要的作用。

5. 应统尽统，完善国有资产出租出借管理。国有资产出租出借的管理是一项政策性很强的工作，今年以来，根据上级管理部门要求，将对外出租的 13 家校外商铺全部补齐审批资料手续，获得省财政厅批文，录入管理系统并多次核对，保证账实相符；按时催收租金，足额上缴财政，做到应收尽收，应交尽交；对到期续租的商铺按照规定流程进行招拍管理，稳妥地完成了国有资产保值增值的任务。

（二）内部建设与管理

1. 积极开展审计问题整改工作。学校开展了对负责人任期审计工作，并发文要求各单位开展内控制度建设，为此，资产公司以上级巡视检查要求及中层领导任期届满审计整改工作为契机，制定完善整改工作方案19条。

2. 加强内控制度建设。根据内控流程改进要求完善了岗位部门职责和一系列管理办法：一是岗位职责梳理与界定，包括本部门工作职责、本部门各领导分工与权责、本部门内设科室（部）职责及各岗位分工与权责；二是工作流程建设与完善，包括公司财务收支管理流程、固定资产盘点流程、公司年度绩效考核工作流程；三是进一步完善制度建设及修订工作，包括《总经理办公会议制度》《公司接待管理办法》《资产经营有限公司企业年度业绩考核管理办法》《公司财务管理办法》《“三重一大”决策制度实施办法》《公司合同管理办法》《公司劳动纪律管理制度》等一系列重要制度。结合公司运营目标实际制定了校企考核管理实施细则。

疫情防控与医疗保健工作

在学校党政领导和上级卫生行政部门的指导下，紧紧围绕学校的中心工作，坚持“以病人为中心”的工作理念，认真落实年度工作计划，保障师生员工的身体健康，为学校各项工作的顺利开展提供了较好的医疗保障。

（一）传染病的防控工作

根据《中华人民共和国传染病防治法》及相关的法律法规，遵照肇庆市疾控中心的要求，做好传染病的网报、宣传和监控等工作，做到早发现、早报告、早隔离、早治疗，科学有效地防止传染病在校园内蔓延。并根据学生患病的轻重，按规定做出相应的休学、退学等建议。

肺结核防控。与市结防所密切沟通，牵头制定我校肺结核防控工作方案。做好结核病监测工作，做到早发现、早报告、早隔离、早治疗。发现肺结核病例立即转送至市结防所，并严格按《学校结核病防控工作规范》和市结防所的要求，组织密切接触者筛查。组织需要定期复查的师生在校医院复查X线胸片，对复查中发现的肺结核病例，及时隔离。向全校师生发布肺结核防控核心知识题库，宣传肺结核预防知识。

新冠肺炎疫情防控。贯彻执行省市卫健部门、省教育厅、肇庆市及学校的疫情防控工作要求，配合学校做好多次新冠肺炎疫情防控应急演练，牵头制定学校突发公共卫生事件应急预案、传染病疫情报告制度、突发公共卫生事件报告制度、学生晨午检制度等两案八制中多项防控工作制度。组织医护人员学习新冠肺炎疫情防控相关知识。在市卫健局的指导下，在校医院一楼西侧设置相对独立的发热诊疗区，制定切合实际的“就诊师生体温筛查、转运及跟踪处置流程”。制定疫情期间预检分诊方案和健康观察区的医疗工作方案，专人负责健康观察区医疗工作。在每次学生返校、大型活动等期间，都有医护人员在校门口负责疫情防控值守。

常见传染病宣传。利用校医院门前的宣传栏进行健康教育宣传，内容涉及常见病、肺结核、艾滋病、新生军训注意事项、诺如病毒胃肠炎、登革热、流感等。并通过校医院网页进行健康教育宣传。

艾滋病宣传。每年向全体新生发放艾滋病宣传知识手册；利用校医院网页、校医院宣传栏进行艾滋病知识宣传；提供艾滋病宣传光盘，向学生播放艾滋病防治知识宣传视频。

（二）业务工作

1. 日常诊疗工作。2021 年度校医院共接诊门诊 6118 人次，急诊 6886 人次。

2. 体检工作。以高度的责任感协助体检中标医院做好新生入学体检工作，向新生发放健康状况调查表，了解新生身体健康情况，并为学生建立健康档案。对患有心脏病、癫痫、精神疾病等危险度较高疾病的学生，校医院及时与患病学生签订了《疾病告知书》，并通知院系给予医疗照顾，避免剧烈运动，选修体育保健课，定期复查，既满足了患病学生留校学习的要求，又为学校解除了后顾之忧。

组织全校正高职称、离退休、其他教职工 1676 人到市第一人民医院体检。组织合同工 466 人到体检中标医院体检。

3. 承担全年校内各种大型活动的医疗保健任务。包括新生军训、校运会、教代会、开学典礼、毕业典礼、消防演习、四六级考试、研究生入学考试以及体育学院组织的全校学生体能测试等。

4. 除“四害”工作。与肇庆东江城市害虫防治服务公司签订“除四害”服务合同，对东江城市虫害服务公司履行合同情况进行监督检查。2021 年度进行灭蚊、灭蟑螂等消杀工作 27 次，服务人员 52 人，使学校“四害”密度控制在较低的程度，达到国家爱卫部门规定的标准，有效防止了传染病的发生和流行。

5. 校园方责任险工作。根据广东省教育工委关于“在高校要投保校园方责任险”的指示精神，校医院每年为在校生在中国人民保险公司肇庆分公司投保校园方责任险，以确保学生在校园内或校外实习期间发生意外事故后能在经济上得到一定的赔偿。

6. 其他工作。对患病学生（陈旧性肺结核，乙肝等）进行追踪随访，协助学生处做好无偿献血工作。

（三）校医院内部建设与管理

按医院各级各类岗位职责要求进一步规范医疗卫生服务工作，做到“责任到人”。在医生严重缺乏的情况下，继续坚持主校区 24 小时值班制度，在新冠疫情期间，增加星湖校区 24 小时二线值班。医疗上要求规范各种医疗文书记录，多次强调用药安全，规范抗生素的使用管理；护理上要求严格执行各项医疗操作规程，避免了院内感染和差错事故的发生；规范了药库和药房的工作职责，要求药房每月盘点，对药品质量进行严格检查。

场馆管理工作

遵循学校总体工作思路与中心任务，认真履行场馆管理职责，以“服务教学科研、服务校园文化、服务师生、服务社会”为工作理念，以优质服务与科学管理为导向，为全校的教学、科研、竞赛、学术讲座、会议培训、文体活动等提供相应的场馆场地和服务保障工作，并在满足学校使用的前提下，面向社会开放。

（一）提高政治站位，抓好工作落实

认真学习习近平新时代中国特色社会

主义思想、党的十九大以及历届全会等精神，把伟大建党精神及“我为群众办实事”思想在实际工作中充分体现，进一步指导场馆工作高质量发展。严格落实安全责任，认真履行岗位职责，定期对各场馆和周边环境进行排查，杜绝出现乱张贴标语或非法集合的现象，加强和规范报告会、论坛、演出等活动的管理监控，对在场馆举办的各项活动严格把关，坚持“先申请、后使用，谁使用、谁申请、谁负责”的原则。认真落实学校“党建育才工程”，选派支部党员同志参加机关带班党员活动，充分发挥高校基层党组织在党建引领、党建融合、党建创新、服务师生中的作用，为党与学校的发展建设作贡献。

（二）做好基础建设，完善设备设施

加强对各类场馆日常检查、监督，做好场馆设备设施的维护、保养和维修，有序推进场馆建设及设备设施升级改造，为师生提供可靠、舒适、安全的教学环境，为申硕成功及研究生培养提供优质场地支持；对收集的反馈意见认真调查研究，对确实存在的问题加快推进与落实；把握承接校内外大型文体赛事及各类活动的有利条件，筹集各方资源推进设备设施升级改造，把各场馆打造成符合举办大型比赛及活动标准的一流场地。2021 年已按制定的工作计划，圆满完成场馆设备设施升级改造任务：

1. 新增体育场馆电子自动门禁系统，解决了体育专业师生提出的晨练场馆开放需求。

2. 改造体育馆一楼力量区，重新划了 2 片毽球教学场地；改造体育馆三楼教学区，增加照明和通风设备，改建成瑜伽和体育舞蹈教学场地；评估体育馆二楼舞台机械风险。

3. 升级改造 4 片网球场，另外 4 片加紧推进实施；安装游泳场电子监控系统，完成池底、池壁修复工程。

4. 新增第二运动场跑道照明灯，解决场内跑道区照明问题，为夜间教学实训提供必要条件；完成剧场会议灯光升级改造，音乐厅 LED 舞台灯光设备更新；完成羽毛球馆灯光照明升级改造，侧墙加装防撞棉，保护师生运动安全。

5. 完成其他设备设施的日常维护，如：游泳场泳池的水质处理及清洁消毒，运动场、体育馆等体育场地划线，篮球场、足球场、排球场、羽毛球场、网球场等设备设施的维修维护，场馆大型中央空调设备的维护维修和各场馆的门窗加固、房顶补漏、墙面翻新等。

（三）优化整合资源，展现场馆担当

认真落实校内单位使用场馆减免场地使用费的批示精神，不断优化场馆资源配置，提高场馆使用效率，充分发挥高校体育场馆、文化艺术场馆的资源优势。2021 年承接校内外党政会议、学术报告、音乐会等各项活动约 515 场次，包括新生入学教育系列活动、教育实习岗前培训、党史学习教育系列活动、砚园大讲堂系列讲座、“强师工程”系列活动、市中学生艺术展演活动、省教厅首届广东省高校政府采购业务知识技能竞赛活动、高校毕业生供需见面会、广东省“新师范”建设总结大会等。其中校内二级单位教学科研、文艺、体育等各项活动 371 场次，全校性活动 132 场次，省市党政部门活动 4 场次。

（四）多措并举推进，抓好疫情防控

坚持做好疫情防控常态化的场馆管理工作。根据上级部门和学校疫情防控工作相关通知精神与要求，落实场馆疫情防控责任，严格做好各场馆的通风、消杀、保洁、隔位就座等措施，指导使用单位落实防控报备与审批工作。在 2021 年 3 月—

6月，多功能体育馆篮球场作为肇庆市首批大型疫苗接种点期间，圆满完成场地开放管理与服务工作，疫苗与接种设施的安全保障及场内设备、设施、中央空调运行保障任务。

（五）通过省委巡视、经济责任审计

认真学习贯彻学校中层领导干部任期经济责任审计整改工作的文件精神，结合经济责任《审计报告》所提及的问题清单，审计意见、建议和本部门工作实际，场馆中心党政领导班子高度重视，认真落实经济责任审计整改任务，强化管理，改进作风，增强担当意识、责任意识和大局意识，顺利通过省委巡视、经济责任审计。

武装与安全保卫工作

坚持把党的政治建设摆在首位，以习近平新时代中国特色社会主义思想武装头脑，按照“学党史、悟思想、办实事、开新局”目标要求，坚持党建引领，加强党员干部思想建设，增强党员的事业心和责任感。2021年度，出色完成上级主管部门有关工作和学校的国防教育及安全保卫等工作，获得系列荣誉奖励和表彰。

（一）征兵工作

根据中央、省市关于征兵工作的要求，2021年实行一年两征，积极加强与兵役机关的沟通联络，充分发挥现有优势，动员和鼓励应届毕业生积极报名应征，大力营造参军光荣氛围，拓展宣传的广度和深度，保障了一年两征工作的顺利开展。2021年报名应征的大学生人数达到484人，为2020年的1.24倍；全校共有101名学生光荣入伍，创历史新高，其中应届毕业生37名，完成率308.33%，超额完成了毕业生征集任务。

（二）军训工作

坚持文化浸润熏陶，继续选拔160名学生教官组织自训。在两个校区同时开展2021级9600名新生的军训。在校党委的高度重视下，成立了2021级学生军训工作领导小组和军训团，严格按照《2021级新生军训工作方案》施训；首次成立军训临时党支部，充分发挥基层党支部的战斗堡垒作用和共产党员的先锋模范作用，圆满完成了14天的军训工作任务。在军训总结表彰大会上，近万名师生发出“请党放心，强国有我”的青春誓言，军训育人功能进一步提升。

（三）治安管理

保卫处干部和校卫队队员贯彻落实校园疫情防控工作要求，认真做好疫情防控期间学生返校、新生开学以及专升本考试、四六级英语考试等大型活动的疫情防控工作，坚持守护好校园安全第一道防线，保障师生员工的生命安全和身体健康；坚守岗位，冲锋在前，严格校园封闭式和常态化疫情管理，做到“逢人必检、逢车必查”，全天24小时不间断值守，切实维护校园的安全稳定。

坚持校园110接警中心24小时值班，严格实行事故信息和重大事件报告制度，保卫处干部24小时值班备勤，做到发生案件能及时处理。全年共受理报警、求助1327次，均于第一时间进行了处置。大力配合公安机关查处校内和校园周边案件，打击影响学校教育教学秩序的违法犯罪活动，进一步优化校园及周边治安秩序。

按照“谁主管、谁负责”的原则，2021年初组织召开全校安全稳定会议，部署2021年度全校安全稳定工作。与各单位签订《肇庆学院安全稳定责任书》。修订完善了《突发事件应急处置预案》，进一步规范了应对和处置突发事件工作体系和信息报告程序、时限，为突发事件应急处置提供了制度保障。坚持每月和重大节日假期对全校进行安全检查，排查安全隐患，及时通报检查情况，督促安全措施的落实，严防因措施落实不到位而发生治安刑事案件。全年开展安全检查45次，排查安全隐患14处。

在毕业生离校和新生入学期间，集中开展反诈、消防、交通等安全知识宣传教育，及时通报校内发生的案件，用身边鲜活案例来达到教育警示学生的目的，有效降低了各种案事件和安全事故的发生率，全年共开展安全宣传教育78场。

（四）交通安全管理

严格校门管理，根据疫情防控要求，实行机动车辆、摩托车电动车凭证出入和外来人员登记制度，保卫处干部坚持昼夜带班治安巡逻，落实人防技防物防相结合的防范措施，有效预防和减少了案事件发生。

对主校区西南门和星湖校区门禁系统进行升级改造，以提高“科技创安”能力，实现对校外汽车的精确管控，构建现代化校园治安防控体系。

（五）消防安全管理

与校内各单位签订《肇庆学院消防安全责任书》《消防安全承诺书》。全年开展消防灭火训练23场次，累计约12800人次参加，提高了师生员工的消防意识；组织应急疏散演练2场次，参加人员达3000余人，提升师生员工在突发事件中逃生自救的技能。开展了以“落实消防责任，防范安全风险”为主题的119消防宣传活动，悬挂宣传条幅10条、张贴宣传海报展板26块、印制消防安全倡议书1000份，对各单位消防安全员开展了消防知识教育培训，大力营造了人人关注消防、人人参与消防的良好氛围。

经常开展防火安全自查，及时发出通知，监督、指导各单位落实防火措施、自查自改消防隐患。全年开展消防安全检查79次，排查消防安全隐患185处。加强消防设施管理，合理配置、及时检修消防器材。新增消防安全疏散指示灯1364盏，维修并更换充装灭火器2100余瓶，更换消火栓水带203套，维修消火栓箱及消火栓门、消防水管、灭火器箱等341件。严查学生宿舍违规用火用电、私拉电线行为，消除了一批火灾隐患，防止火灾等群死群伤事故发生。向存有消防安全隐患的单位下发整改通知书7份，全年未发生火灾事故。选派优秀干部陈文勇到肇庆消防救援支队学习训练，提升消防业务技能。

（六）户籍管理

2021年办理学生户籍迁移1538人，开具政审、综合治理、户籍证明材料800余份，协助公安机关登记学生信息1585人、清查登记流动人口174人。加强流动人员管理，降低流动人口发案率。

（七）奖励和表彰

荣获“2021年度征兵工作先进单位”称号，黄镜辉同志被评为“2021年度征兵工作先进个人”。在2021年广东省首届消防员技能竞赛中，获团体第五名，陈文勇同志荣获“400米消防接力”第一名和“多队联战灭火救人”第二名。在2021年广东省大学生国家安全知识竞赛中，荣获团体一等奖。获2021年度国家安全人民防线建设工作优秀奖。

教代会、工会与共青团工作

教代会与工会工作

以习近平新时代中国特色社会主义思想为指导，学党史、悟思想、办实事、开新局，围绕学校中心工作，服务立德树人。组织召开教职工代表大会，在选树劳模、先进典型单位和开展文化体育活动等方面均取得可喜成绩，圆满完成了各项目标任务。

（一）教代会工作

2021 年 4 月 25 日，第四届教职工暨工会会员代表大会第三次会议在肇庆学院剧场隆重召开。曾桓松、吴业春等校领导、校党委委员和 160 多名正式代表参加大会，20 多名特邀代表、列席代表旁听大会。会议听取审议了吴业春同志所作的题为《聚众智谱新篇 凝众志开新局 奋进学校高质量发展新征程》的校长工作报告，听取了《肇庆学院“十四五”事业发展规划》和《财务工作报告和财务预算案》，书面听取了《工会工作报告》《审计工作报告》《校务公开报告》《学术委员会工作报告》《工会财务报告》，书面审议了《提案工作报告》，并对四届二次教代会 1 件优秀提案和 1 个提案承办先进单位进行了表彰。

会议认为，校长工作报告系统、全面地总结了过去一年肇庆学院取得的主要成绩，对当前学校发展面临的总体形势进行了深刻的分析，准确指出办学优势与客观短板，提出了科学、清晰的工作思路，明确了下一阶段的工作任务，为推进学校开启高质量发展新征程指明了方向，提供了动力。

这次会议是学校在喜迎建党 100 周年之际召开的重要会议，是一次民主、团结、求实、奋进的大会。会议集中体现了广大教职工对学校加快改革发展、推进民主办学、共同构建和谐校园的强烈责任感和崇高使命感，充分彰显了肇庆学院民主管理和依法治校的生机活力。

本次教代会征集提案一共 37 件。提案涵盖教学行政管理、福利待遇、校园建设、校园安全、后勤管理等多个方面。经学校领导班子审核，最终确定立案 5 件（将 8 件提案合并成 5 件），其余 29 件提案作为工作建议。所有提案都转交相关职能部门办理，答复情况在工会网页上公布，接受教代会代表和广大教职工监督。至 2021 年底，立案的 5 件提案已全部办理完毕，提案人对其中 4 件提案评价为“满意”，对其中 1 件提案因资金不足暂缓实施评价为“基本满意”，对其余 29 件提案处置均无异议。

（二）工会工作

1. 学党史悟思想，强化政治引领。校院两级工会把党史学习教育融入工会工作中，不断增强广大教职员工的政治领悟力、政治判断力、政治执行力。以“永远跟党走”为主题，开展庆祝中国共产党成立 100 周年群众性宣传教育，组织工会委员开展党史学习、座谈、讨论活动，组织工会党员干部开展党史学习教育主题党日活动。把“我为群众办实事”的实践活动作为党史学习教育的重要内容和突出抓手，开展文体兴趣班系列活动。在学校工会网页上陆续推出“党史学习·应知应会三百题”，动员广大教职员工积极参与学习。2021 年，工会在学校网站发布党史学习等活动的新闻报道 15 篇，在工会网站发表报道、党史学习知识问答等 69 篇。

2. 助力师德师风建设，着力培育先进典型。积极协助人事处开展 2021 年师德建设主题教育月活动，选送省教育厅进行参评的师德征文获评一、二、三等奖各 1 篇。着力挖掘培育更多劳模工匠先进典型，充分发挥先进典型的示范引领作用。2021 年，生命科学学院分工会获评“全国巾帼建功先进集体”和“广东省模范职工小家”称号，江晓红教授获评“广东省三八红旗手”，李刚工匠创新工作室获评“肇庆市劳模和工匠人才创新工作室”称号。

3. 充分发挥教代会职能作用，积极推进民主管理。做好学校教代会工作，指导二级分工会召开二级教职工民主管理大会，发动广大教职工积极参与学校的民主监督、民主管理，为学校治理体系和治理能力现代化添砖加瓦。校工会组织拍摄的《肇庆学院民主管理专题片》短视频，荣获省总工会颁发的优秀奖、肇庆市总工会颁发的二等奖，校工会荣获肇庆市总工会颁发的优秀组织奖。推进学校依法治校及内部控制体系建设，修订了《工会规章制度汇编》，发布在工会网站上，让广大教职工查阅。

4. 夯实维护教职工权益，传递关心，输送温暖。为全校工会会员购买广东省职工医疗互助保障计划、发放生日蛋糕券，为女教职工发放福利券，对生病住院的教职工进行走访慰问，对市困难职工家庭进行慰问。妥善做好教职工子女入学和转学工作，成功帮助 13 名符合政策规定的教职工子女顺利入读小学一年级。购买清凉饮料等物资给防疫一线工作人员，为学校防疫工作贡献工会力量。

5. 文体活动丰富多彩，创办兴趣班成亮点。在疫情常态化防控的情况下，组织“三八节”活动和羽毛球、乒乓球、篮球、校运会等体育活动。开展文体兴趣班系列活动，创办乒乓球、羽毛球、健美操、瑜伽、书法、剪纸等项目的六个教职工兴趣班，成为校工会“我为群众办实事”的特色品牌。在肇庆市第二届职工运动会上，肇庆学院获得广场排舞第一名，羽毛球第三名，男子篮球第八名，并获得优秀组织奖。

共青团工作

肇庆学院各级团组织深入学习贯彻习近平新时代中国特色社会主义思想，深入学习贯彻党的十九大及十九届历次全会精神，紧紧围绕学校中心工作，着力在加强学生思想引领、服务学生成长、维护学生权益、完善自身组织建设等方面开展工作，巩固改革成果，为青年学生搭建成人成才的广阔舞台，通过改革和创新为学校发展作出应有贡献。

截至 2021 年 12 月，学校共有团员 1.9 万名，占全校在校学生的 75.7%；设有 17 个二级学院团委及星湖校区团委、教工团工委，全校团支部数量达 571 个，2021 年团员推优人数为 1482 名。

（一）强化思想政治引领，落实主责主业

学校各级团组织积极推动党史学习教育融入思政课堂、嵌入校园文化、走入组织生活、汇入社会实践，切实落实灯塔工程、青年大学习网上主题团课等一系列思想引领行动，聚焦“我为青年办实事”，推动党史学习教育落细落实。

2021 年度共组织学生参加 36 期“青年大学习”，全年累计有 421333 人次参加学习；625 个团支部参加党史学习教育，并在智慧团建系统上记录学习情况，完成率达 100%。本年度广东高校“活力在基层”主题团日竞赛，全校共开展团日活动 305 个，荣获 1 项全国高校“活力团支部”项目。将党史学习教育作为 2021 年“团干讲党团课”的鲜明主题和主要内容，累计完成 54 次宣讲，有 4 位青年教师入选肇庆市青年讲师团，5 位师生参加 2021 年全省团干部各类培训。学校“青马工程”培训体系已形成省—校—学院三级培养机制，在 2021 届“砚园青马”的 200 名学员中，共有 80 名同学被推优入党，从开班时的 1% 上升到当前的 41.5%。

在“五四”、“七一”、国庆等重要时间节点，举办升旗仪式、重温誓词等活动，集中开展入团仪式。深入实施校院两级“灯塔工程”，开展系列“灯塔学习会”，以主题团日、支部大会等形式开展学习活动。组织开展“传承红色基因志愿宣讲行动”，组建学生志愿宣讲队与肇庆市爱国主义教育基地结对。组织开展“党史有声”活动，收录由学校学生诵读的《中国共产党简史》等重要培训教材的录音。

（二）提升团的组织力，推进“命脉工程 2.0”

通过建立“提醒—督办—通报”机制，对基层团组织的换届进行督导，2021 年度基层团组织按时换届率达 100%；采取兼职团干对接未转出的毕业生团员的方法，开展团组织关系转接常态化检查督查，提升“学社衔接”质量，2021 届毕业生团员组织关系转出完成率达 95.02%；2021 年度共发展团员 200 名，已全部在“智慧团建”系统上报到，发展编号使用率达 100%；规范共青团“推优”工作，2021 年度学校团组织向党组织推荐发展对象 1482 名、积极分子 2211 名；规范团员档案管理，设立团籍档案管理专柜，做到“一人一档、流动明确”；通过开展仪式教育、实践教育、主题团日、主题教育等活动，扎实推进“三会两制一课”，目前团员评议完成率达 99.25%；认真做好年度团费的决策与预算，依托“智慧团建”系统在团费公开栏目中，向下级团组织和团员公布 2021 年团费收缴使用和管理情况，2021 年度团员团费平均缴纳率达 93.39%；扎实开展基层团组织书记述职评议考核工作，2021 年 12 月通过现场述职的形式对基层团组织书记进行考核，年度工作评价将与评优评奖、选拔任用进行挂钩。

（三）联系服务青少年，维护青少年权益工作

运用共青团工作优势，努力为青年学子搭建各类创新创业平台。在今年第十六届“挑战杯”广东大学生课外学术科技竞赛中，1 项作品获特等奖被推荐参加国赛角逐，实现了肇庆学院晋级国赛的突破，同时还有作品获一等奖 1 项，二等奖 2 项，三等奖 11 项，学校获评为优秀组织单位。

组织学生参加广东大学生校园文体艺术季系列活动，再次承办广东大学生书画艺术作品大赛。2021 年，学校共举办 110 场科技文化艺术系列讲座，累计达 1325 场；已连续十一年举办“促进高素质应

用型人才培养”主题活动；继续开展“展翅计划”大学生创业实践行动，持续开发不同类型的实（见）习岗位；组织学生参加广东大学生科技创新培育专项资金项目（攀登计划专项）申报，累计有96个项目获资助，金额达158.5万元。1名学生入选第六届广东省“青创100”学员。

学校团委将社会实践活动贯穿到全年工作当中，并着重以“三下乡”社会实践活动为契机，将“三下乡”与“返家乡”相结合，将党史学习纳入今年社会实践必修内容，鼓励学生广泛投身到实践活动当中。2021年，学校共组建了158支重点社会实践服务团队（含97支党史学习实践团队），行程覆盖西藏及广东广西等多地。学校团委被评为2021年全国大中专学生志愿者暑期“三下乡”社会实践活动优秀单位；一支队伍获评全国优秀团队；一支队伍被评为全国重点团队；10支队伍被选评为省级重点团队。

（四）围绕党政中心，提升大局贡献度

积极组织青年学生参与志愿服务，用青春力量服务地方经济社会发展和学校事业发展。截至2021年12月，学校“i志愿”系统上累计志愿服务时长突破102万小时，实名注册志愿者累计达2.85万人，持证志愿者人数达1.6万余人，累计有20名师生被认定为“五星志愿者”。2021年共有40名同学被录取为西部（山区）计划志愿者，其中西部计划7人、山区计划33人，为历史新高。

在“两帮两促”工作中，“青年云支教”社会实践队持续为山区孩子开展云端支教志愿服务，目前已累计有655名志愿者提供云端支教课程3477节，“青马书信”等特色做法已然成为学校“青年云支教”等工作中的品牌子项目。该项目已获“2020年广东省大中专学生志愿者暑期文化科技卫生‘三下乡’社会实践活动优秀团队”和“肇庆市2021年最佳志愿服务项目”等荣誉。

在“千校万岗”工作中，制定了专项实施方案，全体专职团干部分别结对至少3名就业困难学生，建立“千校万岗”工作台账，并跟踪落实。共完成69名2022届学生帮扶结对，全部已接到录用通知。

（五）落实全面从严治团，推动共青团改革向纵深发展

坚持党建带团建，继续深入推动《肇庆学院共青团改革方案》《肇庆学院学生会组织改革实施方案》《肇庆学院学生社团建设管理办法》的落实，在学生会等三个主要学生组织中成立横向党支部，不断提升团学组织的党建规范化科学化水平，使团学组织的体系和制度建设更加规范完善。

在深化共青团改革方面，学校共青团按照路线图扎实推进各项改革。2021年度完成了共青团改革自评。在学生会改革方面，按照《肇庆学院学生会深化改革实施方案》精神，扎实推进校、院两级学生会深化改革各项要求落地落实，组织修订《肇庆学院学生会章程》。进一步优化组织结构，学生会组织架构设置为“主席团+工作部门”模式，进一步推进“校、院、班级”三级学生会组织联动工作格局。同时，坚持从严治会，严把学生骨干遴选条件，重视学代会的制度化、规范化、程序化，每年召开一次学代会，2021年度召开了第八次学生代表大会。经过不懈努力，学生会改革的主要核心指标已全部完成，并接受了上级学联的评估验收。在推进学生社团建设管理方面，修订了《肇庆学院学生社团指导教师管理办法》，完成了指导教师的聘任，进一步明确了思想政治类社团和志愿公益类社团指导教师须为中共党员，专业类社团须由相应专业背景的教师担任指导教师。

二级学院与教辅单位工作

马克思主义学院

马克思主义学院现有教职工 53 人。52 名专任教师中，教授 5 人，副教授 10 人，讲师 14 人，高级职称占比为 28.84%；有博士学位者 12 人，博士占比 23.08%。下设 6 个教研室：“概论”教研室、“原理”教研室、“纲要”教研室、“德法”教研室、“形势与政策”教研室、军事理论教研室。面向全校学生开设“中国近现代史纲要”“思想道德与法治”“毛泽东思想和中国特色社会主义理论体系概论”“马克思主义基本原理”“军事理论”等必修课，以及“马克思主义中国化进程与青年学生使命担当”“四史”等限制性选修课程。学院始终坚持把思想政治理论课作为马克思主义理论教育的主渠道、主阵地，以增强思政课的实效性为目标，落实立德树人根本任务，用习近平新时代中国特色社会主义思想铸魂育人。

（一）党建与思想政治工作

2021 年是党史学习教育年。马克思主义学院将党史学习教育全面融入思政课教学的各个环节，配合学校做好党史学习教育，取得扎实的成效。形成了肇庆学院特色的“一体两翼三支撑”党史学习教育创新案例，《西江日报》2021 年 10 月 18 日以“党史融入思政课　育人走向课内外”为题对此进行了报道。获广东省“同上一堂党史课”教学展示一等奖 1 项，广东省“百部精品党课”1 项，广东省高校百部精品党课 1 项、优秀党史宣讲员 1 人；广东省高校思政课党史教育优质课例展示活动二等奖、三等奖各 1 项。

1. 夯实课堂主体，畅通党史学习教育主渠道。通过系统梳理党史学习教育内容，突出重点，找准党史教育和思政课的有机结合点，在思政课教学体系主干课程中全面融入党史学习教育内容，在通识课程中开设了“四史”模块课程，每名学生在 1～6 学期必须从“四史”中选读 1 门课程，完成课程学分修读。

2. 做好党史学习教育的理论宣讲和研究工作。选派 8 名优秀教师参加肇庆市党史学习教育宣讲“六进”工作，10 名教师参加肇庆市教育系统的党史学习宣讲活动，并组建 16 人的学校党史学习教育宣讲团。宣讲团队完成校内外专题宣讲 150 场次，受众 15000 多人。在《西江日报》发表党史学习教育理论文章 3 篇，获肇庆市庆祝中国共产党成立 100 周年主题征文二等奖、三等奖各 1 项，获广东省 2021 年度教育科学规划课题（党史学习教育专项研究）项目 2 项。

3. 严格落实书记校长、二级学院党委书记院长“思政第一课”制度。学校书记、校长，二级学院书记、院长同讲专题党史课，共开展专题授课 70 多场次，受众学生达 8000 多人次。

4. 认真落实党建主体责任，推进支部学习教育常态化、制度化。落实党员领导干部下支部、抓支部工作。落实党政联席会议制度、二级学院党组织会议、中心组学习制度和民主生活会议制度。定期召开党总支委会议，指导党支部开展工作，严把基层党建质量关。严格执行党内生活的各项制度，落实“三会一课”制度，认真组织开展专题组织生活会和民主评议党员。认真贯彻保密工作规定。结合党史学习教育，各书记讲党课次数均达到10次以上。推进省级“标杆院系”培育单位的建设，指导做好校级“双带头人”工作室和“样板支部”建设，做好新冠疫情防控工作。马克思主义学院党总支获学校先进基层党组织称号。

5. 加强党风廉政建设，严格落实“一岗双责”。配合学校做好省委巡视学校党委以及校内对马克思主义学院党总支的巡察工作。加强课堂及各类思想文化阵地的建设和管理。结合师德师风专题教育活动和师德师风教育月活动，围绕“学党史悟思想，懂纪律守规矩”主题开展纪律教育学习月活动，教育党员坚定理想信念，增强党性修养，严守纪律底线。

（二）学科与队伍建设

学院积极引进人才。2021 年共引进 18 名教师，其中博士 1 名、硕士 17 名，为达到 1∶350 目标奠定了基础。组织教师参加省教厅组织的各门课程新教材培训和教学交流。学院先后 3 次对新进教师进行培训，从认识开设思政课的重要性、思政课教师的基本素养、教学管理规章制度、“数字马院”教学平台的使用等方面进行具体的培训学习。

（三）教学工作

落实立德树人根本任务，推动全院教学工作不断发展。

1. 加强教学各环节的管理，不断提高思政课的实效性。通过专题教学、案例教学、课题探究等教学手段，推动思政课教学方法的改革创新。加强集体备课，推动习近平新时代中国特色社会主义思想进教材、进课堂、进学生头脑。教学改革成果明显。2021 年获肇庆学院第九届教学成果奖特等奖 1 项、二等奖 2 项；1 名教师获 2021 年度广东省高校思想政治理论课青年教师教学基本功大赛三等奖，还有 1 人获肇庆学院青年教师课堂教学竞赛二等奖。

2. 做好“新强师工程”工作。2021 年学院承担了广东省“新强师工程”的师德师风专项培训、广东省中小学支部书记和党务骨干示范培训任务。学院高标准、严要求做好两个培训班的各项工作，取得很好的效果。

（四）科研工作与对外学术交流

一年来，学院教师积极进行教研、科研活动。公开发表论文 41 篇，被 CPCI 收录 4 篇，南大核心 2 篇；课题立项 19 项，其中广东省 2021 年度教育科学规划课题 2 项，市厅级项目 6 项。1 位教师获“省优秀青年科研人才国培计划”资助到德国访学。

（五）综合管理

强化内部管理，配合学校做好内部控制建设。制定了《马克思主义学院资产管理办法》，完善了《马克思主义学院部门及岗位职责》《马克思主义学院教学管理细则》等管理制度，取得较好的效果。此外，学院分工会的活动也取得了较好的成绩，在校运动会上获教工团体二等奖和优秀组织奖二等奖。

经济与管理学院

经济与管理学院现有教职工 75 人，其中专任教师65 人，教授 8 人，副教授 17 人，博士 37 人。学院现有全日制本科生 2210 人（其中校本部 1848 人），包括会计学、市场营销、人力资源管理、国际经济与贸易、投资学、电子商务等6 个本科专业，其中会计学专业是国家级专业综合改革试点专业、省级一流本科专业建设点，国际经济与贸易专业是省级重点专业。

（一）党建与思想政治工作

1. 抓好党建示范建设，党建工作卓有成效。2021 年，学院党委被认定为肇庆市教育系统第三批基层党建工作示范点、被评为肇庆学院先进基层党组织，学院党委顺利通过“全校党建工作标杆院系”创建工作中期评估，经济学系教师党支部、市场营销专业学生党支部顺利通过“全校党建工作样板党支部”创建工作中期评估，人力资源管理专业学生党支部顺利通过“全校党建工作样板党支部”创建工作期满验收。在 2021 年度抓基层党建工作述职评议考核中，学院党委书记获“优秀”等次。

2. 注重工作总结提炼，党建成果喜获丰收。学院公开发表党建思政论文 5 篇，获 2021 年度广东省高校思政工作优秀论文三等奖 1 篇；学校基层党组织党建工作创新案例二等奖 1 项、学校“庆祝建党 100 年 · 践行核心价值观”优秀案例二等奖和三等奖各 1 项、学校精品微党课二等奖 1 项；获广东高校学生工作创新案例二等奖 1 项；获学校学工部学生事务管理重点项目立项 1 项、学工部易班“一院一品牌”重点项目立项 1 项；结题广东省高校党建研究会课题 2 项、市级和校级党建课题各 1 项。

（二）学科与队伍建设

实施人才强院战略，注重教师队伍培养工作。2021 年，引进具有博士学位专任教师 2 人、硕士学位教务员 1 人。2021 年度有 3 名教师成功晋升教授职称，教授人数达到 8 人，为学院历史最高水平；1 名教师晋升副教授职称，实现了近几年晋升副教授零的突破。

（三）教育教学与人才培养

1. 打造一流专业，提升育人质量。会计学专业获得资格参评国家一流专业，国际经济与贸易专业被评为广东省重点专业。探索专业培养新方向，2021 年顺利完成与广东省农工商职业技术学院市场营销专业的“3 + 2”转段考试，首次开启学院“高职 + 地方本科院校”联合培养模式。

2. 推进教育教学“质量工程”，引领高质量发展。2021 年，学院跨境电商课程获得参加广东省线上线下精品课评选资格，“跨境电商人才培养模式创新研究”获得肇庆学院第九届优秀教学成果奖一等奖。教师获得教研类课题校级立项 7 项，指导学生获得《大学生创新创业项目》校级立项 5 项。在教师教学获奖方面，获得肇庆学院“教学质量十佳教师奖”1 人，“实践教学优秀指导教师奖”1 人，获得首届教师教学创新大赛一等奖 1 人、三等奖 2 人，获得课程思政教学大赛文科组一等奖 1 人、三等奖 1 人。

3. 稳步提升实验室硬件水平，增强社会服务功能。2021 年度，学院成功获批学校实验室建设专项经费，投入60万元用于更换第二教学楼313室设备。学院先后与肇庆市电商服务中心、东莞睿铂电子科技有限公司、德胜科技实业发展（深圳）有限公司、肇庆市联高财务管理咨询有限公司、肇庆华建观正税务师事务所有限公司等单位签订了校企合作协议，为肇庆新区投资发展有限公司招聘总经理、副总经理提供笔试、面试服务。

（四）科研工作与对外学术交流

科研工作结硕果，砥砺前行启新篇。2021年，学院科研工作取得了显著的成绩，科研总分达到了约100100分（比上年增加16514分，增长20%）。在科研项目方面，共承担各类科研项目合计46项，总经费为88.97万元，张华老师成功获得国家社会科学基金立项。在研究成果方面，被市政府相关职能部门及县区政府采纳的研究成果有2项，3人获得肇庆学院个人科研成果二等奖，3人获得肇庆学院个人科研立项奖二等奖。在论文发表和教材著作方面，在省级以上刊物以及国际学术会议发表论文107篇，其中SSCI收录12篇（二区9篇，三区2篇，四区1篇），出版专著2部、教材1部。

（五）学生工作

1. 抓细抓实抓特色，学生工作出佳绩。2021年，学院获得校级五四红旗团委、优秀学生会、优秀易班工作站、资助工作达标单位、就业工作优胜奖等荣誉。2019级会计学专业1班团支部获全国活力团支部称号和肇庆市五四红旗团支部称号。

2. 搭建锻炼平台，培育全面发展的时代新人。学生积极参与专业技能竞赛，共有911人次参加学院十大技能比赛、248人获奖，获得2021全国金融与证券投资模拟实训大赛二等奖、三等奖各1项，2021年全国高校商业精英挑战赛“致教杯”跨境电商创新实践大赛二等奖2项、三等奖1项。获第五届广东省高校网络展示节主题原创作品一等奖1项。此外，注重发展学生体育运动，学院获肇庆学院2021年田径运动会甲组团体总分第一名、全年竞赛团体总分第六名；男子足球队荣获第一名，羽毛球队荣获团体总分第二名。

（六）综合管理

压实工作职责，切实履职担当。在党风廉政建设工作中，党政班子和3名班子成员获2021年度责任考核“优秀”等次。在脱贫攻坚工作中，学院圆满完成各项扶贫工作任务，成效明显，被学校评为扶贫工作先进单位。在群团工作中，学院在三八妇女节组织女教职工到四会调研新农村建设情况；男子篮球队夺得“园丁杯”男子篮球甲组比赛第4名；学院获学校2021年教职工运动会代表团组织奖三等奖。

政法学院、知识产权学院

政法学院知识产权学院现有教职员工57人，其中教授4人，副教授12人，具有博士学位的教师19人。现设有思想政治教育、法学、行政管理、知识产权4个本科专业，全日制在读生约1359人。2021年是“十四五”发展规划开局之年，学院认真贯彻落实党的十九大和十九届五中、六中全会会议精神，以习近平新时代中国特色社会主义思想为指引，贯彻党的教育方针，顺利完成庆祝建党100周年各项活动，团结协作做好新冠肺炎疫情防控工作，以培养高水平应用型人才为目标，推动各项工作开展，取得较好成绩。

（一）党建与思想政治工作

1. 2021 年是建党 100 周年。学院党委按照学校党委要求，制定了年度学习计划，通过党课、知识竞赛和讨论研学等形式组织集体学习。学习宣传贯彻党的十九届六中全会精神、习近平总书记“七一”重要讲话精神等。举办“学史要明理，坚定跟党走”党史学习教育专题讲座，开展学习黄大年式教师团队先进事迹座谈交流会等。要求党员养成每日登录“学习强国”学习的好习惯，引导党员践行新思想、适应新时代、展现新作为。

2. 学院党委着眼落实立德树人根本任务，在制度设计、队伍建设、疫情防控、教育教学、品牌塑造等方面充分发挥党组织战斗堡垒作用和党员先锋模范作用，取得了一定成绩。学院团委获评 2020 年肇庆市学雷锋活动示范点，政治系学生党支部获得肇庆学院“先进基层党组织”称号。学院承办的“一封家书”活动社会影响力不断扩大。

3. 2021 年发展党员 86 名，转正 22 名党员，增强了党员队伍，为党的发展输入了新鲜血液，并以建党 100 周年为契机，加强对党员的理想信念教育和革命传统教育。

（二）学科与队伍建设

学科布局不断完善。法学学科作为校级重点学科（培育）建设持续加强；2021 年，学院师资中有 3 人攻读博士学位，引进博士 1 名、硕士 2 名，2 人工作调动；教师晋升教授职称 1 名、晋升副教授职称 2 名。

（三）教学工作

1. 抓好疫情常态化防控下常规教学工作。时刻绷紧疫情防控的弦，按照学校部署严格落实疫情防控工作在教学领域的具体要求，确保师生的健康安全。同时利用督导听评课、日常巡查等方式确保教学质量。

2. 抓好青年教师培养工作。2021 年度继续抓好青年教师的培养工作，并按照制度要求完成 8 名指导教师和 12 名青年教师的考核工作，青年教师的课堂教学水平获得明显提升。

3. 以课程思政等重点工作为抓手。学院始终坚持围绕学校教学中心工作开展教学建设，抓好课程思政、一流专业建设等任务，2021 年度学院获得一项省级课程思政示范项目立项。

4. 完成年度高等教育数据填报、实验室建设、师范生技能大赛、教学团队建设、各类教师教学大赛组织、招生人数激增下教学计划实施、教务人员变动等重要任务，并确保了教学计划的正常执行和顺利开展。

（四）科研工作与对外学术交流

1. 平台、团队建设成效显著。肇庆市知识产权人才校企协同培养项目立项，并相继开展培训活动，取得初步成果。三个科研团队（地方立法、知识产权、思想政治教育）在学科建设、科学研究和社会服务方面持续发挥重要作用。

2. 学术成果丰硕。2021 年度获得 2 项教育部课题（纵向课题），6 项横向课题获得立项（其中经费 10 万元以上有 2 项），出版 4 部著作（其中一部在国家一类出版社出版），发表 37 篇学术论文，其中 2 篇核心（1 篇南大核心，1 篇北大核心）。

3. 社会服务工作扎实有效。2021 年 3 月省知识产权保护中心维权援助肇庆分中心和肇庆学院知识产权学院签订了知识产权保护志愿服务合作协议；对《肇庆市城区市容和环境卫生管理条例》等肇庆市现行五部实体性地方性法规继续开展专项清理工作和后续工作。

4. 科研交流活动持续展开。一是肇庆学院与中国明史学会利玛窦分会联合主办的“利玛窦与中西文明互鉴”工作坊（第一期）在学校举行开幕仪式。二是在肇庆市市场监督管理局的指导与支持下，开展了2期肇庆市知识产权专业技术培训活动。三是召开学院2021年度科研工作会议暨2022年科研项目申报动员会，邀请了肇庆学院经济社会与历史文化研究院院长盛革教授做“高级别项目申报注意事项与技巧”的辅导报告。

（五）综合管理

申硕工作取得重要突破，思政专业被纳入学校申硕的总体上报计划；持续推进议事、决策的民主化、科学化进程；持续完善党务院务公开制度等，加强内控建设；完善管理机构，建立健全专业委员会机构，加强疫情防控、节约用水用电、防火防盗安全宣传。

教育科学学院

教育科学学院现有学前教育、小学教育、应用心理学和教育技术学四个师范专业，全日制在校生1728人。学院建有学前教育基础技能实训室、小学教育实验室、心理学实验教学中心和教育技术实验室等四个实验教学示范中心。学生在国家级、省级竞赛中获得各类奖励300余项；毕业生就业率名列前茅；学院连续六年获得学风建设先进集体荣誉称号。教育学学科为广东省“冲补强”重点建设学科，拥有硕士学位授予权。

2021年，学院紧紧围绕学校的总体部署，全面深化教育教学改革，围绕内涵发展和提高质量的工作目标，积极推进内控制度建设，创新人才培养机制，全力配合学校推进“申硕改大”“冲补强”“专业认证”“一流专业”及课程思政建设等重要工作。

（一）党建与思想政治工作

积极开展党史学习教育，做到学史明理、学史增信、学史崇德、学史力行；认真贯彻党的十九届六中全会精神，落实立德树人根本任务。第一，加强理论学习。理论中心组学习9次，党史学习教育专题研讨2次，党史学习教育、“七一”重要讲话、十九届六中全会精神专题宣讲5次，“百名书记讲党课”14次。第二，加强党建引领，做好“我为群众办实事”实践活动；充分发挥党组织在新冠疫情防控、申硕工程、“冲补强”等中心任务中的战斗堡垒作用。第三，加强基层党组织建设。扎实开展“两学一做”常态化，认真迎接校内巡察与整改工作。第四，加强思想政治教育。落实政治学习制度，扎实推进课程思政建设，2个项目被认定为广东省本科高校课程思政改革示范项目；1个案例获广东省课程思政优秀案例二等奖。第五，加强党建品牌建设。进一步调动教职工参加党建研究的积极性，2021年党建课题立项1项，结项2项；党建论文、案例、党课视频等获校级奖励7项；全力保障全省“双创”样板支部应用心理学系教师党支部的验收工作，目前已提交材料报省教育工委进行验收。第六，强化主体意识，抓好党风廉政建设、意识形态工作和师德师风建设。

（二）学科与队伍建设

学院加强师资队伍建设，鼓励中青年

教师外出参加培训、进修，提升学历层次。2名教师获得博士学位，4名教师成功读博；引进博士及在读博士各1名，1名教师晋升副教授。

（三）教学工作

第一，深化教学改革，推进专业认证。突出实践教学课程，落实“小学教育专业实验室”，并启动小学科学与学科教学的实验教学；按照专业认证的要求进行培养方案的修订。第二，开展课程建设，建设一流专业。对小学教育、学前教育两个专业的课程进行优化调整，突出专业针对性，打造一流专业。第三，拓展办学渠道，做好专本衔接。与广东女子职业技术学院开展“3+2”培养模式，第一届学生顺利入校。第四，投身教学研究，服务人才培养。省级教学课题立项2项，结项1项；校级教学课题立项4项；出版教材3部，发表教学研究论文5篇。第五，参加教学竞赛，提高教学技能。学院教师获学校优秀教学成果一、二等奖各1项；获得省级教学竞赛三等奖1项、校级教学竞赛三等奖2项。多名教师获得“教学名师”“青年十佳教师”和“教书育人”等奖励。

（四）科研工作与对外学术交流

教育学入选国务院学位委员会关于2020年审核增列的博士、硕士学位授予单位及其学位授权点名单，学院初步进行了教育管理专业方向的建设；教育学学科建设工作成效显著，入选第二轮广东省高等教育“冲补强”提升计划重点学科建设名单。教师申报并获立项的科研课题10项，其中省部级以上立项1项、市厅级立项1项；结项13项，其中省部级2项、市厅级4项。学院师生以第一作者或通讯作者公开发表论文47篇，其中在核心刊物发表16篇；出版学术著作5部；获肇庆学院社科优秀成果奖2项、个人科研立项二等奖2项。

（五）学生工作

学院以立德树人为主线，牢记“为党育人”“为国育才”的使命，以学风建设为引领，以培养优秀师范生为重点，通过开展丰富多彩的实践和竞赛活动，有效提高了学生的综合素养和专业技能，涌现出一批先进个人和集体。2021年度，学生获国家级竞赛奖项6项，省级竞赛奖项17项，国家级荣誉称号2项。其中，在第九届广东省本科高校师范生教学技能竞赛中获一、二、三等奖9项，在第十六届“挑战杯”广东大学生课外学术科技作品竞赛中获三等奖2项；团支部获省级荣誉称号4项。学院暑期“三下乡”活动、“青年云支教”活动分别被中国青年网和“南方+”等省级以上媒体报道。学生获得省级及以上大创项目立项9项，公开发表论文10篇。共有14名毕业生成功考取研究生。毕业生最终就业率97.41%，排名全校第三。学院获2020—2021年度学校学风建设先进集体、文明宿舍先进建设集体和创新创业文化节优秀组织奖等荣誉称号。

（六）拓展培训领域，增强服务功能

受省教育厅委托，学院承担了2021年幼儿园骨干教师能力提升高端研修、幼儿园卓越园长高端研修、“三区”教师全员轮训之怀集中心幼儿园园长培训及东源县中小学教研主任培训、中小学教师跨学科融合教学能力提升等5个培训项目。2021年成人高考录取1826人，占学校录取总数的58.5%。

体育与健康学院

2021年，体育与健康学院共有任课教师76名，其中教授4名，副教授28名，具有博士学位教授10名，具有硕士学位的教师36名。学院现有体育教育、社会体育指导与管理、休闲体育三个专业，全日制在读学生1300余人，4个年级，53个班。在学校党委的正确领导下，学院各项工作全面推进，良好发展。

（一）党建与思想政治工作

1. 党史学习教育走“深”走“实”，激活基层党支部活力，丰富党建研究成果。2021年学院党委组织全体师生党员开展百年党史和党的十九届六中全会精神学习，通过举办读书会、党史知识竞赛、红色经典诗歌诵读、到红色革命教育基层参观学习等多种形式开展百年党史学习。同时，在师生党支部中开展项目认领活动，如教师第一党支部承担了早操指导行动、教师第二党支部承担了向全校教师开展体质监测志愿服务行动等，“项目认领”激活了基层党支部活力，充分发挥了党支部战斗堡垒作用。

2021年体育与健康学院党建成果丰硕，党建研究课题获得3项校级课题立项，1项省级课题顺利结项，1人获评肇庆市优秀党务工作者，1项微党课获校级一等奖，1篇党建论文获校一等奖。学院利用新媒体做好党建成果和经验宣传报道，2021年在人民日报“人民号”、学习强国平台、西江日报客户端等多种新媒体平台发布相关报道30多篇，学院网站发布相关报道50多篇。体育教育专业学生第一党支部“样板支部”建设经验和“党史+定向”庆祝建党100周年定向比赛相继在西江日报网页端和客户端发布。

2. 思政队伍建设和培育工作不松懈，全员育人局面良好。2021年学院党委加强思政队伍建设，高度重视辅导员队伍、班主任队伍及学生干部队伍的思想与组织建设。始终围绕学校、学院中心任务，坚持以培养高素质应用型综合型人才为目标，坚持做好常态化防疫工作，争先创优，促进学生成长成才。

2021年学生管理成绩显著。一是学风建设成效明显，学生违纪违规率大幅降低，被学校评为学风建设优秀单位，受到表彰；二是毕业生工作扎实有效开展，学院充分发挥班主任辅导员作用，建立就业工作专班制，21届毕业生初次和最终就业率位列全校第二；三是征兵入伍人数位列全校第一，获评全优单位，受到端州区武装部和学校的高度表扬；四是新生教育、出操管理有条不紊，21级招生650人，创学院招生历史记录新高，学院通过推行新生班主任带操制等管理措施，形成三全育人格局，取得良好成效；五是考取研究生的学生人数达11名，继续排在学校前列；六是三下乡组织工作有亮点，学院三下乡社会实践队获评为广东省三下乡优秀社会实践团队。

（二）学科与队伍建设

1. 进一步加大专业建设力度，取得较好效果。学院持续抓内涵、强优势，凝聚专业特色，努力做好体育教育专业省级“双一流”示范本科专业建设，积极组织筹备体育教育专业“师范专业认证”，全面推进全校本科生学分制改革。体育教育专业被省厅、学校推荐申报国家级一流本科专业建设点，并积极完成申报工作。组织完善了审核评估资料，完成了教育部数据采集工作、2020 版人才培养方案和课程大纲修订等工作。

2. 师资队伍水平不断提升。2021 年学院多途径进行师资的进修及培训，5 名教师在国内外攻读博士学位；2021 年派出教师超过 50 余人次参加各种竞赛、培训及会议。师资建设取得新成绩，体育学院 3 名教师被评为副教授；张新安教授被评为广东省教学名师；杨海平教授被聘请为首届广东省高校健康教育教学指导委员会委员，聘期四年。

（三）教学工作

2021 年，学院本着以教学为中心的工作目标，切实做好日常教学工作，努力做到教学管理科学化、规范化、现代化。建设成立 3 个教学团队，对部分专业教学方式方法、实践教学体系、教学管理进行了教学改革尝试，增设课外活动锻炼课程，有效提升学生的综合水平，学习效果提升较为明显。积极与市场需求对接，进行各课程教学内容的增减合并，改革考核办法，合理设置评价方式，其中《田径》普修课程不再进行理论笔试，而是将教学过程中的知识点在田径场的规划设计、室内外实践教学、田径运动会日程安排、田径运动会裁判实践中加以考核，突出了课程的实践性，学生的学科水平得到进一步提升。以社会体育专业健美操、体育舞蹈课程为先导，通过改革过程评价、考核评价，提高学生的展演、编操等多种实践应用能力，取得了良好的教育教学效果。有效地开展了体育学院网络课程、特色课程、精品在线开放课程的建设。

2021 年在教育教学方面取得显著成效，定向运动团队张新安、吴磊获得肇庆学院教学成果奖一等奖，张新安获评省级教学名师，吴亮教授带领休闲体育教研室如期取得了学士学位授予权等。

（四）科研工作与对外学术交流

2021 年教师科研能力得到明显提升，科研水平实现新突破。学院以“新师范”为主题进行科研团队的组建，详细制订了“科研团队指导思想”“科研团队建设目标”“科研团队建设内容”“科研团队建设计划”等文件。多次组织以“广东省大学生运动会科研论文报告会”为主题和以“新师范”科研项目申报内容为主题的科研骨干科研沙龙交流活动。2021 年学院老师公开发表的省级以上（含省级）论文 57 篇，核心期刊论文 15 篇。继续开展学院科研论文报告交流会，举办学院科研论文报告会，加强教师间科研交流，进一步提升学院的科研水平。积极推进科研团队的组建，鼓励科研骨干带头完成科研团队组建的准备工作，同时协调学院各方为科研团队的组建提供条件、场地和设备保证。

（五）综合管理

1. 体育竞赛取得辉煌成绩。全年共有 388 名学生参加足球等 12 大项的省、全国大学生锦标赛，在以上赛事中，共有 168 个小项、330 人/次获奖，其中获得金牌 23 块、银牌 18 块、铜牌 32 块，获奖项数、人数和奖牌数均创历史新高，篮球、足球、排球三大球均打进 2022 年广东省第十一届大学生运动会决赛圈，创造了肇庆学院历史。

2. 服务地方赛事获得好评。体育与健康学院同肇庆市教育局、体育局及健美操协会、毽球协会、定向运动协会等建立了长期友好合作，成功协助举办了多项省市大型赛事，继续提升学院的知名度。

3. 在学校领导支持下，杨海平教授团队充分利用学校各种有利平台，圆满完成强师工程省中小学体育（游泳）骨干教师培训项目（100 名）、广东省体育浸润计划项目、肇庆市体育产业调研与分析。杨海平教授团队 2021 年全年到位经费 113.5 万元，目前全部工作已圆满完成，并取得显著成效。

4. 2021 年，全体体质测试中心工作人员克服招生人数井喷式增加、新冠肺炎疫情影响、学生外出顶岗实习等重重困难开展体测工作，2021 年 12 月 19 日在各二级学院、校医院和场馆中心等部门的密切配合下，圆满完成了全校 25000 余人的测试及体质测试数据采集任务。

文学院

文学院设有汉语言文学（师范）、广播电视学、网络与新媒体、书法学（师范）、秘书学共 5 个本科专业，汉语言文学（师范）专业于 2021 年通过教育部师范专业二级认证，并获批广东省一流本科专业建设点。学院现有教职工 81 人，其中台湾教师 10 人；教授 11 人，副高级以上职称 37 人，高级职称占专任教师比例 56%；博士 35 人，博士占专任教师比例 53%。学院在校学生总人数为 2136 人。

（一）党建与思想政治工作

1. 加强党建和思想政治工作，落实立德树人根本任务。2021 年度共召开党委会、党委理论学习中心组学习会、百名书记讲党课、党史学习教育宣讲会 29 场次，组织学院学生参加党史知识网络竞答大会 1200 人次。学院“学习强国”平台注册率达 95%。严格落实“第一议题”学习制度和“三会一课”制度，推动习近平新时代中国特色社会主义思想进教材、进课堂、进头脑。扎实做好意识形态工作，筑牢宣传舆论阵地，认真做好舆情引导。

2. 抓实党建“双创”工作，助力学院事业高质量发展。学院党委不断聚焦“五个到位”，探索建立了“联—动—融—通”党建工作运行机制，构建了“党委—支部—党员”层级责任落实工作体系，构建了各层级党政融合、齐抓共管、双融双促的工作格局。学院党委创建全校党建工作标杆院系通过验收，同时获批学校课程思政试点学院。

（二）学科与专业建设

1. 稳步推进教育硕士（学科语文）建设工作。2021 年 11 月肇庆学院硕士点获批。文学院作为教育硕士建设单位之一，积极推进学科语文硕士点建设，在导师遴选、人才培养方案的调研论证、课程体系建设等方面展开工作，以确保教育硕士（学科语文）招生与培养工作的顺利进行。

2. 汉语言文学专业申报国家一流本科专业建设点。在汉语言文学专业获批广东省一流专业建设点的基础上，再接再厉申报国家一流本科专业，目前已通过省厅评选。组建骨干教师攻关团队，扎扎实实开展教育教学和科研工作，努力推动文学院专业建设上新台阶，提升学院专业建设实力。

3. 谋划并做好一流本科专业梯队建设。充分发挥中国语言学科的学科优势与辐射作用，组织广播电视学专业申报广东省一流本科专业建设点。做好书法学专业第三梯队的建设准备工作，对标省一流本科专业建设要求，针对书法学专业在高职称高学历师资队伍建设、教学科研项目论文、教学成果奖等方面存在的短板问题，多举措推进。

4. 以新文科建设为发力点，推进网络与新媒体专业建设水平的提升。瞄准粤港澳大湾区产业发展和市场需求，以及数字媒体、数字经济等新趋势，拓展校校、校企、政校等合作空间，打造服务粤港澳大湾区的新文科应用型学科专业。

（三）教学工作

1. 理论与实践相结合加强实践实训工作，提高应用型人才培养质量。以毕业实习和毕业论文为工作重心，加强过程管理，提高毕业实习和毕业论文质量。同时强化课外活动指导，为提高学生应用能力打好基础。利用“6611”“双百”“111”等专业基本功训练平台，以“第四纪剧团”“七星诗社”“紫荆花文学社”“砚园吟诵队”“杏坛大讲堂”等优势社团为引领，做好大创项目、教学技能大赛等赛事指导，完善与社会机构协同育人机制和三全育人体系，提高应用型人才培养质量。

2. 多举措提高课堂教学质量，培育校园优良学习氛围。利用学校全学期持续不断的教学大检查，严格要求全体师生遵纪守规，为保证课堂教学不断提高质量创造条件。定期开展调查研究和研讨会，推动各专业科目与时俱进。调整优化《教学大纲》等各项教学管理文件，保障教学改革工作有序进行。鼓励教师做好充分准备积极参加各项教学比赛，贯彻实施“以赛促教、以赛促学、以赛促改、以赛促升”战略，2021 年文学院教师在校级、省级及国家级比赛中获奖 7 项。

3. 进一步密切与实习单位的联系与合作。为加强专业实习教学的过程管理，文学院实习检查组深入肇庆地区以及珠海、佛山、广州等地的 30 多个实习单位检查学生实习情况，详细了解实习单位实习组织管理、工作保障和生活保障等情况，实地考察学生工作生活和学习环境。

4. 实训实验室建设。加强实验室安全检查和管理工作，完成 1 间书法实验室的建设任务，4 间实验室的设备更新工作以及实验室固定资产的盘查和整改工作。

（四）科研工作与对外学术交流

文学院教师共发表论文 28 篇，其中核心论文 3 篇，境外刊物 3 篇；省厅级、市级等各类科研、教研立项共 14 项，资助金额共 33 万元（其中国家社科后期资助 1 项，省部级科研立项 5 项。教研立项 5 项，省部级立项 3 项）；在国家一类出版社出版专著 1 部，出版教材 1 部；项目结项 23 项；各类获奖 20 项次；指导学生参加竞赛获省级奖项 1 项，参加行业协会竞赛获奖 4 项；参加国内学术会议 33 人次。

（五）学生工作

1. 团学工作。始终贯彻“一学一做”精神，落实“五好，三扎实”的工作要求，2021 年度推优 41 人，占团员人数的 2.9%。学院团委荣获校“五四红旗团委”称号；学生会荣获校“优秀二级学生会”称号；易班学生工作站获得年度“优秀分站”荣誉称号。在广东省第六届大学生艺术展演活动中，第四纪剧团微电影《念念》获得三等奖。

2. 心理健康工作。积极配合学校心理健康中心开展心理排查、建立心理档案，加强对心理委员、健促工作人员的专业培训。在心理健康教育宣传月中荣获优秀组织奖，健康促进委员会荣获校“先进分会”称号。

3. 学风建设工作。通过落实晨读、晚修、“111”计划、到课考勤率考核，学院各班级学风、班风建设得到了普遍加强；学院通过主题班会、讲座等形式开展新冠疫情防控、防火防盗防骗宣传，近一年来未出现重大安全事故。

4. 奖助贷工作。文学院获肇庆学院年度学生资助工作达标奖，通过开展感恩教育、励志教育、诚信教育、生命教育等，实现资助者与受助者的角色转换，构建“解困—育人—成才—回馈”的可持续发展性资助模式，达到双向教育的效果。

5. 就业工作。2021 年，文学院以考研工作为抓手，强学风、促就业；关注就业市场变化，收集、转发就业招聘信息 200 多条，在疫情防控的大背景下保证就业率和就业质量。2021 届毕业生最终就业率为 93. 51%。此外，及时准确地完成了毕业生档案派遣工作，充实了就业指导课课程内容，尽早地开展就业指导教育。

外国语学院

外国语学院设有英语、商务英语、日语三个专业和大学外语教学部。学院有教职员工 103 人，其中专任教师 86 人，教授 5 人，副教授 23 人，博士 24 人（含在读博士 2 人），过半教师有国外留学或访学经历。学院全日制在校生 1696 人。

（一）党建与思想政治工作

1. 深入开展党史学习教育，挖掘党建工作亮点。2021 年，学院党委开展中心组专题学习 8 次、党委会议“第一议题”学习 15 次，落实党委书记上党课 4 次，组织学校党史学习教育宣讲团专家讲党课 3 次，开展百名书记讲党课 16 次；组织师生党员赴红色基地参观学习 3 次，各党支部开展主题党日活动共 49 次，培养入党积极分子 100 名，发展党员 97 名；开展“我为群众办实事”活动，在学生就业和教师引进方面效果显著。学院党委以创建标杆院系为抓手，党建成果取得新突破，其中获得省级党建课题立项 1 项，校级党建课题立项 2 项，发表党建论文 1 篇，获评党建案例校级一等奖 1 项等。

2. 采取精细化管理措施，学生工作再上新台阶。学风建设连续第八年获评学校先进集体（年度评选第一名），学生宿舍建设连续第四年获评学校评比第一名，荣获校级文明宿舍建设先进集体一等奖，学风建设与文明宿舍建设成为全校排头兵。多渠道开拓就业途径，2021 年学院毕业生初次就业率为 88. 07%（去年同期为 77. 37%），总体就业率 96. 66%（去年同期为 90. 53%），圆满完成既定目标任务。学院学生事务精品化建设取得新突破，获学校学生事务管理精品项目立项 3 项。学院学生会获评 2021 年校优秀学生会，学院团委获评校优秀志愿服务组织，学院律委会、健促会、易班均获评学校优秀集体。

（二）学科与队伍建设

1. 加强重点学科建设，持续推进联合培养教育硕士工作。召开重点学科工作推进会，加强基础教育资源库建设，开发中小学英语教学资源库平台；夯实学院英语基础教育研究，购买基础教育图书资料、中小学英语教材，与外语研究出版社合作开发基础教育横向课题；深入开展与华南师范大学的研讨和交流，做好联合培养研究生工作。

2. 聚焦教师队伍建设，厚植学院发展基础。一是加强思政引领，强化师德师风教育。组织开展师德专题教育，制定师德专题教育推进方案和师德建设主题教育月活动方案，建立师德专题教育工作重点任务台账和学习任务清单。二是积极引进人才，优化教师队伍结构。2021年引进教师7人，其中博士2人，外教1人，教辅3人。新入职教师为学院的教学科研发展注入新鲜血液，极大地缓解了今年学校扩招后带来的教学压力。三是学院注重对青年教师的培养，坚持落实青年教师导师制，帮助青年教师熟悉教学方法，拟定切实可行的科研计划。组织青年教师外出开展专题调研活动，进一步加强与青年教师的交流。四是拓展教育教学资源，为提升教师信息化水平提供有利条件。学院自主开发了外国语学院中小学教育教学资源库，完成了在线教学资源制作工作室建设，积极开展与批改网平台的联系和合作，着力筹划建设日语资源库。

（三）教学工作

1. 深化教育教学改革，提高人才培养质量。学院积极开展教学改革，教学成效明显，获广东省本科高校课程思政改革项目1项，校级质量工程立项1项，校级成果一等奖1项、二等奖1项；获校级教师教学比赛二等奖、三等奖各1项，校级青年教师十佳奖、实践教学优秀指导教师奖各1项。在学生专业竞赛方面，学院学生参加C类以上专业比赛获奖8项；参加相关专业类比赛获奖26项。

2. 大力推进专业建设，逐步落实师范认证各项要求。根据学校要求，做好顶层设计，分工合作，顺利完成2020版人才培养方案修订。在师范认证“说、做、证”三方面工作中，重点突出“做”，完善人才培养方案中的毕业要求指标点内涵分解，制定教学大纲模板。

3. 适应国家发展战略，制定外语（翻译）人才五年建设规划方案。外语教育主动服务国家战略和地方经济社会发展，满足中华文化“走出去”、“一带一路”倡议和构建人类命运共同体对外语人才的需求，制定外语（翻译）人才五年建设规划方案，更好地为地方对外文化交流和经济合作服务，提升肇庆市国际化交流水平及国际化形象。

4. 深化大学英语课程建设和管理，注重开展实践教学。按计划完成ESP的8个课程方向教学任务。积极践行课程思政理念，调整跨文化交际课程内容，由中西文化对比转为弘扬中国传统文化，提升文化认同感和跨文化交际能力。借助信息化学习平台开展听说读写等专项训练实践教学，在2021年“外研社·国才杯”大学英语比赛中，2名学生分别荣获广东省赛区演讲比赛三等奖和阅读比赛三等奖。

（四）科研工作与对外学术交流

1. 重视学术交流，科研能力不断提升。定期召开研究所所长、副所长会议，开展学术沙龙，鼓励教师参加各类线上、线下学术会议。学院教师完成申报各级各类课题41项，课题申报数较去年增长17%。获得教育厅课题2项，市级课题5项，校级课题4项，横向课题10项，立项率较去年增长5%，课题总经费达40万元。在核心期刊发表高质量学术论文14篇，出版专著1部。学院教师荣获“科研十佳”教师称号，个人科研成果奖一、二等奖，个人科研立项奖二等奖等奖项。

2. 落实粤港澳大湾区发展规划，培养适应“一带一路”倡议外语人才。为贯彻落实扎根肇庆，融入湾区，服务全省的发展战略，外国语学院组织教授、博士20余人赴高新区考察学习，寻求构建产教融合、校企政企合作的协同育人模式。粤港澳大湾区教师联合会旨在进一步推动粤港澳大湾区在外语教师教育领域的多层次深度合作，打造南方教育高地，构建具体交流平台，学院积极参加粤港澳大湾区教师联合会活动并在“粤港澳师范类高校外国语学院院长论坛”发言。

（五）综合管理

1. 顺利完成“十四五”规划编制，不断完善内控制度。按照学校的部署要求，积极开展前期调研工作。通过学院党政联席会讨论，成立规划编制工作领导小组，制定“十四五”发展规划编制工作方案，圆满完成“十四五”发展规划撰写任务，明确了学院未来五年的改革、发展和建设的方向。根据学校内控建设工作要求，开展学院内部控制建设的整改与提升，完善学院工作职责和学院各部门工作职责及岗位职责。

2. 扎实做好疫情常态化防控工作，切实保障师生健康和校园稳定。学院严格落实“四精准”“六分一独立”“三全”“五管”等疫情应对措施，抓紧抓实抓细常态化疫情防控工作，积极引导师生接种新冠疫苗。

数学与统计学院

数学与统计学院现有教职员工 65 人。其中专任教师 53 人，具有正高职称 6 人，副高职称 14 人，高级职称占比为 37.7%，博士占比为 58.5%。教师中有享受国务院政府特殊津贴人员 1 人，广东省南粤优秀教师 4 人，广东省“千百十人才”工程省级培养对象 2 人，校级培养对象 6 人，肇庆市劳动模范 1 人，肇庆市优秀教师 3 人，肇庆市专业技术拔尖人才 4 人，肇庆学院教学名师 3 人。

数学与统计学院设有数学与应用数学（师范）、信息与计算科学、应用统计学、金融数学 4 个本科专业，并承担全校学生大学数学课程的教学工作。学院的数学学科是广东省特色重点学科，数学与应用数学专业入选教育部“双万计划”省级一流本科专业建设点。截至 2021 年 12 月，全院共有全日制在校本科生 1544 人。

（一）党建与思想政治工作

1. 加强政治理论学习，强化责任担当。以学习贯彻习近平新时代中国特色社会主义思想为指导，强化责任担当，严格落实“一岗双责、党政同责”要求，在重大问题上把好政治关，严格落实意识形态工作责任制，管好各类宣传思想文化阵地。2021 年有 60 多篇新闻报道和推文被学校采用，网络思政教育成效显著。其中，有 4 篇在学习强国平台报道、1 篇在中青网报道。聚焦“学党史、悟思想、办实事、开新局”的要求，把为师生办实事作为党史学习教育的落脚点，高标准高质量完成党史学习教育各项任务。

2. 加强基层党组织建设，凸显党建引领作用。学习贯彻《中国共产党普通高等学校基层组织工作条例》，完成“全省党建工作标杆院系”创建工作，加大基层党组织创建党建工作品牌的建设力度，推进教师党支部书记“双带头人”培育工程，以点带面发挥引领带动作用。高质量做好发展党员工作，全年发展新党员 105 人，按期转正 28 人（包含 1 名青年教师）。有 3 名教师向党组织递交了入党申请书。学院党委获评肇庆市教育系统先进基层党组织。

3. 加强思想政治教育工作，构建“三全”育人新格局。全面推进课程思政建设改革项目，将思想政治工作贯穿教学全过程，构建“三全育人”新格局。学院党委书记和院长讲授思政第一课、上专题党课，开展“百名书记讲党课”等活动，增强广大学生对“四史”的学习和理解，争做新时代的“追梦人”。

对标“标杆院系”创建要求，探索“党建+团队”工作格局，以申报党建思政课题为抓手，搭建辅导员双线发展平台，发挥团队协同优势，2021 年获校级以上党建思政课题 2 项，发表党建思政论文 2 篇，完成 1 篇党史学习教育调研报告。论文《“标杆院系”头雁效应带动基层党建质量整体提升》获肇庆学院党建研究会 2021 年会论文一等奖。

（二）学科与队伍建设

1. 教育学获批专业硕士学位授权点。2021 年 10 月，肇庆学院正式获批成为硕士学位授予单位，同时获批教育学、电子信息、艺术三个专业硕士学位授权点。“学科教学（数学）”作为教育学专业硕士的一个方向，同时获得硕士学位授予权。

与广州大学联合培养的 2 名“学科教学（数学）”方向研究生，分别安排到肇庆市第十五小学、肇庆一中高中部实习，并于 2021 年 12 月完成了实习工作。

2. 承办重要会议。2021 年 9 月 18 日—22 日，承办了“2021 全国数学建模竞赛广东省分赛阅卷暨数学建模研讨会”（由广东省工业与应用数学学会、广东省大学生数学建模竞赛组织委员会联合主办）。

3. 进行师资队伍建设。2021 年有 5 名青年教师考取博士研究生，引进博士 1 人；1 人晋升教授职称、1 人晋升副教授职称；退休教师 1 人，离职 2 人（其中 1 名台湾籍教师聘期结束离职）。

2021 年，学院教职工年度考核确定为优秀的教师有 9 人，2 名学院领导年度考核为优秀；2021 年度教师教学大赛中，获二等奖 1 人、三等奖 1 人；1 人获评肇庆市优秀教师。

（三）教学工作

1. 师范专业认证有序开展，学分制管理不断完善。师范专业认证工作有序推进，按照认证指标要求完成了教学大纲修订及审核、课程目标达成度评价及审核工作。逐步完善学分制下的各项教学管理制度及管理流程。

2. 组织学生参加各类大赛。教职工积极组织学生参加省级、国家级的各类学科竞赛，共获各类奖项 88 项：

①全国大学生数学建模竞赛：获国家二等奖 1 项，广东省一等奖 1 项、二等奖 5 项、三等奖 12 项；②第十二届全国大学生数学竞赛决赛：获全国二等奖 1 项；③第十三届全国大学生数学竞赛全国预赛：获广东省一等奖 2 项、二等奖 4 项、三等奖 11 项；④2021“大湾区杯”粤港澳金融数学建模竞赛：获二等奖 1 项、三等奖 3 项；⑤“正大杯”第十一届全国市场调查分析大赛：获全国总决赛二等奖 1 项（广东省选拔赛一等奖），全国总决赛三等奖 1 项（广东省选拔赛一等奖）、广东省选拔赛二等奖 2 项、三等奖 2 项；⑥第九届“泰迪杯”数据挖掘挑战赛：获国赛三等奖 2 项；⑦2020“蓝桥杯”全国软件和信息技术专业人才大赛：获二等奖 1 项、三等奖 10 项；⑧2021 全国金融证券投资大赛中，获得团队奖：国家级一等奖 1 项、二等奖 4 项、三等奖 13 项；个人奖：国家级二等奖 3 项、三等奖 2 项；⑨第九届广东省本科高校师范生教学技能大赛：获一等奖 1 项、二等奖 1 项、三等奖 2 项；⑩“田家炳杯”第七届全国师范院校师范生教学技能竞赛：获全国二等奖 1 项。

3. 思政课程与大创项目。结合课程思政，组织开展校级课程思政建设中期考察工作，试点学院项目获优秀等级；试点专业项目获 1 项优秀、3 项合格。指导大学生创新创业训练计划项目8项。

4. 学生情况。2021年毕业学生401人，均获得学士学位，初次就业率为88.81%，最终就业率为90.55%，共有15名2021届毕业生考取硕士研究生。

（四）科研工作与对外学术交流

数学与统计学院老师获广东省自然科学基金项目1项，广东省教育厅科研项目3项，中山大学广东省计算科学重点实验室项目2项，肇庆市科技项目1项，肇庆教育发展研究院的项目1项，校级项目7项。2021年学院教师发表论文共54篇，其中核心论文有40篇，被SCI收录论文有11篇，被EI收录论文有1篇；被EI会议收录有5篇。获2019—2020年度肇庆学院优秀科研成果一等奖1项、三等奖2项；获2020年度肇庆学院“科研十佳”教师称号2人；获2020年度个人科研立项奖一等奖1人；代数与数论科研团队获肇庆学院优秀科研团队奖；6名老师的论文在肇庆市科学技术协会获奖。

（五）综合管理

继续做好师范专业认证的自评自建工作，按照专业认证要求，完善人才培养的评价机制。人才培养质量的内外部评价、课程目标达成度的评价工作进入常态化。在实训中心214建设完成一间师范技能实训室（容纳80人）。组建第一届数学卓越教师班，招收35人，开始探索卓越教师的培养。

生命科学学院

生命科学学院现有教职员工84人，其中获得博士学位28人，硕士学位41人。专任教师54人，专任教师中具有正高职称9人，副高职称27人。同时还聘任了以工程院院士傅廷栋、长江学者阳成伟为首的一支高水平外聘教师队伍，现有客座教授4人，兼职教师33人。学院现开设有生物科学（理学，师范）、生物技术（理学）、风景园林（工学）和园林（农学）四个本科专业，2021年全日制在校生人数1565人。

（一）党建与思想政治工作

学院党委认真学习贯彻党的十九届五中、六中全会精神和习近平总书记在庆祝中国共产党成立100周年大会上的重要讲话精神，深入开展党史学习教育，组织开展“我为群众办实事”活动，取得良好成效。重视党建“双创”工作，园林特色专业全省党建样板支部培育创建工作取得扎实成效。学院1份课程思政案例获评首批广东省本科高校课程思政优秀案例，2份党建案例获评肇庆学院“庆祝建党100周年·践行核心价值观”优秀案例，1份党建案例获评肇庆学院2021年度基层党组织工作创新案例。2021年度，发展预备党员91人，其中教职工2人，党员转正24人；获评优秀共产党员6人，优秀党务工作者1人，1个先进基层党组织受到学校表彰。

（二）学科与队伍建设

学院重视学科建设，深入交流学习和调查研究，积极推动生物科学专业师范认证工作，聘任20位一线中学骨干教师参与课程教学、教育实习和毕业设计指导工作。修订完善生物科学（师范）专业主干课程的教学大纲，完成2021届生物科学（师范）专业毕业生的主干课程目标达成度评价和毕业要求达成度评价工作。

为拓宽协同育人路径，提升应用型人才培养质量，联合广东凯普生物科技股份有限公司等5家优质企业共建生物与医药产业学院。2021年，学院新建校外实践基地5个，与肇庆市端州区教育局、肇庆市铁路学校联合开展“肇庆市端州区中小学联合创新多学科探究实践”项目建设，为地方基础教育的发展贡献力量。

2021年度建设1间生物制药技术实验室，利用扶持学科和专业建设经费增加了旋转蒸发仪3台、循环水真空泵3台、紫外可见分光光度计2台、鼓风干燥箱1台、酸度计6台、冰箱2台，确保《食品检验技术》《生物制药技术》等实验课日常进行；风景园林、园林两个专业5间实验室共安装了6台空调，改善了专业学习的实验教学环境。加强生物园平台建设，开展园内植物品种的名录分类和数据整理，设计制作植物挂牌132个，提升生物园的文化和游憩氛围；完成温室大棚内兰花、万年青、金钻、龙血树等约5000盆植物的换土工作，完成盆景区约100个盆景的换土工作。

2021年度引进青年教师6名，其中博士4名，缓解了风景园林和动物课程授课教师紧缺的问题，继续完善课程组教师队伍建设。1名教师外派广州国家现代农业产业科技创新中心挂职锻炼，31位教师与17个市级乡镇政府完成驻镇帮镇扶村工作对接，助力乡村振兴。

（三）教学工作

围绕立德树人根本任务，积极开展专业与课程建设。在一流专业建设方面，生物技术专业获批省级一流本科专业建设点，生物科学专业获批校级一流专业建设，生物技术专业被评为校级特色专业。在课程建设方面，4门校级在线开放课程通过验收，1门在线开放课程获得校级立项。在课程思政方面，遗传学思政案例被评为广东省首批本科高校课程思政优秀案例，生化分离与分析技术获批为省级课程思政示范课堂。

积极开展教学改革，2项教学成果获评为校级教学成果二等奖。在教改项目方面，获批1个校级教学团队、1项校级实践教学基地、6项校级质量工程或教改项目，4个校级教学项目完成结题验收。

（四）科研工作与对外学术交流

参与岭南现代农业科学与技术广东省实验室肇庆分中心（简称西江实验室）建设，合作获得省重点领域研发计划项目1项。与广州中医药大学联合主办省岭南中药材品种保护人才培养专项发展研讨会，邀请教育部“长江学者”阳成伟到校做国家基金申报专题讲座。2021年度学院科研立项16项，其中，国家自然科学基金2项，省部厅级项目6项。学院年度科研经费达411.6万元。教师发表科研论文25篇，14位教师获第十七届肇庆市自然科学优秀学术论文奖。

（五）综合管理

1. 以学生考研和奖助贷工作为抓手，促进学风建设。2021年度评选国家奖学金2人，国家励志奖学金59人，校三好学生160人；评选学院4项奖学金，发放奖金8万元。学院获评2020年度资助工作三等奖。学生考研成绩突出，27人被录取，考研率9.3%，位居学校前列（排名第二）；学院获评2020—2021学年度学风建设先进单位称号。

2. 校园文化建设丰富多彩，招生工作成效显著。以培养学生科技创新能力为目标，顺利举办学院第十七届科技文化艺术节。学院学生在全省专业竞赛中荣获一等奖1项、二等奖3项、三等奖5项，学院荣获校级科技文体竞赛优秀组织奖。2021年度1名学生参加援藏支教，3名学生参军入伍；黄海婷同学获评全国大学生

“自强之星”称号。学院新生在军训中荣获总评二等奖。

3. 党建引领群建，营造和谐校园氛围。学院在第十九届教职工运动会上荣获团体总分第一名，荣获园丁杯篮球赛男子乙组冠军、女子组季军，学院工会荣获全国巾帼建功先进集体称号和“广东省模范职工小家”称号。

机械与汽车工程学院

机械与汽车工程学院现有教职工 64 人，其中专任教师 46 人，正高职称 13 人、副高职称 19 人，高级职称占比约 70%；博士 28 人，博士占比约 60%；博士生导师 6 人，硕士生导师 11 人。学院下设机械设计制造及其自动化和车辆工程 2 个本科专业，在校生 1136 人。

（一）党建与思想政治工作

1. 按照“1+10+N”深入推进党史学习教育。扎实开展学院党史学习教育，全年党委理论中心组学习 11 次，开展学习研讨 5 次，学院班子成员讲党课 10 次，开展“三会一课”52 次，主题党日 36 次；整合并完成了“我为群众办实事”项目两项，举行“诵读红色故事　牢记初心使命”活动，全校 4700 多名学生参与；参观学习肇庆市全面从严治党教育基地、沙浦革命烈士纪念广场、鼎湖区新时代红色文化讲堂、庆祝中国共产党成立 100 周年主题档案文献展览等。

2. 持续开展师德师风专题教育。持续开展师德专题教育活动，通过召开动员大会和台湾教师、青年教师、学生代表座谈会，观看优秀典型事迹纪录片，向先进模范学习，宣传、解读《新时代高校教师职业行为十项准则》等，深刻分析师德失范问题并剖析原因、查摆自省；深入学习习近平总书记给全国高校黄大年式教师团队代表重要回信精神，向全国首批黄大年式教师团队——广东工业大学自动化学院教师团队学习。

3. 落实巡视、巡察及审计整改。针对审计、校内巡察及巡视工作，成立专门整改领导小组，分解任务落实整改。除了长期需要整改的项目，其余项目已整改落实到位。

4. 抓实大学生思想政治教育。多措并举，以就业、考研、征兵三出口扎实助力毕业生就业创业。2021 年，学院毕业生 280 人，离校前就业率 91.58%，初次就业率 93.93%，总体就业率 94.29%。17 名学生考取硕士研究生，2 名毕业生顺利应征入伍。学院荣获学校 2021 年就业工作先进集体三等奖，获评学校 2020—2021 学年五四红旗团委、肇庆学院 2020 年无偿献血工作先进单位。

党建和思想政治论文获奖 4 项，其中省级 2 项。校级科研立项 7 项，公开发表论文 1 篇。获评校级先进单位 13 项，先进个人 19 项，优秀案例 2 项。

（二）学科与队伍建设

1. 师资队伍建设。2021 年新进黄伟波、鲁文佳等具有博士学位的教师 2 人，王海等 1 人到香港访学。

2. 专业建设。2021 年，机械设计制造及其自动化专业完成 IEET 工程教育认证，获批广东省一流本科专业建设点、校级重点专业。工程训练中心获批广东省实验教学示范中心。

（三）教学工作

2021年，工程训练中心完成全校所有工科类专业（包括电子与电气工程学院、环境与化学工程学院、食品与制药工程学院）28个班级、1081名学生的工程训练（金工实习）任务。

与广汽、小鹏、璞泰来等知名企业共建新能源汽车产业学院，建立“特色班”，邀请企业的工程技术人员和北京理工大学教授为“特色班”学生讲授课程。

2021年继续与广东工贸职业技术学院、广东交通职业技术学院、广东科技职业技术学院签订协议，开展三二分段学生培养工作。

2021年教师申报校级质量工程及教改项目（含实践教学）立项10项，增比11.1%，省级质量工程（含职教类）4项，省级课程思政建设改革示范立项1项，朱丽莎博士获得南粤优秀教师称号；教学竞赛（教学大赛、创新教学大赛、课程思政大赛）获奖3人次，增比50%；获得优秀实验员（含优秀指导教师）1项、教书育人类奖项4项，增比300%。

（四）科研工作与对外学术交流

2021年，以肇庆学院为第一完成单位发表论文32篇，其中SCI检索论文9篇，EI检索论文3篇，北大核心期刊论文4篇，省级及以下期刊论文16篇；授权知识产权39项，其中发明专利授权6项，实用新型专利20项，软件著作权13项；获批科研项目8项，其中广东省普通高校特色创新和青年创新人才项目各1项（厅级项目），肇庆市科技创新指导类项目1项，校级项目5项，竞争性科研进款7万元；科研获奖3项，其中市级1项，校级2项。

2021年邀请专家到校开展学术交流4项；7人次参加学术会议4次；2020年12月28日开展科研活动周活动。

（五）综合管理

积极建立以系、实验中心为学院发展核心，推进“放管服”，激发全院教职工的活力和激情，全方位推进学院发展。

电子与电气工程学院

电子与电气工程学院现下设3个系：电子与通信系、电气工程系、物理学系，设有电子信息类（电子信息科学与技术、通信工程和电子科学与技术）、电气工程及其自动化、物理学（物理教育、师范）5个学士学位授权专业。学院现有教职工68人，其中教授5人、副教授（副研究员）17人、聘副教授13人、高级工程师（实验师）8人，博士29人、硕士28人，硕士生导师5人。目前，学院有在校生1472人。2021年学院团结一致，不忘初心，齐心协力，在做好疫情防控工作的同时，有条不紊地完成了学校下达的各项工作任务，取得了较好的成绩。

（一）党建与思想政治工作

全面深入开展党史学习教育，以昂扬的精神状态和踏实的工作作风做好迎接建党100周年系列活动，通过各种线上或线下形式积极学习宣传和贯彻落实十九届六中全会精神，认真落实“我为群众办实事”各项工作。全面落实常态化疫情防控工作，通过制订学院防控工作方案，建立工作专班，明确职责责任，及时传达落实学校防控工作要求措施，布置跟进师生健康申报和健康打卡报备，疫情防控工作取得良好效果。持续改进和完善各项规章制度，坚持民主集中制度和党政联席会议制度，抓好党风廉政建设责任制，落实“一岗双责”。做好发展党员和预备党员转正工作，按照《中国共产党普通高等学校基层组织工作条例》的要求，认真做好发展党员和预备党员转正各环节的工作，2021 年发展党员 97 人，预备党员转正 24 人。为进一步落实立德树人根本任务，党的工作和任务进一步延伸和落实到各党支部，严格党员日常教育管理，不折不扣执行好“三会一课”制度、组织生活会制度、民主评议党员制度，党的组织生活更加严肃和规范。

（二）学科与队伍建设

1. 重点学科建设。电子科学与技术学科经过三年建设取得了显著的成效：“冲补强”建设方案中提出的预期建设成效目标，共有 40 个量化指标，已建设完成其中的 38 个，总体目标完成度达 95%；在 2021 年 7 月广东省教育厅公布的高等教育“冲一流、补短板、强特色”提升计划三年建设期满建设成效考核结果中，继续纳入新一轮“冲补强”计划；9 月制定 2021—2025 年的新一轮建设方案，经专家论证同意后提交省教育厅。

2. 申硕工程。在 2021 年 10 月国务院学位委员会下发的《2020 年审核增列的博士、硕士学位授予单位及其学位授权点名单》中，学院申报的电子信息硕士专业学位授权点获得批准。确定了肇庆学院 2022 年攻读硕士研究生招生专业目录中“0854 电子信息硕士”的初试科目、复试内容，参考书目、考试大纲等相关内容。新建研究生管理办公室 1 间；新建研究生研究室 1 间，可容纳研究生 24 人。

（三）教学工作

2021 年完成了教学数据统计及状态数据库填报工作，完善了学院的一些教学规章制度，完成了 2017 级学生的毕业设计工作。

在实践教学方面，完成了 2018 级电子信息科学与技术、通信工程和电气工程及其自动化专业 304 名本科生的工程认识实习和金工实习工作；完成了 2019 级工科三个专业 133 名本科生的金工实习；完成了 2018 级物理学专业 38 名本科生的教育实习工作。

在专业认证方面，完成了 17 级物理专业学生的所有专业课程的课程目标达成度计算、毕业要求达成度计算工作，并撰写了 17 级物理学专业毕业要求达成度分析报告。在成人高等教育工作方面，共招收 2022 级新生 146 人，其中高起本 97 人，专升本 49 人。

（四）科研工作与对外学术交流

2021 年获得省部级科技奖励 3 项，其中二等奖 1 项，三等奖 2 项；申报国家级项目 4 项，立项省部级项目 5 项，立项市厅级项目 8 项，立项横向项目 20 项；获批厅级重点平台 1 项；发表学术论文 42 篇，其中列入突出科研业绩奖励论文 6 篇；获授权发明专利 17 件、实用新型专利 4 件、软件著作权 2 件。获批省教学质量与教学改革工程项目 1 项，获批校级教学质量与教学改革工程项目 6 项。学生参加专业竞赛获得省级奖项 4 项。

以肇庆学院为申报单位，校企合作完成的“绿色智能环保超感木纹铝合金型材生产技术”和“高精度、高可靠性复合电极热敏芯片的研制及应用”项目均获得中国发明协会发明创业奖创新奖二等奖。

（五）综合管理

完善了学院在党政、教学、科研、实验、学生等方面的管理制度，建设了一系列相匹配的工作流程。

加强学生党建思政工作。加强学生理论学习，书记们为学生上党课，提高学生思想觉悟，鼓励学生积极向党组织靠拢。落实基层党组织“三年行动计划”，加强学生党支部组织建设，执行“三会一课”制度、民主评议党员制度等，严肃组织生活。学生学风建设良好，学生到课率和新生晚自修率分别在95%和99%以上。2021年学生活动成绩优良，获校运动会甲组团体总分第二名，获学校全年竞赛团体总分第一名，获学生体育竞赛总分五连冠。2021届毕业生初次就业率为95.43%，最终就业率超96%以上，均达省要求目标，获学校就业工作先进单位一等奖。2021届毕业生共85名同学报考硕士研究生，23名同学被录取。2021年6月获资助工作先进单位一等奖。2021年“挑战杯”竞赛获校级赛区奖项3项。物理师范生“两字一画”比赛获校级奖15项。大学生创新项目校级1项。

计算机科学与软件学院、大数据学院

计算机科学与软件学院、大数据学院现有教职员工66人，其中专任教师41人，具有正高职称3人、副高职称30人，高级职称占比为80.5%；具有博士学位的教师24人，博士占比58.5%。学院开设有计算机科学与技术、物联网工程、软件工程、数据科学与大数据技术、网络工程、数字媒体技术等6个专业，在校学生人数1708人。2021年，学院以习近平新时代中国特色社会主义思想为指导，认真贯彻落实十九届系列全会精神，积极发挥党建引领作用，按照学校“十四五”规划和年度重点工作的要求，强化立德树人、为党育人、为国育才的使命担当，坚持“学生中心，产出导向”专业办学理念，按照“双一流”专业建设要求，凝练办学特色，主动服务粤港澳大湾区和肇庆地方经济创新驱动发展，较好地完成了年度工作计划任务。

（一）党建与思想政治工作

学院党委深入学习贯彻党的十九大和十九届五中、六中全会精神，认真落实学校党建工作部署，推动党建思想政治工作与学院教学、科研和管理工作相融合，为学院工作的开展提供了有力的政治保障和组织保障。

学院党委以习近平新时代中国特色社会主义思想为指导，认真组织开展学院党史学习教育，筑牢思想根基；严格执行二级学院党组织会议和党政联席会议制度，紧抓党风廉政建设，压实主体责任，落实一岗双责，加强全面从严治党；贯彻落实《中国共产党普通高等学校基层组织工作条例》，加强党支部建设和党员队伍建设，推进基层党组织建设；加强师德师风教育、学生政治思想教育、学风学纪教育，抓好抓实思想政治和意识形态工作；围绕学校及学院中心工作，在工作岗位上，在疫情防控中，在日常生活中发挥基层党组织战斗堡垒作用和党员先锋模范作用。

（二）学科与队伍建设

学院积极推进学院“十四五”规划的重点工作和重大工程，新立项1个市级工程中心；积极组织申报国家自然科学基金，学院教师共申报8项；学院参与的电子信息专业硕士点申请获得教育部授权。

2021年度退休教授1人、读博5人、调离2人，引进博士1人、实验员1人。

由于学科差异，学院的相关专业人才引进难度较高，需要学校提供更加有力的引进政策支持。

（三）教学工作

学院校企合作实训实习工作正常开展。学院通过遴选优质企业，完成了软件工程专业177人“9＋8”实训实习，以及其他5个专业330人的2周实训；学院2021年实际录取577人，2022年计划招生445人，网络工程、数字媒体技术专业继续暂停招生；学校2020年批准的170万元《大数据基础实验室》项目的已到位经费完成了招标。

学院还进一步落实本科生导师管理细则，严格执行学校调停课制度；完成了2020级计算机类大类的专业分流工作；计算机科学与技术省级特色专业通过省级验收；物联网工程专业获得省级一流专业建设点立项；数据科学与大数据技术专业完成了新建专业校级自评。

（四）科研工作与对外学术交流

学院配合学校申硕，调整了教科研激励措施，教科研成果层次和数量有了较大提升。科研方面，学院教师发表论文40篇，其中SCI、EI等收录23篇；科研立项14项，其中省级立项2项，市级5项；获得发明专利2件，实用新型专利1件，软件著作权23件。教研方面，学院获得省级产学研项目4项，省级质量工程项目1项，校级质量工程项目3项。

（五）综合管理

学院围绕“双一流”专业建设，凝聚办学特色。主动对标教育部工程认证要求，修订本科人才培养方案，建设一流课程；自2017年开始连续多年组织实施IT未来卓越工程师“东软班”，培养一批优秀人才，力求实现“以点带面”；自2014年开始连续多年组织实施“三二分段专升本”高职本科协同育人项目。

学院围绕产业学院建设，深化校企合作。自2012年开始，学院实施校企合作软件工程专业“9＋8”长期实训实习和其他相关专业2周短期实训，形成了“长训学生选企业、短训学生选方向”的特色办学模式，较好地满足了学生个性发展的需求。

环境与化学工程学院

环境与化学工程学院下设化学师范、精细化工、环境工程、环境资源科学、化妆品技术与工程等共5个专业。现有教职员工71人，其中专任教师55人，具有正高职称10人，副高职称25人，高级职称人数在教职员工中占比为49.3%；博士43人，占比60.6%。2021年在校生1314人。经过全院教职员工的共同努力，圆满完成了2021年度各项工作。

（一）党建与思想政治工作

贯彻全面从严治党的新要求，履行抓基层党建主体责任；认真组织党史学习教育，加强党组织自身建设；加强思想政治教育，做好安全稳定工作；抓好基层党组织基本建设，做好党员教育管理工作。积极参加各类活动，获得校学风建设评比第二名，获学生军训团体三等奖、学生运动会团体总分三等奖；积极推动党建带团建，指导学生五大机构和社团活动，获评三下乡优秀团队；落实学生奖学助学政策，颁发国家奖助学金近72万元，颁发企业奖学金2项。组织教工参加2021年“三八”系列活动、棋牌比赛、各种球类比赛、教工趣味运动会等。举行教工全民健身运动会，获得组织奖二等奖，羽毛球比赛获甲级第二名、乙级第四名等。

（二）学科与专业建设

环境科学与工程入选新一轮广东省“冲补强”重点学科，建立了省重点实验室沙浦野外实验站，并取得丰硕成果；化学专业顺利完成了教育部师范专业二级认证专家进校考察工作，环境工程专业完成了IEET工程教育认证中期考核。环境工程和化学专业均入选省一流专业，化学专业推荐申报国家一流专业，并获评为学校重点专业。

（三）师资队伍

新引进教授1人、研究员1人、副教授1人、博士2人；聘请了6家行（企）业的高级职称专业技术人员和17名中学教师作为专业兼职教师，参与人才培养方案制订、课程标准制订及部分课程教育，2名教师到中学挂职。

（四）人才培养

1. 补充制定了《本科生学业导师管理办法》《本科生专业课程目标达成评价体系》等系列制度，同时加强了内控建设，强化了制度引领作用；按照专业认证标准修订了5个专业的人才培养方案和教学大纲，切实落实好定期听课、评课和教学检查制度，形成专业课课程目标达成评价体系，完成了2021年度教学质量反馈分析报告，从而建立起完整的教学质量监控、反馈、改进机制。

2. 获得2项省级质量工程项目立项，建立了课程思政教学设计案例库，参与课程思政中期考核的3个项目均通过考核，其中2项被评为优秀；组织申报了分析化学和有机化学省一流课程，完成了分析化学实验在线课程视频制作；加强校企合作，开展协同育人，环境健康产业学院获得省级现代产业学院立项。

3. 举办和组织参与了“互联网+”大学生创新创业大赛等多项学生科技竞赛，其中，“互联网+”大赛取得历史性突破，获得省级铜奖1项，校级金奖和银奖各1项。首次获得圆点国际设计奖1项，入围全国师范生教学技能大赛一、二等奖决赛1项；获批大学生创新项目国家级、省级、校级37项，其中国家级4项，省级14项；毕业生考上研究生比例逐年递升，就业学生受到用人单位普遍好评。

（五）科学研究与对外学术交流

1. 多方筹措资金，新购置了价值近200万元的X射线荧光光谱仪和近100万元的其他相关实验设备，进一步提升了教学、科研条件。

2. 发表研究论文39篇，其中SCI收录13篇；授权发明专利7件，实用新型专利4件。

3. 获批省级创新科研团队、省基础与应用基础研究基金等各类省、市级科研立项8项，横向项目6项，累计到位经费200余万元。成立了肇庆学院碳中和技术研发中心；加强校企合作，与肇庆市城市管理和综合执法局、肇庆市生态环境局、肇庆观星农业有限公司等开展项目合作，新增各类专业实践教学基地6个。

（六）综合管理

继续做好疫情防控常态化工作管理，以“快、严、实”的硬措施，巩固防线、堵塞漏洞，织密织牢校园疫情防控网，全力确保校园稳定和学院师生安全；密切关注学生心理健康，对接心理健康咨询中心，协调做好学生心理工作；做好招生宣传及就业追踪工作，建立了优质生源地单位，就业率持续保持在90%以上；做好征兵军训工作，2021年度学院共有3名学生应征入伍。根据学校内控管理规定要求，完善修订学院各项规章管理制度并装订成册。

食品与制药工程学院

食品与制药工程学院现有教职员工46人。其中专任教师34人，具有教授职称4人、副高职称8人，高级职称占比为35.3%；博士21人，博士占比为61.8%。2021年是“十四五”发展规划开局之年，食品与制药工程学院认真贯彻落实十九届六中全会精神，发挥党建引领作用，凝心聚力做好新冠肺炎疫情防控工作，圆满完成了招生工作。学院以培养高水平应用型人才为目标，稳步、创新开展各项工作，依靠全院师生的共同努力圆满地完成了年初制定的目标管理任务。

（一）党建与思想政治工作

以习近平新时代中国特色社会主义思想为指导，认真学习贯彻党的十九届六中全会精神，学院党委全面落实主体职责，加强理论武装和思想建设，推进民主决策；扎实开展党史学习教育，推进“我为群众办实事”活动，积极组织开展新冠疫情防控工作；认真落实加强党的基层组织建设三年行动计划，重点推进全国样板党支部建设、“双带头人”支部书记工作室建设工作，制药工程系教师党支部通过省教育厅样板党支部验收。充分利用“学习强国”平台开展学习，成效显著：1人在全国总排名中位于1700名，1人在全国排名为3500名，学校前10名中有6人为本院师生党员。

抓好党支部基层党建工作，共发展师生党员83名，其中教工党员1名。重点抓好学风建设，多措并举，打造“领学—督学—辅学”优良学风体系。抓好辅导员、班主任以及学生干部队伍建设。做好团委、学生会、律委会、健促会、易班等学生机构的建设和指导工作，开展系列学科竞赛活动，充分发挥学生管理主体作用，学院团委获得肇庆学院优秀青年志愿服务单位称号。大学生创新创业项目立项12项，国家级立项3项，省级立项8项，校级立项1项，学生发表或参与发表文章4篇。申报7个广东省“攀登计划”基金项目，在第十六届“挑战杯”广东大学生课外学术科技作品竞赛中获得三等奖；在广东省大学生生物化学实验技能大赛中荣获省级三等奖。

（二）学科与队伍建设

2021年度学院共引进硕士1人，1人外出攻读博士学位；先后组织教师参加教育部教学指导委员会会议、国家级专业学会等会议共15次，30人次，开阔教师们的专业视野，提高他们的技能素养。

（三）教学工作方面

按要求严格执行专业负责人制度，推进各专业年度建设发展规划；结合专业特点和服务地方特色产业需求，拓展专业发展方向，完成了“食品营养与健康”新专业的招生录取工作；完成2020级食品科学大类学生专业分流工作及2021届毕业论文网络答辩工作；召开年度教学反馈会，全面开展教学工作常规自查自纠；食品科学与工程专业顺利通过IEET工程认证中期考核；以毕业生核心能力为导向，完成了2020版四个专业的培养方案制定，规范课堂教学，强化教师教学主体责任担当；在产教融合的带动下，实现了省级一流课程的突破：《药物分析》获得省级课程思政立项，同时被认定为省级一流本科课程。

创新家校沟通模式，举行专业介绍会，增进新生对本专业的归属感，成效显著。通过组织考研动员会、推进会、经验分享会，组建考研QQ群、微信群、班系群等，多途径、全方位让学生了解考研情况，2021届毕业生考取研究生达33人，连续两年超过30人，且考取211、985高校或双一流专业生源达50%以上。

加强对新引进教师的帮传带入职教育，实施新入职教师“一对一”导师帮扶带模式，多渠道举办新入职教师教学工作专题培训会。加强教研力度，获省级教研立项项目1项，校级4项。获得2021年度教师教学技能大赛优秀奖1人、实践教学优秀指导教师奖1名。荣获肇庆学院第九届优秀教学成果一等奖1项。

2021学年全院共开设实验课程40门，开出实验个数达252个，实验室承担实验教学总人时数超12万人时。不断完善《实践教学管理规范》制度。抓好实验室安全管理，建立和完善实验室使用及管理制度；组织实验室管理的老师和新生进行实验室安全教育、实验室安全应急演练等工作，和进入实验室的全体师生签订了安全责任书。建立和完善了仪器药品的使用采购及管理制度，特别是对于易制毒、易制爆、剧毒等大类化学品的管理，严格按照国家法律法规的要求进行采购、使用、出入库等相关工作，做好与公安机关对接的报备工作。

（四）科研工作与对外学术交流

积极组织学院教师申报国家自然科学基金项目，邀请专家对申报书进行修改。农业农村部农产品质量安全风险评估实验室（肇庆）获批立项，这是肇庆学院首个获批的省部级实验室。教师共发表学术论文60篇，其中中文核心论文30篇，SCI论文30篇；授权国家发明专利8项；项目立项10项，结项10项。组织农村科技特派员以服务“三农”为出发点和落脚点，以科技人才为主体，助力乡村振兴发展和乡村脱贫攻坚。

（五）综合管理

全面推进从严治党，强化理论学习教育，筑牢思想之基，夯实基层组织建设。开展主题教育专项活动，改进班子成员工作作风；严格执行“两个责任”，全面落实从严治党职责。落实立德树人根本任务，促进内涵建设。

做好毕业生就业推荐工作，构建“学院—系—教师”三级联动的毕业生就业帮扶工作机制，着力提升毕业生的就业竞争力。学院2021届毕业生就业率为97.38%，荣获2021年就业工作考核评比二等奖。组织开展学生心理健康测试及心理排查工作、宿舍管理工作、征兵工作、无偿献血工作、奖助学金评选等工作，2021年共有6名学生光荣入伍。注重培养学生身体素质和集体荣誉感，积极组织学生参加各类体育竞赛活动，获得多项荣誉。加强意识形态阵地管理，做好学院网站和公众号的管理工作，促进学院的建设和发展。关心关爱教职工生活，积极组织开展各类文体活动，增强教职工体魄。

旅游与历史文化学院

旅游与历史文化学院现有教职员工65人，其中专任教师60人，具有正高职称3人，副高职称（含校聘）33人，博士学位37人。现有旅游管理、酒店管理、历史学和地理科学4个本科专业，全日制在校学生1137人。

2021年，全院师生凝心聚力，在疫情防控、党建思政、专业建设、科学研究、师资队伍、人才培养、社会服务和学生工作等方面取得较好成绩，努力实现了转型发展有新进步、内涵提升有新成效。

（一）党建与思政工作

学院始终坚持党建思政服务于人才培养和学院发展工作大局，深入学习贯彻习近平新时代中国特色社会主义思想。2021年举行党建活动87项。开展“庆祝建党100周年”系列活动，共开展党史学习教育活动66项。中心组学习26次、“第一议题”学习25次，引导广大党员和师生坚守教育报国初心、勇担立德树人使命。

坚持围绕中心抓党建思政，助推学院发展。召开党委会22次、党政联席会13次，做好统筹和管理工作。掌握宣传思想工作主动权和主阵地助力改革与发展。从课堂教学、教材使用、论文指导、论坛讲座、思想文化阵地等关键领域把好关。2021年在学习强国、西江日报、学校网页、学院公众号等发布各类通讯、新闻稿件396篇。2021年学院对标对表积极申报国家级党建双创标杆院系。以创建为抓手，提升管理服务能力。党建基础更加夯实，党建工作更加规范，党建引领更加有力。

（二）学科与队伍建设

2021年学院大力实施教师归位、项目储备、经费牵引、新进教师培育和种子育苗五大工程，推进学科专业建设和科学研究工作。教研团队层面，每个专业着力打造一个理论教学、实践教学和四创指导团队；科研方面，每个学科着力培育四个特色研究方向和社会服务领域。

学科专业师资队伍持续优化。2021年学院引进1名教授、5名博士和2名硕士，4名教师获得博士学位，2名教师在职攻读博士学位，1名教师晋升副教授，李朝军当选端州区人大代表，省人大代表黎达文积极履职尽责。师资队伍学历结构、学缘结构和能力结构持续改善。

（三）教学与人才培养

深化教育教学改革，专业建设取得新的进展。成功新办地理科学新专业。组织多轮次论证会编修和完善地理科学（师范）人才培养方案，形成了系统的人才培养和实验室建设方案。筹措近10万元，高标准建设了地理科学教研室，成功承办2021高中骨干教师地理新教材省级培训项目，夯实了新专业建设的基础。承办2021初中高中历史强师工程培训班项目，扩大了历史学专业影响。

基础教育研究获得新突破，新立项6项市级教研课题，完成省培项目4项，其中历史3项，地理1项。校质量工程和教改项目7项，省教改项目1项，省级课程思政示范改革项目2项。学院立项建设20多个课程组，积极开展教学活动。中国史教研室获校级立项建设。坚决落实学分制改革和本科生导师制度，学业导师团队40人，完成年度考核工作。

旅游管理专业和历史专业积极申报省

级一流专业。2 名教师获得省级课程思政示范改革项目。周军老师负责的《中国近代史（下）》获得省级课程思政示范课程立项，被认定为 2020 年度省级一流课程。完成 2020—2021 年全学年度的课程建设评估，3 名教师的 3 门课程被推荐参评学校优秀课程。

持续推进文旅产业学院建设，实现挂牌、联建到共建的转向，特色班建设取得成效，初步形成了“4－3－3”产业学院建设新模式，初步探索从松散走向紧密的建设新路径，初步探索形成校企本科人才培养新方向。抓好人才培养方案落地，坚持检查、竞赛和督导并重提升教学质量，抓好抓实本科毕业论文工作。着力做好广科院本科联培班的联系和监管工作，加强实践教学环节，全年投入 11 万元，开展实践教学工作。

建设八大发展平台助力学生成长。搭建和完善“项目小组”“技能训练”“技能大赛”“考研辅导”等八个平台。以创新、创业、创意和创造能力为重点，年度培育 20 个四创项目团队和指导教师，年度储备 20 个以上学生四创项目，着力实现 20% 学生主持四创类项目，50% 以上学生参加四创类项目，四创教育 100% 覆盖全院学生。2021 年，学生获大创项目 4 项、攀登计划 3 项，“挑战杯”获奖 7 项，技能大赛获奖 2 项，发表论文 9 篇，成功考研 11 人，获其他各类文体竞赛奖 118 项，“三下乡”等社会实践团队 4 支。

（四）科研与学术交流

2021 年，学院科学研究成果取得新突破，发布科研通知 84 项；科研立项 13 项，科研获奖 6 项；发表论文 69 篇，其中校定 C 类以上论文 36 篇，SSCI（SCI）论文 7 篇，EI 论文 5 篇；出版专著 2 部；1 篇决策咨询报告获省委常委批示，科研成果质量显著提升。

大力实施教师归位、项目储备、经费牵引、新进教师培养和种子育苗等五大工程推动科研工作。40 多名教师归位到 12 个教科研团队，项目储备制度发挥积极作用，师生科研能力持续提升，涌现出王灿、谢杲馥、郭栩东、何平、陈海明等一批教科研骨干。

《文旅讲坛》《文旅沙龙》持续开讲。面向师生，《文旅讲坛》形成理论前沿、产业前沿、教学前沿、课题申报系列，4 年总计 80 讲。面向学生，《文旅沙龙》形成领导有约、教授博士有约、行业导师有约、校友有约四个系列，2021 年共开讲 3 场。

（五）管理与综合成效

加强组织领导，强化统筹协调。成立由学院主要领导负责的“十四五”规划制定和实施工作领导小组，统筹推进，较好完成“十四五”事业规划编制工作。

完善治理体系，提升治理能力。进一步修订学院党建思政和教学管理等制度。靠制度的刚性约束实现工作规范运行，靠制度的激励导向助推工作效率和质量的提升。

音乐学院

音乐学院现有教职工 104 人，其中专任教师 91 人，博士 14 人，硕士 62 人，正高职称 5 人，副高职称 26 人（增加 3 人），讲师 29 人（增加 5 人），台籍高级职称教师 5 人，外籍高级职称教师 4 人。现有在校生 1790 人。

现开设音乐学（师范）、音乐表演（师范）、舞蹈学（师范）三个专业，其中，音乐学专业是广东省特色专业，拥有“声乐”“器乐”“音乐教学法”三门校级精品课程。音乐学学科是肇庆学院重点学科，被学校确定为培育艺术硕士的特色学科。

（一）党建与思想政治工作

1. 加强政治理论学习，筑牢立德树人思想根基。落实好“三会一课”“第一议题”制度，抓好学院党委中心组理论学习，坚持线上和线下相结合的政治理论学习不放松，组织学习落实《中国共产党普通高等学校基层组织工作条例》、党史学习教育、党的十九届六中全会精神、习近平重要讲话精神，深刻领悟新思想、新政策、新理念，增强政治自觉，不断提高政治素养。

2. 坚持疫情防控不放松，扎实做好疫情防控工作。根据学校的要求制定《音乐学院关于做好新型冠状病毒感染的肺炎疫情防控的工作方案》，发挥党员先锋模范作用，配合学校完成多轮疫情防控信息采集工作以及组织 3 次师生疫苗接种、统计和上报工作，完成相应时段的校园巡查工作。

3. 多措并举协同育人，加强学生思想政治和日常管理工作。推进音乐学院学工队伍与专任教师、思政课程与课程思政、实践育人与活动思政的“协同育人、联动教育”育人模式，形成思想教育合力。继续开展“勤到课堂看学生、多到宿舍帮学生、常到网络找学生”的“三到位”活动。

4. 强化励志榜样引领，促进学生全面发展。重视发挥学生党员和学生干部的模范带头作用，通过评先评优，以及先进事迹报告会、经验交流会，营造良好的氛围。2021 年有 10 名学生赴西藏援藏支教，9 名学生应征入伍，超额完成学校分配任务。

5. 认真做好党员发展和党员管理工作。在党员发展工作中坚持“三早一抓一严”，遵循“早发现、早选苗、早培养”，抓好入党前的教育，严格发展程序。今年共发展党员 108 名，预备党员转正 29 人、转出毕业生党员 75 人。积极推进“书记项目”和党建育才工程，全年共选派 20 名学生党员担任 2021 级带班党员。

6. 上好党委书记开学思政第一课和专题党课。4 月份为学生上好“学党史　颂党恩　跟党走”的思政第一课，9 月份，为新生讲授“认真学习贯彻‘七一’重要讲话的主要精神”的专题党课，带领新生深入学习贯彻习近平总书记在“七一”重要讲话精神，在新时代伟大实践中长志气、强骨气、厚底气，要牢记总书记嘱托，做新时代有为青年。

（二）学科与队伍建设

音乐学院定位于“立足粤西，面向全省，辐射华南，围绕‘站稳讲台，兼顾舞台’的应用型人才培养理念，培养具有创新精神与创造能力的复合型、应用型人才”。音乐学学科是肇庆学院重点学科，被学校确定为培育艺术硕士的特色学科。其中，音乐学专业是广东省特色专业，拥有“声乐”“器乐”“音乐教学法”三门校级精品课程。

（三）教学工作

按照学校教学工作的统一部署，继续优化学分制。学院组织学院学术委员会成员对人才培养方案进行论证，最终完成 2020 版人才培养方案修订工作，以及双学位人才培养方案的修订。召开特色班会议，商拟建设两个特色班的创建方案，一个为管弦乐演奏与教学，一个为舞蹈表演与教学，目前还在建设中。

导师工作开展顺利，音乐学院 13 名

教师全面覆盖2020、2021级学生的学业、专业技能、生活、思想等方面的指导不少于每学期2次。

（四）科研工作与对外学术交流

舞蹈教学部师生参加肇庆市庆祝建党100周年文艺汇演，演出节目《壮丽航程》《灿烂阳光下》；参加2021年广东省新师范建设总结大会演出舞蹈《情深谊长》《最可爱的人》；参加广东省旅游节开幕式；完成广东省教育厅“高雅艺术进校园”项目，送艺术到鼎湖区莲花镇初级中学；完成“美育浸润计划”高良镇中心小学合唱团建设、校歌谱曲、课间韵律操。

理论教学部举办肇庆学院合唱团音乐会—广东省“三区”教师全员轮训—怀集县音乐骨干教师汇报音乐会；参加肇庆市音乐教学能力提升培训暨教学能力大赛，任合唱组评委；组织作曲课程教师教学团队和学生参加广东省教育厅关于开展2021年“立志·修身·博学·报国”主题教育系列活动。

2021年，音乐学院完成各类音乐会、展演、学术交流、各种培训共138场次。发表论文（含中英文）46篇，出版著作（含论文集）4本，获得各类科研项目（含立结项）19项。音乐学院师生参加各类比赛，获国家级银奖一项、铜奖一项；省级一等奖两项、二等奖四项、三等奖三项。

（五）综合管理

1. 完善管理制度，强化安全责任。建章立制，优化资源，落实责任，确保实验室安全、有序、高效运行，2021学年度共制订和完善各种管理制度23项。

2. 加强资产管理，保障教育教学。音乐学院现有资产1566件，其中乐器701件，其他教学设备和办公设备865件，通过对资产的有效管理，有力地保障了正常的教育教学。

3. 做好实践管理，服务教学科研。实验室每年都对各类展演、学术交流等教学实践活动的资料和科研教研成果以及师生在校、市、省比赛获奖情况、演出资料做详细的收集整理。2021年共收集整理音乐会海报、节目单、光碟、剧照32份；收集科研教研成果111篇（项）；收集师生演出获奖情况37项。

4. 加强基础设施建设、改善教学工作环境。2021学年为民族乐团申请购置打击乐器经费共计16000元，已获学校批准；为音乐楼合唱室和艺术大楼合唱室安装教学用镜三面共计40多平方米；为声乐和器乐琴房安装教学用镜40面；为舞蹈室购置移动音箱3台；接受外界捐赠乐器40把。2021年度改造搬迁了琴房管理室并配置了新电脑，更换了音乐楼一楼琴房门，完成基建维修项目21项，在音乐楼四、五层安装了乐器放置架。

美术学院

美术学院现有教职工共88人，其中教授7人，副教授16人。2021年度继续开设美术学（师范）、视觉传达设计、环境设计、产品设计、动画、工艺美术6个本科专业，其中美术学是学院重点扶持学科和名牌专业，设计艺术学是省级特色重点学科，工艺美术和视觉传达设计是省级特色优势专业。各专业面向全国多个省区招生，现有全日制在校本科生2078人。

（一）党建与思想政治工作

1. 抓基层党组织建设。根据学校党委实施基层组织建设三年行动计划，全面推进学院基层党组织建设，增强“四个意识”、坚定“四个自信”、做到“两个维护”，充分发挥学院党委的政治核心作用。充分发挥组织育才功能，推进“党建育才工程”，推进师生党支部建设，强化基层党支部战斗堡垒作用，推进党组织书记基层党建工作述职评议工作，基层党建建设取得重大突破，教工党支部成为“全省党建工作样板党支部”，党建研究课题获得校级立项2项。

2. 抓好意识形态工作。学院党委把意识形态工作作为最重要的政治任务，纳入党建工作责任制，切实落实意识形态工作主体责任，一年来没有出现这方面的事故。一是定期召开党委会议，专题分析研判，认真排查意识形态工作风险点，制定意识形态工作责任清单和意识形态领域突发事件处置工作预案及相关防控措施，进一步明确了工作任务。定期向上级汇报意识形态工作、网络意识形态工作情况。二是全面落实维稳主体责任，及时掌握学生思想动态。结合德育系统工程，坚持立德树人根本任务，组织开展以爱国、爱党、文明、美德为主题的社会实践、志愿服务、文化艺术活动，加强大学生党史、国史教育和思想道德建设。

3. 抓好思想政治建设。美术学院建立了“专职辅导员+班主任”“学生朋辈辅导员+带班党员”“团学学生干部+班委”三支思政队伍，通过主题班会、团日活动、党日活动等形式，宣讲习近平新时代中国特色社会主义思想，开展意识形态和政治安全教育以及日常学生事务管理工作。思政队伍以班团为服务对象，扎根基层，精心服务，形成良性运行体系，助推学生成长成才，近年来学生参加国家级、省级和市级的各项展览比赛获得若干项很好的成绩。

4. 深入开展党风廉政建设。组织师生认真学习《中国共产党党内监督条例（试行）》《中国共产党纪律处分条例》和《中国共产党党员领导干部廉洁从政若干准则》等，加强党的纪律尤其是政治纪律教育，促使党员干部严格遵守党章、党内法规，有效提高领导班子的政策理论水平和廉洁自律意识。

（二）学科与队伍建设

深化改革，推动学科专业发展。一是成功获得“艺术硕士”的授予权，是肇庆学院首批获得硕士点的三个单位之一，为学校学科建设作出了重要贡献。二是积极推进设计艺术省级特色重点学科与工艺美术省级特色专业的建设，“视觉传达设计专业”被推荐为省级一流专业，同时申请了国家一流专业。“广东漆画教育研究基地”“学府文创工作坊”被广东省社科联评为省级社科普及基地。继续深化学分制改革和美术学院毕业创作（设计）改革，完成2021届毕业创作（设计）的各项工作。三是扎实推进实验室建设与启动美术学专业认证工作，为高质量人才培养打下坚实基础。

（三）教学工作

克服困难，保证教学顺利开展。2021年新冠肺炎疫情对教学工作仍然产生较大影响，美术学院严格贯彻落实各项防疫要求和措施，克服各种困难，做好教学条件保障，引导师生积极主动应对特殊时期的教学困难，不断解决教学过程中的各种挑战，高质量地完成了2021年的各项教学任务。

（四）科研工作与对外学术交流

奋发有为，加强科研与队伍建设。一是着力打造科研队伍，组织师生参加高水平展览和赛事，2021 年美术学院新增 2 个省级社科普及基地，1 个校级科研创新团队，教师立项教学、科研项目 21 项，发表论文 20 篇，其中核心刊物发表 3 篇，师生参加各种级别展览和发表作品 112 件，其中 6 件为国家级展览成果，申报国家级项目 12 项，体现了较高的教学科研积极性和能力。二是努力做好“端砚”中华优秀传统文化传承基地建设工作，扩大美术学院的学术影响力。三是以展览竞赛为抓手，不断提升教师的教学科研能力，鼓励教师参加展览、教学技能竞赛、教师创新大赛。2021 年美术学院何鸿灏等年轻教师获得了肇庆学院教师技能大赛一等奖等奖项，被推荐参加省级美育教学创新大赛，荣获一等奖。

（五）综合管理

凝心聚力，服务地方经济与社会发展。继续开展卓越美术教师“雄才班”的项目，为地方美术教育发展作出应有贡献。积极开展各种横向项目合作，拓展文化创意产业项目合作，举办文创作品展览、创意集市，参加各项博览会、展览、赛事，服务地方经济与社会发展。和怀集县教师发展中心、下帅乡民族学校联合开展广东省教育厅 2021 年美育浸润行动计划，在课程教学、师资培训、美育夏令营、校园文化建设等方面做了大量工作，提升美术学院的社会服务水平，扩大社会影响力。

中德设计学院、工业设计学院

中德设计学院、工业设计学院现有教职员工 19 人，其中专任教师 11 人；讲师 4 人，占比 21%；博士（在读）9 人，占比 47%。学院现有在校学生 132 人，设工业设计 1 个专业。2021 年学院围绕学校工作的总体思路和中心工作，以习近平新时代中国特色社会主义思想为指导，全面贯彻党的教育方针，妥善落实中德合作项目到期结束后的各项工作，总结合作办学项目的经验与教训，落实立德树人根本任务。

（一）党建与思想政治工作

1. 坚持政治建设，履行党建主体责任。落实“一岗双责”，执行党支委会、党政联席会、“三重一大”事项集体决策制度，议事决策规范化水平不断提升。保密工作责任落实到位。注重思想引领，坚持筑牢意识形态主阵地。开展理论学习中心组学习 12 次，党史学习教育活动 28 场次，受到“中国青年网”“学习强国”等主流媒体宣传报道 2 次。定期分析研判意识形态领域情况和突出问题。

2. 扎实推进基层党建工作，抓好党风廉政建设。落实“三会一课”制度，扎实推进“两学一做”。做好发展党员工作，确定入党积极分子 18 人，发展学生党员 13 人；坚持做好疫情防控常态化下师生教育管理工作；修订了《党政联席会议制度》等 4 项党建工作文件；进行廉政专题教育，开展师德师风专项教育活动。

3.“我为群众办实事”活动落细落实。学生作品难以展示的问题得到解决，困难学生生活和就业得到帮扶，突发重症学生得到资助，师生“少跑腿”办事流程进一步优化，公共设施维修改造项目持续推进，师生获得感显著增强。

4. 牵头解决党建工作的突出问题。

团结凝聚师生党员，突出党员先锋模范作用和基层党组织战斗堡垒作用。开展教师党员覆盖全体学生的“一对一谈心谈话”，助力学生尽快适应学校学习生活，坚持做好疫情防控常态化下师生教育管理工作；启动党员“一对一迎新全程服务”模式，让新生感受到“入校即进家”的温暖，确保新生报到更便捷、手续更优化、服务更人性化等。

（二）学科与队伍建设

1. 加强学科建设，进一步优化专业人才培养方案。完善人才培养方案，修订教学大纲。在原《工业设计模块手册》的基础上，总结与德国合作培养经验，修订了适合自主培养要求的人才培养方案和教学大纲。

2. 引育并举，助力教师成长成才。积极争取和充分利用学校人才政策引进青年教师，2021 年引进青年教师 1 人；支持青年教师提高专业能力，共 8 名青年教师考取世界 500 强高校的博士研究生。

（三）教学工作

1. 加强教学常规管理，不断提高教学质量。学院结合实际情况开展教学评价并建立教学质量标准体系和监控评价机制，有重点、有计划地完善并落实好教学常规管理。进一步完善课堂教学管理制度，加强教学监督，及时帮助教师总结经验和解决教学过程中的难点，不断增强课堂教学的有效性，促进教风的提升。

2. 做好中德合作项目的后续工作。中德“校际交流办学协议”于 10 月 11 日到期，经学校研究不再续约。学院认真做好项目内学生的稳定工作，妥善安排好后续教学各项工作。聘请新教学团队，保持教学的稳定性和延续性，降低了费用成本。

3. 不断加强教学资源建设。2021 年学院投入实验室建设经费 9 万元，完善了三维打印工作室等六个实验实训场所的设施。针对没有专业展厅的情况改造场地，成功举办首届毕业作品展，取得了良好的效果。

（四）科研工作与对外学术交流

1. 认真做好科研工作。2021 年度成功举办了第四、五届肇庆学院“工业设计大赛”，大赛更引进本地企业赞助冠名专项赛并与之签订横向合作设计项目；组织学生参加校级“互联网 +”、2021 深圳·龙岗城市文创设计大赛等比赛，到目前为止，师生共获奖 34 项、科研项目 6 个、发表论文 5 篇。围绕中德合作办学模式下党建工作的探索与实践的主题，努力培育和建设党建品牌项目，党建思想类科研立项 3 项，入选“庆祝建党 100 年 · 践行核心价值观”优秀案例 1 项。

2. 做好办学交流总结。“校际交流办学协议”到期结束后，组织力量整理完成《2021 工业设计毕业年册》《学生学习成果汇编》《外籍教师教案汇编》等资料共十几万字，覆盖学生课堂学习、专业技能实践、学习成果展示等各方面，为学校今后中外合作办学提供了参考和借鉴。

3. 积极对接政府、企业需求，进一步提升社会服务水平。学院与德国合作的工业设计教改项目，在省内外获得了较高的知名度和良好的口碑，本年度有多家企业先后莅临学院考察，签订实习基地 4 个、横向科研项目 1 个。

（五）综合管理

1. 加强学风建设，做好团学工作。支持群团组织开展各项活动，组织“三下乡”社会实践，做好奖助贷、评奖评优、征兵入伍等工作，开展各类学生活动。加强学风建设，对学生存在的问题做到早发现、早提醒。学院自办学以来，学生违规、违纪处分率为 0。

2. 高质量完成毕业生就业工作。把

院企合作、重点推荐、帮扶困难生作为提高就业率的重要措施，教师对接学生就业模式取得良好效果，毕业生初次就业率97%，总体就业率100%。

教师教育学院

教师教育学院紧紧围绕学校2021年重点工作和学院工作计划，加强党建与师德师风建设工作，抓牢疫情防控工作，深化教师教育改革创新实验区内涵式发展，完成创建国家教师教育改革创新实验区建设任务，落实省委巡视组和学校巡察组的整改意见，协同完成省教育厅“新师范”建设经验总结会，协同二级学院完成师范专业认证工作，开展省教育厅的高校与基础教育对口帮扶活动，取得了显著的建设成效。

（一）党建与纪检工作

确立了“第一议题”的学习制度，确立领导班子党总支会议制度，抓好党总支中心组的学习，严格落实学习常态化制度化。2021年7月1日，组织全体教师收看习近平总书记“七一”重要讲话，开展建党100周年的系列学习活动，进行党史学习教育研讨交流活动。2021年10月15日，组织支部党员到肇庆市委党校进行党史现场教育，提高党员干部政治思想觉悟与干事创业的热情。加强党支部建设，将党员教育作为党总支工作的重中之重，结合党史学习教育、党支部主题党日活动，组织党员充分运用网络媒体、专题培训、红色教育基地开展学习、进行研讨。开展纪律教育学习月活动，提高教师遵纪守法与依法从教、廉洁从教的自觉性。开展“赓续百年初心　担当育人使命”师德师风建设主题教育活动，通过师德师风正面、反面典型材料学习，提高教师们的思想认识，激发教师爱岗敬业的热情。

（二）师范生教育实习与实验区建设工作

开展2021年春、秋两季教育实习，完成全校师范生2054人的教育实习任务。继续推进肇庆、云浮开展实验区的建设工作，在云浮的新兴县、云安区、罗定市遴选学校建立教师教育改革创新实验区的专家工作室，在肇庆的怀集县大岗中学等试点学校推进“领燕”项目的协同育人活动，不断深化教师教育改革创新实验区的内涵式发展。2021年，教师教育学院完成了“创建国家教师教育创新实验区”3年的建设任务，相关的建设材料、验收材料已报送教育厅。同时，配合省教育厅和学校完成了2021年11月召开的“新师范”建设经验总结会议，以教师教育改革创新实验区为主体的肇庆学院教师教育改革“肇庆模式”得到了广泛的好评，2021年11月26日《南方日报》以“解码‘新师范’建设的肇庆探索”为题专题报道了学校实施“高校、政府和乡村学校多方协同，推动实习生与乡村教师双向提升”的经验和做法。

（三）组织师范生开展书法、微课大赛活动

2021年11月24日，教师教育学院在教师发展中心举办了2021年师范生“两字一画”大赛。比赛分为钢笔字书写、粉笔字书写、简笔画三类，来自13个学院的430余名师范生参加了此次活动。钢笔字大赛共评出一、二、三等奖

83 名，粉笔字大赛共评出一、二、三等奖 76 名，简笔画大赛共评出一、二、三等奖 52 名。

2021 年 12 月 1 日，教师教育学院在教师发展中心举行了 2021 年师范生微课大赛评审工作。此次微课大赛共收到来自 13 个二级学院的 34 份参赛作品，由学科教学研究与设计的教师组成的专家评审团对参赛视频进行评比。最终，数学与统计学院袁芷滢同学的微课作品《圆周角定律》、文学院林晓纯同学的微课作品《天净沙·秋思》、文学院黄嘉仪同学的微课作品《愚公移山》从众多优秀作品中脱颖而出，获得本次大赛的一等奖。

（四）肇庆学院未来卓越教师“砚园班”人才培养工作

2021 年，教师教育学院举办了第六期未来卓越教师“砚园班”的结业典礼，组织安排第七期“砚园班”学生开展珠三角名校游学与教育实习，继续招收了第八期“砚园班”50 名学生。“砚园班”人才培养为“新师范”建设提供理论与实践的参考，为广东省基础教育改革培养了优秀的教师领军人才。

（五）师范专业二级认证工作

2021 年教师教育学院积极完成了学校与评估中心、化工学院所需的师范专业认证各项材料，配合数学与统计学院完成了师范专业二级认证准备工作。

（六）省级强师工程项目培训工作

1. 肇庆学院首次成功申报 2021 年广东省中小学“百千万人才培养工程”——小学名校长省级培养项目，为期三年。2021 年通过集中脱产学习、岗位实践探索、访学交流研修、示范引领帮扶、问题研究提升相结合的培养模式，项目培训工作取得显著成效。

2. 2021 年 8 月至 2021 年 12 月，高质量完成广东省普通高中校长任职资格班、中小学骨干校长高端研修班、普通高中骨干教师（教研员）新教材培训、乡村教师访名校、中小学（含中等职业技术学校）教师“双带头人”省级示范培训、乡村中小学实验教师专项培训、乡村小学教师多学科教学能力提升培训（全科教师培训）、乡村中小学体育（游泳）骨干教师培训、中小学音乐骨干教师示范培训等多个广东省强师工程项目。

3. 2021 年 9 月—12 月，承担了广东省“三区”教师全员轮训—怀集县、河源市东源县、紫金县“三区”中小学骨干教师示范培训班。

4. 2021 年 9 月—12 月，承担了广东职业技术学院岗前培训及肇庆学院、肇庆开放大学、广东信息工程职业学院、广东肇庆航空职业学院等高校岗前培训班。

（七）省教育厅的高校与基础教育对口帮扶工作

根据《广东省人民政府关于印发广东省推动基础教育高质量发展行动方案的通知》精神，肇庆学院负责对口帮扶肇庆市和云浮市两地的基础教育。2012 年 12 月，教师教育学院作为牵头负责单位，领导班子多次到肇庆市和云浮市教育局进行深度需求调研，初步形成了对口帮扶的协议，相关的合作协议签署仪式按照计划有序推进。

（八）落实省委巡视组与学校巡察反馈意见的整改工作

2021 年教师教育学院的全年重点工作任务就是落实省委巡视组和学校巡察组的反馈意见。教师教育学院党总支高度重视省委巡视组和学校巡察组对教师教育学院的反馈意见，多次召开专门会议研究整改方案，全体教师深入领会巡视组的反馈意见，并且认真落实整改工作，从制度建设、办公场地到人员岗位都进行了整改，有效地推动了各项工作的规范化、制度化发展。

创新创业学院

开展党史学习教育，按照学党史、悟思想、办实事、开新局的目标，在学校党委的坚强领导和校内外各职能部门的热情关怀下，落实立德树人根本任务，深化推进创新创业教育改革，取得可喜成效。

（一）党建与思想政治教育

学院以抓创新创业学院、科技园管委办党支部党建工作为契机，结合党史学习教育、师德师风教育和纪律教育等活动，线上线下相结合，开展支部书记讲党课、形势政策教育、红色教育、党风廉政建设小贴士、党史学习教育影片在线学习、读书会、志愿服务、专业技能培训等活动20余次，不断增强“四个意识”、坚定“四个自信”、做到“两个维护”。同时，利用创新创业学院、科技园管委办、西大资产公司三个部门业务性质协同互补的契机，将党建工作与业务工作同部署、同推进，把学习收获转化为“我为群众办实事”的实践活动，不断优化满足师生需求的创新创业教育指导服务与激励机制，切实用党的创新理论武装头脑、指导实践、推动工作。

（二）重要业务与管理工作

1.《肇庆学院创新创业教育“十四五”发展规划》的编制工作。为贯彻落实国务院2021年9月印发的《关于进一步支持大学生创新创业的指导意见》、2020年10月印发的《深化新时代教育评价改革总体方案》，教育部2021年2月印发的《普通高等学校本科教育教学审核评估实施方案（2021—2025年）》等文件精神，深化学校“全国创新创业典型经验高校”和“广东省大学生创新创业教育示范学校”建设，学院在充分征求相关职能部门及各二级学院意见的基础上，制定了《肇庆学院创新创业教育“十四五”发展规划》，并作为学校12个专项规划之一于2022年1月正式印发。该规划主要从发展基础、总体要求、建设内容、保障机制四个方面，对我校“十四五”创新创业教育发展思路进行了全面科学的思考与谋划。

2. 第七届中国“互联网+”大学生创新创业大赛校、省和国赛三级赛事的组织工作。在第七届中国国际“互联网+”大学生创新创业大赛广东省分赛中，学院组织2421个项目、10393人次通过“全国大学生创业服务网”报名参赛，在争取到10万元的企业专项经费支持下，先后共组织6场备赛培训与项目打磨，打磨重点项目38个，参训师生共计500余人次。最终获省赛银奖1项、铜奖6项，学校获评“高教主赛道优秀组织奖”，获国赛铜奖1项，实现了学校在此项高水平赛事上国赛获奖零的突破。此外，在争取到学校5.5万元专项经费支持下，学院联合校团委开展“肇庆学院第八届中国国际‘互联网+’大学生创新创业大赛及第十三届‘挑战杯’中国大学生创业计划竞赛重点项目初选和培育工作”，在全校范围内选拔55项优秀项目进入重点培育项目库，并长效化开展一系列针对性、精细化、进阶式的指导和培育工作，以期在2022年的高水平竞赛中取得更大突破。

3.《创新创业教育》必修课程的教学工作。2021年《创新创业教育》的开课对象为 2018 级非本校专升本学生以及 2019 级全体在校生，总修读人数为 6452 人，共开设了 65 个教学班。学院积极推动课程改革，逐步扭转创新创业教育课程大多由思政辅导员授课、学生评教满意度低的现状，鼓励各二级学院党政领导、学科带头人、具有政企行业任职经历的高水平人才和深入企业与农村进行科技服务和关键技术攻关的优秀青年教师等担任教学任务，并邀请政府、行业、企业、学校等理论水平高、管理经验丰富的业界精英走进课堂，促进创新创业教育与思政教育、通识教育和专业教育的有机融合。此外，将课程考核与“互联网 +”“挑战杯”等高水平创新创业赛事的参赛获奖情况挂钩，要求各二级学院结合教学实践、教师科研、大创项目、专业见习、学科竞赛等，设置课程的实践教学内容，促进创新创业实践的科学化和制度化建设。

4.“肇庆学院 2021 年创新创业文化节”活动的组织工作。为激发全校师生的创新创业活力，学院于 2021 年 11 月在全校范围内开展了第五届为期一个月的主题为“我敢闯 · 我会创”的创新创业文化节活动。除了校级层面的培训、讲座、竞赛等，还鼓励各二级学院通过主题班会、座谈会、沙龙等形式，结合专业特点开展“一院一节一特色”的品牌学术科技文化活动。文化节期间全校成功举办相关活动 120 余场，参与师生近万人次，营造了良好的创新创业文化氛围。文化节活动期间，按照“一院一特色”的目标要求，在文化创意园开展《肇庆学院创新创业教育成果展》，充分展示近年来全校各二级学院在创新创业教育方面凝练的典型经验做法和取得的阶段性成效，以达到加强交流沟通、相互学习借鉴、共同进步提升的效果。

5. 统筹协调平台资源，提升学生创新创业实践能力。为了提升大学生的实践创新能力，学院积极协调联动、整合资源，加强创新创业实践平台建设。前端依托各二级学院实验室、工程中心和科研基地等成立具有学科和专业特色的“创客空间”，挖掘、培育项目并提升项目科技含量。例如机械与汽车工程学院专门划拨 600 余平方米的场地，通过给予专项经费支持、完善硬件配备、健全规章制度、建立宽松开放的运行模式、实行科研创新项目导师制等举措，构建面向全院学生创新能力培养的创客空间，同时根据项目需要吸收了来自美术学院等其他学院的学生参与，逐步形成跨界整合、协同创新的项目培育与人才培养模式。后端与大学科技园等“企业孵化器”有效衔接，推动优秀项目向创业园转移、向创办企业和申请专利转化，关注项目长期发展，扶持项目从创意走向市场，以此促进专创、科创和产创深度融合的创新创业人才培养新模式的构建。

继续教育处（学院）

2021 年继续教育处（继续教育学院）继续规范和完善成人高等教育和培训的各项行政管理规章制度，组织制定了《肇庆学院成人高等教育 2022 级培养方案》《肇庆学院行业培训管理规定》，以及《行业培训项目立项论证表》和培训合同签订、培训经费分配等系列流程图；完成了成人高等教育 2021 年的招录工作，学籍管理日趋完善，改进新生入学资格审核，优化休学和延缓毕业的申请流程；完成成人高等教育学士学位外国语统考和92名本科毕业生学士学位授予等工作；针对疫情采取线上教学，加强教学监管，顺利完成2021年度函授教学课程；创新培训模式，开展幼儿园园长任职资格培训，完成4个班级2500人的培训任务，资金达300多万元；规范行业培训管理，组织协助5个二级学院完成培训项目，参训人员239人，培训经费近38万元；组织完成省教育厅部署的各种业务检查和自查工作并形成报告12项。

（一）开展成人高等教育招生发动工作，精选优质教学点，提高教学质量

2021年，成人高等教育共招生3122人，比2020年增加859人。其中专升本录取1712人，高起本录取442人，高起专录取968人，超计划（原计划3077人）完成了招生各项任务；本科生占比首次超6成（占69%），为成人高等教育办学的转型夯实了基础。

1. 以教学点招生为抓手，全面开展招生发动工作。根据2021年成人高等教育招生政策和学校融入粤港澳大湾区的发展要求，继续教育处（继续教育学院）把成高招生重点放到大湾区。全面布局，积极深入各教学点实地考察办学设施、管理方式和生源情况，并对原有的教学点进行重新评估和筛选，保留规模较大管理规范的优质教学点长期合作，有意识地培育和遴选湾区内新的教学点，2021年新增教学点2个，撤销4个。现有的22个校外教学点，分布在广州、深圳、珠海、东莞、佛山、惠州、番禺、韶关等多个地级市，初步达成“湾区为主、面面俱到”的设想。

2. 制定专业招生计划，做好成高招生上报工作。继续教育处（继续教育学院）制定了成高招生管理细则，通过奖惩措施把教学点的招生规模与分成比例紧密结合，充分调动教学点与学校合作办学的积极性，招生人数有较大的增长，且本科生占比近7成，其中高中起点本科五年制学生442人，为学校成人高等教育大幅度扩招和办学转型奠定基础。2021年共有专升本专业14个，高起专专业5个，高起本专业6个。

3. 做好成人高等教育网上招生录取工作。按照省招办的文件精神，继续教育处（继续教育学院）牵头成立了成高招生工作领导小组，由学校分管成教工作的校领导任组长，各相关职能部门领导任成员。下设招生工作小组，负责具体招生工作的开展，确保了招生所需的场地、网络、后勤、用电和保卫资源，网上招生录取工作得以顺利开展。

（二）加强教学管理，重视教学质量，规范办学行为

1. 做好成人高等教育的日常教学工作。完成了2021年寒（暑）假、周六（日）成人教育5000多人的授课安排，完成成人教育计算机应用、公共英语、政治理论三门公共课统考科目的面授和考试。

2. 加强对校外教学点的管理工作。受疫情的影响，为避免人员聚集，做好疫情防控措施，同时保证授课质量，继续教育处（继续教育学院）参考全日制的授课和考试模式，与教学点和授课教师进行充分的沟通和准备，协助他们继续利用“青书”网络授课平台进行网络授课。由于准备充分，授课过程十分顺利，学生反映网络教学效果非常好。

3. 做好成人高等教育学士学位考试工作，提高办学质量。学士学位的通过率是成人高等教育办学质量的一个具有说服力的数据。多年来，继续教育处（继续

教育学院）十分重视学士学位的考试工作，在各级各类会议上反复强调学士学位的重要性，提醒和呼吁尽量多的学生报考学士学位及外国语考试。经过不懈努力，学校报考和通过学士学位考试的人数在不断增加。

（三）创新模式，拓展培训

新冠疫情的持续和反复，对以线下教学为主的行业培训影响很大，为此，继续教育处（继续教育学院）创新培训模式，开展线上线下相结合的幼儿园园长任职资格培训，把培训过程中理论学习、网络研修、案例研讨和论文指导等教学环节通过线上进行，而对跟岗实践环节则组织学员到当地优质幼儿园去亲身体验学习。这种培训模式得到了教育行政部门的支持，相继完成了五华、连州、化州、德庆四个班共计2469人的幼儿园园长培训项目，培训金额达300多万元。由于组织严密、师资雄厚、管理规范、质量保证，该培训项目得到了相关教育局及培训学员的广泛认可。

根据教育部关于非学历教育要“管办分离”的规定，继续教育处（继续教育学院）制定了一系列规范学校行业培训的操作流程，如《行业培训合同签订及送审流程图》和《行业培训经费分配流程图》等，并提供协议模板和培训项目立项论证表。有了明确的指引，各二级学院迅速参与培训工作，仅2021年年底两个月时间，已有5个二级学院开展并完成了共计239人的培训任务，培训经费近38万元。

（四）继续教育学院内部建设与管理

1. 认真抓好党史学习教育。根据学校党委工作部署，以习近平新时代中国特色社会主义思想为指导，以党史学习教育为主线，结合“三会一课”“两学一做”和“第一议题”等方式，重点学习十九届六中全会精神和《习近平谈治国理政》第三卷等理论知识，学习贯彻习近平总书记在庆祝建党100周年大会上的重要讲话等一系列重要讲话精神，开展“不忘初心、牢记使命”和“学党史悟思想，守纪律筑忠诚”等主题党日学习活动，结合本单位实际，用理论指导实践，推动继续教育事业向前发展。

2. 规范行政，提高效率。2021年继续教育处（继续教育学院）不断完善日常办公的系列管理措施，根据人员变动及时调整各科室的工作任务和管理职责，使全处员工既分工清晰又通力合作，提高了工作效率。

3. 完成防疫工作任务。面对持续的新冠疫情，在学校党委的统一部署下，及时做好单位人员疫苗接种工作和外出流动人员情况报批工作，及时采购一大批防疫物资，如测温枪、消毒液和口罩等，较好地完成了学校安排的防疫任务。

研究机构与平台建设

肇庆经济社会与历史文化研究院

肇庆经济社会与历史文化研究院（以下简称“研究院”）围绕学校的中心工作和重点工作，以党史学习教育为引领，不忘初心、砥砺前行，推动研究院的发展再上新台阶。

（一）提高文化服务能力，传承创新地域文化

秉持以“服务地方”为宗旨，通过加强自身建设，不断提升服务能力和水平，以强烈的责任感和事业心创新开展工作，服务地方经济社会改革发展，传承创新地域文化的研究与传播，充分发挥文化服务及育人功能。

1. 广东省砚文化研究基地深耕特色文化服务地方。2021 年度，广东省砚文化研究基地在中国共产党成立 100 周年之际，与肇庆市端砚协会合作，花大力气编辑行业内部刊物《砚文化研究》（第三期）。刊物把红色元素与传统文化有机结合，通过传统文化载体“砚”展示中国共产党 100 年来的光辉历程和取得的辉煌成就，内容颇具特色，受到业内人士和社会的肯定及好评。同时，省砚文化研究基地的老师们积极参与行业砚雕作品雕刻和展览策划，并受邀到市中小学向学生宣讲传授砚文化知识，以实际行动维护和擦亮肇庆“中国砚都”的名片。

2. 利玛窦分会搭建文化交流平台。为了更好地推动和促进利玛窦与中西文化交流领域的学术研究，发挥肇庆市“利玛窦式”交流桥梁的作用，利玛窦分会经研究创建“利玛窦与中西文化互鉴”工作坊（第一期），工作坊于 2021 年 12 月 6 日在肇庆学院举行开幕式。校长吴业春在开幕式致辞中表示，“利玛窦与中西文化互鉴”工作坊是促进中西文化交流的桥梁之一，学校应当不断开展深入研究，为文化创新增添新动力，加快我校建设新时代特色鲜明的高水平应用型大学的步伐。

3. 肇庆学院博物馆举办西江流域钱币文化陈列及砚文化学术展。为深入挖掘西江流域历史文化，擦亮肇庆“中国砚都”文化名片，充分发挥高校博物馆文化育人的功能，扩大社会影响力，经学校批准，博物馆与梧州余天佑先生（西江流域民间民献研究学者、中国钱币学会会员）以及广东省华深书画艺术研究院展开合作，在肇庆学院博物馆举办“西江流域钱币文化陈列展”和“砚文化学术展”。2021 年 11 月 18 日上午举行了“钱币文化陈列暨砚文化学术展”开幕式，正式对学校师生及社会开放。博物馆在文化育人、传承创新地域文化方面作出了重要贡献，促进了两广地区肇梧文化的交流。

（二）科研稳步提升，成果再创佳绩

2021 年度，研究院持续推进科研平台和科研团队建设，强化科研能力培养和服务意识提升，加大产研结合的力度，取得了较好的成绩，科研稳步提升，成果再创佳绩。

学术论文方面，论文发表的数量和质量都有所提升，在省级以上学术刊物公开发表论文共 12 篇，其中 B 类核心期刊 2 篇，CSSCI 南大核心期刊 3 篇，北大核心期刊 2 篇，出版学术专著 2 部；课题项目方面，获得纵向课题 4 项，横向课题 10 项；研究院 2021 年度科研总分为 38545 分，比去年多 17387 分，提高了 82%。从科研成果看，基本上每位专业老师都有科研成果，其中吴恩荣在 B 类核心期刊发表了 2 篇学术论文，体现了突出的科研能力，获得学校突出科研业绩奖励；周友良在学术论文和课题项目两方面都有较大的收获，其中横向课题项目收获 5 项；叶枝青撰写的论文《〈德意志意识形态〉的当代意义》被《中国社会科学文摘》期刊转载；盛革撰写的政府决策咨询报告《肇庆市高新区金属材料产业转型升级研究报告》被广东省制造强省建设专家咨询委员会采纳并出版。

肇庆教育发展研究院

肇庆教育发展研究院（肇庆学院发展研究中心）是肇庆学院和肇庆市教育局联合建立的旨在为地方教育发展进行实践研究和理论研究的教育科学研究机构。肇庆教育发展研究院在“十四五”规划的开局之年，充分发挥了大学的科学研究和为地方服务的功能，以教育协同创新为引领，全面提高区域教育质量，不断加强内部建设，完成了各项工作任务。

（一）业务工作

1. 党建与思想政治教育。努力学习马克思主义和中国特色社会主义理论，学习宣传贯彻落实习近平新时代中国特色社会主义思想和党的十九届六中全会精神，增强“四个意识”、坚定“四个自信”、做到“两个维护”；贯彻落实党的路线方针政策、落实立德树人根本任务以及学校重大决策部署。进一步学习全国教育大会精神，以党史学习教育为动力，全体工作人员工作积极主动、勤奋努力、尽职尽责，完成学校及部门下达的各项任务。

2. 组织开展院校研究工作。负责组织编写《肇庆学院年鉴·2020》；组织完成半月一期的《高教咨询》材料的编写，在学校中层正职干部工作群中转发；2021 年 11 月，全程参与广东省教育厅和肇庆学院联合举办的《广东省新师范建设总结大会》；完成《肇澳教育互通式立交桥教育平台建设》咨询报告；积极参加粤台高教论坛、粤港澳大湾区教育研讨会等学术交流活动，提交学术论文并获奖；组织 2021 年度教师教育开放课题工作，课题共立项 57 项，其中重点课题 35 项，一般课题 22 项，重点课题资助研究经费 23 万元。

3. 完成教育部普通高校人文社会科学重点研究基地北京师范大学教师教育研究中心华南分中心相关工作。主要包括：

第一，构建学术研究保障体系，加强内部制度建设。在 2021 年 5 月，完成分中心网页建设。

第二，开展教师教育的相关活动。制订分中心 2021 年工作计划和“十四五”发展规划；2021 年 10 月 30 日，举办北师大教师教育研究中心华南分中心学术研讨会，会议以“基础教育改革中的教师教育”为主题，采取线上线下相结合的方式，邀请了分中心的 8 位研究员作学术讲座；肇庆学院接受了总中心的任务，承接了师范生实习的调研和数据搜集工作，2021 年 11 月，完成肇庆学院师范生培养的数据统计工作并提交给总中心；2021 年 7 月至 9 月，推进“我国中小幼思政教师队伍发展状况”课题研究，负责组织在肇庆市开展课题调研，参与完成《广东省肇庆市思政教师队伍调研报告》。

4. 发挥地方教育智库作用。制定《肇庆市教育“十四五”发展规划》《肇庆市老干部（职工）大学 2021—2025 事业发展规划》；起草了《关于“肇庆市教育发展‘十四五’规划”编制情况及内容的说明》；组织完成《2020 年度肇庆市教育发展研究报告》；组织肇庆教育发展研究院 2021 年教育研究课题的申报、评审、立项等工作，确定 2021 年度教育研究课题立项 92 项，其中重点课题 21 项，一般课题 71 项；完成对 72 项课题的结项审核并颁发结项证书。

5. 高教研究成果喜人。研究团队的水平不断提升，成果喜人。获各级别课题立项 9 项，发表期刊学术论文 17 篇，获得广东省高等教育研究成果奖一等奖 1 项、二等奖 2 项，校级科研成果奖 2 项，获得校级教学成果奖特等奖和一等奖共 2 项。

（二）内部建设与管理

1. 提早设计，提前准备。教育研究院作为“微型”的科研机构，将各项工作提前准备，对有关研究工作开展商讨，为工作高效开展打下坚实的基础。

2. 合理安排，分工明细。当前教育研究院有专职工作人员 6 人，各项工作合理安排，专职工作人员各负其责。

3. 加强管理，注重团队建设。重视与肇庆市教育系统的沟通与协调工作，积极与兼职研究员联系和合作，动员校内教师们和行政管理人员积极参与教育研究院的各项工作，实现资源共享，不断创新教育科研工作方法，提高管理工作效益，不断提升大家的研究水平，多出成果，为肇庆市的基础教育和高等教育发展作出贡献。

学报工作

学报编辑部服务于学校学科专业建设以及教师科研创新，助力学校整体发展，在广东学报界抢先争优，在全国学报界打响品牌，提高知名度，在学术界产生积极影响。2021 年，学报编辑部在学校党委的正确领导下，在全体学报职工的共同努力下，完成了有关方面的工作。

（一）主要业务工作

1. 严抓党建工作不放松，以党建引领全面工作。严抓党史学习教育，制订了详细的党史学习方案，严格执行学习教育方案。学习形式多样，包括轮流主持理论学习，赴红色教育基地考察，参与志愿服务为民办实事。将党史学习与学报工作结合起来，效果明显，促进了工作。坚持中国共产党领导下的社会主义办刊方向，确保学报办刊社会效益的意识形态底线。在政治上同党中央保持高度一致，传播正能量，弘扬学术道德，自觉承担学术传媒的社会责任。严格和高质量贯彻疫情防控工作部署，广泛及时进行疫情防控教育，积极参与疫情防控义务工作，完善线上稿件处理机制，保证及时完成编辑工作。

2. 服务学科建设。与学科专业建设融合，协同创新。以肇庆学院教师为主要服务对象，服务于教师科研创新，积极传播和完善教师的科研成果，营造良好学术氛围。有力地促进了学校的学术研究，在培养青年学者方面作出了较大的努力和贡献。2021 年共收到稿件 993 份，较 2020 年增加 421 份。

3. 公平公正处理稿件，确保学术评价的标准性、客观性。做好学术传播工作，把肇庆学院重点学科、重要领域、重要学者的科研成果传播出去，提高学校在学术界的知名度。做好学术交流工作，主动融合学科建设和参与学术活动，尤其是将特色栏目与学科紧密结合。主动取经学习，吸取办刊经验，开拓视野。打造好学术交流平台，让教师们乐于在学报上交流学术思想。完善投稿系统运作，效率大大提高。做好学术研究工作。学报有 3 名正高职称职工、3 名副高职称职工、4 名博士，全体职工在做好自己的专业研究的同时，做好学报传播学研究。2021 年，学报编辑部有 4 人次获得广东省高校学报学会奖励；西江历史文化研究被评为优秀栏目；学报主任再次当选全省高校学报学会常务理事；学报继续当选为广东省高校学报学会常务理事单位。

4. 学报特色栏目建设。为了适应研究生办学需要，2021 年度学报成功扩大版面至 128 页。建立并实施编辑部内部审读制度。制定《肇庆学院学报》编辑出版计划，完成学报的编辑、出版及发行工作；继续实施优秀栏目建设工程，增设“新时代中国特色社会主义思想研究”栏目，创建《肇庆学院学报》品牌栏目，让优秀栏目成为服务地方经济社会文化发展的有用智库。继续做好封二“砚园学人”、封三“砚园书架”“砚园画苑”“砚园译林”宣传；继续做好省、市文明办关于精神文明建设的宣传工作。做好科技专家及成果宣传推广。根据上级主管部门要求，组织完成全体工作人员的专业技术培训；进一步加强编辑工作的内涵建设，继续提高编辑工作的整体水平。

（二）学报编辑管理工作

1. 加强编辑业务制度建设。根据学校内控工作反馈意见，明确责任，规范编校流程，提高工作效率。加强编委会决策作用，加强用稿制度建设。完善线上稿件处理机制，保证及时完成编辑工作。

2. 完善规章制度建设。根据上级主管部门的相关规定，继续修订《学报编辑部工作规范》，完善现行规章制度，加强规范化管理。继续完善投稿系统，提高工作效率。根据内控要求，拟订了《肇庆学院学报稿件处理办法》等七个制度和《肇庆学院学报印章使用流程》等七个工作流程，以及《肇庆学院学报领导分工》等三个工作文件。根据“肇庆学院学报审稿费和稿费发放办法”，适当实施优秀稿件奖励制度。提高转载率，设立专栏，邀请知名学者担任主持人，扩大学术影响力。

3. 出版发行管理。2021 年度按时完成了《肇庆学院学报》的全部出版发行工作；严格执行国家出版物出版登记等相关规定，未出现偏离办刊宗旨和舆论导向方面的错误，未出现违反国家法律、法规及各项发行管理规定的现象。编辑部全体工作人员服务意识明确，平时注重调查研究，及时发现问题并提出解决办法。社科版、自然科学版编辑室的同志根据情况及时发布通知，指引作者投稿，加强与审稿专家沟通协调等工作。

图书馆建设

肇庆学院图书馆由福慧图书馆、严宽祜图书馆、星湖校区分馆三个馆舍组成，馆舍总面积27259平方米。设有期刊阅览室3处、读者自修室和自修专区10多处、电子阅览室1处。有阅览座位约2600个。大型饮水设备5台，自助打印复印机3台。有书目检索终端机17台，自助借还书机2台。截至2021年12月31日，馆藏中外文纸质图书183万册，其中外文图书3.7万册。订阅中外文纸质期刊报纸1122种（其中外文期刊报纸38种），馆藏音像资料光盘和磁带2万多种。采购了7个网络电子资源数据库，按子库计共30多个。馆藏网络电子图书约108.3万册（其中外文电子图书约5.5万册）。

（一）图书馆业务工作

1. 日常服务。2021年度来馆读者达62万人次，接待读者咨询1500人次，借还书4.1万册。电子阅览室接待读者12200人次，上机时数9533小时。图书馆主页浏览量17.2万次。数据库点击量过亿次，下载量近120.5万篇（次）。代理科技查新31项，查收和查引200项。提供考研专座672个。

2. 资源建设。2021年度图书馆新书入库19000册。验收纸刊1158种，装订合订本2483册。采购运行电子资源库7个，开通试用库32个。成立“党史园地”，设立图书专架20个，陈列有习近平等国家领导人的重要论述、“四史”图书及党建类图书5000余种，党建类期刊38种。

3. 读者服务。编撰《图书馆简报》1期，每期简报分本馆要闻、读者园地、资源推介和图林动态四个版面，涵盖图书馆理论学习和重点工作的情况报告、阅读情况调查统计报告、简要的消息报道等内容。

3月—6月，举办读书节系列活动：评选年度“阅读之星”；开展“最是一年好风景，春光烂漫读书时”摄影大赛、“悦享阅读·我心目中的图书馆”征文活动和书刊荐购等活动；组织全民英语口语风采展示活动、全民英语口语大赛、师范教育库赏析征文、庆祝建党100周年有奖答题及数据库线上培训等活动。有近百名同学在活动中获得奖励。

12月10日上午，在图书馆学术报告厅，图书馆与外国语学院协同举办第三届阅读推广活动，来自图书馆和外国语学院的200余人参加了此次活动。

4. 科研与培训。图书馆2021年获批科研课题3项，总经费4.5万元；发表论文6篇；举办学术报告会1次；编印《论文集》1部，收录学术论文37篇。全年分别在主校区和星湖校区共举行19场信息素养教育培训，培训对象为学校2021级9527名新生。

5. 保障性工作。2021年，图书馆认真落实消防安全责任，学习和贯彻落实消防法律及学校消防安全管理规定，做好消防安全宣传教育和培训，不定期对三处馆舍进行检查，对发现的安全隐患及时整改并做好记录。成立由办公室和信息技术部组成的网络安全排查小组，在暑假和寒假期间检查网页安全。

（二）内部建设与管理

1. 党建工作。落实全面从严治党主

体责任，把政治建设和思想政治工作摆在首位，旗帜鲜明地讲政治。坚持抓好理论学习、“四史学习”和理想信念教育，党总支理论学习中心组全年共开展集中学习9次。党支部以党史学习教育、习近平新时代中国特色社会主义思想、习近平总书记“七一”重要讲话和党的十九届六中全会精神等为主要内容，落实“三会一课”和主题党日活动，各支部全年分别开展党组织生活21次以上，党员领导干部全面参加基层党支部组织活动。

严格遵循二级党组织和党政联席会议规则，促进党建工作和业务工作深度融合，党总支、党支部在馆藏资源建设、“我为群众办实事”（共5项）和日常管理工作中较好地发挥了战斗堡垒作用，绝大多数党员起到了表率作用。二级党组织严格落实党风廉政建设和反腐败工作责任制，党风廉政建设有计划、有检查落实、有总结，领导干部认真履行“一岗双责”，持之以恒防范“四风”，配合和支持上级的监督检查。

落实意识形态等安全工作措施。2021年在学校主页发布稿件7篇，在图书馆主页（或党建专栏）发布重要宣传报道和党内法规学习材料，公开发布的所有稿件经由党总支书记审核把关。根据上级要求多批次审查现有馆藏纸质图书，进一步完善书库管理和图书借阅制度。配合或协同行政领导落实安全生产和疫情防控措施。

2. 内控建设。对中层领导届满审计发现的问题及时整改，规范了固定资产报废、转移流程。加强了对办公用品和低值消耗品的管理，建立了台账。制定《藏书管理办法》，对图书的采购、上架、流通、下架全过程加强了管控。加强人才队伍建设，引进图情专业硕士1人、计算机网络人员（本科）1人、信息处理人员（本科）1人。制定管理制度性文件4项，规范业务流程6个。

美术馆建设与美术展览

开展党史学习教育，以庆祝中国共产党成立100周年系列展览为中心，以巩固建设广东省二级美术馆为主要任务，以展览促进教学与科研为核心，以推广优秀的文化艺术展览服务广大人民群众和师生为目的，扎实开展各项工作，取得了可喜的成绩。

（一）业务工作

1. 做好“庆祝中国共产党成立100周年”系列展览。2021年是中国共产党成立100周年，为全面配合国家、省、市、校各级开展的庆祝活动，美术馆自上而下做好了充分准备，全年共举行了五场主题展，分别为4月的庆祝中国共产党成立100周年——肇庆市中小学书法、美术作品展，6月的“学党史、颂党恩”暨“画说西江党史”——肇庆市庆祝中国共产党成立100周年主题美术书法摄影作品展，9月的庆祝中国共产党成立100周年暨纪念新兴版画运动90周年——岭南版画大展，10月的“百年华章”——庆祝中国共产党成立100周年书画展。其中，6月承办的由肇庆市委组织部和宣传部共同主办的两个主题展，迎接了来自肇庆市直各单位党员的参观学习。展览持续二十多天，每天接受预约参观人员接近千人，每天导览场次多达30余场，这是美术馆成立以来任务最重的一次展览，是对全体馆员的一次检阅。美术馆全体人员出色完成重要任务，得到市委与校党委的肯定与嘉奖，还获得了市民与全校师生的赞赏。

2. 完善二期扩建工程内部设施并举行揭幕展。2021 年 9 月，美术馆二期扩建工程顺利完工。扩建后的美术馆增加了开幕大厅、中转室、典藏室、储藏室、公共教室和办公场所，为有效利用各功能区，有计划地添置了射灯、滑轮轨道等展览器材，完善了美术馆的场馆设施与硬件配套器材。10 月 13 日启用并举行揭幕展“大地回春”——肇庆十八年林丰俗作品特展，该展览是美术馆重点推出的首个研究型大展，特邀原中国美术馆副馆长梁江担任策展人，省文联、市委和学校党委都给予高度重视，展览取得良好效果。

3. 以展览促进教学与科研，助力美术专业成功“申硕”。2021 年 10 月，肇庆学院“申硕”成功，美术专业成为首批硕士招生专业，这与美术馆多年来积极践行“以展览促进教学与科研”的办馆理念有着直接关系。2021 年度举办美术和书法专业毕业生作品展 2 场，出版画册 9 本，发行美术馆报 4 期，举办学术讲座和座谈会 4 场，为学校美术专业发展作出了积极贡献。

4. 举办高质量展览，推广优秀文化艺术。2021 年度成功举办省级大展 2 场，尤其是“南粤青年心向党，执笔青春绘梦想”——第十一届广东大学生书画艺术作品大赛优秀作品展在本馆展出，全省大中专学生的优秀作品都集聚肇庆，成为全省美术学子的集中关注点。省级大展的举办既发挥了美术馆推广高雅艺术的作用，也为本土艺术家提供了展示平台，2 场省展共计有 50 余人次肇庆籍画家和本校师生的作品入选。

2021 年度还举办了艺术家捐赠展 2 场，共获得捐赠作品 200 余件；馆际大家作品交流展 1 场，让学生在校就能现场欣赏大师之作；肇庆籍美术名家交流展 2 场，分别到江门美术馆和珠海画院美术馆展出，获得了良好的社会反响。

5. 拓展公共教育，推进公教项目品牌化。美术馆积极开展美育浸润公共服务活动，全年面向本校大学生、社会美育机构、中小学生、其他团体等开展公教体验活动超 200 场次，累计公教人数超过 10000 人次，培训学员超过 1200 人次，全年观展人数突破 8 万，体现了美术馆立足校园、服务地方、面向社会的责任与担当。

（二）内部建设与管理

1. 疫情防控常态化下有效围绕教学做好展览。美术馆在加强参观预约管理的同时，做好网上信息化提醒，做到疫情之下观展有序分流；同时加强展览宣传力度，提升美术展览质量，优化展览场景，提升美术观感，为进馆的观展者提供更好的服务。

2. 优化制度建设。美术馆修订了部门管理条例、安全管理制度等，对人员结构进行了增加调整，工作流程及方式更加规范，工作效率有效提升，推进更加正规化、专业化的美术馆建设。

3. 补强馆藏体系，提高学术研究水平。藏品是美术馆的立馆之本，然而，本馆有限的经费难以开展成体系的收藏序列，如对本土和岭南美术名家的作品和文献资料进行系统收藏整理。2021 年在有限的经费下收藏名家作品 200 余件，并不断加强对本地艺术家的收藏与展示，计划每年推出 3～4 场收藏展，每年收藏作品 200 件左右。2021 年还完善了部分馆藏设施，增设专人对本地美术史进行研究整理，希望能发挥艺术家和藏品的最大社会效益。

2021 年肇庆美术馆展览安排表

序号	展期	展览名称
1	2021. 3. 10—4. 9	西江春暖——肇庆市美术家协会会员作品巡展（江门站）
2	2021. 3. 20—4. 11	杨达明油画展
3	2021. 4. 17—5. 7	庆祝中国共产党成立 100 周年——肇庆市中小学书法、美术作品展
4	2021. 4. 18—4. 30	西江春暖——肇庆市美术家协会会员作品巡展（珠海站）
5	2021. 5. 12—5. 20	蜕变——肇庆学院美术学院 2021 届毕业生创作/设计作品展
6	2021. 5. 24—6. 3	砚园墨韵——肇庆学院文学院 2021 届书法学专业毕业作品展
7	2021. 6. 13—7. 8	“学党史、颂党恩”暨“画说西江党史”——肇庆市庆祝中国共产党成立 100 周年主题美术书法摄影作品展
8	2021. 9. 5—9. 25	庆祝中国共产党成立 100 周年暨纪念新兴版画运动 90 周年——岭南版画大展
9	2021. 10. 10—11. 3	大地回春——肇庆十八年林丰俗作品特展
10	2021. 10. 20—10. 30	百年华章——庆祝中国共产党成立 100 周年书画展
11	2021. 11. 8—11. 21	高山流水——刘演良端砚书画作品展
12	2021. 11. 10—11. 21	道德经印谱——李刚篆刻作品展
13	2021. 11. 25—12. 10	一脉相承——肇庆画院美术作品展
14	2021. 11. 25—12. 10	千年瓷韵走进南国之肇庆站——景德镇陶瓷艺术名家精品展
15	2021. 12. 1—12. 18	渔女献珠——古元美术馆馆藏古元水彩画作品展
16	2021. 12. 15—12. 24	第十六届广东大学生校园文体艺术季活动之第十一届广东大学生书画艺术作品大赛优秀作品展
17	2021. 12. 27—2022. 1. 10	黎伟明油画收藏作品展

表彰与奖励

2021 年获表彰与奖励的单位

肇庆学院 2021 年获表彰与奖励的单位一览表

序号	项目（比赛）名称	获奖名称	成果名称	授予单位	完成单位
1	第十一批国家大学科技园		肇庆学院国家大学科技园	科技部、教育部	肇庆学院大学科技园管委办
2	2021 年全国大中专学生志愿者暑期“三下乡”社会实践活动	优秀单位	2021 年全国大中专学生志愿者暑期“三下乡”社会实践活动	团中央青年发展部	肇庆学院团委
3	第十六届“挑战杯”广东大学生课外学术科技作品竞赛	优秀组织奖	第十六届“挑战杯”广东大学生课外学术科技作品竞赛	共青团广东省委员会	肇庆学院团委
4	第十五届广东大学生校园文体艺术季活动	优秀组织奖	第十五届广东大学生校园文体艺术季活动	共青团广东省委员会	肇庆学院团委
5	第七届中国国际“互联网＋”大学生创新创业大赛（高教主赛道）	优秀组织奖	第七届中国国际“互联网＋”大学生创新创业大赛（高教主赛道）	广东省教育厅	肇庆学院创新创业学院
6	2021 年度全省高校基层党建工作创新案例	优秀奖	构建“一体十联”融合式党建新格局　全力提升应用型人才培养质量——打造党建引领人才培养高地的探索与实践	广东省委教育工委	肇庆学院旅游与历史文化学院党委
7	全国教育系统关心下一代工作先进集体	先进集体	全国教育系统关心下一代工作先进集体	教育部关心下一代工作委员会	肇庆学院关心下一代工作委员会

续表

序号	项目（比赛）名称	获奖名称	成果名称	授予单位	完成单位
8	2021 年“读懂中国”活动	优秀组织奖	2021 年“读懂中国”活动优秀组织	教育部关心下一代工作委员会	肇庆学院关心下一代工作委员会
9	2021 年“读懂中国”活动优秀微视频	优秀奖	2021 年“读懂中国”活动优秀微视频	教育部关心下一代工作委员会	肇庆学院关心下一代工作委员会
10	2021 年“读懂中国”活动	优秀组织奖	2021 年“读懂中国”活动优秀组织	广东省教育系统关心下一代工作委员会	肇庆学院关心下一代工作委员会
11	2020 年度部门决算类报表	优秀单位	2020 年度部门决算工作	广东省教育厅	肇庆学院财务处
12	2021 年度征兵工作先进单位	先进单位	2021 年度征兵工作	广东省人民政府征兵办公室　广东省教育厅	肇庆学院武装部、保卫处
13	广东省首届消防技能竞赛	团体第五名	消防技能竞赛	广东省消防救援总队	肇庆学院武装部、保卫处
14	2021 年广东省大学生国家安全知识竞赛	团体一等奖	大学生国家安全知识竞赛	广东省教育厅	肇庆学院武装部、保卫处

2021 年获表彰与奖励的教职工

一、学术方面

肇庆学院 2021 年获学术方面表彰与奖励的教职工一览表

序号	获奖名称	等级	成果名称	授予单位	完成人	肇庆学院排名
1	2020 年度中国产学研合作创新与促进奖	/	产学研合作创新奖	中国产学研合作促进会	陈庆华	1
2	中国发明协会发明创业奖·创新奖	二等奖	绿色智能环保超感木纹铝合金型材生产技术	中国发明协会	陈庆华、高振中、王丽萍、许仕建、李艳梅、陈英俊	1
3	中国发明协会发明创业奖·创新奖	二等奖	高精度、高可靠性符合电极热芯片的研制及应用	中国发明协会	许志勇、贺晓东、段兆祥、王利萍、樊新华、范羽	1
4	中国发明协会第十二届发明创业奖	/	发明创业奖人物奖	中国发明协会	李新昌	1
5	海南省第三届“海南好米”奖	金奖	杂交水稻“金龙优1826”	海南省种子总站	李新昌	1
6	广东省高等教育学会第一届优秀高等教育研究成果奖（学术论文类）	一等奖	国家规制下地方本科院校转型发展的省域差异性研究	广东省高等教育学会	杨小秋、曲中林	1
7	广东省高等教育学会第一届优秀高等教育研究成果奖（学术论文类）	二等奖	地方本科院校转型发展的文化内涵建构	广东省高等教育学会	陈锡坚	1

续表

序号	获奖名称	等级	成果名称	授予单位	完成人	肇庆学院排名
8	广东省高等教育学会第一届优秀高等教育研究成果奖（学术论文类）	二等奖	地方大学校地合作影响因素研究——基于扎根理论方法	广东省高等教育学会	钟玮	1
9	广东省高等教育学会第一届优秀高等教育研究成果奖（学术论文类）	三等奖	国家鼓励高校教师创新创业政策的影响探析——基于《关于支持和鼓励事业单位专业技术人员创新创业的指导意见》的政策分析	广东省高等教育学会	黄伟伟	1
10	广东省高等教育学会第一届优秀高等教育研究成果奖（学术专著类）	三等奖	以“心”育人——肇庆学院教育科学学院学生工作的探索与实践	广东省高等教育学会	谢佐勇	1
11	广东省高等教育学会第一届优秀高等教育研究成果奖（学术专著类）	三等奖	大学生逆商培养理论和实践研究	广东省高等教育学会	李炳全、杨威	1

二、党建、思政、共青团、武装方面

肇庆学院2021年获党建、思政、共青团、武装方面表彰与奖励的教职工一览表

序号	获奖名称	等级	成果名称	授予单位	完成人
1	“庆祝建党一百年，践行核心价值观”优秀案例	一等奖	学生宿舍小天地“五员思政”大学工——肇庆学院楼长制与机关党员进宿舍实践案例	中共广东省委教育工作委员会	罗永全
2	广东省百部精品党课	/	深刻理解“七一”重要讲话精神的四个向度	中共广东省委组织部	谢石生
3	全省高校精品党课	/	让党史之光照亮前行之路	中共广东省委教育工作委员会	朱晶
4	全省高校优秀党史宣讲员	/	/	中共广东省委教育工作委员会	谢石生

续表

序号	获奖名称	等级	成果名称	授予单位	完成人
5	2020—2021 年度广东省优秀共青团干部	/	/	共青团广东省委员会	周瑛
6	2021 年度全省征兵工作先进个人	/	/	广东省人民政府征兵办公室 广东省教育厅	黄镜辉

2021 年获表彰与奖励的学生

一、专业技能方面

经济与管理学院

序号	比赛名称	获奖等级	成果名称	完成人	指导教师
1	2021 年全国高校商业精英挑战赛“致教杯”跨境电商创新实践大赛	二等奖	钱途无量	洪文英、蔡泽衔、陈婉琴、余妙仪、沈妍秀	田　苗
2	2021 年全国高校商业精英挑战赛“致教杯”跨境电商创新实践大赛	二等奖	101 队	黄晓玲、李洪慧、张创婷、李淦怡	田　苗
3	2021 年全国高校商业精英挑战赛“致教杯”跨境电商创新实践大赛	三等奖	WHL 队	刘洁敏、吴晓媚、黄梓涵	田　苗
4	2021 全国金融与证券投资模拟实训大赛	二等奖		肖浩亮、梁如健、陈泽链	曾增展
5	2021 全国金融与证券投资模拟实训大赛	三等奖		洪英鹏	曾增展

政法学院、知识产权学院

序号	比赛名称	获奖等级	成果名称	完成人	指导教师
1	第九届广东省本科高校师范生教学技能大赛思想政治组	二等奖	共产党的执政理念	梁晓婷	方拥香 李佩环
2	第九届广东省本科高校师范生教学技能大赛思想政治组	二等奖	价值观及其导向作用	林冰婉	方拥香 李佩环

教育科学学院

序号	比赛名称	获奖等级	成果名称	完成人	指导教师
1	第九届广东省本科高校师范生教学技能大赛心理组	二等奖	拨开云雾遇彩虹	杜晓晴	周彩虹 唐　辉
2	第九届广东省本科高校师范生教学技能大赛心理组	三等奖	小小情绪调音师	张雅婷	付媛姝 黄　华
3	第九届广东省本科高校师范生教学技能大赛心理组	三等奖	拥抱黑暗，克服恐惧	李静琳	岑延远 罗　云
4	第九届广东省本科高校师范生教学技能大赛小学教育组	一等奖	授课：小蜗牛 说课：巧整理，慧生活	阮颖珊	慕容勋 林叶舒
5	第九届广东省本科高校师范生教学技能大赛小学教育组	二等奖	授课：Weather 说课：当情绪来敲门	扶岚兰	蒋　菊 夏长洪
6	第九届广东省本科高校师范生教学技能大赛小学教育组	二等奖	授课：大象的耳朵 说课：与“线”交朋友	张　婷	牛津津 蒋　菊
7	第九届广东省本科高校师范生教学技能大赛小学教育组	三等奖	授课：万以内数的大小比较 说课：我是大玩家	陆珊婷	林叶舒 牛津津
8	第九届广东省本科高校师范生教学技能大赛学前教育组	一等奖	动物的自我保护	李樱婷	何秀华 陈晓菁
9	第九届广东省本科高校师范生教学技能大赛学前教育组	三等奖	有趣的脚印	梁才钰	黄春蕾 陈建茹

体育与健康学院

序号	比赛名称	获奖等级	成果名称	完成人	指导教师
1	第十届中国大学生毽球锦标赛	一等奖	丙组竞技男子双人赛	王崧宇、张弛	何　波
2	第十届中国大学生毽球锦标赛	一等奖	丙组竞技混合双人赛	王崧宇、李芷倩	何　波
3	第十届中国大学生毽球锦标赛	一等奖	丙组平踢男子三人赛	冼开源、徐立环、黄天朝、刘海龙	何　波
4	第十届中国大学生毽球锦标赛	一等奖	丙组平踢男子双人赛	刘海龙、徐立环	何　波
5	第十届中国大学生毽球锦标赛	一等奖	丙组竞技女子三人赛	潘美琪、曹秋宜、龚诗颖、李芷倩	何　波
6	第十届中国大学生毽球锦标赛	一等奖	丙组竞技女子双人赛	李芷倩、曹秋宜	何　波

续表

序号	比赛名称	获奖等级	成果名称	完成人	指导教师
7	第十届中国大学生毽球锦标赛	一等奖	丙组竞技女子单人赛	李芷倩	何　波
8	第十届中国大学生毽球锦标赛	一等奖	丙组男子花毽盘踢	刘海龙	何　波
9	第十届中国大学生毽球锦标赛	一等奖	丙组女子花毽盘踢	潘美琪	何　波
10	第十届中国大学生毽球锦标赛	一等奖	丙组男子花毽磕踢	黄天朝	何　波
11	第十届中国大学生毽球锦标赛	一等奖	丙组女子花毽磕踢	潘美琪	何　波
12	第十届中国大学生毽球锦标赛	一等奖	丙组女子花毽套路	龚诗颖	何　波
13	第十届中国大学生毽球锦标赛	一等奖	丙组混合团体接力赛	龚诗颖、王崧宇、刘海龙、张弛	何　波
14	2021 年广东省大学生毽球锦标赛	一等奖	乙组女子毽球三人赛	龚诗颖、潘美琪、林东如、李天欣	何　波 张　贞
15	2021 年广东省大学生毽球锦标赛	一等奖	乙组女子毽球三人赛	何嘉欣、徐彩珍、魏欣怡、郑慧虹	何　波 张　贞
16	2021 年广东省大学生毽球锦标赛	一等奖	乙组男子毽球三人赛	王崧宇、黄礼煜、谢城烨、冼开源	何　波 张　贞
17	2021 年广东省大学生毽球锦标赛	一等奖	乙组男女混合平踢三人赛	黄天朝、徐立环、程秋华、熊丽萍	何　波 张　贞
18	2021 年广东省大学生毽球锦标赛	一等奖	乙组男女混合平踢三人赛	吴嘉乐、张志力、李祉凝、蔡佳杉	何　波 张　贞
19	2021 年广东省大学生毽球锦标赛	一等奖	乙组女子一分钟个人计数赛	潘美琪	何　波 张　贞
20	2021 年广东省大学生健美操锦标赛	一等奖	乙组综合风格齐舞自选套路小集体	林冰、成金凤、林泽霖、杨灿基、陈姿吟、江国烨	马国锋 周文达 于　珍 赵士浩
21	2021 年广东省“省长杯”青少年校园足球联赛（大学组）全省总决赛暨广东省第十一届大学生运动会足球预赛	一等奖	男子乙 A 组	何立帆、彭培源、林春润、莫希文、王春旺、徐华溢、孔令泓、何震明、黎子博、谢嘉俊、黄缵允、关嘉星、蔡恒、龙杰文、吴驹钖、江涛、房志濠、张乾、范梓轩、张承浩	冯庆鲲 黎桥新 姜传同

续表

序号	比赛名称	获奖等级	成果名称	完成人	指导教师
22	2021年广东省大学生定向运动锦标赛	一等奖	女子乙A组百米赛	莫嘉雯	张新安 吴　磊 侯忠仁 李国军 程悦明
23	2021年广东省大学生定向运动锦标赛	一等奖	男子乙A组接力赛	黄品山、高洁锋、李顶志	张新安 吴　磊 侯忠仁 李国军 程悦明
24	2021年广东省大学生排球联赛暨广东省第十一届大学生运动会排球预赛	一等奖	男子乙A组	李郑华、李晓铤、方贵源、沈昊、张威、许雍杰、何骏为、张俊杰、余海英、邹卓宏、司徒晓明、林彬	陈诗华
25	2021年广东省大学生游泳锦标赛	一等奖	乙A组男子200米蛙泳	陈泽彬	邢　执
26	2021年广东省大学生游泳锦标赛	一等奖	乙A组男子200米蝶泳	龙鸿钧	向　军
27	2021年广东省大学生游泳锦标赛	一等奖	乙A组团体总分	刘虹廷、黎海珍、钟敏豪、许文锋、李君贤、吴国滔、陈科技、莫章伟、连炜钦、杨文伟、陈泽彬、龙鸿钧	邢　执 向　军
28	2021年广东省大学生飞镖锦标赛	一等奖	女子个人501减分赛	莫瑗妃	王　娟
29	2021年广东省大学生飞镖锦标赛	一等奖	男子个人标准米老鼠赛	龚伟雄	王　娟
30	2021年广东省大学生舞龙舞狮锦标赛	一等奖	乙组男子传统南狮	陆建志、黄健乐、刘宁、陈广铭、罗志浩、曾浩、程楚轩、陈诒清	陈广森 陈贵成
31	2021年广东省学生武术公开赛	一等奖	男子大学乙组咏春拳	袁杨宁	陈　浪 徐钲唯
32	广东省第一届校园冰雪嘉年华系列活动暨2021年广东省大学生轮滑锦标赛	一等奖	甲组速度轮滑800米接力赛	张辉龙、戈佳棋、陈洲涛、许唐杰	李灵超

续表

序号	比赛名称	获奖等级	成果名称	完成人	指导教师
33	广东省第一届校园冰雪嘉年华系列活动暨2021年广东省大学生轮滑锦标赛	一等奖	乙组速度轮滑800米接力赛	罗俊俞、朱嘉杰、岑嘉诚、孔丽芳	李灵超

文学院

序号	比赛名称	获奖等级	成果名称	完成人	指导教师
1	广东省师范生本科高校教学技能大赛	一等奖	秋天的怀念	郑雨竹	杨红军
2	广东省本科高校师范生教师技能大赛语文组	二等奖	沁园春·长沙	王宇娟	潘　林
3	全国大学生广告艺术大赛	二等奖	广播类《爱华仕箱包出行篇》	庄楷泳、彭晓玫、梁思慧	黄秋尘
4	全国大学生广告艺术大赛	三等奖	美丽触手可及	张晓娟、骆海凌、苏润洁	黄秋尘
5	全国大学生广告艺术大赛	三等奖	哇哈哈苏打水卡路里篇	黄菲、林丹丽、林雅明、赖琪琪	黄秋尘
6	2021年中华经典诵写讲大赛之“诗教中国”诗词讲解大赛	二等奖	女侠遗风存古今——读秋瑾《满江红》	郑曼雪	凌　英

外国语学院

序号	比赛名称	获奖等级	成果名称	完成人	指导教师
1	第九届广东省本科高校师范生教学技能大赛英语组	一等奖		钟希诚	罗文萍
2	第九届广东省本科高校师范生教学技能大赛英语组	三等奖		江秋霞	黄雪英
3	第九届广东省本科高校师范生教学技能大赛英语组	三等奖		孔芯怡	张玉微
4	“田家炳杯”第七届全国师范院校师范生教学技能竞赛	三等奖		梁　冰	张玉微
5	2021年全国大学生英语演讲比赛广东省分赛	三等奖		陈韵丞	吴永练

数学与统计学院

序号	比赛名称	获奖等级	成果名称	完成人	指导教师
1	第十一届全国大学生市场调查与分析大赛	二等奖	“MG的一声，很快啊，直接就没了”——直播带货销售模式的前景探讨	陈家沛、麦浩龙、林静儿、孔雅莹、梁芷纤	程从华
2	第十一届全国大学生市场调查与分析大赛	三等奖	今天你“垃圾分类”了吗？——关于广东省大学生垃圾分类情况调查	林嘉娜、蔡奕敏、陈尽文、谢欣、廖海妮	刘新雯
3	2021全国金融与证券投资模拟实训大赛	一等奖		肖嘉仪、何嘉炜、卢锦才	张明茗
4	2021全国金融与证券投资模拟实训大赛	二等奖		谭浩贤、谭进健、翁贝	梁彩霞
5	2021全国金融与证券投资模拟实训大赛	二等奖		梁铭康、陈金梅、杨洁纯	陆庆松
6	2021全国金融与证券投资模拟实训大赛	二等奖		梁春怡、易依鲮、林美仪	夏　艳
7	2021全国金融与证券投资模拟实训大赛	二等奖		肖嘉仪	张明茗
8	2021全国金融与证券投资模拟实训大赛	二等奖		何嘉炜	张明茗
9	2021全国金融与证券投资模拟实训大赛	二等奖		王姿月	阿春香
10	第九届广东省本科高校师范生教学技能大赛数学组	一等奖		陈淑贤	苏丽卿
11	第九届广东省本科高校师范生教学技能大赛数学组	二等奖		陈思妍	吴振英
12	第九届广东省本科高校师范生教学技能大赛数学组	三等奖		杨佩欣	苏丽卿
13	第九届广东省本科高校师范生教学技能大赛数学组	三等奖		李健秋	苏丽卿
14	全国大学生数学建模竞赛全国赛	二等奖		叶小莹、张凌燕、陈祖炜	吴　晓
15	广东省大学生数学建模竞赛	二等奖		张佳惠、高巧莹、邓晓诗	张中峰
16	广东省大学生数学建模竞赛	二等奖		陈雪怡、邓思燕、陈嘉敏	符和满
17	广东省大学生数学建模竞赛	二等奖		陈文辉、杨焯、赖科斌	梁亚娜

续表

序号	比赛名称	获奖等级	成果名称	完成人	指导教师
18	广东省大学生数学建模竞赛	二等奖		梁丹丹、罗珊、芮奋展	房喜明
19	广东省大学生数学建模竞赛	二等奖		曾晓娜、刘玥、刘纯霞	邢志涛
20	2022年第二届“大湾区杯”粤港澳金融数学建模竞赛	二等奖		杨文泽、魏紫茵、冯晓菲	刘新雯

生命科学学院

序号	比赛名称	获奖等级	成果名称	完成人	指导教师
1	全国大学生生命科学竞赛（2021）	三等奖	抗坏血酸影响水稻籽粒细胞自噬与稻米品质的机理研究	彭春芳、彭龙伟、李芊慧、黄泽展、刘艺	俞　乐 周丽萍
2	全国大学生生命科学竞赛（2021）广东赛区决赛	三等奖	佛手多糖对MPP+诱导的SH-SY5Y细胞损伤的保护作用及机制研究	李伟涛、叶苏晴、林玉宁、张旖洵、冯雅诗	龚舒
3	第九届广东省本科高校师范生教学技能大赛生物组	二等奖	肺与外界的气体交换	蓝智会	黄麟淇 肖汉洪
4	第九届广东省本科高校师范生教学技能大赛生物组	二等奖	骨的特性与骨的成分之间的关系	王期芝	杨凤梅 肖汉洪
5	第九届广东省本科高校师范生教学技能大赛生物组	三等奖	骨、关节、肌肉的协调配合	陈依乐	焦少珍 张笑春

机械与汽车工程学院

序号	比赛名称	获奖等级	成果名称	完成人	指导教师
1	第七届中国国际“互联网+”大学生创新创业大赛全国总决赛	铜奖	IPench——国内首个虚拟主播社区与合作平台	邓尧、杨晨希、王冠、周庆虎	刘帅君
2	第七届中国国际“互联网+”大学生创新创业大赛广东省分赛	银奖	IPench——国内首个虚拟主播社区与合作平台	邓尧、杨晨希、王冠、周庆虎	刘帅君

电子与电气工程学院

序号	比赛名称	获奖等级	成果名称	完成人	指导教师
1	广东省工科大学生实验综合技能大赛	二等奖	冲锋队	陈林熔、马涛锋、邬显颖	李　博 张聪慧
2	广东省工科大学生实验综合技能大赛	三等奖	小辣鸡队	卢泽凡、邓伙强、王锡彪	李　博 张聪慧
3	2021 年全国大学生电子设计大赛广东省分赛	三等奖	智能送药小车	罗子聪、林炜槿、范镜殿	李　博 陈晓明 袁如文
4	2021 年全国大学生电子设计大赛广东省分赛	三等奖	智能送药小车	卢泽凡、邬显颖、温咏琳	范　羽 李　博 李云鹤

计算机科学与软件学院、大数据学院

序号	比赛名称	获奖等级	成果名称	完成人	指导教师
1	“蓝桥杯”全国软件和信息技术专业人才大赛全国总决赛	一等奖		魏立城	王俊波
2	“蓝桥杯”全国软件和信息技术专业人才大赛全国总决赛	二等奖		杨志杰	岑宇森
3	“蓝桥杯”全国软件和信息技术专业人才大赛全国总决赛	二等奖		李剑辉	连晋平
4	“蓝桥杯”全国软件和信息技术专业人才大赛全国总决赛	二等奖		杨子逢	连晋平
5	“蓝桥杯”全国软件和信息技术专业人才大赛全国总决赛	二等奖		马增鑫	赵玉明
6	“蓝桥杯”全国软件和信息技术专业人才大赛全国总决赛	三等奖		林鉴洲	刘俊杰
7	中国大学生计算机设计大赛	二等奖	基于无障碍自动执行操作的 AUTO-TOOL 软件	林锦焜	宋　强
8	中国大学生计算机设计大赛	三等奖	家庭盆栽智慧交流平台	李勇志、刘境佳、黄宜都	王俊波
9	中国高校计算机大赛—团体程序设计天梯赛	二等奖		黄立权、魏立城、马增鑫、李俊辉、黄恒锌、邓广平、詹赞国、林鉴洲、吴洽	钟　𫓩 林　榕

续表

序号	比赛名称	获奖等级	成果名称	完成人	指导教师
10	中国高校计算机大赛—团体程序设计天梯赛	三等奖		董晓舟、廖鸿鹏、黄源活、张晓鹏、陈浩民、蒋明科、谭旭康、李炫塔、吴楚辉、庄旭东	钟　鏸
11	中国高校计算机大赛 2021 微信小程序应用开发赛	二等奖	take 打分	蔡烁坍、邓伟斌、柯政伟	熊芳敏
12	“中国软件杯”大学生软件设计大赛	三等奖	新闻文本分类	郑泽涛、李卓炫、罗坤生	王俊波
13	广东省大学生计算机设计大赛	三等奖	遨游冰雪中	马杰涛、刘银河、杨艺	陈水标
14	广东省大学生计算机设计大赛	三等奖	基于去服务计算的远程家居监控系统	陈南忠、黄灿恒、欧阳钜添	毌茂盛
15	广东省大学生计算机设计大赛	三等奖	基于 Linux + android 的智能门锁及其监控系统	骆恺翔、黄源活、洪明浪	韩国鑫
16	广东省大学生程序设计竞赛	三等奖		李炫塔、张晓鹏、魏立城	钟　鏸 林　榕
17	广东省大学生程序设计竞赛	三等奖		廖鸿鹏、林鉴洲、吴洽	钟　鏸 林　榕
18	广东省大学生程序设计竞赛	三等奖		李俊辉、马增鑫、黄恒锌	钟　鏸 林　榕
19	第九届“泰迪杯”数据挖掘挑战赛	一等奖	基于 ResNet 和 U2-Net 的岩石样本识别及其含油量占比研究	詹赞国、董晓舟、植伟阳	朱香元
20	第九届“泰迪杯”数据挖掘挑战赛	二等奖	基于 ResNet 的岩石种类识别和基于 HSV 特征和 OpenCV 的演示含油率预测	李俏、黄锦蓉、杨杰	朱香元
21	第九届“泰迪杯”数据挖掘挑战赛	二等奖	游客目的地印象分析	陈晓鑫、刘境佳、陈南忠	白伟华
22	第四届“泰迪杯”数据分析技能赛	一等奖	通讯产品销售和盈利能力分析	谢卫鑫、吴金钊、黄子亿	朱香元

续表

序号	比赛名称	获奖等级	成果名称	完成人	指导教师
23	第四届“泰迪杯”数据分析技能赛	二等奖	肥料登记数据分析	杨杰、植伟阳、杨烨峰	朱香元
24	第四届“泰迪杯”数据分析技能赛	二等奖	通讯产品销售和盈利能力分析	吴楚辉、姚岳林、吴妍珊	唐　智
25	第四届“泰迪杯”数据分析技能赛	三等奖	通讯产品销售和盈利能力分析	侯妙、蓝智明、黄泽彦	李晓玉
26	第七届中国国际“互联网+”大学生创新创业大赛广东省分赛	铜奖	自动化抛光控制系统	杨泳绮、杨涵乔、曾凯健、江振华、吴晞哈、甄俊琳、林晓铃、王华怡、黄文铸、陈晓鑫	王建彬 谭啟韬
27	第七届中国国际“互联网+”大学生创新创业大赛广东省分赛	铜奖	启匠科技——CTP柔印高精度激光成像控制系统	罗诗晴、黄宜都、江振华、林桓恒、黄灿恒、李乐森、杨文豪、彭科瑞、普凯健、李勇志、欧阳钜添、刘梓霖	谭啟韬 王建彬
28	第七届中国国际“互联网+”大学生创新创业大赛广东省分赛	铜奖	基于高速EtherCAT总线的机器人控制系统	黄宜都、罗诗晴、黄灿恒、欧阳钜添、李乐森、杨文豪、彭科瑞、李勇志、普凯健、陈南忠、林桓恒	王建彬 谭啟韬

环境与化学工程学院

序号	比赛名称	获奖等级	成果名称	完成人	指导教师
1	第九届广东省本科高校师范生教学技能大赛化学组	三等奖	分子和原子	杨彩丽	胡　鹏 李　洁
2	第九届广东省本科高校师范生教学技能大赛化学组	三等奖	氧化还原反应	李爱儿	陈莲芬 吴燕妮
3	第九届广东省本科高校师范生教学技能大赛化学组	三等奖	苯的结构与性质	游姿	刘　平 王赵志
4	“田家炳杯”第七届全国师范院校师范生教学技能竞赛	二等奖	物质的量	林怡涵	胡　鹏 刘　平

续表

序号	比赛名称	获奖等级	成果名称	完成人	指导教师
5	第二届全国大学生化学实验创新设计大赛华南赛区	三等奖	基于 mof 材料的单元子镍催化剂的合成与表征	伍晓华、马丹玉、彭裕威	胡　鹏
6	第四届全国大学生化工实验大赛（中南赛区）	二等奖	化工原理	潘楠、胡泽彬、罗辉鸿	张　扬 闫　鹏 张　博
7	第七届中国国际“互联网+”大学生创新创业大赛广东省分赛	铜奖	思远环境——智慧无废城市共享平台	籍肇朴、阮倩瑶、刘绮桐、李天芝、骆媛媛、黄漫、郑润楠、欧妙华	校　亮 袁国栋 郝向英 肖俊霞 吴　佳
8	第七届中国国际“互联网+”大学生创新创业大赛广东省分赛	铜奖	固态电池关键材料及技术产业化	朱佳敏、王心欣、訾胜杰	安　丽

食品与制药工程学院

序号	比赛名称	获奖等级	成果名称	完成人	指导教师
1	2021 年广东省大学生生物化学实验技能大赛	三等奖	豆渣中可溶性膳食纤维提取及其制作包装膜的研究	罗嘉瑶、郑剑楠、邹志群	张　帅

旅游与历史文化学院

序号	比赛名称	获奖等级	成果名称	完成人	指导教师
1	第九届广东省本科高校师范生教学技能大赛历史组	三等奖		巫灵	秦宁东
2	第九届广东省本科高校师范生教学技能大赛历史组	三等奖		张漫	王　建
3	第七届中国国际“互联网+”大学生创新创业大赛广东省分赛	铜奖	Magic 数字孪生三维物体高精建模系统——基于计算机图形学打造核心三维扫描建模系统与产品	林树娜、邹宇燕、杨鲁跃、朱美怡、彭佳佳、欧晓玲、刘梓霖、陈治先	何　平 李朝军

音乐学院

序号	比赛名称	获奖等级	成果名称	完成人	指导教师
1	第七届全国高等艺术院校声乐展演	三等奖	你赢得了诉讼	区仕建	吴晓明
2	第九届广东省本科高校师范生教学技能大赛音乐组	一等奖	狮王进行曲	林倩	张　莉 吴晓明
3	第九届广东省本科高校师范生教学技能大赛音乐组	二等奖	银色的桦树林	李桦	张　莉 吴晓明
4	广东省高校艺术作品征集展演活动	一等奖	盛世国乐	余国欢、李家慧、欧世雄、杨辉、杨洋、张笛、谢海燕、郑伟琪、吴泽璇、刘晓桐、赵颖晞、蔡淑祺、杨哲、余跞桑、雷英瑛、林珊、黎晓宁、冯诗诗、董慧欣、区玲玲、陈键敏、黄依琳、莫茗淳、华悦、石芷珊、朱亭熔、温舒婷、王悦之、郭晓岚、陈瑶、陈澜嘉、谭锦安、关焯樱、陈泳聪、盘婉婉、李哲伦、林益财	许　嵩
5	广东省高校艺术作品征集展演活动	二等奖	黄水谣	李阳杰、陈晓丹、刘明玉、黄贝斯、马琪、王怡斐、杨姿、郭翠雅、刘思意、邓潇雨、黄云凤、王爽、杨涵、邵思蒙、唐籽妍、李星宇、曾晓跨、宣晓慧、郑紫茹、王丹琴、何诗婷、黄宇松	温笑杰 秦苇苇 沈　群
6	广东省高校艺术作品征集展演活动	二等奖	秦土情	季文璐、陈恩婷、何诗晴	牛飒飒
7	广东省高校艺术作品征集展演活动	三等奖	情牵西藏·筑梦中国	陈相瑶	苗业姝 王伽娜 孙家国
8	第十五届广东大学生舞蹈大赛	一等奖	翰墨留香	李雅洁、林宜、杨思莹、翁嘉敏、林诗婷、刘思意、邓潇雨、马晓玲、谭春燕、吴欣雨、林楠、黄慧欣、居洪雁、杨智惠、陈晓丹、王艳玲、吴晓花、庞舒洁、沈蒴、陈晓盈	陶　媛 余洁芬 杨懿媛
9	第十五届广东大学生舞蹈大赛	二等奖	行人	庞舒洁、刘思意	秦苇苇 沈　群

美术学院

序号	比赛名称	获奖等级	成果名称	完成人	指导教师
1	第13届全国大学生广告艺术大赛	二等奖	悦女人，慕素颜	宁懿婷	董业子
2	第13届全国大学生广告艺术大赛	二等奖	岁月匆匆，秀发永恒	何芷晴	董业子
3	第13届全国大学生广告艺术大赛	三等奖	甜而不腻·心动不已	欧阳舒晴	董业子
4	2021年广东省高等学校大学生工业设计大赛	二等奖	冠——凤冠系列休闲家具设计	杨尚林	韩凌云
5	2021年广东省高等学校大学生工业设计大赛	三等奖	荷·茶新中式茶室家具	钟卓轩、冯晓冰、钟文青、蔡兴辉	韩凌云
6	第九届广东省本科高校师范生教学技能大赛美术组	二等奖	巧变虚形与实形	黄茂兰	石杰洪 梁方晓
7	第三届全国（宁波北仑）青年漆画大展	一等奖	山城遗梦	梁天成	伍美坚
8	广东省高校艺术作品征集展演活动	一等奖	你当像鸟飞往你的山	杨丹丹	莫世峰
9	广东省高校艺术作品征集展演活动	一等奖	碧水幽澜	陈文杰	万伟民
10	广东省高校艺术作品征集展演活动	一等奖	日落惊蛰	李琳	李小军
11	广东省高校艺术作品征集展演活动	一等奖	海上往来人耕耘	张林裕	武　东
12	广东省高校艺术作品征集展演活动	一等奖	孔子家语	张咏茵	李　刚
13	广东省高校艺术作品征集展演活动	二等奖	现代化石之二	黄颖红	秦大龙
14	广东省高校艺术作品征集展演活动	三等奖	栖云溯源·乐活山野——恩平市云礼石头村更新与改造	冯咏诗	杨国杰

二、共青团活动方面

肇庆学院2021年获共青团活动方面表彰与奖励的学生一览表

序号	获奖名称	授予单位	完成人	指导教师
1	2020年度中国大学生自强之星	共青团中央青年发展部、中国青年报	黄海婷	

立项、专利与著作

2021 年学术类科研项目省厅级及以上立项一览表

序号	单位	项目负责人	项目名称	项目级别	项目来源	项目类别
1	生命科学学院	陈　华	阴香种质资源挖掘及其挥发性有机物对人体健康的影响机制研究	国家级	国家自然科学基金委员会	面上项目
2	生命科学学院	区炳明	基于益生菌染色体表达 F4/18 大肠杆菌粘附素 – 类毒素的构建及其免疫作用研究	国家级	国家自然科学基金委员会	青年科学基金项目
3	经济与管理学院	张　华	数字经济下企业开放式创新的价值共创机制与协同治理研究	国家级	全国哲学社会科学工作办公室	一般项目
4	文学院	杨红军	中国现代文学礼教批判的叙事策略与偏颇研究	国家级	全国哲学社会科学工作办公室	后期资助项目
5	生命科学学院	刘拥海	抗坏血酸介导的独脚金内酯和细胞自噬影响水稻分蘖期氮素高效利用的机理研究	省级	广东省自然科学基金	面上项目
6	数学与统计学院	谷　泽	序半超群的序正则关系理论	省级	广东省自然科学基金	面上项目
7	生命科学学院	郭雁君	土壤生态健康及绿色种植技术集成与示范推广	省级	广东省科学技术厅	广东省驻镇帮扶农村科技特派员（第一批）
8	旅游与历史文化学院	余中元	东成镇生态旅游、农业旅游产品及智慧旅游管理模式设计	省级	广东省科学技术厅	广东省驻镇帮扶农村科技特派员（第二批）

续表

序号	单位	项目负责人	项目名称	项目级别	项目来源	项目类别
9	电子与电气工程学院	郭炳华	基于FPGA的机器人动态环境中的目标识别与避障技术	省级	教育部科技发展中心	中国高校产学研创新基金—异构智能计算项目
10	环境与化学工程学院	彭昌盛	西江流域水污染控制与水环境健康创新团队	省级	广东省教育厅	广东省普通高校创新团队项目（自然）
11	计算机科学与软件学院、大数据学院	朱香元	基于计算机视觉的高压输电线路缺陷检测研究	省级	广东省教育厅	广东省普通高校重点领域专项（新一代信息技术）
12	机械与汽车工程学院	朱天军	基于宽度深度学习的自动驾驶车辆侧翻风险预测方法研究	省级	广东省教育厅	广东省普通高校重点领域专项（新一代信息技术）
13	电子与电气工程学院	肖奇军	基于IGBT的数字化智能感应加热电源研究	省级	广东省教育厅	广东省普通高校重点领域专项（新一代信息技术）
14	环境与化学工程学院	郑旭惠	利用废蜡壳负载氧化石墨烯作为土壤肥力缓释剂/调理剂之研究	省级	广东省教育厅	广东省普通高校重点领域专项（科技服务乡村振兴）
15	环境与化学工程学院	秦建桥	粤西农村地区规模化畜禽养殖粪污资源化利用关键技术研发	省级	广东省教育厅	广东省普通高校重点领域专项（科技服务乡村振兴）
16	生命科学学院	刘拥海	抗坏血酸对水稻分蘖期氮素高效利用影响的研究	省级	广东省教育厅	广东省普通高校重点领域专项（科技服务乡村振兴）
17	旅游与历史文化学院	郭栩东	企业主体社区参与视角下农村可持续创业研究——以现代农业和乡村旅游为例	省级	广东省教育厅	广东省普通高校重点领域专项（科技服务乡村振兴）
18	文学院	苏文兰	媒介融合背景下广东大学生家国情怀教育的理论与实践	省级	广东省教育科学规划领导小组办公室	广东省教育科学“十三五”规划2020年度研究项目（德育专项）

续表

序号	单位	项目负责人	项目名称	项目级别	项目来源	项目类别
19	文学院	黎雅真	清代公羊礼制研究	省级	广东省哲学社会科学项目	学科共建项目
20	图书馆	詹丽华	“共建人文湾区”视域下大湾区高校图书馆文化建设研究	省级	广东省哲学社会科学项目	学科共建项目
21	体育与健康学院	赵明元	公共舆论空间视域下传统武术形象危机及其治理路径	省级	广东省哲学社会科学项目	学科共建项目
22	教育科学学院	韩永红	新时代学校德育“以善抑恶”的内在机理、发生机制及实践路径研究	省级	广东省哲学社会科学项目	学科共建项目
23	党委办公室 校长办公室	廖　勇	权力清单：地方大学内部治理结构优化的路径选择	省级	广东省哲学社会科学项目	学科共建项目
24	发展规划办	吴　清	新发展格局下横琴粤澳深度合作的机制及路径	省级	广东省哲学社会科学项目	双区专项
25	经济与管理学院	李华军	高等教育服务区域发展战略的协同体系及治理机制——以广东省为例	省级	广东省教育科学规划领导小组办公室	教育科学规划课题（高等教育专项）构建“一核一带一区”区域发展格局研究专项
26	教师教育学院	林　琦	大湾区中外合作大学跨文化教育模式研究	省级	广东省教育科学规划领导小组办公室	教育科学规划课题（高等教育专项）构建“一核一带一区”区域发展格局研究专项
27	音乐学院	尚　冉	基于SPOC的翻转课堂教学模式在高校舞蹈专业《中国舞蹈史》教学中的应用研究——以肇庆学院为例	省级	广东省教育科学规划领导小组办公室	高等教育研究专项

续表

序号	单位	项目负责人	项目名称	项目级别	项目来源	项目类别
28	党委办公室 校长办公室	徐青山	数字化转型背景下高校信息化协同治理机制的研究——以广东省高校为例	省级	广东省教育科学规划领导小组办公室	高等教育研究专项
29	科技处 社科处	杨　琰	“互联网＋”时代地方高校教师科研胜任力模型的建构研究	省级	广东省教育科学规划领导小组办公室	高等教育研究专项
30	肇庆教育发展研究院 肇庆学院发展研究中心	钟　玮	粤港澳大湾区产业学院建设机制创新研究	省级	广东省教育科学规划领导小组办公室	高等教育研究专项
31	肇庆教育发展研究院 肇庆学院发展研究中心	陈锡坚	粤港澳大湾区高校集群发展的文化研究	省级	广东省教育科学规划领导小组办公室	高等教育研究专项
32	经济与管理学院	刘　璟	基于大数据的广东应用型本科教育高质量发展研究	省级	广东省教育科学规划领导小组办公室	高等教育研究专项
33	马克思主义学院	曾丹凤	新时代高校思政课主流意识形态教育的逻辑必然与实践理路	省级	广东省教育科学规划领导小组办公室	高等教育研究专项
34	外国语学院	苏政杰	广东大学生跨文化交际能力的实证研究——以肇庆学院为例	省级	广东省教育科学规划领导小组办公室	高等教育研究专项
35	文学院	张志帆	《中国古代文学史》（先秦两汉篇）线上线下混合课程融合“翻转课堂”与“课程思政”提升高等教育质量之研究	省级	广东省教育科学规划领导小组办公室	高等教育研究专项
36	文学院	诸葛俊元	文化产业导向的创意写作课程设计	省级	广东省教育科学规划领导小组办公室	高等教育研究专项

续表

序号	单位	项目负责人	项目名称	项目级别	项目来源	项目类别
37	数学与统计学院	苏丽卿	认证理念下师范生教师职业能力测评研究	省级	广东省教育科学规划领导小组办公室	高等教育研究专项
38	体育与健康学院	刘延莹	“新师范”建设背景下地方师范院校体育教育专业实践教学体系的构建与实践	省级	广东省教育科学规划领导小组办公室	高等教育研究专项
39	党委办公室 校长办公室	徐青山	数字化转型背景下数字政府协同治理机制研究	省级	广东省哲学社会科学规划领导小组办公室	一般项目
40	音乐学院	尚　冉	舞蹈伤害事故实证案例研究（2018—2020）	省级	广东省哲学社会科学规划领导小组办公室	青年项目
41	政法学院、知识产权学院	蔡益群	村庄资源形态视域下乡村治理体系的演进与创新研究	省级	教育部人文社会科学司	一般项目
42	政法学院、知识产权学院	汪聂才	国礼首部法文本《论语导读》翻译与研究	省级	教育部人文社会科学司	青年项目
43	校领导	曾桓松	高校党建在时代新人培育中的引领研究	厅级	广东省教育厅	广东省高校思想政治教育课题
44	计算机科学与软件学院、大数据学院	梁燕龙	以志愿服务为载体的大学生理想信念培养机制研究——以肇庆市高校大学生为例	厅级	广东省教育厅	广东省高校思想政治教育课题
45	经济与管理学院	田　苗	新发展格局下粤港澳大湾区助力双循环路径创新研究：出口跨境电商视角	厅级	广东省教育厅	特色创新类项目（人文社科类）
46	外国语学院	于　娜	全球治理视域下地方高校“国家外语能力”建设路径研究	厅级	广东省教育厅	特色创新类项目（人文社科类）

续表

序号	单位	项目负责人	项目名称	项目级别	项目来源	项目类别
47	经济与管理学院	陈日光	珠江—西江经济带新型城镇化和产业结构升级耦合协调与优化	厅级	广东省教育厅	特色创新类项目（人文社科类）
48	马克思主义学院	周春晓	马克思主义利益观视阈下我国邻避冲突治理研究	厅级	广东省教育厅	青年创新人才类项目（人文社科类）
49	文学院	唐雪莹	国学教育与人文湾区建设研究基地	厅级	广东省教育厅	广东省普通高校人文社科重点研究基地
50	计算机科学与软件学院、大数据学院	王建彬	基于3D测量技术的双臂协作机器人精细操作控制研究	厅级	广东省教育厅	特色创新类项目（自然科学类）
51	数学与统计学院	施秀莲	分数阶微分方程的谱方法研究	厅级	广东省教育厅	特色创新类项目（自然科学类）
52	机械与汽车工程学院	许译丹	基于机器视觉与RFID技术的种鹅个体产蛋智能检测及定位方法研究	厅级	广东省教育厅	青年创新人才类项目（自然科学类）
53	食品与制药工程学院	关文碧	链格孢霉毒素在苹果干制和发酵过程中的迁移和降解规律研究	厅级	广东省教育厅	青年创新人才类项目（自然科学类）
54	电子与电气工程学院	康耀太	含缺陷关联量子系统的非平衡动力学研究	厅级	广东省教育厅	青年创新人才类项目（自然科学类）
55	环境与化学工程学院	陈君华	Diels-Alder反应在紫外光固化防污材料的应用及构效关系研究	厅级	广东省教育厅	青年创新人才类项目（自然科学类）
56	数学与统计学院	温朝涛	求解广义逆特征值问题的两步迭代方法	厅级	广东省教育厅	青年创新人才类项目（自然科学类）
57	生命科学学院	谢秀丽	基于认知科学的视觉无障碍景观设计研究	厅级	广东省教育厅	青年创新人才类项目（自然科学类）

2021 年教育教学类省质量工程项目立项一览表

序号	单位	负责人	项目名称	项目类别	项目来源
1	文学	唐雪莹	肇庆学院卓越国学教育人才培养计划	专项人才培养计划	广东省教育厅
2	化学	吴贤格	环境健康产业学院	现代产业学院	广东省教育厅
3	机械	朱先勇	肇庆学院工程训练中心	实验教学示范中心	广东省教育厅
4	电子	程绪信	大学物理课程教研室	课程教研室	广东省教育厅
5	体育	郭可雷	学校体育学课程群教研室	课程教研室	广东省教育厅
6	生科	邵　玲	生物学科产教融合实践教学基地	科产教融合实践教学基地	广东省教育厅
7	化学	秦建桥	肇庆学院—中润格林生态环境集团（深圳）协同创新社会实践教学基地	大学生社会实践教学基地	广东省教育厅
8	评估	李佩环	新时代地方高校思政工作评价指标体系的构建	高等教育教学改革项目	广东省教育厅
9	政法	易　明	新师范背景下思想政治教育专业“五业一体”多元化考评体系研究与探索	高等教育教学改革项目	广东省教育厅
10	机械	神会存	基于学科竞赛的机械工程学科应用型人才培养研究与实践	高等教育教学改革项目	广东省教育厅
11	电子	陈荣荣	依托省级电子信息产业学院，构建“3+3+3”产教融合人才培养模式	高等教育教学改革项目	广东省教育厅
12	文学	杨红军	对标专业认证：汉语言文学专业毕业论文内容与模式的改革探索	高等教育教学改革项目	广东省教育厅
13	马院	周春晓	“原理”课专题教学中“中国话语”体系构建研究	高等教育教学改革项目	广东省教育厅
14	食品	黄晓辰	大健康产业背景下“产教研”融合模式在食品工艺学教学中的应用与实践	高等教育教学改革项目	广东省教育厅
15	旅游	唐　伟	基于“双创能力”培养的旅游管理类专业实践教学体系优化路径研究	高等教育教学改革项目	广东省教育厅

续表

序号	单位	负责人	项目名称	项目类别	项目来源
16	教科	赵书栋	基于学生心智状态的《自然科学基础》课程实践教学创新研究	高等教育教学改革项目	广东省教育厅
17	音乐	尚　冉	“SPOC + 翻转课堂”教学模式在高校《舞蹈解剖学》课程设计中的深度融合应用——以肇庆学院为例	高等教育教学改革项目	广东省教育厅
18	生科	陈　刚	以“试管花卉制作”为抓手的植物组织培养教学体系改革	高等教育教学改革项目	广东省教育厅
19	美术	杨国杰	乡村振兴战略下环境设计专业实践教学研究	高等教育教学改革项目	广东省教育厅
20	计算机	田　庆	大数据程序设计课程线上线下融合案例教学改革与探索	高等教育教学改革项目	广东省教育厅
21	数学	谷　泽	学分制背景下《线性代数》课程分类教学的探索与实践	高等教育教学改革项目	广东省教育厅

2021 年大学生创新项目国家级立项一览表

序号	单位	负责人	项目名称	项目类别	指导教师
1	教育科学学院	麦文坚	大学生情绪智力对压力应对的影响：心理韧性的中介作用	创新训练项目	黄　华
2	教育科学学院	莫绮璇	小学教育专业公费师范生责任伦理教育现状调查分析	创新训练项目	文　雪
3	教育科学学院	梁曦文	粤港澳大湾区幼儿园入学准备教育的现状研究——基于幼小科学衔接的视角	创新训练项目	戴　玉
4	数学与统计学院	张湘林	数学建模在研究新冠肺炎疫情预测中的应用	创新训练项目	柏　萌
5	生命科学学院	黄泽展	内源抗坏血酸对水稻籽粒氮代谢和稻米营养成分影响的研究	创新训练项目	刘拥海
6	生命科学学院	周健凯	维生素 C 调控水稻籽粒淀粉合成和精细结构的分子机制	创新训练项目	俞　乐
7	生命科学学院	杨　丹	复合功能菌群原位修复阿特拉津污染土壤的研究	创新训练项目	李赛男

续表

序号	单位	负责人	项目名称	项目类别	指导教师
8	生命科学学院	吕海慧	基于染色体分泌表达整合FaeG-FedF-LT192A2：B的重组益生菌的构建及其生物学性能初探	创新训练项目	区炳明
9	生命科学学院	陈树涛	TOP1α与EHB1共同调控拟南芥下胚轴弯曲的分子机制	创新训练项目	钟佩桥
10	机械与汽车工程学院	许楠升	面向智能驾驶的场景语义理解	创新训练项目	王　丹
11	计算机科学与软件学院	杨　杰	基于深度学习的岩石种类识别和含油率预测	创新训练项目	朱香元
12	环境与化学工程学院	陈　诺	微生物菌剂的制备及其对农业固体废弃物好氧堆肥的影响研究	创新训练项目	刘沙沙
13	环境与化学工程学院	兴　旺	二维金属—有机骨架材料促进CO2资源化利用研究	创新训练项目	陈莲芬
14	环境与化学工程学院	梁紫薇	新型纳硫电池电极材料的设计，合成及性能研究	创新训练项目	胡　鹏
15	环境与化学工程学院	连晓琪	过渡金属催化绿色氧化胺化反应研究	创新训练项目	李春生
16	食品与制药工程学院	梁翠恩	光催化氢能转化体系中敏化染料的合成	创新训练项目	曾　鹏
17	食品与制药工程学院	谢晨阳	Eu-MOFs基荧光探针材料	创新训练项目	马德运
18	食品与制药工程学院	李桂臻	基于MOFs材料的抗肿瘤药物缓控释体研究	创新训练项目	覃　亮
19	美术学院	欧梦雪	肇庆“金绣端砚”技术升级与市场拓展研究	创业训练项目	胡荣奎
20	美术学院	李秋如	《山海经》主题盲盒研发	创新训练项目	刘晓慧

2021 年获授权发明专利情况一览表

序号	单位	第一发明人	成果名称	知识产权类别
1	电子与电气工程学院	元泽怀	一种基于机器视觉的疲劳驾驶检测预警系统及方法	国际发明专利
2	电子与电气工程学院	陈庆华	一种镀镍废水智能净化装置	国内发明专利
3	电子与电气工程学院	陈庆华	一种高效节能型 RO 电泳回收系统	国内发明专利
4	电子与电气工程学院	陈庆华	一种汽车板材自动冲压设备及其控制电路	国内发明专利
5	电子与电气工程学院	陈英俊	一种机电设备机房的冷冻机组偏心振动消音系统	国内发明专利
6	电子与电气工程学院	陈英俊	一种机电设备的液冷散热装置	国内发明专利
7	电子与电气工程学院	李云鹤	一种电缆放线切割装置	国内发明专利
8	电子与电气工程学院	李云鹤	工厂车间地面洒水清洁装置	国内发明专利
9	电子与电气工程学院	许志勇	一种 NTC 热敏电阻的加工装置及其方法	国内发明专利
10	电子与电气工程学院	李艳梅	一种 3D 增材运动系统及其方法	国内发明专利
11	电子与电气工程学院	李艳梅	一种 3D 增材制造后工序的全自动清洗装置及其方法	国内发明专利
12	电子与电气工程学院	杨志彪	一种金相磨抛机压力式磨抛盘机构	国内发明专利
13	电子与电气工程学院	杨志彪	一种砂型浇铸平台	国内发明专利
14	电子与电气工程学院	杨志彪	一种 3D 打印铺砂机构	国内发明专利
15	电子与电气工程学院	肖奇军	一种基于 NB－IoT 技术的垃圾箱满溢检测系统	国内发明专利
16	电子与电气工程学院	王利萍	一种具有多角度调节功能的 LED 灯具	国内发明专利
17	电子与电气工程学院	王　琳	基于光子技术的微波三分之一分频装置及方法	国内发明专利
18	环境与化学工程学院	郝向英	一种类水滑石复合材料及其制备方法	国内发明专利
19	环境与化学工程学院	郝向英	一种 PVC 专用稳定剂及其制备方法和应用	国内发明专利
20	环境与化学工程学院	郝向英	一种含水滑石—凹凸棒土复合物的涂料及其制备方法	国内发明专利

续表

序号	单位	第一发明人	成果名称	知识产权类别
21	环境与化学工程学院	郝向英	一种交联类水滑石的制备方法、水性涂料及其制备方法	国内发明专利
22	环境与化学工程学院	高爱环	一种七星剑花茎多糖的制备方法及其应用	国内发明专利
23	环境与化学工程学院	林志朋	以燃煤飞灰为原料的生物炭制作及其作活菌载体的应用	国内发明专利
24	环境与化学工程学院	谢春生	一种重金属离子磁性印迹聚合物及其制备方法	国内发明专利
25	环境与化学工程学院	谢春生	一种铅镉离子印迹磁性 SBA－15 微粒及其制备方法	国内发明专利
26	机械与汽车工程学院	朱天军	一种商用车防抱死系统试验台的试验方法	国内发明专利
27	机械与汽车工程学院	朱丽莎	一种吸尘式拖把	国内发明专利
28	机械与汽车工程学院	宗长富	一种驾驶员驾驶技术在线评估系统	国内发明专利
29	机械与汽车工程学院	宗长富	一种基于主动悬架控制的主动紧急制动辅助系统	国内发明专利
30	食品与制药工程学院	姚　夙	一种无容器超微量化学反应观察装置	国内发明专利
31	食品与制药工程学院	叶银坚	一种石墨箔电极的制备方法及其在电化学传感中的应用	国内发明专利
32	食品与制药工程学院	叶银坚	一种石墨箔电极的制备方法及其储能应用	国内发明专利
33	食品与制药工程学院	刘艳清	一种 CoCu@ 立方 Ia3d 结构介孔碳电化学传感器及其在检测痕量喹赛多的应用	国内发明专利
34	食品与制药工程学院	刘艳清	一种单壁碳纳米角时至基化多壁碳纳米管电化学传感器及其在检测烯啶虫胺的应用	国内发明专利
35	计算机科学与软件学院、大数据学院	龚亚东	一种基于区分服务的对等网络体系结构及资源定位方法	国内发明专利

2021 年学术著作出版资助一览表

序号	受资助人	受资助著作（书稿）名称
1	张旭东	中小学教师心理生活质量研究
2	李炳全	大学生的精神困顿性无聊感的理论与实践
3	周友良	府际竞合对粤港澳大湾区区域协调发展的影响研究
4	方小林	广东碳汇林价值评价及其实现路径研究
5	周丽　陈华	乡村振兴　规划先行——基于部分南粤乡村的规划案例
6	刘延莹	大学生体育运动与健康管理研究
7	李华军	新时代高等教育与区域经济高质量发展
8	罗珅	武韵传承与发展：中国高校武术文化建设
9	范大明	新航路开辟后西方人眼中的肇庆

2021 年毕业生名单

关于授予 2021 届本科毕业生学士学位的决定

（肇学院〔2021〕29 号）

各教学单位：

根据《肇庆学院学士学位工作细则》的有关规定，肇庆学院学位评定委员会于 2021 年 6 月 11 日召开会议，对经济与管理学院等 17 个二级学院学位评定委员会提交的 2021 届本科毕业生拟授予学士学位学生建议名单进行了审议。我校 2021 届 61 个本科专业的毕业生共 5334 名，其中蔡秀丽等 5325 名本科毕业生在思想品德、学习成绩和学术水平方面均符合学士学位授予条件。遵照《中华人民共和国学位条例》的规定，决定于 2021 年 6 月 25 日授予蔡秀丽等 5325 名本科毕业生学士学位。各专业授予学士学位学生名单如下：

1. 授予经济与管理学院国际经济与贸易专业蔡秀丽等 90 名本科毕业生经济学学士学位

蔡秀丽	陈汉泽	陈虹余	陈润佳	方丹璇	关焯熙	郭文涛
黄海斌	黄　辉	黄家敏	蒋美娟	黎倩茵	李司仪	李文弟
李小红	李增添	梁诗琪	林丹容	林凯森	林美琼	林芝秀
林资闰	刘沙丽	刘淑贤	龙悦文	罗晓君	罗卓珠	吕晓君
庞雯雯	佘煖钰	石嘉欢	童丽君	翁思程	吴颖诗	谢诗婷
杨永淦	杨悦娴	姚佩双	叶晓茵	张晓华	张绣芳	章鸿奎
郑妙娟	郑瑞杰	周乙禹	吴冰雁	蔡禧怡	曹银洵	曾止余
陈海彬	陈欢欣	陈建宏	陈汝丹	陈钰洵	陈臻文	邓木庆
冯飞平	何鸿月	黄小丹	孔丽欣	雷金亮	黎绍洋	李婉婷
梁健汉	林　慧	林菁蕙	林晓璇	林燕芬	林英娟	刘岳荣
罗　琪	吕倩莹	潘嘉艺	潘钰婷	丘文锐	邱锦云	申　颖
吴文燕	吴月梅	吴钟凡	徐冬冬	徐洁柔	叶凤怡	袁凯瑜
张翠琴	朱　江	庄晓妍	余立敦	冯嘉晓	蔡　欣	

2. 授予经济与管理学院市场营销专业蔡瑜琪等 76 名本科毕业生管理学学士学位

蔡瑜琪	陈秋英	陈妍婷	邓李群	官凤婷	郭炜诗	郭振华
郭梓程	黄敏玲	黄秋颖	黄小倬	纪玉莹	李诗怡	李晓莹
李志华	梁　晓	林敏群	刘立威	罗杜娟	罗晓慧	罗耀满
莫文娴	谭俊杰	唐绮凌	邬晓莹	吴林俊	肖志云	杨　琨
杨仕慧	杨雪雪	余　烁	张概圳	郑群玲	钟佳曼	朱金龙
庄培辉	陈思汝	陈晓铭	陈晓薇	陈燕琼	邓慧娴	邓云光

甘佳富	何慧盈	黄纪莹	黄塾蓉	黄志民	纪银璐	李林盛
李明波	李铭钰	梁健铬	梁美粤	林丹怡	林诗丽	林素芳
卢　翔	罗文静	罗颖雯	麦惠静	彭慧敏	邱秋霞	饶嘉艳
施进琼	王键星	王婷婷	冼敏惠	肖逸韵	严俊宇	杨汉杰
叶俊斌	张彦鸾	赵子婷	钟建平	邱文豪	郭丽婷	

3. 授予经济与管理学院会计学专业曾楚燕等 90 名本科毕业生管理学学士学位

曾楚燕	陈楚亮	陈江宇	陈堃仪	陈诗韵	陈晓英	崔金玲
方锐敏	冯添欣	郭曼儿	何嘉莹	黄慧君	黄文意	江　如
赖钰莹	李佳华	李佳惠	李婉桢	李晓明	李咏诗	梁家翠
梁婉丽	梁晓晴	林沛娟	林晓娟	刘承伦	刘家玲	刘锐玉
刘梓玲	卢　锋	陆舒琪	罗威灵	莫洲婷	秦洁颖	沈彦孜
孙晓婷	吴秋萍	肖森辉	叶梓君	张爱惠	张少兰	郑婷婷
钟泽泉	周锋润	赵雪芬	黄丹妍	蔡景燕	曾　琳	陈洪旋
陈亮屹	陈远婷	冯昌茹	冯铠恩	高华茵	郭晓玲	黄锦桃
黄颖雪	赖心如	李彩秀	李丹菁	李丽旋	梁露欣	梁婷婷
梁颖妍	梁泳君	梁玉婵	林炳强	林洁曼	刘健伟	陆洁霖
欧泳仪	区嘉瑶	谭凯匀	王欣怡	翁泽雄	吴桂森	吴舒敏
吴　翔	吴伊丹	肖嘉丽	萧朗聪	严婉铷	严燕菁	杨文浩
湛治莹	张桂英	郑竣予	周媛贤	林锦华	周滢滢	

4. 授予经济与管理学院人力资源专业曾世瑜等 80 名本科毕业生管理学学士学位

曾世瑜	陈楚晴	陈楚钰	陈冬凰	陈佳佳	陈秋媛	陈艳敏
邓嘉莉	丁美红	傅梓薇	关天燕	黄博怡	黄春萄	黄韵怡
李凤萍	李如彪	李上真	李舒婷	李晓珊	梁惠远	梁俊泓
梁婉欣	林丹林	林曼佳	刘洁琳	罗　婷	罗晓雯	莫其津
潘荣华	潘炎虹	沈俞秀	王博玲	王仕杰	温　晴	吴伊妍
杨　婷	杨　颖	郑康丽	郑中壹	周照红	陈楚瑶	陈惠婷
陈凯欣	陈琪琪	陈文生	陈雨君	范泽君	关锦华	郭婉琪
何碧露	胡润姣	黄龙斌	黄銮萍	黄伟昇	黄颖妍	黄泽锟
黄芷恩	梁巧玲	梁镇豪	廖茵婷	林俊纲	罗可怡	罗芷墁
马源秀	苏秀玲	王希帆	伍敏丽	谢彩霞	杨桂梅	叶　旋
游思颖	张妍枫	郑楠滢	郑婉薇	郑煜炫	钟明月	朱碧云
朱泽华	蔡焜钰	林湧钦				

5. 授予经济与管理学院投资学专业安琪等 81 名本科毕业生经济学学士学位

安　琪	蔡梓琪	曾文浩	陈海深	陈锦羽	陈少芬	陈耀燊
陈玉莲	陈　媛	杜乐婷	范秀枝	方　宣	冯思允	高梦姿
黄嘉俊	黄淼玲	黄少萍	黄　欣	连泽雯	林福利	林丽敏
林若微	刘佳妮	卢晓程	卢晓君	吕偲源	欧性妮	王秋佳
王　宇	吴培源	谢姗珊	杨达智	杨晓桐	姚俊全	余欣榆
袁钜明	张锦涛	张正基	郑碧芯	郑静虹	黄春丽	曾慧敏

曾瑞丹　陈炜乐　陈晓栅　方启慧　何凯欣　何勤熙　黄炳杰
黄佳峻　黄嘉豪　黄　蕾　黄梓原　孔振豪　林曼妮　林燕姗
林媛媛　林再滨　林昭敏　刘峰廷　刘家豪　刘明宇　潘和玉
钱紫钧　饶丹妮　苏鸿儒　温铭强　吴斯琪　谢　镕　谢舒漫
谢卓霖　徐惠晶　许开成　许晓思　余嘉驹　张朝嘉　郑梓娟
钟锦涛　刘静娴　朱　晔　刘伟政

6. **授予经济与管理学院电子商务专业蔡东彤等 54 名本科毕业生管理学学士学位**

蔡东彤　岑梓欣　陈楚婷　陈翠诗　陈宏业　陈丽萍　陈瑞敏
陈润泽　陈伟健　陈文璇　陈晓林　陈晓雯　陈旭升　陈　芸
池伊晴　房素婷　高慧美　郭铙佳　郭瑞丹　何雅静　黄玉珊
李崇滨　李　丹　李辉杰　李嘉颖　梁少妍　梁　影　梁悦欣
廖嘉俊　廖希朕　廖晓敏　林家茵　林杰诗　刘秀兰　聂锦涛
潘书雨　苏宏思　苏建华　万晓婷　王曼婷　文惠如　吴佳蓉
吴思烨　伍志雄　严思响　严天晞　杨晓欣　张晓君　甄玉华
郑开璇　郑彤粤　郑晓君　周林坪　黄洁仪

7. **授予政法学院/知识产权学院思想政治教育专业蔡锦纯等 45 名本科毕业生法学学士学位**

蔡锦纯　曾燕华　陈惠婷　陈炯钛　陈　丽　陈秋如　陈思敏
陈文杏　陈艺琳　邓梓琪　邓梓欣　冯均正　江靖贤　赖梓晴
黎倩余　李林机　李美华　梁淑烨　廖秀榕　林晓如　刘丽丽
刘　欣　刘秀霞　罗淑媛　麦敏华　聂钧燕　欧隽仪　欧芍颖
邱　婉　覃炜晶　吴文诗　伍奕晓　熊晶晶　徐佳燚　许揭玲
颜远琴　杨洁莹　叶婷婷　张柏芝　张洁纯　张水琼　赵丽仪
钟嘉琦　周素婷　朱志锋

8. **授予政法学院/知识产权学院法学专业蔡志洪等 195 名本科毕业生法学学士学位**

蔡志洪　曾鸿燊　曾银慧　陈丹蓉　陈俊贤　陈　立　陈炜婷
陈颖珊　邓嘉敏　方海明　冯显琴　冯小斐　郭丹珠　郭洁柔
何盈池　黄　茵　黄泽霞　赖泳洇　李雪霞　林双瑶　刘　虹
刘莉娜　刘　鑫　罗铭鸿　骆敏欣　马小希　马乙婷　欧阳紫君
丘宝怡　苏倩仪　陶浩然　王春兰　王昆鹏　王雪薇　吴爱枝
徐心愿　严　慧　杨焕鑫　杨　欣　尤朗发　昝丽君　张舒茗
郑坚华　郑淑琳　钟文裕　钟贤杰　钟　茵　周耀华　何晓燕
曾伟林　陈瑰花　陈文权　陈晓娜　陈　妍　陈泽帆　程楚怡
池茵茵　戴春燕　邓凯城　邓晓琳　高晓东　古晓琳　韩子璇
何梓甄　黄　枫　黄映纯　黄梓铭　江欣琪　黎煌豪　黎瑞冰
李瀚河　李森团　李伟君　李耀成　梁嘉欣　梁俭柏　梁喻铭
梁紫莹　廖林晴　林柳芝　林斯鹏　林　伟　刘倩梅　卢佳琪
卢小芬　陆　璐　罗培轩　马玉婷　莫雅岐　莫漪岭　欧阳梓贤
吴嘉淇　吴晓恩　谢杰华　禤富燊　杨诗欣　郑宇仪　钟哲珊

朱少伟　沈靖颖　蔡　雯　曾健怡　陈洪梅　陈丽莹　陈湘娜
陈钰涵　陈钊宜　程烁思　邓　纯　邓婉婷　冯丽平　何冠玲
何华鸿　黄　凯　黄木良　黄倩仪　江铃妮　李博文　李金娥
李小杰　李晓彤　梁洪珲　梁琪峰　梁子晴　林丹彤　林　瑾
林雅婷　林泽慧　刘洳君　刘夏琪　卢柔美　马卓越　宁卓然
潘宇颖　苏燕来　孙涌珊　王盈盈　魏丽花　吴炯彤　杨丽文
叶佳仪　叶锦霞　易媚媚　易　萌　袁晋杰　张嘉键　张心仪
郑力谋　周　璟　蔡雪梅　陈冰然　陈天宇　陈炫材　陈莹颖
陈钰琪　戴唯家　冯成羽　何金龙　黄莉娜　黄梦玲　黄慕兴
黄培晖　黄　伟　黄文英　黄颖娴　纪燕贤　江丽红　孔增钦
黎颖仪　李淑玲　梁少烨　梁雅恩　廖煜亮　林洁琪　刘银燕
罗景哲　马燕霞　邱　婷　谭智文　王凤丹　王彭梅　王　怡
王　莹　王泽霞　吴国庆　吴静怡　吴青霞　吴州萍　谢贵森
谢佳盼　许锦涛　余曼丽　郑康沛　钟紫晴　邹　颖

9. 授予政法学院/知识产权学院政治学与行政学专业谭春艳等47名本科毕业生法学学士学位

谭春艳　冷伯坚　何昶青　杨　海　王　齐　陈慧菲　孙梦斌
林飞艳　胡敏钧　李振文　胡小琳　陈若琳　林锡林　刘诗漫
陈梓佳　张嘉宜　李妍瑶　周嘉钰　林文丽　林梦婷　宋文通
欧晓迎　何子晴　吴水强　郑一帆　曾宪洪　徐永坤　李国彪
伍淑华　邓佛荣　杨远平　罗琳萍　朱丽纯　肖丹妮　严宋敏
赵纪蒙　郑善鸿　姚倪虹　黄　冰　刘金润　陈泽虹　吴庚辛
苏子莉　涂淑仪　黄　雅　许　彤　黄美坤

10. 授予政法学院/知识产权学院行政管理专业柳嘉纯等99名本科毕业生管理学学士学位

柳嘉纯　王康洁　任远方　曾沛滢　陈锐旋　陈小草　陈正锴
戴泳彤　冯琪棋　甘瑞灵　胡欣彤　黄柳花　黄晓晴　黄泽钿
黄泽琴　赖晓燕　李依敏　李　莹　梁嘉仪　梁智峰　廖家雯
列婉榕　林乐然　林少欣　林淑慧　林童欣　卢翠汶　莫业波
倪小勤　潘映萍　彭雪丹　沈熠涵　苏茵茵　王澳杰　王吕程
王婷婷　王桐发　王莹莹　吴翠烽　吴俊燕　吴梓镕　许菁菁
杨静雯　杨宇婷　张君尉　张文敏　郑钧尹　郑雅娜　郑　悦
朱珊珊　艾梓莲　蔡　捷　蔡珊霖　曹宇晴　岑广豪　曾惠渝
曾金好　陈韩嘉　陈佳珊　陈金梅　陈泽纯　陈泽曼　董树坚
范煦浩阳　郭冰璇　何惠莹　黄富龙　黄晓茵　黄泳舒　李　露
李文婷　梁浩桦　列诗韵　林惠玲　林建尧　林淑诗　林雁婷
卢绰彤　陆润珍　罗嘉俊　罗锐苗　罗堰航　吕奎贤　潘宇婵
丘凤莲　覃开蓉　吴冰梅　吴　芸　谢嘉欣　谢　欣　徐志盈
杨晓玲　姚雯仪　张　慧　张慧怡　郑佳微　钟琪量　钟泽丹

庄钰莹

11．授予教育科学学院学前教育专业陈丹怡等44名本科毕业生教育学学士学位

陈丹怡 陈浩凡 陈倩琪 陈颖棋 邓婉翘 冯宝莹 冯颖欣
郭颖诗 何焕巧 何婉婷 霍玉婷 金艳晶 李苹苹 李倩莹
梁绮媚 廖 彬 林丽萍 林妙娴 林晓铧 林奕余 林泽仪
刘曼云 刘晓婷 缪舜君 王冰儿 王 南 韦仪琪 吴思婷
伍家仪 肖秀咏 谢洁仪 张 欢 张 伶 郑金莹 郑丽萍
黄少慧 吴伊灵 吴雯婷 陈银霞 林婉淳 林雅晴 林燕珠
高 扬 曾丽珊

12．授予教育科学学院小学教育专业卞倩倩等78名本科毕业生教育学学士学位

卞倩倩 曹 静 陈星晓 冯敏怡 冯艺敏 高雪容 韩晓凡
胡 玉 赖小婷 赖 昕 梁敏渝 梁 薇 梁雅楠 廖芷诺
林晓芳 刘欣倩 刘 鑫 卢晓彤 陆燕华 罗婉嘉 马 燕
彭丽婷 余嘉妮 王楚怡 王帅杰 王心如 温嘉丽 吴丹娜
谢芳芳 谢坤灿 薛 冲 杨 静 杨婉晴 詹紫惟 张莉诗
张雲岚 钟 敏 周 盈 顾志颖 黎婉仪 莫晴芳 李晓晓
邓子芳 谢 运 潘海琼 吴伊莎 黄雨慧 彭燕兰 李小颖
林吉婷 许梓妹 杨霭贤 谢晓莹 郑佩钗 莫旭梅 李楚婷
林凤娇 邓良妃 董思妍 曾春丽 张艳霞 黄静吟 林 丹
邱淑莲 邓楚楚 周青梅 谢秋莹 纪紫烟 林婷婷 李冰梅
陆燕珊 蔡健文 袁笑梅 陈彦钿 吴仕梅 黄晓娜 张 琳
李少君

13．授予教育科学学院应用心理学专业曾淑仪等68名本科毕业生理学学士学位

曾淑仪 陈思思 陈锶欣 陈雅琳 樊洳颖 郭 昕 黄泽媚
贾天夫 林敏华 刘 倩 刘涛玮 刘晓彤 卢宇瀚 罗婷婷
吕俊雪 邱莹影 石小凤 司徒宝莹 苏泳仪 谭婉莹 谭滢瑜
田 琪 王飘怡 王 阳 王振豫 吴慧琼 吴紫荧 谢嘉慧
叶 琛 游丽娜 游梓茵 翟丹妮 赵欣怡 周佳敏 陈飞杰
陈佳曼 陈盛全 丁 巧 郭雯俏 洪沛金 洪小霞 黄晓冰
黄展博 梁颖婕 梁梓钊 廖华煜 林可儿 林思苗 林雪丽
刘雨婷 刘志珊 卢巧丹 欧玉莹 王 琳 魏慧聪 吴爱萍
吴安仪 吴敏茹 薛 滢 杨倩华 杨媜媜 翟舒捷 张伟娴
张贤如 张 盈 郑静宜 钟鑫明 周芷晴

14．授予教育科学学院教育技术学专业曾佳玲等37名本科毕业生理学学士学位

曾佳玲 陈惠梅 陈世萍 陈星宇 陈云霆 陈桢婷 范敏鑫
范镕文 黄凤津 黄希彤 邝金意 李嘉欣 李艳丽 李泽华
林泳晴 凌晓晴 刘海萍 龙苇晴 罗文杰 吕建云 吕晓静
毛洁欣 彭翠连 彭瑶台 邱雅恩 石文希 孙 灵 谭冬梅
唐燕萍 温焱勋 许佳虹 颜蔼琳 余雪梅 张 虹 张 淑

钟淑婷　庄丽君

15. 授予体育与健康学院体育教育专业曾敏婷等 230 名本科毕业生教育学学士学位

曾敏婷　陈彩颜　陈奕颖　陈珍珍　胡嘉淇　黄钰明　简柳蓉
邝丽珊　李芷倩　连静纯　梁诗玲　梁钊霖　林玲玲　林清怡
谭泳怡　汤柳冰　伍婉莹　肖　晓　许金然　严桃雁　杨秋芹
殷兰芳　张梦婷　陈灵敏　何妙银　洪翠玲　黄伟璇　霍泳珊
蒋钰莹　孔令丽　黎思婷　梁彩怡　梁淑玲　罗镁灵　欧水娇
唐燕娟　王　雪　吴涓华　吴泳姬　严郁莹　杨李洁　叶智敏
张剑秋　张苑婷　朱菊霞　叶仲宏　白金雨　蔡志威　陈力铭
陈志豪　陈子劲　邓锦源　董健伟　黄浩然　黄　艺　江　涛
李　江　李赵龙　李志强　刘振威　麦锐鸿　苏瑞杰　王冠蓬
伍　欢　谢文海　张行行　张杰煜　邹昌桥　刘钰杰　曾国豪
陈汉勤　陈明明　陈荣桓　郭煜亮　黄　俊　黄镇荣　李嘉源
李荣康　李瑞棋　李三秀　李一铭　梁家伟　廖国意　罗建林
马皓登　莫灿雄　欧栩聪　王帅鹏　吴嘉辉　吴景涛　谢松全
张　弛　张志健　王卓裕　陈树生　陈文斌　邓琪耀　邓志健
胡加伟　黄　健　黄仙俊　孔天演　李海晨　廖扬武　林国苗
林举芳　卢海成　倪镕彪　宋培锋　温蒋杰　谢绍康　徐成凯
徐东豪　叶永军　张绍东　钟绍坚　朱志华　莫文伦　陈春杰
杜广豪　范文斌　高俊豪　黄定峰　黄盛凡　李润清　李伟欢
梁开广　刘上广　欧　鼎　潘泓江　吴栋栋　伍君强　谢荣福
徐志勇　余建辉　赵　坤　郑晓滨　蔡绵城　何文炽　何尧钜
黄　宇　邝嘉联　雷　友　李月旺　李　治　梁家铭　梁伟坚
梁亚栋　刘文柱　骆碧杰　马昊东　莫家兴　聂宇华　潘如童
闻青瑶　张立信　张明博　张志良　钟嘉华　朱文焕　李景阳
李　涵　陈朝炜　陈俊杭　陈永端　黄　海　黄豪伟　梁炜恒
梁　洲　列创裕　莫竟堂　莫志航　盘荣龙　覃洁健　谭金华
温志橙　吴东成　谢建强　谢镇涛　闫恒磊　杨　鼎　张华钦
张　涛　张文昊　崔槟成　邓焯麟　高志盛　何伯尊　何满华
黄海森　黄嘉文　黄　焰　黎铭辉　李锦清　利伟文　廖楚宇
刘家竞　刘先国　欧世文　孙树春　王辉鹏　韦开朗　郑道健
郑凯鑫　钟锐基　周国煌　甘培亮　彭斌荣　八镇华　陈书民
陈一行　古伟浩　郭文周　黄　瑞　黄顺平　江子金　梁德荣
龙绍登　罗海生　罗伟城　罗增贤　苏冠桦　苏卓磊　王锦灿
韦智勇　吴恒照　张崇敬　张宗锐　钟作沾　周泽豪

16. 授予体育与健康学院社会体育指导与管理专业陈海锋等 45 名本科毕业生教育学学士学位

陈海锋　陈晓锋　陈圳浩　邓睿彬　董标杰　冯天广　傅晓芸
黄楚棠　黄泽桓　李　鑫　林效全　林志锴　欧际景　潘凤银

钱彩娟　唐梁洪　韦志鹏　吴紫晴　余丽婷　郑镜锋　刘兴全
陈军鹏　陈俊杰　陈尚球　陈威成　陈业国　冯有华　冯镇浩
葛舒杏　何耀棠　黄佳迎　江永恒　黎良茵　梁伟榕　列结盈
林绍辉　吕锦成　麦健生　彭广燕　司徒艳瑜　谭志海　徐灏荣
严　潞　叶伟雄　叶文威

17. **授予体育与健康学院休闲体育专业陈超等 23 名本科毕业生教育学学士学位**

陈　超　陈木荣　陈耀明　何晋华　何长林　黄思静　江直聪
李龙浩　李　望　李星雨　梁沛源　刘毓安　卢振强　罗权富
莫冬梅　苏钊贤　孙勇强　吴俊涛　吴炜能　杨福财　袁炽鹏
张翠霞　钟境泽

18. **授予文学院汉语言文学专业叶小纺等 152 名本科毕业生文学学士学位**

叶小纺　陈　琳　陈绮雯　陈秋丽　陈瑞芳　陈衔菁　陈晓敏
陈义清　崔秀荟　董嘉妙　关紫欣　郭杰敏　郭景瑜　何许艳
何俞慢　何芝敏　黄惠姗　江绮琪　李慧欣　李依柔　李紫珏
连莹秀　梁　爽　梁梓莹　林舒薇　林泽佩　刘小甜　刘　昕
刘　媛　陆林燕　马慧洁　孙小燕　王备备　王　琳　王梓萱
韦昭丽　冼嘉雯　谢　莹　张　靖　郑雨竹　钟小梅　钟小荣
周　纳　周星灵　林建云　黄　婧　邹彦丹　阿衣尼格尔·买合木提
蔡文桃　曾令骏　曾山碧　陈嘉琪　陈洁纯　陈锦嫦　陈奕玮
高　扬　龚慧婷　谷玉如　官梦怡　韩雪英　胡佩颖　黄少淇
黄杨程　贾骐如　黎泳荷　李文静　梁雪冰　廖婉滢　林沐颖
林育如　刘秋秀　刘　禹　欧敏娜　潘佳霞　邵子晴　沈思静
田　舒　王家宁　王日伟　温舒怡　吴惠欣　吴燕湘　吴卓颖
谢冬梅　谢晓纯　徐于涵　姚小慰　张　媚　赵雪媛　周奕彤
陈思颖　洪燕奇　刘静敏　欧诗慧　罗伟婷　张云静　梁廷钰
张筝媚　廖传珍　梁晓婷　张婉怡　吴美金　王　瑶　谢丽萍
陈格格　黄晓君　杨思敏　黄淑霞　廖美欣　林育纯　叶姗虹
黄　杰　温文靖　彭　莉　胡艳芳　周双红　罗文利　陈丹萍
苏建梅　刘嘉嘉　张园媛　莫欣欣　罗红玲　江浩鸣　谢伟龙
陈镇球　叶培敏　农超桂　陈茵琪　戴若萱　李胡昊　钱凯玥
孙　琪　王白瑜　吴范倩　吴　豪　徐素枚　姚　欣　余嘉怡
赵菁菁　钟　好　曾榆欣　曾宇平　雷　莹　刘夏君　陆柔芊
吴灵珊　吴小娟　张咏仪　陈敏璇　黄绿茵　张文萱

19. **授予文学院广播电视学专业鲍园缘等 95 名本科毕业生文学学士学位**

鲍园缘　蔡秋兰　陈冰鑫　陈春晓　陈洁仪　陈铁生　陈晓婷
陈欣桐　郭婉凌　韩　笑　何　捷　胡立财　胡淑滢　黄爱萍
黄淦峰　黄金欢　黄雪丽　江可仪　江芝韬　李桂婷　李国珩
李晓如　林　嘉　林文智　林晓煊　林宇锴　刘湘赣　刘依晴
罗梓旋　骆鹏翔　马泽华　彭文婕　邱智慧　区雪颖　沈晓芳

苏雪玲 王晨 王育真 熊倩珩 姚梦遥 姚晓妹 张天怡
张欣仪 郑华泰 郑少纯 朱海虹 朱丽洋 庄宝津 蔡晓芬
曾晓彤 陈柳余 陈荣 陈秀文 程敏红 董樱子 冯梦阳
郭超云 郭子瑜 洪飞燕 洪章威 黄慧茹 黄悯倩 黄思敏
黄悦 邝志强 赖泳铭 李彤 梁几尹 林凯燕 刘嘉兴
刘峻瑞 刘香港 刘耀新 刘怡暄 刘裕华 罗育钦 苏瑞生
覃炜麒 唐莉君 王萱 王燕燕 王志浩 吴倩颐 吴小甜
吴雨静 伍桂秀 武文琪 杨灿 杨淳 杨尚果 张洁琼
张靖仪 郑晓芬 周家璐 卓晓琳

20. 授予文学院汉语国际教育专业曹佳慧等 40 名本科毕业生文学学士学位

曹佳慧 曹玲如 曾莞琳 曾桂花 邓雪怡 丁宇 冯玉婷
符琼元 高丽君 黄珮薇 黄沁怡 解龙 冷悦悦 李冉
李芯蕾 梁纯添 梁影 林燕丽 林志欣 刘春梅 刘家真
刘伟娟 刘晓 刘欣扬 吕鑫玉 马晨 马紫晴 彭晓君
秦雨萌 孙嘉谦 王昭清 吴广姚 吴欣键 徐满 尹明月
余香思 张晓桃 郑文静 周泳淇 祝锦芳

21. 授予文学院书法学专业安重等 39 名本科毕业生艺术学学士学位

安重 陈纤纤 成琳璇 崔晨静 崔甜恬 杜力杰 杜萌
扶玉玺 符佳 管枫林 黄朝英 黄立广 江玉 康锦江
赖武娜 李明月 李添凤 刘兴淼 刘寅申 马富有 马海燕
孟闯 孟宪良 欧盛显 苏兴和 唐诗芬 王宝峰 王柳
韦金荣 谢怡 杨彦俊 宇文诗媛 原楠媛 张娜 张晓宾
张鑫淼 赵煜棋 周雪艳 周壮壮

22. 授予文学院秘书学专业曹倩倩等 54 名本科毕业生文学学士学位

曹倩倩 岑晓彤 曾小珊 陈贵旋 陈嘉怡 陈丽诗 陈良洁
陈佩妆 陈秋燕 陈燕玲 陈梓敏 邓莉莉 方立欣 方泳琪
房秋琪 符思敏 洪润青 黄凯媚 黄丽芳 黄桥珍 黄月婷
霍学敏 赖彦好 李奕琪 练莹莹 梁洁雯 梁正 林枫
林佩宜 林燕锚 林泽新 刘依娜 卢雨媚 马含宇 苗海潮
莫秀霏 彭佳佳 彭玥 苏凤明 苏灵 王诗婷 吴丹霞
谢晓冬 杨仰婷 叶彩霞 叶嘉琪 余东薇 余芯雨 张慧荣
郑怡煊 郑钰婷 郑月莹 钟苹芯 卓心怡

23. 授予外国语学院英语专业陈浩文等 181 名本科毕业生文学学士学位

陈浩文 陈灏文 陈丽霞 陈妙琳 陈瑞玲 陈思雨 陈晓婷
龚棋淇 贺莎莎 江佩欣 江苑珂 赖嘉怡 赖思谕 雷倩丽
黎喆 李君柔 李倩丽 练钰婷 梁晓文 廖锦萍 林嘉琪
林捷漫 林漫霞 林月杏 莫杜 欧铃淼 邱羡甄 曲新宇
苏诗琼 唐瑞芹 王海清 王火妹 王银莲 王玉蓉 王梓欢
温嘉怡 吴志远 杨金姗 张艾菁 张琳 张徵颖 赵巧雅

郑媛媛	周倩盈	邹诗仪	卓东乐	方伊慧	谢婉玲	叶思思
曾紫琳	陈安琦	陈嘉祺	陈嘉欣	陈丽贤	陈梦莹	冯瀛燕
何玫桦	洪伊静	黄浩斌	黄康婵	黄　莉	黄佩洁	李妙清
李　杏	梁超云	梁静妍	梁艺娟	林彩铃	林珂帆	莫嫦娥
苏芝茵	唐伊莉	滕　敏	韦秋芹	吴梓琳	伍嘉慧	谢嘉俊
谢漪婷	熊淑霞	熊水灵	徐淡芬	许欣宇	叶怡菲	余敏敏
张灿聪	张泽明	郑敏芝	钟金漫	周苑仪	冯钰怡	包洁琪
蔡　祺	陈慈榕	陈海萍	陈佳纯	陈丽珠	陈梅婷	陈美伶
陈淑雯	陈小英	陈振宇	邓玉兰	高烨烨	胡积良	黄桂连
黄玲玲	黄　旭	李程花	李金合	李秋满	李雪芹	梁慰仪
梁议云	林介华	林　蓉	林婷婷	刘彬彬	刘翠婷	罗宇娴
欧芷晴	邵世娇	唐子茹	伍丽莹	伍欣如	杨琳妍	杨　玲
杨舒敏	游诗琪	张海燕	周靖云	庄秀敏	沈　超	王嘉慧
叶嘉馨	吴兰珍	吴嘉丽	屈淑芳	陈浠铭	赵安楠	王嘉仪
彭小群	吴少方	罗智浩	廖伟燕	张佳瑜	莫文敏	骆晓玲
陈洁仪	陈涵薇	陈秀媚	严倩怡	朱小桃	汪弘宇	杨晓婷
叶盼婷	吴　姗	王水凤	傅嘉玮	杨玉婷	蓝伙娇	唐晓旋
洪燕玲	林志雯	张美红	陈俏倪	谢志豪	陈燕雯	袁苑花
杨斐涵	李润婷	谭舒淇	黄洁浩	李碧清	张　威	欧惠敏
高淑玉	陈佳珊	覃洁艳	汤丽嫦	陈晓丽	李　妍	

24. 授予外国语学院商务英语专业陈翠平等 81 名本科毕业生文学学士学位

陈翠平	陈思微	陈　彦	陈映朱	邓志惠	丁柳敏	冯展煌
高嘉敏	何蕙岚	黄钿冰	黄慧诗	黄敏菲	江倚萍	黎梓莹
李佩洁	李瑞风	利慧柔	连丹敏	梁俏华	梁舒琪	林冬莹
林可欣	林晓娟	林钰婷	刘静雯	刘　琪	陆婷芳	罗琪元
罗素敏	马莉姚	潘建超	吴楚涛	吴晖铃	吴思婷	吴伟玲
冼桂婷	杨佳宜	杨倩影	袁敏娜	李钊婷	张培欣	陈婉婷
宾丽思	蔡楷烁	郭晓冰	何世云	黄婵佳	黄楚莹	黄　元
江宇静	康佳晴	黎平兰	李其殷	林　云	刘豪庆	刘　露
刘梓贤	马大旭	庞文静	区淙铭	谭美仪	文土娴	香洁怡
肖康娣	谢嘉怡	谢思敏	谢婉怡	谢文冰	许丽娟	杨德风
杨金晖	叶香连	余烁芳	张冬婕	张文婷	张晓红	张颖仪
张振丽	郑颖婷	许余纯	何紫欣			

25. 授予外国语学院日语专业陈济英等 63 名本科毕业生文学学士学位

陈济英	陈金梅	陈美兵	陈淑贞	杜艾纯	方子键	何　超
何靖莹	黄　沛	黄婷婷	江林峰	赖丽娜	雷小晴	李兴琪
李玉珍	梁嘉怡	廖培婷	林金梅	林丽妮	罗艳霞	欧格兰
欧小靖	邱仁杰	沈赖蓥	巫家勇	吴文杰	谢玮瑜	谢燕君
辛若楠	杨佩莹	张泽佳	周文希	郑灿荣	曹晓琪	陈云婷

陈梓阳	何嘉儿	何月环	黄灿欣	黄　健	黄宇蓝	赖苑怡
黎晓滢	李活恒	梁宇洁	林　浩	刘嘉意	罗锦云	马丹敏
彭耀辉	邱楚榕	佘晓婷	王宇珊	吴秋岑	吴学鹏	席典楠
许曼拉	许振美	叶思敏	余银霞	张江鹏	张洁纯	钟　粤

26. **授予数学与统计学院金融数学专业邓卓康等 52 名本科毕业生经济学学士学位**

邓卓康	林静红	曾昭杰	陈冰蓉	陈嘉健	陈锦恋	陈欣然
陈秀艳	陈勇杰	方炜鸿	郭梓杰	何金水	胡晓仪	黄浩宇
黄辉友	黄锦华	柯维敏	赖尚裕	黎惠儀	李洁稣	李俊隆
李绍祥	李小冰	李月明	李鋆彦	梁景燈	林馥淳	林晓利
刘汉英	刘嘉惠	罗旭敏	潘家豪	彭晓玲	丘瑜容	邱　权
汤浩轩	王柏欣	吴珈妤	吴秋雄	许芷欣	姚　涵	袁奕敏
张晓萍	张晓璇	张　莹	赵耀林	郑晓梵	钟小英	朱健滔
庄权渊	蔡书琦	连晓琳				

27. **授予数学与统计学院数学与应用数学专业韦剑等 78 名本科毕业生理学学士学位**

韦　剑	刘梅珍	曹子蝶	曾彤欣	陈嘉茵	陈丽萍	陈斯映
陈烨云	陈玉宜	陈志英	范小婷	冯思敏	高敏欣	高少洁
郭春雄	胡依婷	黄　晖	黄惠构	黄　媚	黄巧佳	黄志浩
黄志威	赖嘉仪	黎梓曦	李佳颖	李嘉乐	李金其	李敏宁
李少菊	李晓彤	李玉娴	梁建煊	梁水洁	林桂石	林佳静
林金源	林舒桦	林晓漫	林彦舟	刘秋慧	刘燕威	龙小灿
卢春妍	陆凤宜	马嘉萍	钱喜安	沈沛玲	覃银花	覃子欣
汤雁舒	王　樾	吴剑玲	吴丽萍	吴少燕	吴愉薇	肖心唯
谢佳贤	谢梦琪	谢明铭	谢献锦	徐耿鑫	杨　晨	杨佳妮
杨丝锐	杨晓霞	杨　瑜	杨　政	叶一秀	余瑞怡	张若辰
张鑫文	郑珮君	郑燕红	钟家乐	周燕妮	朱善妮	朱湘湘
郑曼铃						

28. **授予数学与统计学院信息与计算科学专业康舰等 72 名本科毕业生理学学士学位**

康　舰	马建炜	陆铿凯	赖小荷	冯丽珊	刘义豪	王彩芳
郑意琳	胡梦雨	陈婉仪	曾月虹	许思平	陈静纯	郑晓婷
郭　东	黄欣杰	周妍衡	杨淳杰	高媛桦	黄钧洪	罗康荣
黄广贵	陈秋婷	谢祝君	林运泰	陈文珠	蔡伟明	曾银猛
谢炫宇	潘海怡	郑秀媚	许志友	许嘉祥	邓南天	梁　裕
苏新聪	颜茵茵	陈光耀	张欣然	王俊铉	石燕峰	邓啟严
黄梁华	黎世豪	卢凯欣	刘冬梅	余奕燊	刘小慧	朱元昊
李泽颖	黄育强	李炜森	潘舒尔	彭友聪	黄景科	周　鼎
李晓莹	许叶浩	郑炜城	苏佩轩	林小蔓	蓝志豪	邱　聪
陈锦煌	庄朕武	林锦才	李佳思	杨锦芬	陈冰虹	陈瑞玲
梁淑坚	唐　瑜					

29. **授予数学与统计学院统计学专业包韵怡等 73 名本科毕业生理学学士学位**

包韵怡	蔡　贺	陈林婉	陈敏灵	陈沛辉	陈怡对	陈涌微
陈紫薇	仇　娜	邓如宝	邓伟华	方泽兰	冯榕沂	高　峰
郭锦湖	黄琪琪	黄小夏	黄映淇	黎墩宏	黎嘉伟	黎世威
黎煜峰	李嘉杨	李　琦	李淑仪	李小如	李逸莉	李泽钿
梁江成	梁铨华	梁晓微	梁兴华	梁学敏	梁芷宏	林荣乐
林晓娜	林奕涵	刘灿键	刘国健	刘清源	刘炎婷	龙秋蓉
卢国铭	卢钧陶	罗韵婷	欧佳妹	潘悦薇	区婉毅	容敏生
谭怡芳	汤学彦	汪　乐	王泳琳	魏　瑶	吴华玲	吴诗敏
吴玮轩	吴晓淳	谢天琪	薛佳彤	杨　鸿	叶海波	尹晓欣
余奕缌	张海瑶	张慧君	张佳霓	张瑞莹	张天富	赵庭川
郑　漪	郑壮鑫	钟小敏				

30. 授予数学与统计学院应用统计学专业蔡嘉祺等 120 名本科毕业生理学学士学位

蔡嘉祺	蔡晓彬	陈琼妹	邓卓婷	范永亮	方桂吟	冯美静
黄纯玲	黄泓鑫	黄佳漫	黄进康	黄　双	黄晓婷	黄晓婷
黄馨仪	黄信威	黄奕欣	江　佩	柯传桂	李诗瑶	李英民
李忠明	梁文希	林静怡	林梓汕	刘建邦	刘晓琳	刘扬宇
刘奕圻	罗胜标	麦秋娟	莫志杰	潘火英	潘维贤	丘文忆
邱海如	邱　柔	吴　安	吴金贵	吴绍松	吴雨静	夏源贞
肖炫坚	肖紫涛	谢仁彪	杨露平	叶翠莲	尹科源	张　婷
张　围	张　伟	张伟聪	郑楚韩	郑鲁冰	郑秋良	郑泽滨
钟兴妹	朱泽鹏	邹　娴	蔡浩畅	蔡坚福	蔡麒瑞	陈国润
陈妙如	陈舒婷	陈晓芳	陈新华	程坤鸿	崔晓妃	方晓雪
高汉杰	高宏越	韩子高	何洁香	何思颖	黄　标	黄滨滨
黄新威	黄奕妍	黄裕发	黎亿安	李春涛	李明钊	李　卿
李荣艺	李世杰	廖迪文	林胜楠	林泽霖	刘菲菲	刘美君
刘　沛	陆思雅	欧锦炽	彭楚浠	彭桂荣	史冬琳	宋振鹏
谭少鸿	唐以政	王楚凤	王若凡	王漪琳	吴雪柔	伍泳锋
谢雁杰	徐杏滢	杨妙旋	杨敏如	杨智文	余以芳	袁镓琪
张广汕	张洁雯	张梦真	张松涛	张文杰	郑海玲	郑浴锐
周晓琳						

31. 授予生命科学学院园林专业陈玲等 63 名本科毕业生农学学士学位

陈　玲	林妙芝	林奇洽	王语嫣	黄雅瑜	冯泽能	陈海伦
刘宝权	翟丽芬	练家杰	李建静	陈文彬	庄　涵	梁彩焱
李炜钦	陈熙臻	陈　苧	潘　越	蓝　钰	陈翊冰	王森杭
冼宇杰	吴梓添	李杰华	唐启源	叶妙青	陈俊彦	莫家杰
王楚虹	赵锡文	刘关枚	李兆松	刘小伟	利岳彪	彭弋虹
古敏敏	古　萍	张细萍	邓　双	黎思玲	张金凤	蔡佳佳
叶世威	钟杏文	陈洁茹	邓盈盈	徐干云	杨秀娴	李恺琦
蔡　艺	陆炜清	高婉娇	许罗华	卢泽宇	林伟德	邱晓君

黄炜然	夏蕊梅	祝杰聪	梁洁文	张婉冰	胡铭琪	何铭仙

32. **授予生命科学学院生物科学专业曾浩桦等144名本科毕业生理学学士学位**

曾浩桦	陈海璇	陈　明	陈衍婕	陈茵茵	陈永芸	陈远雁
陈泽敏	邓彩凤	方若凤	郭炜怡	何玉莲	黄汉泉	黄丽君
黄素洁	黄颖彤	黄振锚	黎梅霞	李　碧	李秀菊	李烨林
李悦睿	李梓辉	梁成君	梁利坚	梁淑炜	梁　舒	廖国东
林玉钗	陆宜新	毛丽琴	欧恩宁	邱咏琪	苏卓琳	王紫莹
杨丹燕	余佳乐	张伟妍	郑丹妮	郑惠婷	钟德键	钟海媚
钟丽聪	安栩纯	蔡佳琦	蔡嘉琪	蔡咏思	陈春桃	陈锦辉
陈柳屹	陈晓玲	陈欣颖	陈映敏	邓楚君	邓剑彪	邓志琳
何倩仪	胡晓棋	黄佳媛	黄嘉瑜	黄　晓	赖妙榕	李星星
梁诗婷	林自云	罗静雯	毛佩琪	潘晓琳	魏国丹	吴光萍
许思茵	姚楚莹	叶咏琪	余远婷	张素娴	蔡怡雯	陈冬玲
陈佳纯	陈思云	陈文琳	陈盈君	杜　华	黄漫漫	黄思敏
黄永美	李思思	李晓明	李映仪	李源凯	梁心宇	林彩凤
林俊楷	林　琳	林铮韵	凌紫运	刘木娇	吕小苗	谢群婷
许淑萍	薛欣儿	杨舒华	叶秀文	张艳梅	庄炜镘	陈发通
黄杰彬	祝慧娟	刘丽敏	黄东兰	谭秀榕	陈晓梅	梁钊英
杨炜仪	纪东萍	严石威	肖梓宜	罗思焕	卢金丝	谢就勇
陈木英	陈梅翠	林旭君	卢雅媚	李雅婷	叶珊珊	杨雪如
周慧珍	陈少芳	陈宝莹	陈虹桦	梁国珍	王小惠	林梓妮
杜宜津	陆湘怡	蔡　晶	崔晓桃	朱海敏	谢敏婷	吴文婷
梁华凤	徐小莹	黄梓华	黎宝蔚			

33. **授予生命科学学院生物技术专业关晓诗等77名本科毕业生理学学士学位**

关晓诗	陈雨诗	成世嵛	李　旭	廖海恩	刘少燕	邱佳健
王　凯	易成鑫	郑坤海	郑晓真	蔡乐疃	崔梓豪	黄炜金
李顺媚	李兆基	梁金锋	梁志康	林浩彬	刘剑明	罗剑波
毛秋霞	谭伟健	王俊生	肖宇彬	颜宇娟	杨兴华	袁嘉欣
张世亮	郑均如	郑　卓	庄玉茹	陈　珣	房宝如	郭钰玲
何　炜	洪武强	黄仕东	黎梓琳	李伟钦	李志勇	梁苑雅
林丹锐	林哲锋	罗德华	邱凯鹏	沈东梅	王国权	吴俊炎
杨靖宇	詹凯润	甄玉婷	钟明婷	朱贤德	安　琪	叶紫兰
陈伯祥	冼召萍	梁敏怡	黄伟标	黄　蓉	彭华萍	陈家慧
陈素兰	柯佳佳	黄敏妮	吴倩盈	区美思	崔明珠	何佳淋
毛志鸿	马绮花	岑海慧	邓紫琼	郭志玲	李健莉	黄丹靖

34. **授予机械与汽车工程学院机械设计制造及其自动化专业蓝经天等148名本科毕业生工学学士学位**

蓝经天	曾海涛	陈存根	陈昊楠	陈盛建	陈鑫树	杜京达
范家成	符志玲	傅敦玮	高鑫荣	黄俊鹏	黄骏豪	黄声信

黄　烁	黄优胜	赖靖霖	李俊誉	李寿锋	李智鸿	林柏润
林峻宇	林伟琼	林梓生	刘海基	刘顺兴	罗增盛	倪泽鑫
沈灿宇	谭章海	谭子康	徐文康	徐　展	岑伟峰	陈启立
陈　煜	冯荣山	何世荣	黄均廷	黄天山	纪贤民	孔令燊
赖永发	黎晓锋	李汉炳	李鹏旭	李世健	李树杰	李湘粤
梁文豪	廖继禹	廖智锐	林耿创	林　涛	林为灿	林学勤
林灼奥	刘东烽	刘　峰	刘善圩	刘子杰	罗鸿鑫	马锦涛
区家铭	宋纪明	吴树浩	曹烁森	曾　亮	陈嘉森	陈景锋
陈奇东	陈亦文	邓　尧	范沛华	符祖基	管仕东	郭晓轩
胡佳鹏	黄淦科	黄晓峻	黄志民	黄柱雄	赖正杰	赖志雄
老国璇	黎健洪	黎幸峰	李家清	李智初	梁焯华	林嘉杰
林永青	林铮涛	刘泽斌	刘智睿	龙维坚	罗佳达	马　凯
彭培星	杨立奋	杨奇炼	叶文龙	袁润桂	张永明	张有威
张治铧	朱国梁	庄嘉勇	吴颖集	姚　浩	叶鸿钊	张家豪
张文迪	钟金松	周鸿晖	周梓晖	朱汇镇	王旭斌	吴小明
吴煜培	许帆衍	杨恒斌	叶铭鸿	叶铸慰	余弘光	郑建都
周达华	张煜伟	张崇鑫	姚怿聪	林益迪	陈文杰	林森鸿
卢羿汛	卢建华	彭　继	陈　龙	钟俊航	邓杰艺	陈均达
陈思坤	曾勇辉	黄思颖	陈小毫	林　勇	陈宇光	李锦勇
邹之煜						

35. 授予机械与汽车工程学院车辆工程专业白易豪等 125 名本科毕业生工学学士学位

白易豪	蔡旭金	蔡一凡	曹浩明	陈康健	陈日川	陈旺宇
陈锡辉	陈仲机	邓嘉颖	段志远	范健超	范永康	郭炜雄
何奕铭	何永杰	何泳锐	侯梓锋	黄龙镇	李达炽	李杭桦
李秋生	李添业	梁　金	梁伟杰	林子平	刘劲威	罗文坚
潘森鑫	丘毅烽	邱志勇	曾凡剑	曾彦榧	陈岑鑫	陈润坤
陈智武	陈钟琪	陈子华	邓宗成	冯博扬	冯嘉裕	冯　杰
黄敬贤	黄銮鑫	黄鑫豪	江泽良	李辉涛	李墁强	李伟伦
李业森	梁家勇	梁元馨	廖鹏飞	林伟略	林学宇	林应麒
林仲鑫	刘国康	刘颖威	刘展鹏	刘展泽	莫振堋	文贤声
曹焕东	陈　健	陈庆尚	陈瑞欣	陈燕杰	陈钊沐	龚何起
洪晨曦	黄炜兴	黄文杰	黄逸韬	赖建华	李土浩	林潮盛
林学佳	林钰良	刘晴辉	刘文杰	庞鹤良	丘汉勇	孙广兴
谭咏钊	王纪元	王尊欣	吴健新	吴锦传	吴瑞坤	肖　勇
谢华豪	王跃钊	吴国卓	吴海城	吴君杰	杨万程	杨灼彬
张洪彬	郑成鹏	郑东林	周钧豪	朱钦荣	吴剑平	吴锦佳
许俊生	詹永康	张秋建	张卓勤	郑万通	钟威财	钟文轩
钟永聪	庄嘉威	颜建涛	杨子健	叶任铭	余贤冲	张泊宁
张君伟	郑桂清	郑衡锋	钟建华	钟启铭	庄键润	

36. **授予电子与电气工程学院电子信息科学与技术专业毕满烨等98名本科毕业生工学学士学位**

毕满烨	陈灿志	陈秋利	陈善新	陈天龙	陈亦泰	陈枕戈
陈忠涛	郭洁彬	黄锦中	黄康裕	黄振发	赖涌洲	李冠锐
李嘉昌	李嘉乐	李锦华	李林颖	梁文烨	廖志强	林锐坤
刘凯悦	卢　屹	罗天生	骆子铭	欧阳国峰	潘肇楠	彭贤鑫
孙荣崇	覃迈铎	汪大兴	王伟鑫	王晓秋	文志鹏	吴佳印
吴鉴涛	吴斯凯	吴婉玲	吴志强	谢少武	谢舒莹	熊东华
徐康运	许铭志	杨锐俊	张　淮	郑宏植	郑康连	郑晓聪
钟　懋	蔡谨东	陈　锋	陈　鑫	陈泽标	陈梓杰	成哲锋
范泰鑫	何云飞	洪乾辉	华　安	黄嘉明	黄金润	黄奎翔
黄晓松	黄　寅	蓝志满	黎英杰	梁淦峰	梁泽军	林锭扬
林焜茂	林　乾	林鑫鹏	林星宇	林彦扬	刘　靖	刘　琪
刘新运	刘子铨	龙沛维	罗鸿敏	罗靖沂	麦峻锋	彭薇娜
丘俊威	佘牧仪	魏伟聪	吴棋龙	谢子畅	徐仲谦	严伟健
颜东涛	杨永坚	叶晓茵	张丹婷	张国海	张海键	郑美玲

37. **授予电子与电气工程学院电气工程及其自动化专业曾伟华等127名本科毕业生工学学士学位**

曾伟华	曾雨林	陈高道	陈鹤涛	陈亮滔	陈　颖	陈灼森
何瀚程	何鸿华	黄嘉浩	黄凯鹏	黎峻源	李浩俊	李金水
李泽锋	李梓毓	梁高鹏	梁栩珲	林旭生	刘杰源	刘修华
邱艺俊	舒　畅	翁培钧	伍世豪	谢锜炀	谢镇炜	叶胜挺
余志鹏	张煌辉	杨晓健	蔡锐锋	陈安磊	陈嘉辉	陈秋君
陈　尧	邓晓靖	冯景冲	冯振胜	李丽淦	梁铁林	林世宁
林晓健	林衍鑫	刘源杰	卢睿雄	马一帆	潘秋全	王润宜
向丽文	谢建民	谢堉灿	杨　聪	叶剑文	叶远浩	张朝威
张　烁	郑杰东	蔡焚锋	陈丁源	陈国豪	陈业锋	陈永良
陈裕泓	陈卓鑫	邓丁豪	邓庭锋	甘一凡	郭振辉	洪超亮
胡斯远	黄宇豪	黄泽鑫	李记彬	李师涛	梁利开	梁伟锋
林海洋	林梓洛	刘高洁	刘　念	刘奇昂	罗伟奇	倪东煜
沈泳冲	苏超彬	陶锦文	王鸿基	伍家杰	谢景添	易华锐
钟旭明	陈志毅	丁斯达	蔡耿佳	陈家耀	陈俊丞	陈骏韬
陈思昕	陈永凯	陈永祥	黄俊达	黄明敏	黄　怡	劳竣樑
李定城	李鸿飞	李自豪	梁杰锋	梁　有	林嘉旭	林泽铭
刘广鹏	刘铭辉	马青云	麦晓明	莫树胜	邱于展	苏宏滨
谢家盛	谢泽鹏	许安沂	严贤志	杨辉龙	叶国健	詹文宏
郑康楷						

38. **授予电子与电气工程学院物理学专业邓诗怡等35名本科毕业生理学学士学位**

邓诗怡	徐嘉君	李胤明	胡　珊	胡涛坚	温文玉	钟德浩

郑婷婷　郑彤茵　郑述坤　杨咏淇　张嘉明　洪慈悦　杨宇萍
陈宗豪　成依然　林洛威　陈煜智　苏秋彤　肖子伦　钟丽琳
廖菽馨　钟家威　王　燕　张文琦　谭神富　林冬云　卫建锋
卓润洪　林俊浩　王　迎　沈梓琳　练伙德　王伟娟　林　强

39. 授予电子与电气工程学院通信工程专业刘国辉等 84 名本科毕业生工学学士学位

刘国辉　曾明杰　陈碧云　陈甲师　陈启楠　方少锋　甘常志
黄佳凯　黄景天　黄立颖　江浩琛　蒋志鹏　蓝哲雯　李恩达
李钊瑞　李梓锢　梁展鹏　廖梓辉　林桂兴　林卓凡　刘彦堃
吕宗奕　莫燕玲　彭　鸿　苏伟帆　苏艺帆　汤继锐　魏泽升
温志伟　翁子茵　吴嘉鑫　吴振霓　肖　健　谢泽生　袁文涛
张　朝　张文权　张亿霖　张屹华　郑柏青　钟浩彬　周家洪
蔡海坚　陈春波　陈焕杰　陈维峰　陈伟聪　陈伟锋　陈昱男
单文浩　高怀茵　洪楚生　胡志伟　黄一程　赖　卫　蓝一顺
黎嘉明　李　灿　梁龙恩　林君怡　林盛将　刘丹霞　刘焕鑫
刘兆帆　卢尚瑾　卢孙聪　庞登全　邱润洲　邱伊璇　邱悦青
施金鹏　孙晓锋　吴俊彬　冼申正　谢景炫　谢宇楠　许鑫润
叶龙清　张钧豪　张　蕤　张思琼　郑佳辉　钟东明　周子翔

40. 授予计算机科学与软件学院/大数据学院计算机科学与技术专业温汉泉等 194 名本科毕业生工学学士学位

温汉泉　曾锦东　曾宜富　陈俊荣　陈立传　陈培淳　陈思婷
陈侠帆　陈锌悦　陈哲凯　杜海龙　冯钧良　甘俊鹏　古达成
何浩华　黄思博　黄雄波　黄亦华　江滨棋　李　辉　李建炽
李启东　李思婷　李湘桃　梁家铭　梁益健　刘景殷　刘伟坤
卢林楷　罗胜琳　马奕祥　莫　迪　庞超雄　区健锋　戎禹杰
申家其　沈俊良　苏敬坤　王国栋　王洁浩　温汉书　温新健
吴远榔　姚贵友　詹宇媚　湛建山　张锦凡　郑俊鹏　钟浩林
钟敏宜　林海铭　苏诗鹏　张　震　陈辉景　陈建宏　陈俊钿
陈秋兆　陈天宝　陈小风　陈志培　范伟东　范泽颖　冯梓瑜
郭文创　黄广龙　黄凯斌　黄胜沛　黄思敏　黄妍芬　黄业豪
蓝星营　李盛祥　李洋林　梁德仁　林俊旭　林仁腾　刘奇锋
卢柏润　卢家辉　罗伟明　马梓炫　麦明荣　王怀贵　王洽贤
魏文超　温贤山　翁诗琪　肖嘉伟　萧捷鑫　谢弦钊　徐远滔
翟汉能　张标明　张楚涌　张国威　张杞仪　张荣杰　张智锋
郑蔓蓉　周晓曼　朱定能　曾振威　陈梓铭　蔡东诚　曹嘉琪
陈浩华　陈佳锐　陈俊锋　陈忆欣　邓智超　龚展涛　郭　泓
何程健　何美铨　黄伟彬　黄泽雄　柯英创　黎达锋　李炳权
李佳烨　李云松　林百川　林培斌　林沛霖　林慰璇　刘承龙
潘汝朗　苏婉萍　谭杰豪　王烩平　吴泰鑫　吴为乐　吴志强
冼世茂　熊　俊　许春玲　许思澄　许一正　颜添豪　杨少志

易康军 张达聪 张俊超 张炜棉 郑可鍵 郑伟权 钟爱玲
钟家根 钟硕丰 孙润佳 卢嘉焕 谢丽娜 谢治宏 林　楠
李道键 肖启朝 方广雄 彭　粉 张雪花 苏柳茵 潘明威
林荣华 何家旭 黄淑琳 黄景艳 李显忠 唐安港 谢树楷
张卓龙 曹群娣 洪曙东 庄俊泳 廖进锋 林承佳 吴金伟
陈乐芸 马志铤 马文才 郑荣滨 杨超显 刘子欣 谢文喜
林炎城 赖永松 全靖宇 蔡恒锴 杨　斌 黄婷婷 陈泽璇
黄锡洪 周启枝 刘嘉绮 邓毅杰 宁一鸣

41. **授予计算机科学与软件学院/大数据学院网络工程专业孙锐坤等49名本科毕业生工学学士学位**

孙锐坤 梁国东 江建成 曾格森 陈帝锋 陈佳发 陈美怡
陈培鸿 陈巍丰 陈晓鑫 陈泽创 范舜宁 郭泽鑫 何子杰
胡志浩 黄曼丽 黄学平 黄震荣 黄志成 蓝清潇 黎振龙
李绍峰 梁家豪 梁俊维 林智众 刘　平 刘紫金 麦旭源
欧洁珍 谭校明 韦凯平 吴伟龙 肖剑屏 谢汝森 许嘉仪
许树雄 许源峰 严礼滨 杨　铧 姚芷恒 袁炜杰 张红鑫
张淑君 郑忆文 钟凯鹏 朱乔华 庄帝洛 邹鑫雨 朱艺康

42. **授予计算机科学与软件学院/大数据学院软件工程专业黄思捷等118名本科毕业生工学学士学位**

黄思捷 陈子飞 卢启业 叶仕河 曾慧玲 曾志键 陈超岳
陈国统 陈明林 陈喜赐 陈志泳 陈子豪 戴志龙 邓建豪
符耀龙 郭泽鹏 何津洋 何文东 黄鸿超 黄俭豪 黄俊韬
黄思远 黄文强 邝明山 黎建豪 黎元证 李国烨 梁俊贤
廖　森 林丽情 林琪钧 刘梓伊 罗世文 吕　昊 吕嘉俊
欧　俊 潘东海 邱源洲 孙希尧 唐洁雯 万宗典 王杜鸿
翁　煌 吴典秋 徐土宏 杨立煌 杨荣炳 杨晓龙 杨笑轩
叶腾辉 余　桐 詹建群 张林芳 郑树凯 钟子山 周陈威
周源锋 庄博程 邹家进 赵碧霞 郑铭强 郑荣盛 陈国豪
陈裕铭 戴焕桂 邓群升 方振森 冯厚林 冯泽迅 郭治乾
何俊良 洪　浩 黄海华 黄伟健 黄文海 黎瀚强 李健生
李耀青 李永杰 李卓然 廖彩杏 林胡铮 林文佳 陆一文
罗海金 罗文孝 马铠升 麦兴民 莫如福 欧超豪 潘杰伟
容旺林 沈大展 沈华年 苏源森 孙泽塨 覃应彬 王泽铭
温伟航 吴国顺 谢彬鸿 许锴泓 言志卡 杨晖智 杨杰海
杨凯忠 杨舒凯 杨泽帆 杨志勇 叶树珍 张超盛 张家欣
张盛森 郑豪达 郑钦鸿 钟　强 钟如港 周嘉鑫

43. **授予计算机科学与软件学院/大数据学院物联网工程专业詹逸飞等52名本科毕业生工学学士学位**

詹逸飞 陈灿华 陈法优 陈浩林 陈浩泉 陈泓宇 陈妙英

陈伟汉	陈文泷	陈孝维	陈永恒	陈钊鸿	邓坚成	邓俊翔
杜嘉慧	方锐凯	冯观龙	黄国坤	黄　灏	赖景俊	李博伦
李飞鹏	李妃云	李华聪	李雯杰	梁碧龙	廖建东	林爱莉
林晓燕	林悦慧	苏成进	苏海城	苏键东	田家峻	王红萍
魏扬艺	温煜文	翁泳锋	吴凯航	吴可测	吴志贤	伍慧坚
姚熔茵	袁东灿	詹炜铭	张思贤	张宇桥	张展豪	郑浩弟
郑俊耀	郑志轩	朱武胜				

44. 授予环境与化学工程学院化学专业曾颖翘等 124 名本科毕业生理学学士学位

曾颖翘	陈清华	陈依旋	黄佳悦	黄仁举	黄舒穗	邝绮玲
李　冰	李暖怡	梁丽明	刘　萌	刘瑞源	区晓怡	田彦平
王璐瑶	徐一帆	许文艺	周　吉	庄钰曼	岑晓欣	陈静如
董奕德	黄梓壕	蓝小蝶	李婷婷	李先凯	刘翠婷	邱芷晴
陶文慧	王彩怡	温雪婷	徐欣欣	薛舒玮	严梁杰	姚金娣
叶伟娟	余啸宇	张　鑫	章锐漫	郑剑坚	陈美君	陈　倩
陈思晴	陈永豪	董珊珊	弓小雨	黄发强	黄丽丹	赖乾通
李志安	梁晓欣	梁泳铷	林婵静	罗锦浩	钱碧霞	吴敏仪
姚婷婷	叶小铭	游柔珊	张晓茹	朱宝莹	卓学君	赵秋寒
蔡灿杰	陈丽雅	陈仕程	程宏颖	戴全源	何金鑫	黄河波
黄晓雯	蒋雪琴	梁　莹	刘俊林	欧冠荣	彭慧珍	阮美夏
石学文	许璇莹	杨杰良	叶添诚	张华鑫	郑光斌	陈怀楷
陈慧芳	陈敏玲	陈欣婷	杜汉源	胡芷雯	黄贤振	黄耀锋
黄月梅	简安祺	赖木珍	李丹苗	陈晓利	李东灵	林慧钘
林宇娴	刘秋权	阮秀文	翁宇轩	张理智	张世博	周嘉濠
曾浩轩	曾敏敏	黄俊铭	黄琳清	黄茂全	揭秋燕	李锦炜
凌敏华	刘泽爽	卢文滔	欧伟杰	彭圆圆	秦永清	温　飞
夏紫茵	张峰铭	张润涛	赵玉萍	钟乐恒		

45. 授予环境与化学工程学院环境工程专业蔡梓炯等 79 名本科毕业生工学学士学位

蔡梓炯	曾立峰	陈　栋	陈华敏	陈锦填	陈俊贤	陈显宇
胡永扬	黄俊华	黄月丽	蓝嘉敏	黎金谷	李海帆	李鸿杰
李　杰	李伟琼	梁浩斌	廖国深	廖志壕	林家琦	林君茹
林乐平	林怡君	林志伟	刘炫滢	卢志鹏	罗耀祖	罗婴棋
宁立勋	沈焙宏	苏凤敏	谢锦俊	严景辉	余叙模	袁锐枫
张世耀	张永龙	钟健盈	朱茵茵	庄世铭	李咏欣	蔡晓东
曹君萍	曾志聪	陈泓鑫	陈洁蓉	陈凯敏	陈康政	陈日龙
邓善文	郭展铠	洪裕崇	侯楠芊	黄锦祥	黄泺俊	黄文汇
李富威	李伟锦	梁嘉智	林森洋	林晓婵	刘世锋	刘思曼
罗浩良	盘堃培	覃鹏程	谭嘉亮	谭　锐	唐浩铭	温小造
翁丹宜	吴柏泉	吴国维	杨楚欣	杨铭键	杨伊蓝	易富豪
张洁莹	郑雪芹					

46. 授予食品与制药工程学院食品科学与工程专业曾丹虹等 107 名本科毕业生工学学士学位

曾丹虹　陈东阳　陈民主　陈秋庭　陈伟燊　陈杏琳　陈彦玲
陈燕琼　陈　泳　陈政华　成依萍　邓俊豪　邓上观　邓妍秋
方仕阳　冯晓婷　高锐江　黄淳钿　黄凯峰　黄淑津　蒋俊颖
老婉垚　黎茜茜　梁嘉倩　梁敏健　梁　诗　梁颖琳　梁颖琪
林晓霞　刘绿芹　刘美清　彭盛钧　秦锦程　丘钰成　邱基恒
沈进流　王汇玲　王树彬　吴崇鹏　吴嘉良　吴朗迪　吴瑞恩
吴晓虹　冼芷莹　肖梓婷　杨燕川　于洪雪　詹锦豪　张　越
郑博扬　郑丽燕　郑　露　郑云锋　周丽艳　朱立海　郑金娃
蔡翠锚　蔡炜如　陈超琦　陈楚浩　陈　虹　陈锦潮　陈丽宏
陈敏奕　陈治杰　邓剑锋　董健贤　何文静　黄荣冰　江明霞
蓝晓欢　李昊屿　李金凤　李荣彰　梁　爽　梁喜玲　林洁玲
林丽娟　林少秋　罗杰林　马瑞琪　麦锦海　麦旭锋　庞田胜
邱德珍　苏国涛　苏晓慧　谭诗颖　陶家勋　田旭冉　王佩敏
王青青　王晓颖　温彩霞　吴汉娣　谢建立　徐淑婷　杨财鑫
杨智麟　张　纯　张味云　郑怡婷　钟钦文　周嘉彪　周伟清
周伊萍　祝小峰

47. 授予食品与制药工程学院食品质量与安全专业蔡佳芬等 101 名本科毕业生工学学士学位

蔡佳芬　蔡昆晓　蔡史珍　曾倩霞　陈佳丽　陈　敏　陈文燕
程少飞　邓　敏　冯雪莹　关国胜　官美玲　胡捷珍　黄　琳
黄思琪　黄祯强　赖壬秀　蓝明宗　李嘉玲　李洁华　李沛燊
梁尹萍　梁永锋　廖丽怡　廖梦怡　林奇锋　林玉佳　刘锦光
刘　茜　陆小萍　罗美娟　吕心怡　区剑青　饶燕娜　苏雪怡
唐泽开　温汉城　吴锐江　吴盈瑶　肖晓玲　谢明明　谢思维
徐美珊　禤咏君　叶佩静　游颖欣　张浩杰　周子雄　朱佩佩
黄碧玉　蔡铭杰　蔡诗婷　曾介玉　曾凯萍　陈敏欣　陈妍睿
陈钰婷　丁劲新　杜应健　冯绮艺　古文锋　郭纯兰　何楚成
何雨晴　何钰仪　洪佳莹　黄　棋　黄晓珊　黄　燕　江志强
赖柳琼　李嘉怡　李金玲　李佩君　李诗华　李银真　梁少欢
梁雪红　林启涛　刘　梅　刘淑媛　刘晓君　刘志权　罗朝灵
吕靖雯　莫雨玲　彭丽漫　彭伟杰　彭怡虹　谭晓华　吴海英
吴　钇　伍晓云　许海婷　许林森　姚晓君　张　翰　张　杰
钟惠敏　朱妙珊　邹慧钰

48. 授予食品与制药工程学院制药工程专业蔡建帆等 132 名本科毕业生工学学士学位

蔡建帆　蔡曼婷　蔡煜丽　曾嘉怡　曾金仪　曾世恭　曾小芬
陈洁婷　陈利琛　陈　杏　陈泽婷　陈哲鑫　崔咏诗　方　丹
冯承炘　冯丽婷　谷洪涛　黄彩梅　黄耿锋　黄润生　康依钿

李嘉航　李亚梅　李宇辉　李玉姗　李远洋　梁鹏英　林　敏
林秀云　林钇婷　林圳鑫　刘宇琪　刘壮贤　刘紫娇　卢杰鑫
卢静怡　卢可意　麦家浩　潘玲玲　彭金珠　彭婷婷　邱振辉
区国锋　茹建媚　佘焕秋　孙　雁　谭振莹　王芳芝　王则程
文春丽　吴心如　肖梅萍　谢建军　杨　诗　杨壹雄　杨永宏
余海鹏　余耀琨　詹晴莹　詹思悔　张思韵　张雅迪　郑冬晴
郑泽林　周嘉诚　陈彩萍　陈慧琳　陈健斌　陈诗雅　陈树瀚
陈香丽　陈晓丹　陈钰凤　冯燕微　高莉萍　何健丽　何凯仪
何少媚　何徐颖　胡嘉怡　黄浩琪　黄菁霞　黄茂清　黄伟鹏
黄晓伦　黄晓元　纪汤杨　孔令臻　黎小琳　李春媚　李秋燕
李润豪　李韵怡　梁仍宇　林艾珊　林丽虹　林汝霞　吕夏紫
马玮鹏　麦洁锐　倪卓恒　宁晓慧　庞海清　彭家豪　戚卓恒
钱洁成　邱晓烁　苏天林　孙晓莹　唐宝渝　唐桌铃　王秋夏
王伟健　韦　彬　巫俊瑜　吴　锋　肖秋平　肖晓璇　谢思威
谢晓雯　许流针　杨　莉　余家华　张嘉凤　张少心　张雅慈
郑楚平　郑德桂　钟少彤　周家欢　庄　驰　庄银青

49. 授予旅游与历史文化学院酒店管理专业周豆豆等 89 名本科毕业生管理学学士学位

周豆豆　曾庆云　陈嘉纯　陈玟玟　陈瑞仪　陈晓盈　陈燕娜
陈　莹　邓琪琦　方秋萍　顾梦丽　何家莉　黄邦煜　黄冰枝
黄敏婷　黄晓曼　柯　冰　李例锶　李珊珊　梁超铨　林嘉欣
林倩雪　林晓婷　刘树伟　卢　楚　卢晓敏　罗紫如　莫琪琪
莫雪梅　唐培彬　田幸银　王美霞　肖　阳　许海媚　叶佩琪
郑日娟　郑晓萍　钟秀婷　周慧珍　周泽标　陈静仪　陈毛娣
陈晓翔　陈伊涵　邓翠雯　邓明杰　邓琪琦　段　敏　古钰萍
郭淇雯　郭文倩　洪树丹　胡凤英　黄丹敏　黄洁丽　黄金玲
黄珊珊　李德美　梁宇媚　廖晓惠　林　洁　林木辉　林心怡
林玉萍　卢晓燕　陆柳梅　罗羽珊　潘淇君　翁芯妍　吴琼娜
吴宇龄　熊晨霞　许建刚　许诗琪　杨喜盈　杨宇东　袁嘉瑶
张晴晴　张芷环　郑嘉儿　郑叶华　钟雨薇　钟玉梅　钟卓源
钟子胜　周春秀　周佛婷　周洁珊　朱思怡

50. 授予旅游与历史文化学院旅游管理专业苏彩琼等 113 名本科毕业生管理学学士学位

苏彩琼　李晓彤　曾银文　陈浩凯　陈佳玲　陈嘉欣　陈　淼
陈娜娜　陈展鸿　邓浣仪　邓伟强　郭炯鸿　何润铃　胡静文
黄舒蔓　黄新宇　黄　茵　柯晓燕　黎炜婷　李可纯　李思祺
李炫庆　梁慧钫　梁　巧　梁淑美　林家慧　林婷婷　林昕楠
刘若飞　卢金枫　陆恒仪　农燕美　彭罗棋　秦慕虹　神　飞
谭雅妮　童锦涛　王颖文　魏泽雯　吴海英　吴珊珊　吴　同

吴　雨	谢瑞萍	杨华慧	杨培芝	杨树敏	易东梅	詹秋成
张慧柔	张捷莹	张瑞祥	郑泽微	周清华	朱倩霞	陈翠婷
陈静娜	陈敏珊	陈淑琪	陈淑怡	陈依琳	陈梓仪	戴芝欣
邓文彪	董　金	冯绮婷	甘嘉唯	郭文婷	何倩敏	侯　佩
黄洁如	黄绮珊	黄晓婷	黄颖欣	黄　韵	李丽姗	李林柔
李小草	林桂平	林丽璇	林雅兰	林裕淳	刘嘉华	卢俊明
卢晓君	罗馥敏	庞诗欣	秦耀峰	沈静炜	苏思楠	苏颖秀
谭嘉敏	谭卫金	唐嘉欣	陶海凤	韦林林	温柳静	吴　扬
吴依杭	姚美琪	叶莹霜	余晓琦	张卓芳	赵凯迪	赵　欣
郑洁遂	郑丽琴	郑婷尹	钟秋云	钟　苡	朱金莹	庄佳涛
邹锡灏						

51．授予旅游与历史文化学院历史学专业蔡腾等57名本科毕业生历史学学士学位

蔡　腾	曾金键	陈洁静	陈婉晴	陈小清	邓焕敏	邓少青
丁怡丹	方舒婷	封海燕	龚卓懿	郭依婷	何宏业	何　茜
何婉君	黄　丽	黄　宁	黄思斯	黄雪玲	黄　莹	黄钰淇
蒋运颖	赖嘉惠	赖淑玲	蓝　岚	李宝怡	李金玲	李伟广
李依玲	梁惠妹	梁玉萍	梁紫璇	林思雨	林斯洁	刘爱梅
刘敏榆	刘学琳	罗桓羲	丘维芳	邱智美	唐曦露	王潇瀚
吴琪恩	谢小榕	谢晓婷	颜广益	杨惠娟	杨　薇	杨伟梅
杨泽娜	姚舒婷	叶倩怡	郑　涵	郑萍萍	郑姿宁	周利雯
卓占裕						

52．授予音乐学院音乐学专业蔡泳君等238名本科毕业生艺术学学士学位

蔡泳君	陈韵萍	成苗韵	邓淇丹	冯博俊	冯楚贤	何惠彤
黄嘉霖	黄梅林	黄树煌	黄晓明	黄钰瀚	李冠洁	李金灿
梁雁婷	林　婕	刘烷晴	刘雅琪	刘梓浩	罗梦琰	吕鸿宇
欧嘉辉	欧阳铭钰	欧映虹	潘　婷	彭显林	邱嘉良	吴钥映
徐巧玲	严浩坚	叶啟臻	余帼英	张宏斌	张慧珊	张妙琳
张鹏科	张婷婷	张耀文	赵秋容	赵晓宇	周凯玲	周　楠
周小芳	安兴晨	陈静曦	陈思薇	陈银珊	陈智明	邓靖如
范丽娟	冯佩怡	高宣峰	关翠莹	郭雪玲	胡　莹	黄艺芹
蒋佳欣	李　同	李月瑞	梁　豪	梁婉君	林宇霞	林月红
刘沛均	刘彦祺	陆美婷	罗冰冰	欧膳萍	欧伟欣	彭海彬
汪念念	吴思琪	徐绮彤	许嘉琪	严伊雅	郑巍森	钟恩德
钟婉莹	周敏欣	朱　琰	朱　瑶	杨永恒	陈君婷	陈丽洁
陈梦菡	陈绮梨	陈素君	邓洁雯	董世鹏	范晓璇	黄靖雯
黄文锦	黄振铎	江泽慧	景集玉	赖思露	黎志海	李世钦
梁狄锋	梁浩培	梁婉华	廖轩怡	廖一麟	刘智莉	龙丽妃
卢宛儿	罗思杰	罗卫平	麦世华	荣锦灿	宋小晶	苏　楠
苏婉婷	谭美娜	汪宇轲	王明嵘	王伊兰	文旭日	杨玉茹

余晓姗　余莹莹　张　滢　邹　冰　蔡海健　蔡婉君　曾雪云
甘燕燕　高泽冰　郭顺其　郭智琳　何明林　黄锦仪　黄倩敏
黄斯恩　黄倚琪　姬桂荣　黎均如　黎燕珊　李国张　李辉煌
李　楠　李咏琪　林豪键　刘克杰　龙妹珍　卢晓洁　罗心怡
潘可盈　彭嘉文　彭媛穗　容婉萍　施嘉慧　唐　雨　吴燕好
谢水清　严章敏　叶子峻　余泽彬　詹诗婷　张嘉因　张芮怡
郑　童　李晓彤　甘宇鹏　曾　茜　陈颖欣　邓舒美　杜嘉雯
侯钰怡　黄彩芳　黄秋月　邝文豪　邝晓雯　李保莹　李荣奋
李泳欣　李雨帆　梁汉彬　梁慧敏　林显睿　林玥廷　欧静怡
王淑华　王卓诚　文秋莲　吴程秋　吴小文　谢晓玲　徐烨雯
杨淞杰　杨韵贤　张淑莲　张晓龙　赵启程　钟俊彦　周嘉红
朱杏珊　袁　壹　白　斌　巢耀文　陈斐然　陈惠哪　陈香耀
陈晓婷　陈珣然　陈雅莉　胡雅芬　黄宝俊　黄君亮　焦婉荧
赖瑞清　李梦婷　梁雪雯　刘光斌　刘晶晶　刘尚珍　刘小丽
刘颖雯　刘　宇　陆佩汶　麦燧欣　彭新秀　邱芷君　苏嘉钘
王恬祺　谢贻招　杨土亮　叶兰兰　叶雯雯　叶汶婷　易燕霞
张海怡　张　凝　张梓斌　招焯咏　镇语馨　钟伊婷　朱永潮

53. 授予音乐学院音乐表演专业张柏箫等 37 名本科毕业生艺术学学士学位

张柏箫　蔡树坤　曾长红　陈晓文　陈雪祺　代　鹏　董雨霏
冯慧芬　葛　伟　郭晴晴　何泳锌　黄安民　黄翠兰　黄　蓉
赖巧琪　李敬航　李商裕　李茵茵　刘安琪　罗禹祺　吕　尚
马浩桐　庞佩轩　彭　皓　区文俊　孙妹霞　王殿雄　王江兴
卫闻清　吴诗琪　邢效毓　杨峻然　于永翔　苑　凯　张　航
张天阳　庄嘉玮

54. 授予音乐学院舞蹈学专业文榕娜等 37 名本科毕业生艺术学学士学位

文榕娜　白彩云　陈嘉兴　陈　曦　陈园园　冯　蓓　郭佳璐
郭颖霏　何　晴　李　迈　李新宇　李幸妮　梁凯鑫　刘晨曦
刘怀硕　刘　柳　刘　萍　刘雅婧　刘雨晴　欧阳冷爽　屈梦荣
王静瑜　王凝宇　王润芝　王　婷　王　媛　席子越　肖慧妮
杨佳仪　杨玛莉　姚　畅　张瀚月　张宇婷　赵泓婷　郑妮妮
种　晶　邹　莹

55. 授予美术学院美术学专业曾清清等 147 名本科毕业生艺术学学士学位

曾清清　曾　威　陈双鸿　陈学敏　葛子豪　郭富贵　黄洁瑜
黄晓雯　马　倩　钱燕燕　谭芷琪　王　勋　王雅婷　武孙灿
叶　艳　于靖铄　张咏茵　陈嘉明　陈美杉　房　瑶　冯柳梅
何静媚　李旻悦　李　旋　梁天成　刘茂玲　莫少婷　任祥亮
孙　月　覃世凤　王樱洁　游紫琼　张林裕　张世钧　曹译匀
曾环廉　陈美英　陈宛杏　邓光杰　盖勇超　郝　敏　何旭升
何昭琪　龙金玉　吕　慧　聂家琪　石宏玉　谭明君　王逸菽

王　禹	杨瑶瑶	钟华宝	钟若颖	陈丽君	冯雪易	黄颖红
黎伟澎	卢嘉琼	卢晓娜	罗梅婷	莫镇雨	任广楠	任珂欣
孙正坤	吴惠娴	徐素珍	闫雨菁	张思琪	钟　婷	周倩婷
曹　枭	陈文杰	戴皖豫	方　艳	黄学鹏	黄茵茵	郎喻婷
李可程	李晓仪	李一鸣	罗泳诗	汪道德	王雪梅	吴旭锋
谢伟健	徐金洲	赵钰婷	陈晓晖	丑炳皓	郭雪怡	黄国栋
黄灵娟	蒋松霖	黎晓彤	刘藻锌	罗　莹	马　祾	毛镫婵
莫允彤	温　崟	夏巧凤	杨慧韫	于嘉琦	袁家宜	赵凯阳
郑惠怡	陈晓佳	郭巧仪	胡　燕	李　雨	梁镓泳	罗靖岚
吕晓钿	邱　敏	邵　港	孙小航	王　萌	夏羽昕	谢钰姗
薛冰宇	杨红旗	于本贵	张楚童	祝家怡	伦杰豪	卢淑怡
莫嘉靖	杜礼和	张家兴	李佳旭	陈静诗	黄世威	李　娟
李琼婷	李忆楠	梁诗瑜	廖舒怡	林壁怡	刘　猛	庞冬梅
翁文秋	谢世豪	严天意	杨丹丹	杨　欣	伊　馨	钟　港

56. 授予美术学院产品设计专业陈大磊等 33 名本科毕业生艺术学学士学位

陈大磊	陈汉洲	陈秀榕	邓嘉诚	樊佩怡	方志峰	洪俊健
黄月梅	黄自双	柯舒慧	梁瑞华	刘　意	丘家锋	沈舒月
张绍棚	郑斯霞	陈烨婷	方钟兴	郭　虎	侯海龙	胡修富
黄凯婷	暨智宏	林　慧	刘梦怡	卢进伟	罗凯铭	孙海桐
谢嘉艺	徐桂泉	杨登程	张爱莲	谢嘉怡		

57. 授予美术学院环境设计专业陈锋等 69 名本科毕业生艺术学学士学位

陈　锋	陈慧钦	何焯锋	靳滢滢	李凤婷	梁嘉琪	廖舒婷
麦颖琪	彭伟法	苏秀莹	王政基	张嘉荣	张梓锋	郑鸿锦
钟凤娇	周小蝶	邹颜应	陈镁怡	陈始懿	邓淮樑	黄汝琪
李绮桦	梁伊晴	廖　涛	刘金贤	刘钰廷	罗境盛	吴敏晴
吴同捷	吴炜锋	谢明峰	姚凯晴	袁汝欣	陈淑娟	陈彦宇
郭政昊	何家坚	何文彬	黄永炬	梁展豪	邵燕玲	沈杨智
王泽磷	伍晓谊	徐妹双	徐少莹	余幼君	张嘉丽	张洁莹
叶威镔	李　伟	陈芷菁	范仁豪	冯咏诗	简永成	具伟良
黎耀欣	李彩霞	林惠虹	林淑青	刘佳斯	莫钧莉	汤善茹
汪　润	谢基泽	姚嘉妍	张燕丹	郑茂立	朱有强	

58. 授予美术学院动画专业戴薇等 62 名本科毕业生艺术学学士学位

戴　薇	邓煜威	付诗雨	甘志勇	何沁薇	黄晓岚	赖靖荣
李裕峰	梁年华	刘启豪	吕嘉林	欧　文	唐庆佳	周易兴
邓伟国	何　娇	孔国辉	梁郴华	梁浚杰	罗海怡	罗　轩
毛卓瑾	莫尚霖	莫盈盈	王　冠	张　锐	郑乐佳	周景耀
吴思凡	曾宇雅	陈琳娜	林燕群	陈　莹	鄞彤哲	林思彤
林舒珩	梁莹方	周田雨	黄晶莹	黄晓洁	陆晓铉	刘燕君
吴昂贤	梁雪莹	蔡莹婷	曾　慧	何思燕	杨皓怡	吴蕴琦

李佳双	朱　莉	秦佳曼	李妙英	李颖欣	杨奕佳	曾夕桐
郑莹莹	刘晓娴	李燕珠	黄　萱	利锶敏	江　帆	

59．授予美术学院视觉传达设计专业蔡思敏等 33 名本科毕业生艺术学学士学位

蔡思敏	陈　杰	崔婉仪	冯嘉希	富敬雯	高艺铜	黄晓晴
梁　冰	梁海梅	梁　洪	林熙尧	唐悦馨	温文怡	朱博浩
诸晓婷	邹　霓	陈锦涛	陈丽莹	陈智豪	方　芳	黎翠巧
李钊淇	刘泓铄	刘翊丰	吕瑞淋	牛奕霖	饶浪潮	王兴建
张东丹	张萌萌	张宇航	郑　欣	周小盼		

60．授予美术学院工艺美术专业陈晓君等 37 名本科毕业生艺术学学士学位

陈晓君	程昭泷	储鸣翔	郭　楠	黄颖希	梁伟锋	林荣野
林小雅	罗钰蓉	莫雪婷	吴晓艺	冼琼忠	张　琦	张　玥
郑冬梅	钟月婷	周洁岚	邹高扬	白一帆	鲍　天	蔡伟瑾
蔡钰洲	曹奕君	陈玉磊	冯啟明	傅铭民	何侨茵	孔家玲
李　琳	李美琪	梁建悦	卢雪仪	彭鋈森	邱玄铧	苏　科
吴浪棉	郑钰凤					

61．授予中德设计学院/工业设计学院工业设计专业张发豪等 34 名本科毕业生工学学士学位

张发豪	麦前钊	张晓铭	詹晓玲	李幸芳	林钰冰	林　勇
李育勤	吕芸谊	郝柯利	朱婉冰	肖木玲	陈日炜	区韵涛
李洪鑫	张润琪	李修怡	余汉展	孔燕欢	李俊伟	江柔纯
胡淇茜	梁静怡	郭可清	方玉欣	刘忆然	陈俊斌	陈丽如
黄淑贤	赖嘉宝					

肇庆学院

2021 年 6 月 25 日

关于授予 2021 届本科毕业生辅修学士学位的决定

（肇学院〔2021〕30 号）

各教学单位：

根据《肇庆学院学士学位工作细则》及辅修学位修读的有关规定，肇庆学院学位评定委员会于 2021 年 6 月 11 日召开会议，对 2021 届拟授予辅修学士学位学生建议名单进行了审议。梁诗琪等 171 名同学在学习成绩和学术水平等方面均符合辅修学士学位授予条件，遵照《中华人民共和国学位条例》的规定，决定于 2021 年 6 月 25 日授予梁诗琪等 171 名本科毕业生辅修学士学位。具体名单如下：

1．授予梁诗琪等 58 名本科毕业生管理学学士学位

经济与管理学院（9 人）

梁诗琪　蔡梓琪　陈少芬　连泽雯　林若微　郑静虹　曾瑞丹
潘和玉　钱紫钧
政法学院/知识产权学院（7人）
吴水强　郑宇仪　江丽红　王　怡　吴青霞　冯均正　苏子莉
教育科学学院（2人）
林丽萍　卢晓彤
体育与健康学院（8人）
唐梁洪　宋培锋　吕锦成　谭泳怡　肖　晓　陈力铭　聂宇华
李　鑫
文学院（1人）
刘依娜
数学与统计学院（11人）
汤学彦　康　舰　陈林婉　谭怡芳　张佳霓　邹　娴　陈烨云
梁文希　邱　柔　尹科源　李泽钿
生命科学学院（1人）
陈晓玲
机械与汽车工程学院（9人）
张文迪　朱汇镇　王旭斌　杨立奋　陈庆尚　王尊欣　吴锦佳
陈昊楠　陈亦文
电子与电气工程学院（2人）
马青云　黄立颖
食品与制药工程学院（3人）
洪佳莹　李嘉玲　邱德珍
旅游与历史文化学院（1人）
丘维芳
音乐学院（3人）
侯钰怡　欧静怡　王淑华
中德设计学院/工业设计学院（1人）
张发豪

2. 授予李晓明等29名本科毕业生经济学学士学位

经济与管理学院（4人）
李晓明　肖森辉　黄颖雪　湛治莹
政法学院/知识产权学院（1人）
黄泽琴
外国语学院（2人）
伍嘉慧　刘　琪
数学与统计学院（6人）
陈敏灵　黄琪琪　梁学敏　肖炫坚　张　围　陈新华
生命科学学院（5人）

谭伟健　　蔡佳琦　　李兆基　　肖宇彬　　房宝如

机械与汽车工程学院（4 人）

陈景锋　　林嘉杰　　刘智睿　　符祖基

电子与电气工程学院（3 人）

林晓健　　洪超亮　　郑佳辉

环境与化学工程学院（1 人）

张华鑫

旅游与历史文化学院（2 人）

许海媚　　黄洁丽

音乐学院（1 人）

李商裕

3．授予张思韵理学学士学位

食品与制药工程学院（1 人）

张思韵

4．授予杨琨等 70 名本科毕业生文学学士学位

经济与管理学院（4 人）

杨　琨　　李嘉颖　　陈钰洵　　郭梓程

政法学院/知识产权学院（22 人）

陈思敏　　伍淑华　　黎倩余　　曾宪洪　　陈梓佳　　朱丽纯　　何梓甄
李伟君　　叶婷婷　　陈莹颖　　周嘉钰　　欧隽仪　　郑善鸿　　黄柳花
吴嘉淇　　刘诗漫　　欧晓迎　　林梦婷　　梁浩桦　　林洁琪　　王雪薇
曾伟林

教育科学学院（9 人）

韩晓凡　　赖　昕　　廖芷诺　　陆燕华　　张莉诗　　周　盈　　林敏华
梁颖婕　　金艳晶

文学院（1 人）

韦金荣

生命科学学院（4 人）

陈永芸　　陈　珣　　梁诗婷　　蔡咏思

机械与汽车工程学院（1 人）

吴剑平

电子与电气工程学院（1 人）

翁子茵

计算机科学与软件学院/大数据学院（1 人）

罗伟明

环境与化学工程学院（3 人）

杨杰良　　王璐瑶　　刘思曼

食品与制药工程学院（3 人）

吴盈瑶　　江明霞　　林晓霞

旅游与历史文化学院（17 人）
何宏业　　周利雯　　吴　雨　　陈婉晴　　卢晓敏　　林晓婷　　郭依婷
邓琪琦　　杨华慧　　王美霞　　何　茜　　唐嘉欣　　甘嘉唯　　李炫庆
黄钰淇　　吴依杭　　杨伟梅
音乐学院（1 人）
周　楠
美术学院（1 人）
李美琪
中德设计学院/工业设计学院（2 人）
李俊伟　　胡淇茜

5. 授予张少心工学学士学位

食品与制药工程学院（1 人）
张少心

6. 授予申颖等 12 名本科毕业生艺术学学士学位

经济与管理学院（1 人）
申　颖
政法学院/知识产权学院（3 人）
韩子璇　　覃炜晶　　赵纪蒙
教育科学学院（2 人）
陈星宇　　张　伶
数学与统计学院（1 人）
林小蔓
生命科学学院（1 人）
陈柳屹
机械与汽车工程学院（1 人）
朱国梁
计算机科学与软件学院/大数据学院（1 人）
李启东
食品与制药工程学院（1 人）
李佩君
旅游与历史文化学院（1 人）
林昕楠

肇庆学院
2021 年 6 月 25 日

关于授予叶志乐等 3 名本科毕业生辅修学士学位的决定

（肇学院〔2021〕49 号）

各教学单位：

根据《肇庆学院学士学位工作细则》及辅修学位修读的有关规定，肇庆学院学位评定委员会于 2021 年 7 月 15 日召开会议，对 2021 届 7 月份拟授予辅修学士学位学生建议名单进行了审议。叶志乐等 3 名同学在学习成绩和学术水平等方面均符合辅修学士学位授予条件，遵照《中华人民共和国学位条例》的规定，决定于 2021 年 7 月 20 日授予叶志乐等 3 名本科毕业生辅修学士学位。具体名单如下：

授予叶志乐等 3 名本科毕业生文学学士学位

电子与电气工程学院（1 人）

叶志乐

机械与汽车工程学院（2 人）

曾俊颖　　陈法广

肇庆学院

2021 年 7 月 20 日

关于授予于燕飞等 82 名本科毕业生学士学位的决定

（肇学院〔2021〕50 号）

各教学单位：

根据《肇庆学院学士学位工作细则》的有关规定，肇庆学院学位评定委员会于 2021 年 7 月 15 日召开会议，对政法学院/知识产权学院等 14 个二级学院学位评定委员会提交的 2021 届本科毕业生 7 月份拟授予学士学位学生建议名单进行了审议。我校 7 月份 2021 届 42 个本科专业的学生共 154 名，其中于燕飞等 82 名本科毕业生在思想品德、学习成绩和学术水平方面均符合学士学位授予条件。遵照《中华人民共和国学位条例》的规定，决定于 2021 年 7 月 20 日授予于燕飞等 82 名本科毕业生学士学位。各专业授予学士学位学生名单如下：

1. **授予政法学院/知识产权学院行政管理专业于燕飞管理学学士学位**

2. **授予教育科学学院应用心理学专业王鹏等 4 名本科毕业生理学学士学位**

王　鹏　　陈琪天　　李嘉铭　　乔　婷

3. **授予体育与健康学院体育教育专业莫康权等 3 名本科毕业生教育学学士学位**

莫康权　　冼桂成　　苏士杰

4. 授予体育与健康学院社会体育指导与管理专业苏聪荣等2名本科毕业生教育学学士学位

苏聪荣　　何伟雄

5. 授予文学院汉语言文学专业林慧雅等2名本科毕业生文学学士学位

林慧雅　　周子峰

6. 授予文学院广播电视学专业索怡萱等2名本科毕业生文学学士学位

索怡萱　　周俊朗

7. 授予外国语学院英语专业唐智清文学学士学位

8. 授予外国语学院日语专业黄月莹文学学士学位

9. 授予数学与统计学院信息与计算科学专业高楚鸿等2名本科毕业生理学学士学位

高楚鸿　　黄侨鑫

10. 授予数学与统计学院应用统计学专业何智霖等2名本科毕业生理学学士学位

何智霖　　姜裕森

11. 授予数学与统计学院统计学专业邓靖等2名本科毕业生理学学士学位

邓　靖　　谢　礼

12. 授予生命科学学院生物科学专业李淑敏理学学士学位

13. 授予生命科学学院生物技术专业陈华锋等3名本科毕业生理学学士学位

陈华锋　　陈国鑫　　王宝茵

14. 授予机械与汽车工程学院机械设计制造及其自动化专业陈法广等5名本科毕业生工学学士学位

陈法广　　李佳立　　曾俊颖　　钟梓威　　叶超雄

15. 授予机械与汽车工程学院车辆工程专业邓志勇等2名本科毕业生工学学士学位

邓志勇　　伍润发

16. 授予电子与电气工程学院电气工程及其自动化专业冯炜怡等4名本科毕业生工学学士学位

冯炜怡　　余　睿　　吕冠炜　　许文远

17. 授予电子与电气工程学院物理学专业叶志乐理学学士学位

18. 授予计算机科学与软件学院/大数据学院计算机科学与技术专业纪桂明等2名本科毕业生工学学士学位

纪桂明　　罗怀安

19. 授予计算机科学与软件学院/大数据学院软件工程专业张兆峰等4名本科毕业生工学学士学位

张兆峰　　蓝荣权　　王伟帆　　汪迎理

20. 授予环境与化学工程学院化学专业朱孟炫等2名本科毕业生理学学士学位

朱孟炫　　邝华立

21. 授予食品与制药工程学院食品质量与安全专业张权芳等2名本科毕业生工学学士学位

张权芳　　邱源霖

22. 授予音乐学院音乐学专业陈恩平等14名本科毕业生艺术学学士学位

陈恩平　陈泽铨　陈泽明　劳昱铭　王子豪　陈宇来　梁泓钊
陈　伟　李子扬　林秋苗　覃志锋　许录庆　陈裕宁　林永华

23. 授予音乐学院音乐表演专业吕江等 5 名本科毕业生艺术学学士学位

吕　江　毕晨浩　刘　戈　倪子培　杨新冉

24. 授予音乐学院舞蹈学专业陈李婷等 6 名本科毕业生艺术学学士学位

陈李婷　舒湘钧　张慧沅　张佳烜　张佳瑶　张欣宇

25. 授予美术学院美术学专业伦振鸿等 6 名本科毕业生艺术学学士学位

伦振鸿　方　舟　马天蓝　黄鸿飞　陆剑平　萧宇邦

26. 授予美术学院产品设计专业文钢亮等 2 名本科毕业生艺术学学士学位

文钢亮　庄荧

27. 授予美术学院动画专业黎泽彬艺术学学士学位

肇庆学院
2021 年 7 月 20 日

关于授予 2021 届成人高等教育毕业生苏楚红等 92 人学士学位的决定

（肇学院〔2021〕34 号）

各教学单位：

肇庆学院学位评定委员会于 2021 年 6 月 11 日召开会议，根据《肇庆学院成人高等教育学士学位授予工作细则》（肇学院〔2019〕35 号）的有关规定，对继续教育处提交的《关于提请评定 2021 届成人高等教育本科毕业生学士学位申请的报告》进行了认真审核。经评定，苏楚红等 92 名学员在思想品德、学习成绩、学术水平和外语水平方面均符合学士学位授予条件，经公示无异议。遵照《中华人民共和国学位条例》，决定授予学士学位并颁发学士学位证书。各专业学士学位授予学生名单如下：

1. 授予会计学专业苏楚红等 16 人管理学学士学位

苏楚红　陈晓虹　李　昀　鲍丽清　冯玉琴　黄燕玲　王家慧
覃艳婷　冼敏霞　梁宇平　陈诗韵　凌衍君　罗秋怡　陈飞丽
刘敏霞　梁嘉露

2. 授予人力资源管理专业陈昭帆等 9 人管理学学士学位

陈昭帆　曾丽娟　陈　怡　陈颖贤　侯思欣　梁　诗　邓建欣
黄　珊　潘锦园

3. 授予市场营销专业黄健敏管理学学士学位

4. 授予法学专业翟碧妍等 11 人法学学士学位

翟碧妍　刘彩雄　孔晓晴　聂晓昀　黄李杰　周静怡　彭小凤
陈彩琼　程文静　汤靖雯　林钊华

5. 授予行政管理专业伦明月 7 人管理学学士学位

伦明月　张韵妍　李碧媚　梁　静　何凤萍　陈伟忠　陈汝珊

6. 授予环境工程专业赖迪等 2 人工学学士学位

赖　迪　阮祝妍

7. 授予生物科学专业高小燕理学学士学位

8. 授予电气工程及其自动化专业陈离工学学士学位

9. 授予学前教育专业罗婉霞等 4 人教育学学士学位

罗婉霞　江小娟　申少珍　许敏霞

10. 授予小学教育专业卢慧敏等 12 人教育学学士学位

卢慧敏　李晓霖　蒙晓红　杨美云　成秀芳　梁惠敏　邓彩勤
叶丽清　许志华　祝加慧　叶冬华　苏海慧

11. 授予计算机科学与技术专业林敏琪等 8 人工学学士学位

林敏琪　刘熙允　钟志慧　黄潇锐　李伟杰　李　倩　莫雨锋
陈伟彬

12. 授予汉语言文学专业陈思韵等 14 人文学学士学位

陈思韵　赵慧虹　曾思婕　梁俏萌　苏少颖　钟红燕　梁子贤
温秀兰　李嘉凌　陈铭丽　梁　奕　廖翠玲　叶晓媚　苏小梅

13. 授予应用心理学专业莫明芳理学学士学位

14. 授予园林专业梁崇杰等 2 人农学学士学位

梁崇杰　张晓嫦

15. 授予化学专业陈浩等 2 人理学学士学位

陈　浩　杨月影

16. 授予制药工程专业赵亚荣工学学士学位

肇庆学院
2021 年 6 月 24 日

肇庆学院 2021 届全日制专科毕业生名单

教育科学学院学前教育专业 1 人：

彭小玲

文学院语文教育专业 1 人：

黄春燕

生命科学学院生物教育专业 1 人：

李慧燕

生命科学学院食品生物技术专业 1 人：

许洁丽

2021年肇庆学院大事记

一月

1月上旬，由学校西大资产公司运营管理的肇庆市创新创业中心被广东省科技厅评审认定为“广东省科技企业孵化器”。

6日，校党委副书记谢冠华、校长助理胡正发，带领教务处、创新创业学院、科技园管委办、团委等部门负责人，赴广东工业大学学习交流创新创业教育工作。

8日，省教育厅公布2020年广东省本科高校师范生教学技能大赛获奖名单，肇庆学院14个参赛组别共获奖64项，包括一等奖7项，二等奖10项，三等奖18项，优秀奖29项。邵玲、杨红军、陈姝娟、梁方晓、方拥香、罗文萍获评优秀指导教师。

12日，东源广工大现代产业协同创新研究院一行在副院长陈慧萍的带领下到访肇庆学院，与创新创业学院、科技园管委会、校团委展开对口交流。校长助理、广东工业大学驻我校帮扶团队带头人胡正发出席座谈。二级学院指导创新创业类竞赛教师和辅导员代表参加座谈。

13日，吴业春校长率队到怀集调研定点联系的梁村镇、怀集县十万亩书记田项目以及科技示范村，了解学校服务怀集经济社会发展情况，强调要充分结合学校科技力量和怀集当地的资源优势，紧密合作，相互协同，促进双方共赢和发展。

18日，校长吴业春率队到肇庆高新区调研筹建中的岭南现代农业科学与技术广东省实验室肇庆分中心，了解项目进展情况。

20日，由市科技局、中国高校（华南）科技成果转化中心和我校合作共建的肇庆市粤港澳大湾区国际技术转移中心在大学科技园落地挂牌。

23日，“中国梦·劳动美”肇庆市第二届职工运动会闭幕式在肇庆新区体育中心专业足球场举行。肇庆学院荣获优秀组织奖。

29日，随着办学体制调整签约仪式在广州举行，肇庆学院与广东石油化工学院、韶关学院、嘉应学院、惠州学院一道由省市共建高校调整为省属高校。

二月

20日，教育部公布2020年度普通高等学校本科专业备案和审批结果，肇庆学院喜增6个备案专业。

24日，校党委书记曾桓松、校长吴业春一起会见到访学校的广东省农业科学院副院长易干军一行，双方围绕农业科技创新交流合作事宜展开座谈。

28日，肇庆学院第七批大学生援藏支教出征仪式在临峰厅举行，校党委副书记谢冠华出席并代表校党委勉励支教学子发扬服务社会的志愿者精神，不负青春使命，奉献青春才智，为东西部教育交流发展作出积极贡献。

三月

3日，肇庆学院兼职教授、中国工程院院士傅廷栋在全国脱贫攻坚总结表彰大会上获评“全国脱贫攻坚先进个人”，为学校增添了厚重的荣誉。

5日，第十五届广东大学生校园文体艺术季活动结束，肇庆学院荣获“优秀组织奖”，另有16个作品/团队在竞赛中获奖，包括一等奖3项，二等奖2项，三等奖2项，优秀奖9项。

9日，学校入选市“十佳精神文明创建活动”名单。

10日，省委第六巡视组巡视肇庆学院党委工作动员会召开。会上，省纪委副书记、省监委副主任、省委巡视工作领导小组成员黄力就配合巡视工作提出要求，省委第六巡视组组长张健生作动员讲话，校党委书记曾桓松主持会议并代表学校党委作表态发言。

11日，省委教育工委书记、教育厅厅长景李虎来校调研。

18日，肇庆市科技企业孵化器协会在我校成立，落户科技园。

20日，广东省教育系统关工委主任王玉学来校调研。

23日，农业农村部农产品质量安全监管司副司长黄修柱一行来到学校，围绕学校建设农产品质量安全风险评估实验室工作开展调研。

24日，副校长肖起清会见到访学校的牡丹江师范学院副校长程爽一行，双方围绕教师教育工作进行了交流。

26日，校长吴业春会见到访学校的教育部科技发展中心原主任、中国教育发展战略协会副会长李志民一行，双方围绕科技、教育创新工作展开交流。

3月下旬，肇庆学院在广东省大学生国家安全知识竞赛中揽获一等奖。

30日，肇庆学院党外知识分子联谊会（简称“知联会”）召开成立大会，宣布学校知联会正式成立。

30日，肇庆学院第二食堂获评广东高校优秀食堂。

四月

1日，肇庆学院就业指导课获评广东省高校就业创业金课。

2日，校党委书记曾桓松为砚园·青马班学员讲授2021年春季学期“思政第一课”。

8日下午，校长吴业春为外国语学院2018级英语和商务英语专业的同学们讲授“思政第一课”。

20日，广东高校与西藏林芝共建大学生思想政治教育实践基地工作座谈会在林芝市举行。肇庆学院为参与“校地共建”项目的高校之一，校党委副书记谢冠华出席会议，并代表学校与墨脱县人民政府签定续约协议，继续携手墨脱中小学共建大学生思想政治教育实践基地。

24日，学校获评为肇庆市森林学校。

25日，肇庆学院获广东省高校就业创业工作集体典型经验奖。

五月

4日，团市委书记饶幸一行到校看望假期仍坚守工作岗位的青年团干及志愿者，并与青年师生代表座谈。校团委主持工作副书记马舒洁陪同。

11日，校党委副书记谢冠华会见到访学校的东莞职业技术学院副院长杨云奇一行，双方围绕书院制改革发展和建设成果经验展开交流。

13日，校党委书记曾桓松率领学校党委委员赴广东革命老区广宁县开展党史学习教育主题党日活动。

17日，信阳师范学院党委书记到访学校。

21日至23日，中国高等教育学会、全国高等学校学生信息咨询与就业指导中心在山东青岛共同举办全国高校创新创业成果展活动。其间，教育部副部长杜玉波来到我校展区，对学校创新创业教育工作成果给予高度评价。

27日，肇庆学院科技园入选国家大

学科技园。

30 日，校党委书记曾桓松、校长吴业春赴鼎湖区，在鼎湖区委书记、区长刘运通的陪同下开展调研、考察活动。

六月

5 日，学校获评 2020 年度肇庆市无偿献血工作表现突出大中专院校。

24 日，“学党史、颂党恩”暨“画说西江党史”——肇庆市庆祝中国共产党成立 100 周年主题美术书法摄影作品展在肇庆美术馆开幕。

25 日，学校获批 3 个省教育科学规划课题党史专项立项。

七月

7 日，教育部办公厅公布全国第六届大学生艺术展演活动评选结果，肇庆学院喜获优秀组织奖，并揽获两个单项二等奖。

15 日，各民主党派肇庆市委、基层委员会先后召开了会员大会，顺利进行了换届。肇庆学院共有 11 位教师分别当选各民主党派新一届肇庆市委、基层委员会领导。

17 日—18 日，肇庆学院在第十六届“挑战杯”广东大学生课外学术科技作品竞赛中获特等奖 1 项，一等奖 1 项，二等奖 2 项，三等奖 11 项，为学校参加“挑战杯”赛事以来的最好成绩。

19 日，广东省中小学“百千万人才培养工程”省级培养项目、小学名校长培训班在学校开班。

23 日，校党委副书记谢冠华会见到访学校的共青团清远市委书记刘刚、共青团肇庆市委书记饶幸一行，双方围绕共青团工作进行了座谈交流。

26 日，国务院学位委员会对 2020 年学位授权审核结果进行公示，肇庆学院作为以符合申请基本条件方式申报的新增硕士学位授予单位位列其中。

26 日，吴业春校长率队前往教育部中外人文交流中心，就中心与学校在国际交流合作和岭南文化国际传播等事宜展开深入交流。

29 日，肇庆学院获批建设农业农村部农产品质量安全风险评估实验室。

八月

16 日，学校报送的《老骥伏枥，壮志莹雪》荣获教育部关心下一代工作委员会 2021 年“读懂中国”活动优秀微视频奖，学校荣获优秀组织奖。

18 日，肇庆学院再次入选广东省“冲补强”提升计划建设高校。

26 日，第七届中国国际“互联网 +”大学生创新创业大赛广东省分赛赛果揭晓，肇庆学院荣获银奖 1 项、铜奖 5 项，并获评高教主赛道优秀组织奖，在奖项级别和获奖数量方面均有新突破。

九月

1 日，“肇庆学院”学习强国号正式上线。

1 日，市委书记吕玉印来校调研检查常态化疫情防控和安全管理。

9 月上旬，“三下乡”社会实践全国和省级重点团队名单公布，学校西藏墨脱“强国有我 · 请党放心”援藏志愿服务实践团被推荐评选为全国重点团队，广宁县粤桂湘边纵队司令部旧址党史学习实践团等 10 支队伍被评选为省级重点团队，“追溯红色记忆”实践团等 2 支队伍被评选为“灯塔实践团队”。

6 日，广东省民政厅公布 2020 年度全省性社会组织评估结果，肇庆学院教育发展基金会获评 5A 级。

9 日，副校长李新昌陪同广东财经大

学副校长丁友刚一行来到学校国家大学科技园参观考察。

10 日，学校学生资助工作第十次获得全省考评优秀等级。

9 月中旬，国家自然科学基金委员会和全国哲学社会科学工作办公室公布 2021 年度立项结果，学校 3 个项目获批资助，标志着学校今年新增 3 项国家级科研项目。

9 月中旬，学校新增 21 项省厅项目及 14 项省教育规划项目立项。

16 日，副校长肖起清与到访学校的平顶山学院党委副书记田建伟举行座谈，双方围绕书院制试点改革工作进行交流。

24 日，首届广东高校政府采购知识竞赛复赛在学校举行。

26 日，学校暑期“三下乡”社会实践队伍产生全国重点团队。

29 日，学校召开纪律教育学习月暨巡视巡察反馈意见整改工作推进专题会议，校党委书记曾桓松强调，要深入学习贯彻习近平总书记“七一”重要讲话和关于全面从严治党的重要论述精神，切实抓好纪律教育学习月和巡视巡察整改工作，推动“十四五”开好局、起好步，奋力谱写学校高质量发展新篇章。

29 日，校党委书记曾桓松会见到访学校的广州工商学院校长邝邦洪一行。

30 日，校党委书记曾桓松率队赴广东信息工程职业学院调研党建对口帮扶工作，并启动两校基层党组织“共创共建”活动。

30 日，教育部办公厅公布了 2021 年通过普通高等学校师范类专业认证的专业名单，学校文学院的汉语言文学专业在列，有效期至 2027 年 8 月。

十月

9 日，省委党史学习教育第五巡回指导组在副组长杨培基的率领下，来到学校检查指导党史学习教育开展情况。

9 日，2021 年广东省“三区”教师全员轮训紫金县中小学教师信息技术应用能力提升工程正副校长班和信息技术教师班在我校开班。

12 日，校长吴业春会见到访学校的珠海科技学院校长刘鸣一行，双方围绕硕士学位授予单位申报和建设方面展开深入交流。

15 日，广东省初高中历史骨干教师省级培训陆续在我校开班。

16 日上午，“大地回春——肇庆十八年林丰俗作品特展”在肇庆美术馆隆重举行。

11 日至 17 日，肇庆学院参加第十届中国大学生毽球锦标赛获得 6 金、12 银、7 铜、1 个第四、1 个第六、3 个第七、2 个第八的优异成绩，为学校争得了荣誉。

18 日，校党委副书记谢冠华会见中山职业技术学院校长王忠一行五人，双方围绕校园内部控制建设、学生管理、课室管理等方面工作展开座谈。

20 日，副校长李新昌会见广东石油化工学院副校长、校友总会常务副会长、教育发展基金会理事长周如金一行。

21 日，市委书记、市人大常委会主任吕玉印来到学校，为师生们讲授思想政治理论课。

22 日，广东省人民政府文史馆馆员书画展在肇庆学院举行。

23 日，2021 中国互联网发展创新与投资大赛（广州）暨 2021 中国集成电路创新创业大赛总决赛在广州市黄埔区君澜酒店圆满举行，肇庆学院国家大学科技园园区企业——晟合微电子（肇庆）有限公司荣获本次大赛特等奖。

24 日，学校首次获批 2 个广东省人文社会科学普及基地。

27 日，学校邀请香港中联办广东联络部培训处处长、二级巡视员刘任辉围绕香港的今昔发展作了专题讲学。

28 日，校党委书记曾桓松、校长吴业春共同会见嘉应学院校党委书记吴琦、校长杨洲一行，双方围绕学校党建工作经验、硕士学位授予单位申报和学科建设等相关内容展开交流。

30 日，校长吴业春出席在东莞举行的广东省高等教育学会 2021 学术研讨会，并主持高校校长论坛“新师范”建设议题的主旨报告和圆桌讨论。

30 日，由肇庆教育发展研究院承办的 2021 年北师大教师教育研究中心华南分中心学术研讨会在学校举行。

30 日，初高中历史骨干教师省级培训在学校结班。

十一月

2 日，肇庆学院和高要区人民政府签署校地全面合作战略协议。

3 日，校党委书记曾桓松会见广州工商学院校长邝邦洪一行，双方围绕申硕指标、教学督导管理模式及科研项目申报等内容展开交流。

3 日，广东信息工程职业学院党委书记徐定平一行到访，就全国党建“双创”申报工作及基层组织建设工作展开交流。

9 日，校长吴业春、副校长肖起清一行前往国家教育行政学院，就国家教育行政学院华南基地建设、教师培训等工作进行座谈交流。

10 日，由中国文房四宝协会、肇庆市委宣传部和学校共同主办的刘演良端砚书画作品展在美术馆开幕。

11 日，副校长李新昌会见汕尾职业技术学院校长蔡昭权一行，双方围绕教研科学管理、纪检、学生管理、联合办学和档案管理等方面工作内容展开交流。

15 日，广东省学位委员会转发《国务院学位委员会关于下达 2020 年审核增列的博士硕士学位授权单位及其学位授予点名单的通知》，肇庆学院为硕士学位授予单位，同时获批教育、电子信息和艺术三个硕士专业学位授权点。

15 日，学校 8 个项目获批省级课程思政改革示范项目。

18 日，校党委书记曾桓松、校长吴业春共同会见广东工业大学校长邱学青一行，双方围绕学术科研项目建设、高校体制机制改革等方面展开交流。

18 日，副校长李新昌会见茂名市政协副主席、茂名绿色化工研究院常务副院长章宁一行，并陪同客人参观了大学科技园。

19 日，学校入选广东省深化新时代教育评价改革试点高校。

19 日，广东省“新师范”建设总结大会在学校举行。

19 日，市委书记、市人大常委会主任吕玉印到学校国家大学科技园，调研科技创新、双创人才培养和服务地方经济工作，校长吴业春陪同调研，科技园管委办及创业学院有关负责人参加调研活动。

19 日，学校两专业完成 IEET 工程教育认证远程访评。

20 日，学校参加“省长杯”足球比赛挺进 16 强淘汰赛，是近 20 年来创造的最好成绩。

23 日，副校长唐冬冬会见仲恺农业工程学院副校长张文峰一行，双方围绕校园规划建设和后勤服务保障等方面展开深入交流。

24 日，省教育厅发布了 2021 年省级一流本科专业建设点公示名单，学校化学、生物技术、机械制造及其自动化、物联网工程、视觉传达设计等 5 个专业榜上有名。

26 日，第十六届海峡两岸（粤台）

高等教育论坛在广州大学、台湾中华大学两个会场同时以线上线下相结合的方式举办，校长吴业春出席会议并作主题演讲。

28 日，肇庆学院第八次学生代表大会胜利召开。

十二月

6 日，《肇庆学院“十四五”事业发展规划》正式印发实施，学校借此开启建设特色鲜明的高水平应用型大学的新征程。

6 日，由肇庆学院与中国明史学会利玛窦分会联合主办的“利玛窦与中西文明互鉴”工作坊（第一期）在学校举行开幕仪式。

6 日，学校邀请俄罗斯工程院外籍院士、华南理工大学原校长刘焕彬为砚园学子作科学报告。

8 日，学校召开第五届学术委员会总结大会暨第六届学术委员会成立大会。

8 日，学校获评广东省高校企业体制改革先进单位。

9 日—10 日，学校荣获“2020—2021 年度广东省高校心理健康教育与咨询工作先进集体”称号。

17 日，第十一届广东大学生书画艺术作品大赛优秀作品展在肇庆美术馆正式开幕。

19 日，由广东省教育厅主办、肇庆学院承办的广东省 2022 届高校毕业生供需见面活动（综合类专场）在学校第二运动场举行。

22 日，肇庆学院国家大学科技园揭牌仪式暨广东省大学科技园高质量建设论坛在肇庆学院举办。

23 日，学校举办 2021—2022 学年度第一学期“书记校长下午茶”座谈会。校长吴业春、校党委副书记谢冠华出席，学工处、就业处、教务处、团委等有关职能部门负责人，以及来自各二级学院的学生代表参加活动。

25 日，由省教育厅主办的广东省高校艺术作品征集展演活动获奖名单正式揭晓。学校共获得一等奖 7 个、二等奖 3 个、三等奖 3 个以及优秀组织奖。

31 日，校党委副书记谢冠华会见到访学校的广州应用科技学院党委书记、副校长王永乐一行。